옷으로 읽는

중국문화 100년

옷으로
읽는
중국문화
100년

위안저 · 후웨 저 | 김승일 · 정한아 역

1901-2000

이 책을
삼가 부모님께 바칩니다.
당신들께서 낳아주시고
키워주신 사랑과
지지를 해 주신 데 대해
감사드립니다.

추천글

옛 시에 이르기를 "구름을 보면양귀비의 옷이 생각나고, 꽃을 보면양귀비의 얼굴이 떠오른다."라고 했다. 구름을 생각하든 꽃을 생각하든 사실은 모두 인간의 욕망이 투영되어 있다는 것을 알 수 있다.

옷은 생필품이면서도 예술적인 면이 요구되고 미학적인 면이 추구되는 대상으로, 인간의 문명사와 문화사에 있어서 큰 비중을 차지한다. 따라서 웬만한 글재주만으로 옷에 관한 책을 쓴다는 것은 매우 어려운 일이다.

그런데 위안저袁仄와 후웨胡月 두 젊은 연구자들이 이토록 어마어마한 『옷으로 읽는 중국문화 100년』이라는 책을 썼다는 것은 필자로서는 도저히 믿기지 않는 일이다. 그럼에도 이들 중년부부를 젊은 연구자라고 폄하하듯이 말한 것은 그럴만한 이유가 있어서이다. 후웨胡月는 나의 절친 후스옌胡石言의 귀한 공주님이시고, 위안저袁仄는 후스옌이 아끼는 사위이기 때문이다. 이들 두 사람은 평생을 의상 연구에 온몸을 바치고사 전력을 기울이고 있다. 신정 아름다운 소행이 아닐 수 없다.

후스옌은 영화 〈류바오柳堡의 이야기〉와 영화주제곡 〈9월 9일 맑은 날〉의 작곡자이며, 필자는 그의 수석 연주자이다. 역사의 굴곡을 함께 헤쳐 온 우리는 동일한 심성과 이상을 가지고 있다고 자부한다. 후스옌의 옛 편지에 나오는 유언에는 "나는 애국주의자이면서 나아가 '인류주의자'라고 감히 말한다."라는 말이 있다. 이 짤막한 말에는 우리가 함께 공유했던 역사의 흐름에 대한 낙관적인 비극과 비관적인 희극이 숨어 있음을 독자들도 공감할 것이다.

필자가 생각했던 것보다 『옷으로 읽는 중국문화 100년』 이 책에는 우리와 우리 부모가 겪어온 백 년의 역사가 고스란히 숨어 있다. 자희태후慈禧太后

가 서양인들 앞에서 포즈를 취하면서 찍은 사진 속의 의상이나, 장제스蔣介石와 마오쩌둥毛澤東이 중산복中山裝을 입고 찍은 사진들은 차치하더라도, "류바오의 이야기"에 나오는 어린 병사가 입은 낡은 군복에 대해서만 말하더라도 후스옌과 필자는 거의 한평생을 입어왔던 옷이다. 조국이 큰 동란을 거친 후인 어느 날 아침, 내가 여전히 옛 군복을 입고 스차하이什刹海에서 아침 단련을 하고 있는데, 베이징 말투의 할머니 한 분이 조용히 걸어와 내게 소곤거렸다.

"당신은 왜 아직도 이런 차림새로 다니나요? 누가 봐도 다 꼴불견이라고 흉을 볼 텐데요!"

누가 봐도 오랜 시간을 견뎌온 것같이 잘 어울리고 스스로 느끼기에도 만족했던 옷이 이런 평판을 받을 줄이야 누가 알았겠는가 말이다.

또 생각지 못했던 것은 이 책에 필자의 개인 사진이 많이 들어가 있기 때문에 필자가 보기에는 마치 개인의 가족사와 자서전을 마주한 느낌이 든다는 것이다. 다른 독자들은 당연히 같은 느낌일 수는 없겠지만, 그래도 자기가 겪어온 멀고 가까운 날의 흔적들을 발견할 수도 있을 것이니 재미있어할 것이라 믿는다.

필자의 이 짤막한 말이 독자들에게 이 책에 대해 흥미를 느낄 수 있는 자극이 될 수 있을지는 잘 모르겠지만, 그렇게만 된다면 이 시대의 젊은 부부가 이룩한 역사적 업적에 대해 미안한 마음은 들지 않으리라 여겨진다. 이 짤막한 말로써 서문에 대신하고자 한다.

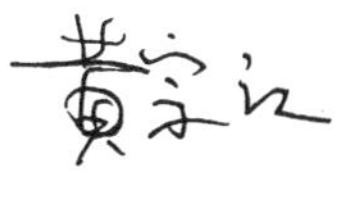

서문을 대신하여

어릴 적에 음력설을 맞게 되면 어머니께서 내게 새 옷을 갈아 입혀 주셨다. 그 옷들을 보면 두루마기*에 마고자였고 머리에는 과피모자瓜皮帽**를 써서 그야말로 작은 늙은이를 방불케 했다. 그러나 그때는 그게 유행이었고 그래서 이상하게 여기지는 않았다. 커서 청년이 되고는 마고자를 더 입지는 않았으나 두루마기는 여전히 몇십 년을 입어오면서 가장 평범한 일상복이 되었다. 그 동안 중산복이나 학생복도 나왔지만 입는 사람은 많지 않았다. 30, 40년대 베이징의 대학생들이 가장 선호했던 유행복이라면 겨울에 두루마기에 양복바지를 입고 목에 목도리 하나를 두르고는 민머리로 눈보라를 헤치며 다녔는데, 소탈하고 보기에 좋았다.

1949년 건국 후 복장은 커다란 변화를 가져왔고 사람들은 일제히 중산복을 입었으며 색상은 반드시 짙은 남색이었고 남녀노소가 모두 같은 양식이었다. 그래서 사람들이 모여 있는 곳에서 아는 사람을 찾아내기란 매우 어려웠다. 집회라도 있어 수천 명이 모인 곳을 높은 곳에서 바라볼라치면 온통 남색바다가 출렁이는 듯했다. 같은 옷을 입는 것과 같은 말을 하는 것이 무슨 관계가 있다는 것일까? 이렇게 생각해 보니 거기에는 깊은 뜻이 숨겨져 있는 것처럼 느껴진다.

그러나 복장의 변화는 많은 복잡한 요인에 의해 좌우된다. 복장은 한 민족의 문화적 특징을 상징하면서도 시국의 변화에 따라 결정이 되는데, 낡은 중국이 멸망되지 않았더라면 이와 같은 대변화가 순식간에 일어나지는 않았을 것이다. 중산복은 지난 세기 중엽부터 80년대 초까지 장장 30여 년의 흥행역사가 있었으나, 80년대 개혁개방부터 점차 퇴색하면서 양복과 각양각색의 재킷으로 대체되었다. 이런 변화들은 어떤 권위로부터 강요된 것이 아

* 두루마기(長袍): 오른쪽에 단추를 단 중국식의 두루마기를 이름. 이하 '두루마기'로 칭함.

** 과피모자(瓜皮帽): 여섯 조각의 검은 천을 잇대어 만든 명나라와 청나라 때의 남자모자. 차양이 없으며 정수리에 꼭지가 달려 있는데, 수박을 반 자른 모양처럼 생겼다고 해서 온 이름.

니라 자연스러운 것으로 글로벌화에 근접하려는 암묵적인 뜻을 말해 주는 것이다. 왜냐하면 다른 나라의 도시에 사는 사람들의 옷이 대체로 양복과 재킷이었기 때문이었다.

지난 세기 복장에 대한 연구는 거의 없었다고 해도 과언이 아닐진대, 오늘 위안저와 후웨 두 사람이 쓴 『옷으로 읽는 중국문화 100년』을 보니 심오한 뜻을 통속적으로 풀이해 내 그저 지나치기만 했던 과거의 복장에 대한 관념이 부끄럽기만 하다. 이 책은 그야말로 지난 세기 복장의 변화에 대한 깊이 있는 연구서일 뿐만 아니라 하나의 저작으로서 서술이나 분석, 자료 증명, 이미지 등 복합적인 요소들이 모두 잘 융합되어져 있고, 문자 또한 흐르는 물처럼 거침이 없어 전문 서적이라지만 무미건조하지 않고 재미나게 엮었다는 것은 이 책만의 특색이라고 할 수 있다.

복장역사에 대한 연구는 문화사 연구의 일종이며, 시대가 다름에 따라 복장이 변하면서 다른 시대 사람들의 심미관과 심미적 취향의 변화를 알 수 있다. 이런 문화심리는 정치요소와 어우러지면서 상당히 복잡한 문제를 잉태하고 있다. 이 책은 시대의 변화와 호흡을 같이하면서 복장을 이야기하였고, 그 속에서 정보를 이끌어 내고 있다. 그렇기 때문에 독자들은 이 책에서 알고자 하는 것들을 쉽게 찾아낼 수 있으리라고 믿는다.

나는 복장연구 방면에 대해서는 완전히 문외한이지만 위안저와 후웨 이 두 사람이 쓴 이 책을 보면서 공감하는 부분이 많았다. 이것만으로도 나는 이들에게 나의 마음을 다 전했다고 생각한다. 그들이 나에게 이 책에 대해 몇 마디 말을 해달라고 부탁해 왔을 때, 나는 무척 난감해 했지만 차마 거절할 수가 없어 하는 수 없이 이처럼 억지로 몇 마디 적어보았지만, 독자 여러분들은 이 책의 내용을 충실히 읽어주시고, 나의 말은 출간을 기념하는 축사 정도로 봐주시기를 바라마지 않는다.

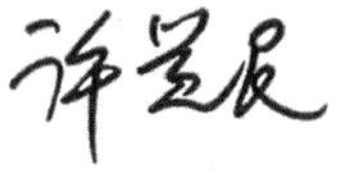

01

20세기초

1901–1910

옛것을 수호하여 사직을 지키다

01

20세기 초

1901–1910

1901년 신정에 즈음하여 인류사회는 20세기의 서광을 맞이하고 있었다.

격변하는 20세기에 온 세계는 놀라운 속도로 발전했고 중국 또한 예외는 아니었다.

…… ……

신정 당일은 광서光緖 26년 11월 11일이었다. 당시 중국 최후의 봉건왕조 통치자는 불운하게도 시안西安에서 망명 중에 있었다. 을씨년스럽게 흩날리는 눈송이들은 침침한 그림자가 드리운 청조제국大淸帝國의 진혼곡을 부르고 있었다.

같은 해 8국연합군八國聯軍이 청나라의 수도 베이징北京을 점령했다. 발더제Waldersee 8국연합군 사령관은 황태후 자희慈禧가 가장 선호하는 중남해中南海 이란전儀鑾殿에 둥지를 틀었다. 황궁에는 잡초가 무성하고 즈진청紫禁城에는 콧대 높은 서양인들이 분주히 들락날락거렸다. 황성 내 청나라 백성들은 머리를 움츠리고 가마 위의 개미처럼 안절부절못하는 양상이었다.

청나라는 황타이지皇太極가 국호를 청淸으로 변경하면서부터 계속해서 중국의 의상문화 변화에 중대한 직접적인 영향을 끼치고 있었다. 만족滿人이 관내에 진입한 이후로 강제적으로 한인들을 치발薙髮, 머리를 치켜 깎도록 하는 것하게 하고 변발을 드리우며 만족의 복장을 입게 하였다. 그 취지는 첫째로 만족들의 선정지풍先正之風, 먼저 자신의 기풍을 바로잡도록 하는 것을 유지하여 한족으로의 동화를 방지하기 위함이었고, 둘째로 물질적 형식에서 이데올로기에 이르기까지 철저히 한족을 정복하기 위함이었다. 만청滿清 의상제도는 한족들의 강렬한 저항을 받은 적이 있지만 시간의 흐름과 더불어 한족들도 점차 만족 복장과 변발을 받아들였다.

20세기의 초기 10년은 청나라 왕조 통치의 마지막 10년이었다. 경자지난庚子之變은 이빨 빠진 청나라 왕조의 통치를 또다시 거세게 흔들어 놓았고, 이홍장李鴻章이 언급한 바와 같이 청나라 왕조는 "사방 벽에 바람이 숭숭 새는 낡은 집"과 다름없었다.

1902년 〈신축조약辛丑條約〉이 체결된 후에야 자희태후는 비로소 베이징에 돌아올 수 있었다. 베이징에서 망명할 때와는 다르게 자희태후는 바오딩保定에서 기차에 올라 베이징 교외 마쟈바오馬家堡까지 이르렀는데 도착 당시 기차역에는 한 무리의 대신들이 저마다 머리에 화령花翎[1]을 꽂고 몸에는 관복을 입고 공손하게 대기하고 있었다. 자희태후는 행용行龍[2]무늬와 장문章紋[3]을 수놓은 명황포明黃袍를 입고 있었고 감청색의 옷깃에는 막 날개를 펼치는 금봉황이 수놓아져 있었다.[4] 하지만 기차역의 의장대가 연주한 영빈곡迎賓曲, 손님을 맞이할 때 부르는 곡은 놀랍게도 프랑스 혁명가곡 〈마르세유의 노래La Marseillaise〉였다. 당연히 자희태후와 대신들은 이 곡조에 담겨진 반란의 의미를 모르고 있었는데, 서방 자산계급 혁명가곡이 동방 봉건황후의 귓가에 울려 퍼진다는 것은 참말로 소가 웃다 옆구리가 터질 일이었다.

---

1. 화령(花翎): 청나라 때 황족 또는 고관들에게 하사하여, 관모(官帽)에 드리우게 한 공작의 깃으로, 관직의 높고 낮음을 나타냈음.
2. 행용(行龍): 천천히 걷는 용의 자태를 나타낸 무늬로 옷이나 도자기 따위에 적용했음.
3. 장문(章紋): 십이장문(十二章紋)이라고도 하는데, 옛날 제왕이나 고관대작의 예복에 수놓는 일(日)·월(月)·성진(星辰)·산(山)·용(龍)·화충(華虫)·화(火)·종이(宗彝)·조(藻)·미(米)·보(黼)·불(黻) 등 12가지 문양으로, 복색 등급을 표시함.
4. 자희태후는 황제의 생모 신분으로 군정대권을 탈취하였는데 그가 입은 조복(朝服)이나 길복(吉服)에는 황권을 상징하는 십이장문(十二章紋)이 수놓아져 있다. 이는 청나라 역사에서 복식의 법례를 어긴 보기 드문 사례이다.

20세기 초의 중국에서, 대청大清의 교룡기는 여전히 황토의 상공에서 펄럭였으며 관원과 백성들의 머리에 있는 변발은 여전했고 복색 또한 여전했다. 비록 만청제국滿清帝國은 이미 병든 몸을 가까스로 유지하는 몰락상을 하고 있었지만 만청 조상들이 정해 놓은 의관제도衣冠之制는 추호의 변화도 허락하지 않았다. 하지만 예외가 없는 것도 아니었다. 1900년 경자지난에 들이닥친 8국연합군이 베이징에 물밀듯이 달려들자 8월 15일 자희태후는 광서光緒황제와 함께 징산시제景山西街의 디안먼地安門을 나서서 황급히 베이징을 떠나 줄행랑을 놓았다. 을씨년스럽게 비가 내리던 그날 자희태후는 한족 시골뜨기 아낙네의 차림새를 하고 있었다. 머리는 양 뿔 모양의 시어머니 스타일로 치장하고, 몸에는 약간 낡은 남색의 여름저고리에 연청색의 바지를 입고, 새 행전行纏에 흰 양말과 검은색 천으로 만든 신을 신었다. 대청제국의 황제도 한인漢人 장사치의 차림새를 하고 있었는데, 남색의 큰 소매 장삼에 헐렁한 검은색 바지를 입고 둥근 밀짚모자를 쓰고 망명했다고 한다. 전하는 말에 의하면 이 복장들은 첸먼前門 밖 센위커우鮮魚口의 한 한족부녀가 준비하였는데 이 여인이 바로 내시 이연영李蓮英의 누나였다고 한다.[5]

황제와 태후의 이 평민복장이야말로 제국의 기운이 다 탕진해가는 상서롭지 못한 징조였지 않았나 하는 생각이 든다.

옷소매를 드리워서 천하의 통치를 이룩하다

중국의 문화좌표에서 복색 규정의 확립은 국가의 안정을 꾀하고 나라의 기강과 질서를 확립하는 중요한 수단이었다. 상고시기의 옛 사람들이 이르기를, "황제皇帝·요堯·순舜은 옷소매를 드리워서 천하의 통치를 이룩했는데 그 원리는 하늘과 땅의 섭리에서 얻어낸 것이다."라고 했다.

5. 진이(金易)·천이링(沉義羚), 『궁녀담왕녹(宮女談往錄)』, 232-233쪽, 즈진청출판사, 2004.

중국의 역대 왕조들은 모두 엄격한 복색제도가 있었다. 봉건제국에서의 복장은 심지어 머리와 동등하게 중요한 대사였으며 절대로 등한시해서는 안 되는 사항이었다. 옷에 대한 전문적 기록이 있게 되면서부터 복장은 신체 부위를 가리고 보온의 작용만 하는 실용품만이 아니고, 계급사회에서 내외를 구분하고 친한 것과 먼 것을 가리며 명분을 밝히고 귀천을 따지는 이데올로기 도구였다. 소위 "귀천에도 급수가 있고 복위服位에 위아래가 있으며 …… 천하는 그의 복장을 보고 그의 귀천을 알 수 있다."라는 것이 바로 이 도리이다.

청나라 초기 저명한 희곡 〈도화선桃花扇〉은 여러 사람들의 공감을 불러일으킨 적이 있었다. 명나라 말 청나라 초에 발생한 이 이야기는 명나라 재자才子 후방역侯方域과 기생 이향군李香君의 애달픈 이별과 만남의 이야기를 빌려 가정과 나라에 대한 통한을 반영하고 있다. 희곡의 고조되는 곳에는 예상대로 남녀 주인공의 오랜 이별 끝에 만나는 부분이 나타나는데, 이향군은 자기가 그토록 매일 낮이고 밤이고 사모해 오던 사람이 만족의 풍속에 따라 변발을 하고 옷을 청나라 풍으로 바꿔 입은 모습, 즉 몸에다가는 긴 두루마기와 마고자를 입은 것을 보자 치솟는 분노를 억제하지 못하고 인연을 단호히 잘라 버리고는 끝없는 비분 속에서 스스로 목숨을 끊어버린다.[6] 복장이 저지른 화가 이 정도에 이를 줄이야 그 누가 알았겠는가! 무대 위에서와 마찬가지로 복장은 사회역사와 현실생활 중에서도 그저 간단한 실용품이 아니라, 여러 가지 정신적 의미를 지닌 물질적 매체이며, 미학가美學家들의 눈을 빌려 표현한다면 '의미 있는 형식'인 것이다.[7]

---

6. 〈도화선(桃花扇)〉은 중국 청나라시기의 이름난 전기 극본이다. 저자 공상임(孔尙任)은 만남과 이별의 애환을 써서 흥망성쇠의 통한을 표현하였는데, 후방역(侯方域)과 기생 향군(香君)의 만남과 이별의 사랑이야기를 통해 저물어가는 명나라의 모습을 그렸다.
7. 영국 미학가 클라이브 벨(Clive Bell, 1881–1964)이 "아름다움"은 "의미 있는 형식"이라는 관점을 제기하여 재현의 방식을 거부하고 순수한 형식의 심미성질을 강조하였다.

문화대혁명시기 파손된 위의 사진은 백 년 전 사람들의 차림새를 기록한 아주 진귀한 사료이다. 청나라 후기에도 엄격한 복색제도는 그대로 이어지고 있다. 가운데 앉은 노인장은 단조(端罩, 청나라 때, 황제나 제후, 고위 관료들이 겨울철에 입었던 가죽으로 만든 예복)를 입고 있는데 이것은 겨울철 조포(朝袍)와 길포(吉袍) 위에 입는 두루마기이며 고관귀족이 아니면 입는 것이 금지된 복장이다. 리커위(李克瑜) 제공.

『청사고清史稿』의 기사에 따르면 청나라 병사가 중원에 진입했을 때 산둥山東의 진사 손지해孫之獬는 개인의 봉록을 탐하여 앞장서 치발하고 투항하였는데, 그때 만족의 복장을 입었다고 한다. 조회에서 만족대신들은 모두 손 씨가 한족혈통이니 한족대신들의 대열에 서야 한다고 주장하였고, 한족대신들은 손 씨가 만족 복장을 입었기에 만족대신들의 대열에 서야 한다고 주장하였다고 한다. 이러지도 저러지도 못하여 손 씨는 난처하기 그지없었는데 수치심이 끓어오른 손 씨는 청나라 황제에게 상소하여 치발하고 옷을 바꿔 입도록 영을 내려달라고 건의하였다고 한다. 손 씨가 외족에게 투항하였을 뿐만 아니라 새 임금을 충동질하여 본 민족의 복색을 바꾸게 한 행위는 한족백성들의 분노를 자아내서 산동의 민중들은 즈저우淄州성에 쳐들어가서 손 씨를 살해하였다고 한다.

의심할 것도 없이 복장은 민족의 상징이 될 수도 있고 권력압박의 수단이 될 수도 있는 것이다. 이백여 년 전의 만족귀족도 이 같은 도리는 모두 알고 있었다.

청나라 대신들은 전의(箭衣)를 입었다. 이는 좌우가 트인 도포로, 소맷자락에 소매덮개를 달고 있었는데 그 모양이 말발굽 같기에 속칭으로 마제수(馬蹄袖)라고 불렀다.

청나라 말기 황친귀족들의 두루마기와 마고자 등 만족의 복장.

청나라 말기 부유한 한족 가정의 여자들의 복장. 늑자(勒子, 옛날 부녀자들이 머리에 달던 장식품으로 옥이나 마노로 만들어짐)를 달고 궁혜를 신었으며 소매가 너른 저고리와 주름치마를 입고 있는데, 복색 중 자수가 아주 섬세하다.

서양인들이 이국정취를 만끽하는 데 쓰이던 청나라 말기 엽서에서는, 전족 귀부인의 차림새를 그대로 기록하고 있다.

청나라 말기의 이 남자는 머리 뒤의 긴 변발을 아주 자랑스럽게 여기면서 특별히 거울 앞에 모로 서서 사진을 찍고 있다.

한족 여자들은 결혼한 후 흔히 장식용 머리띠를 쓰고 있다. 또한 머리를 틀어 올리고 겹겹의 옷으로 몸을 가리고 있다.

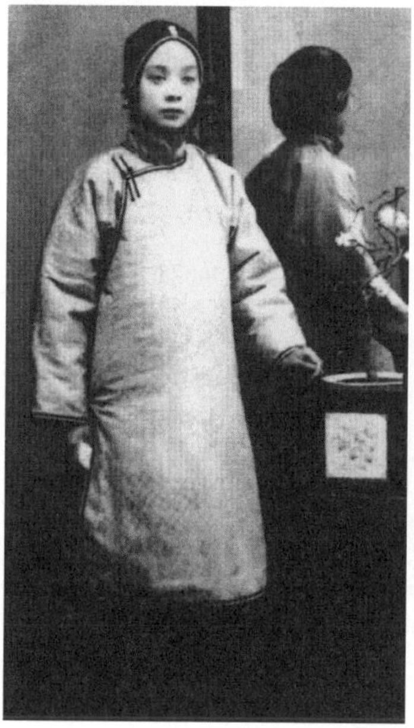

청나라 말기 기생집 여자들이 타이트한 옷을 입고 있다. 옷깃은 벌써 중국식 스탠딩 칼라(standing collar)로 바뀌었다.

청나라 여성복은 대부분 저고리와 치마(혹은 바지) 형식을 취하고 있다. 저고리는 길어서 무릎 또는 그 아래까지 오고 소매 역시 매우 헐렁했으며 좌우로 트게 했다. 류펑(劉蓬) 작.

이는 만청 관리집안에서 가문을 과시하는 '가족사진'이다. 청나라 관원들은 엄격한 복색규정에 의하여 옷을 입는데 부녀자들한테도 동급의 해당 복색을 착용시키고 있다.

난모(暖帽)는 청나라 관원들의 겨울 모자로 장식들은 양모(凉帽)와 같다.

양모(凉帽)는 청나라 관원들의 모자로 위에 깃털 따위의 여러 가지 장식들이 부착되어 있다.

옛것을 수호하여 사직을 지키다

순치 원년1644년 한 장의 통고가 황성의 곳곳에 붙게 되었는데 그 내용은 아래와 같았다.

"무릇 진심으로 투항하는 관리와 군민들은 모두 치발하고 의관도 본 조정의 제도를 따를 지어다."

복장으로 다른 민족을 정복하고 통치를 유지하는 법은 모든 시대의 역사에서 그 전례를 찾아보기가 힘들다. 통고가 발표된 후 황성의 안과 밖에서는 모두 치발하고 옷을 바꿔 입는 것을 실행하는 데 분주하였고, 이로써 새로운 왕조의 설립을 명시하였다.

만청 관원의 머리치장을 예로 들면 관모는 양모凉帽, 여름용와 난모暖帽, 겨울용로 나뉘었고 난모도 여러 가지로 나뉘었는데 모자 차양도 비단이나 나사천, 털가죽 등 다양한 재질로 만들어졌다. 모자의 꼭대기 부분에 붉은 수술을 단 것은 모위帽緯라고 했는데, 상사가 있을 때에는 모자 차양은 검은색으로, 모위는 짙은 자색으로 했다. 양모와 난모의 위에는 모두 정주頂珠가 달려 있었고, 여러 가지 컬러의 보석으로 만들어졌는데, 품계에 따라 정주의 컬러를 정했다. 가장 급이 높은 것은 붉은 정자頂子이고, 다음은 차례로 남색남색은 또 밝은 남색과 어두운 남색으로 나뉘었다정자, 수정水晶정자, 백석白石정자, 금金정자의 순이며, 가장 낮은 것은 정자가 없는 것인데, 정자가 없으면 품급이 없다는 의미였다.

정주 밑에는 공작새 깃털을 달았는데 남령藍翎과 화령花翎으로 나뉜다. 화령은 또 외눈單眼, 쌍눈双眼, 삼눈三眼[8]으로 나뉜다. 품급이 낮은 것이 남령이며, 대부분은 외눈單眼이다. 쌍눈双眼 화령은 왕공대신이 아니면 달 수 없는 것이며, 삼눈三眼 화령은 황제의 하사 없이는 달 수가 없었다. 모자에는 또 2

---

8. 외눈(單眼), 쌍눈(双眼), 삼눈(三眼): 공작새 깃털에 있는 눈(眼) 모양의 동그란 무늬의 개수를 이르는 말이다. 개수가 많을수록 품계가 높다.

화려하고 번거로운 청나라 관원들의 복색은 이빨 빠진 왕조의 쇠퇴상을 감출 수 없었다. 그림의 주인공은 경친왕(慶親王) 혁광(奕劻)이다.

관원들의 앞가슴에는 부동한 짐승과 새들의 도안이 새겨진, 네모난 덧그림이 있어 문무 관원의 구별과 등급을 나타내고 있다.

촌 길이의 영관翎管이 한 개씩 달려있는데 그 재료도 백옥, 비취 등으로 나뉘며 여기에 공작새 깃털을 심어서 고정했다. 모자의 술은 붉은색 명주실로 엮은 것인데 정수리 술은 붉은색이 평상용이고 상사 시에는 검은색으로 했다. 위모緯帽 위의 바탕은 하얀색이나 푸른색 숙라熟羅로 했고[9] 황화黃花무늬나 죽순竹絲무늬를 사용하는 경우도 있었는데 계절에 따라 달랐다.『대청회전大淸會典』에는 예복礼服, 길복吉服, 상복常服, 행복行服 등 복장의 모양이나 재료, 무늬양식이나 컬러에 대하여 상세한 규정을 하였는데 복장제도에 대한 문자는 아주 복잡하기 그지없는 전율典律문서였다.

청나라의 복색제도는 기본상 중원 한족문화의 관면冠冕복색제도에 종지부를 찍었다. 넓은 소매와 큰 도포의 전통복장을 버리고 만족의 몸에 붙는 긴 도포와 두루마기를 선택한 것은, 기마작전에 편리한 것으로 원래 복장을 대체한 것이었다. 만청시기 도포와 두루마기는 주요한 예복이었는데, 소매가 좁은 두루마기는 흔히 옆트임이 있었고 관리들은 두 개의 트임이, 황족

9. 위모(緯帽): 붉은 술이 달린 예관(礼冠)을 위모(緯帽)라 했다. 숙라(熟羅): 숙사(熟絲)로 짠 직물로 통기성이 좋고 탄탄한 강점이 있다.

청나라의 각종 기능성 패물,
염낭·향낭·귀마개.

들은 네 개의 트임이 있었는데 트임으로 신분을 나타냈다. 이런 두루마기는 '전이箭衣'라고도 했는데 소맷부리에 소매덮개를 달았는데 말발굽모양과 같다고 해서 속칭 '마제수馬蹄袖'라 했다. 청나라 예복은 칼라가 없기에 빳빳한 칼라가 있는 옷을 바쳐 입어야 했는데 속칭 '우설두牛舌頭'라 했다.

올드 닉이라는 프랑스인이 청나라에 처음 왔을 때 중국사회 상류층 남자들의 각양각색의 허리춤 패물이 모두 생활의 정취를 북돋는 장식물뿐이고 무사들의 무기가 아니라는 데 놀라움을 금치 못했다고 했다.

> "당신이 보고 있는 남자들의 허리춤에 차고 있는 패물들은 당신의 생각처럼 무기가 아니랍니다. 구슬실로 매어져 드리운 긴 침이 화승무기의 통침이 아니고 이쑤시개이며 비단주머니로 감싸고 있는 것은 독약을 바른 폴란드 단검이 아니라 난징南京의 향기로운 천으로 만든 부채입니다. 금실로 꿰맨 주머니는 탄약주머니가 아니고 부싯돌이 들어 있는 라이터 주머니로, 담뱃대에 담뱃불을 붙이는 데 사용될 뿐이고 그 주머니에 담긴 것은 화약이 아니라 살담배입니다."[10]

만족 남자들이 변발을 따는 방식은 아주 특이했는데 반치반류半薙半留, 반은 자르고 반은 남기는의 형식을 취하여 이마 끝부터귀밑 직선을 그어 선 앞의 머리카락은 자르고 선 뒤의 머리카락은 남겨서 변발을 땋아 머리 뒤에 드리웠다. 차림을 중시하는 이들은 머리카락 끝에 각종 액세서리를 달곤 했다. 이렇게 남자의 머리에 신경을 쓴 독특한 형상은 세계 다른 곳에서는 그 유례를 찾아보기 힘든 것이다.

청나라 초기 조정에서는 치발을 아주 엄격하게 실행하였다.

만족들이 한족들을 굴복시키는 중요한 수단 중의 하나가 한족 남자들의 앞이마에 있는 머리카락을 모두 밀어버리는 것인데 이것을 어기는 자는 살

---

10. [프랑스] 올드 닉 저, 첸린선(錢林森)·차이훙닝(蔡宏宇) 역, 『개방된 중화, 청나라에 온 양키』, 83쪽, 산둥화보출판사, 2004.

육당하는 운명을 면치 못했다. 만족 귀족들은 "명나라의 제도를 고수하고 우리 조정의 제도를 따르지 않는 자는 모두 죽여 없앨 지어다."라고 공공연히 으름장을 놓았다. 『청조야사대관淸朝野史大觀』의 기록에는 "당시 지방 각 현에 통보를 보내기를, 머리를 남기려면 머리카락을 남기지 말고 머리카락을 남기려면 머리를 남기지 말라고 하였다고 한다. 이발사로 하여금 시내 각 곳을 순행하면서 머리카락을 남긴 사람이 있으면 잡아서 밀어버렸다고 한다. 만약 조금이라도 반항하는 자가 있다면 죽여서 머리를 작대기에 꽂아서 뭇 사람들에게 경고하였다."라고 전한다. 당시 많은 지방의 민중들이 머리카락을 지켜내기 위해 흘린 피가 강을 이루었는데 그 일례로 강음십일江陰十日이나 가정삼도嘉定三屠[11]를 들 수 있다.

머리카락을 목숨처럼 아끼는 한족들에게 있어서 한 줌의 머리카락은 부모에게서 받은 물건으로 효도를 위해서는 절대로 훼손하여서는 안 되는 물건일 뿐만 아니라 절개를 지키고 전 왕조에 충성을 하는 상징적 의미의 매개물이었다. 양팅수楊廷樞가 말하듯이 "머리 잘리는 것은 작은 일이지만 머리카락 잘리는 것은 큰일이다."라고 하며 태연히 죽음을 맞이한 사람도 있고, 왕위자오王玉藻처럼 도포를 바꿔 입고 은거하여 청나라 복장을 기어코 반대한 사람도 있으며, 방이즈方以智처럼 칼 앞에 태연하게 마주서고 관직을 분토처럼 여기고 나중에 아예 스님이 되어 버린 사람들도 있었다. 이 시기 민속 모순은 옷차림 형식에서 아주 첨예하게 반영되었는데 역사상에서 전례를 찾기가 힘든 일이었다.

모순을 완화하기 위하여 청나라 조정에서는 명나라 옛 신하 김지준金之俊의 열 가지를 따르고 열 가지를 따르지 않는다는 건의를 좇아 "남자는 따르고 여자는 따르지 않는다. 살아서는 따르고 죽어서는 따르지 않는다. 양으로는 따르고 음으로는 따르지 않는다. 관원은 따르고 노복은 따르지 않는

---

11. 강음십일(江陰十日)이나 가정삼도(嘉定三屠): 1644년과 1645년에 명나라를 멸망시키고 남하하던 당시 청나라 군대가 양저우(揚州), 자딩(嘉定) 등지에서 치발(薙發)을 거부하는 사람들을 대량으로 학살했던 사건을 이름.

다. 늙은이는 따르고 어린이는 따르지 않는다. 유자는 따르고 스님과 도사는 따르지 않는다. 기생은 따르고 광대는 따르지 않는다. 관직에 임하여서 따르고 혼인에는 따르지 않는다. 국호는 따르고 관호는 따르지 않는다. 부역과 세금은 따르고 언어문자는 따르지 않는다."라고 규정하였다. 이때부터 부녀자·유생·노복·광대·혼인 당사자·장례 참가자·스님과 도사들은 만족의 풍속을 따르지 않아도 되었다.

청나라는 서방열국들의 포화에 대문이 열려져 세계를 마주한 나라이다. 그러기에 세계 각국 기타 민족들의 중국에 대한 인식은 이 시기에 국한되어 있었다. 남자의 변발, 여자의 전족과 청나라 특유의 복장은 세계의 중국 전통문화에 대해 잘못 알게 되었는데 그에 대한 오해는 아직도 남아 있는 것이다.

중국인의 변발은 늘 나로 하여금 웃음보를 터뜨리게 한다. 그들의 변발은 천여 개의 기능을 한데 모아놓은 것 같다. 내가 고용한 하인들은 변발로 가구의 먼지를 털고 있는데 닭털로 만든 먼지떨이와 꼭 같았다. 또 농민들이 변발로 걸음걸이가 느린 수퇘지를 후려치는 것도 본 적이 있다. 한 번은 사신절謝神節이라고 부르는 명절에 참가했는데 사람들이 북적거리는 통에 나는 덤벙거리는 한 젊은이의 변발이 두 광둥广東 사람의 변발과 한 데 엉킨 것을 발견했다. 그들은 한참 불꽃공연을 신나게 보던 중인지라 아무것도

〈한 오랑캐가 대청국(大清國)에서〉의 삽화. 오귀스트 보르제(Auguste Borget) 작.

감지하지 못하고 있었는데 사람들이 흩어져 갈 때 이 세 사람이 서로 마주보는 눈길은 참으로 우스꽝스러웠다.[12]

하지만 청나라 정부는 자신의 복색제도에 대하여 추호의 동요도 하지 않았고, 여전히 옛것을 수호하고 변화를 허용하지 않았다. 200여 년 이래 청나라 백성들은 뒤에 긴 변발을 드리우고 멋진 걸음걸이를 뽐내며 수천 년 동안 변함없는 소농경제 생활방식을 고수하였다. 그들은 '중앙대국' 밖의 오랑캐 나라들이 이미 산업혁명 시대의 격변기에 진입해 있음을 꿈에도 생각지 못하고 있었다.

1868년, 긴 변발에 도포 두루마기 차림의 청나라 관원은 처음으로 영국·프랑스·독일 등의 나라를 방문하게 되었다. 청나라 사절단을 따라 나선 장덕이張德彝의 기록에 의하면 이르는 곳마다 이국 백성들이 "물밀 듯이 모여들어 좌우에서 바라보는데 발을 떼기조차 힘들 정도였다.", "가게 앞에서 남녀가 앞다투어 중국 사람을 바라보는데 노인과 어린이까지 합하여 약 천여 명은 됨직했다. 그림 가게에 들어서니 모두들 먼저 보려고 밀려들어 집안은 발 디딜 틈새마저 없었다."[13] 이러한 성황은 유럽인들의 열정에 의해서가 아니라 청나라 사람들의 기이한 차림새를 구경하려는 호기심 때문이었다. 1872년 가을, 중국에서 맨 처음 미국유학을 떠난 어린이들이 미국에 도착하였을 때 미국인들은 놀란 눈길로 변발을 한 중국 어린이들을 바라보며 성별을 가리기조차 어려워했다. 그들은 이렇게 외쳐댔다.

"Look! Chinese girls!이것 봐, 중국 계집애들이로군"[14]

9월 15일 당일의 『뉴욕시보』에서도 이 소식을 보도하였는데 마찬가지로 어린이들의 성별을 잘못 보도하였다.

---

12. [프랑스] 올드 닉 저, 첸린선(錢林森)·차이훙닝(蔡宏宁) 역, 『개방된 중화, 청나라에 온 양키』, 83쪽, 산둥화보출판사, 2004.
13. 장이궁(張亦工)·샤다이다이(夏岱岱) 주편, 『변발을 잘라 버린 중국』, 2쪽, 중국청년출판사, 1997.
14. 첸닝(錢宁), 『미국 유학, 한 시대의 이야기』, 19쪽, 장쑤문예출판사, 1996.

"어제 도착한 서른 명의 중국 학생들은 모두 아주 젊었다. 그들은 모두 우수한 자질을 지닌 신사 숙녀들이며 외모는 그전에 미국에 다녀왔던 동포에 비해 한층 정결해 보였다."[15]

1905년, 청淸나라 정부에서는 재탁載澤과 단방端方 등 다섯 대신을 외국에 보내어 시찰하게 했다. 당시 복색제도에 따라 외국 방문 시 입을 예복은 반드시 모자에 화령을 달아야 하고 지정된 예복에 긴 변발도 필수였는데, 단방의 옷소매가 미국 샌프란시스코에서 호텔의 회전문에 걸려 낭패를 보기도 했다.

청나라 말기 직예총독이었던 이홍장李鴻章은 일본 주화공사駐華公使 모리 아리노리森有礼를 회견할 때 복장에 대한 아래와 같은 의미심장한 담화를 나눈 일도 있었다.

이홍장李鴻章: 나는 당신네 나라에서 최근 거둔 모든 성과에 진심으로 탄복하오. 하지만 한 가지만은 납득이 가지 않는데 당신들이 오래된 민족복장을 유럽양식으로 고쳐버린 데 대해서는 나로서는 참말로 의혹스럽소.

모리 아리노리森有礼: 각하가 보신대로 우리나라의 고유복장은 폭이 넓고 바람이 잘 통해 시원하답니다. 이러한 옷은 일 없이 한적한 사람들에게는 잘 어울리지만 부지런히 일해야 하는 사람에게는 어울리지 않습니다. 오늘날의 급박한 형세에서는 더욱 어울리지 않지요.

이홍장: 복장은 조상에 대한 신성한 추억을 불러일으키는 사물의 하나로서 조상의 유지를 새겨보게 하기 때문에 후대인들은 공경하는 마음가짐으로 만세에 보존하여야 옳은 일인 줄 압니다만.

모리 아리노리: 만약 우리의 조상이 아직도 살아 있다면야 그분들도 의심할 바 없이 우리들과 꼭 같은 일을 할 것입니다. 약 천여 년 전 그분들이 귀국의 복장의 장단점을 발견하여 고유의 일본 복장보다 월등하다고 간주했다면 중국옷으로 바꿔 입었겠지요. 무슨

15. 첸강(錢剛)·후진차오(胡勁草), 『미국에 유학 온 어린이, 중국 최조의 관방 파견 유학생』, 67쪽, 문회출판사, 2004.

동계복장을 입은 청나라 말기 관원들. 촬영을 위하여 차림새를 열심히 가꾼 흔적이 보인다.

청나라 궁정복장은 아주 화려하여 태감이 입은 조복, 마고자에서도 그 일면이 보인다.

영국화가 몽 퍼스가 1907년 중국 방문시 그린 유화. 평민들의 차림새를 생생하고 정확하게 그려내고 있다.

변발에 대한 남자들의 수요에 응해 청나라에는 이발 도구를 짊어지고 거리를 누비는 이발장이가 생겨났다.

일이나 다른 나라의 장점을 잘 따라 배우는 것이 우리나라의 좋은 전통입니다.

이홍장: 귀하는 당신네 나라가 전통복장을 버리고 유럽양식을 본 따는 것이 독립적인 정신을 잃고 유럽의 지배를 받고 있다고는 생각하지 않소이까? 그 점이 부끄럽지 않단 말인가 이 말입니다.

모리 아리노리: 아니요, 조금도 부끄러운 생각이 없습니다. 우리는 이러한 변혁 때문에 자긍심을 느끼고 있습니다.

이홍장: 우리나라는 절대로 이러한 변혁은 하지 않을 것이오.[16]

이 담화의 의의는 이미 복장의 범주를 훨씬 초월하고 있었다. 이홍장의 관점은 당시 청나라 정부가 옛것을 한사코 수호하는 태도를 보여 주고 있었던 것이다. 자희태후는 경자지난庚子之亂 이후 땅도 일부 빼앗기고 배상금도 지불 당했기에 핍박에 의해 '신정新政'을 동의하였지만, 유독 복색을 바꾸는 데 대해서는 추호의 여지도 주지 않았다. 그는 '서수西狩' 도중에 이렇게 말한 적까지 있었다.

"나는 배를 만들고 기계를 만드는 것은 찬성이야. 그게 다 나라를 부강하게 하려는 게 아니겠는가! 하지만 변법도 조상의 노여움을 사서는 안 되는 일이야. 일본 사람들처럼 옷차림새도 바꾸고 달력도 고치고 그런 허망한 짓은 절대 안 돼!"[17]

흥미로운 것은 청나라 말년 정계에 출현한 개혁파나 보수파, 혁명파 모두 복장에 대해서는 놀라울 정도로 복장에 대해 중시하고 있었다는 것이다. 복색제도를 개혁하면서 여러 번의 정치충돌이 일어나곤 했었다.……"의미 있는 형식"으로서의 복장은 이미 너무나도 큰 정치적 무게를 짊어지고 있었다.

---

16. 1875년 일본 공사 소에지마 다네오미는 베이징에 와서 이홍장을 만났다. 일본 외무성 관방측은 이 담화를 영문으로 기록하고 있다. [미국] 페정칭(費正淸)·류광징(劉广京), 『캠프리치 중국 만청사』, 399쪽, 중국사회과학출판사, 1993.

17. 첸강(錢剛)·후진차오(胡勁草), 『미국에 유학 온 어린이, 중국 최초의 관방 파견 유학생』, 221쪽, 문회출판사, 2004.

한평생을 정치개혁에 헌신해 온 강유위康有爲는 자신의 저명한 개혁이론 저서인 『무술진정서』에서 "단발역복斷發易服하여 개원하기를 청하노라."라는 글도 담고 있었다. 진정서에는 아래와 같이 비분강개하여 청원하고 있다.

"지금은 기계로 번성하는 세상이니 기계가 많으면 강성해지게 되고 기계가 적으면 약소해지게 됩니다. 변발과 기계는 공존할 수 없는 것입니다. 또 군사쟁명의 세상에 칼 차고 말 달릴 때 머리채는 더욱 거추장스러운 것입니다.……변발을 드리우면 옷이 쉽게 더럽혀지고, 머리가 길면 때가 많이 탈 수밖에 없습니다. 옷이 더러우면 보기가 흉하고 머리카락은 감으면 깨끗해지나 머리카락을 빗고 다듬는 데 많은 시간을 허비하게 됩니다. 만약 외국에 있다면 외국 사람들의 놀림을 받게 되는데 어린이들이 머리카락을 당기며 희롱하기 쉽고 국세가 빈약한 상황에서는 모욕과 희롱이 더욱 심해져서 돼지꼬리로 불리기도 합니다. 외간 출입에 불편하고 버리면 잃어지는 것이 없고 남기면 오히려 성가시기만 합니다.……입국立國의 득실은 법으로 다스리는 데 있고 인심을 순응하는 데 있는 것이요 의상을 유지하는 데 있는 것은 아닙니다. 수천 년 동안 유가체통을 지켜온 중국이 헐렁한 옷에 넓은 띠를 두르고 긴 옷자락이나 끌면서 멋쟁이 걸음걸이로 천하의 경쟁에 나서는 것은 옥을 차고 옥돌을 울리며 불 끄러 달려가는 것과 다름없으니 참말로 적절치 못한 일이옵니다."[18]

나아가 그는 심지어 이렇게 상주하였다.

"폐하께옵서 먼저 단발역복하시고 천하가 동시에 단발하도록 선포하시여 대 개혁을 도모하도록 해야 합니다. 만약 오늘날 백관이 역복하고 조정에 나선다면 백성들은 그 뒤를 따라 편리를 꾀하게 될 것이며, 이로 인하여 온 나라에 상무尙武의 기풍이 넘쳐나게 되고 갱신하는 기운이 널리 퍼져 생기발랄한 새로운 국면이 나타나게 될 것이옵니다."[19]

---

18. 강유위, 『무술진정서』. 선원룡(沈云龍) 주편, 『근대중국사료총서 3편』 제33집, 136-137쪽, 문해(文海)출판사, 1968.
19. 동상서, 138쪽.

프랑스 화보 『L'illustration』의 표지에 실린 청나라 관원의 얼굴이 아주 실제에 근접하고 있다. 그림의 주인공은 프랑스 주재 청나라 공사 허경등(許景澄)이다. 친펑(秦風) 작업실/fotoe 제공.

L'ILLUSTRATION

JOURNAL UNIVERSEL

PRIX DU NUMÉRO : 75 CENTIMES
Collection mensuelle : 3 fr.— Volume semestriel : 18 fr.
Les demandes d'abonnement doivent être affranchies et accompagnées d'un mandat-poste ou d'une valeur à vue sur Paris au nom du Directeur-Gérant.

43e ANNÉE. — VOL. LXXXVI. — No 2215.
SAMEDI 8 AOUT 1885
BUREAUX : 13, RUE ST-GEORGES, PARIS

PRIX D'ABONNEMENT
PARIS & DÉPARTEMENTS : 3 mois, 9 fr.; 6 mois, 18 fr.; un an, 36 fr.
ÉTRANGER : Pour tous les pays faisant partie de l'Union postale : 3 mois, 11 francs; 6 mois, 22 francs; un an, 44 francs

SHU-KING-CHEN
AMBASSADEUR DE CHINE A PARIS
D'après la photographie de M. Walery.

하지만 통탄스럽게도 강유위와 그 옹호자들은 19세기 말 끝내는 단발역복하고 민중과 더불어 새 출발을 하려는 꿈을 이루지 못했고, 그들의 역복 이상과 유신계획들은 모두 변법운동의 실패와 함께 요절하고 말았다. 단발역복의 건의는 대역무도한 망언으로 간주되었고 사람들의 복장은 또다시 정치변혁과 한데 묶이게 되었다.

경자지난 이후 청나라 조정에서 추진한 소위 신정新政에서 "법령을 바꾸고 오랜 습관을 타파한다." 등의 주장을 펴면서 병사와 경찰들은 서양복장을 입도록 허락하였고 민간인들에 대한 복장 단속도 다소 느슨해지게 되었다.

선통 원년1909년, 외국유학을 다녀온 외교대신 우팅팡伍廷芳이 다시금 조정에 단발역복의 주장을 상소하였다.

"조정에서 칙지를 내리시어 관인과 장사치, 군인과 서민들 모두 긴 머리를 자르고 양복을 입게 하여 각 나라 백성들과 의상을 일치하게 함으로써 타국의 질시를 받지 않게 하여 주시옵소서."

조정에서는 이 때문에 회의를 소집하여 토론하였으나 이렇다 할 결과를 얻지 못하였다. 이듬해 조정에서는 문서를 반포하여 민간인이 자유로이 머리를 자를 수 있게 했으나 실행하는 사람이 가뭄에 콩 나듯 했다. 청나라 사람들의 순박함과 어리석은 충성심은 극에 달했음을 보여 주는 일례라 해야 할 것이다. 민주주의의 개념이라곤 전혀 없는 백성들을 대상으로 한 유식자들의 노력은 물 속의 달, 거울 속의 꽃이 되어 실없어진 것이다.

동년 12월, 베이징과 한커우漢口의 상업계에서 '발유천하국發維天下局'에 상소문을 보내 조정에서 단발역복을 시행할 것을 청원하였을 때, 조정에서는 "국가의 제복은 상하의 질서가 분명하고 오랜 시간 동안 착용하여 관습이 형성되었으며 지난날 쉽게 바꾼 적도 없었다. 군복과 경찰복장을 관아의 허락에 따라 시대에 맞게 고치는 것을 제외하고는 모든 정치계 학계와 각계 인사들은 모두 정해진 법도를 따를 터이며 헛소문을 듣고 망언하여 난데없는 오해를 초래해서는 안 될 지어다."라고 회답하였다.

외세의 침략이 닥쳐오고 백성들이 이미 각성하기 시작했는데도 썩어빠진 청나라 왕조는 여전히 의상을 자신의 정권을 유지하는 버팀목으로 간주하고 지푸라기를 쥐고 허우적대고 있었다. 어마어마한 청나라 왕조가 다섯 살짜리 철부지 황제 푸이溥儀를 통해 칙령을 반포하였으니 그 황당무계함이 기가 차고 슬프기 짝이 없었다.

서양문물과 서양의 기풍이 점차 들어오다

시안西安에서 돌아온 제국의 궁정은 서양 오랑캐의 풍습이나 도덕에 대한 태도가 조금씩 달라지고 있었다. 서양인들의 "기괴한 기교와 참새머리 잔재주"로만 간주되던 서양문물과 풍습이 조금씩 궁정 안에서 자리를 잡아가고 있었다. 1903년, 68세에 이른 자희태후는 서양인들의 사진 촬영 기술을 좋아하게 되었다. 태후는 사진기 앞에서 보살이나 왕모의 포즈를 취하고는 사진을 찍었는데, 찍은 사진은 내무부에 명하여 액자에 넣어 선물로 다른 사람들에게 하사하였다. 사진에 "대청국 현세 성모 황태후 만세 만세 만만세大清國當今圣母皇太后万歲万歲万万歲"라는 문구도 물론 빠져서는 안 되는 것이었다. 1904년에 영국인 하나가 궁정에서 영화를 돌릴 수 있도록 허락받은 적도 있었는데 그것은 태후의 생일을 축하하기 위해 전적으로 기획한 것이었다. 그리고 태후는 독일에서 만든 벤츠승용차도 한 대 있었다.

중심에 위치한 대제국으로 자부하던 청나라 왕조는 19세기부터 오랑캐라고 우습게 여기던 서방 열강의 침략을 맞이하여 여러 번 땅을 떼어주고 배상금을 지불하는 굴욕을 당해야만 했다. 서방 열국의 군사 기술과 공업과학 기술 및 거기에 따른 정치이념과 이데올로기는 쇠약한 중국에게 침통한 충격과 심각한 영향을 주었다. 국내 양무운동洋務運動의 흥기와 유신운동維新運動, 반청운동反清運動의 발발 등은 20세기 중국의 사회변혁을 위한 복선을 깔아놓았다.

19세기 중엽부터 시작하여 통상항구의 개방과 양무운동의 흥기 등으로,

청나라 왕조의 도시생활은 점차 근대화의 방향으로 나아가게 되었다. 1900년에 베이징 거리에는 가로등이 생겨났는데 비록 어둡기 그지없었지만 징산景山 앞 패루에 씌어진 '홍우천민宏佑天民' 네 글자를 비추는 데는 문제가 없었다. 1901년 톈진天津에 창립된 지안濟安상수도공사는 당시 국내에서 가장 방대한 급수시스템을 보유하고 있었다. 백성들은 수도꼭지만 돌리면 쏟아져 나오는 물을 '쯔라이쉐이自來水, 절로 나오는 물'라고 불렀다. 1902년 한 미국인 베이징 첸먼前門 푸써우탕福壽堂에서 영화를 방영하였는데 백성들은 이를 보면서 경악을 자아냈다. 1903년 헝가리인 리헨이 두 대의 승용차를 상하이上海에 가지고 왔는데, 언론에는 "상하이에 네 바퀴를 가진 괴물이 나타났다."는 뉴스가 뜰 정도였다. 톈진의 가장 큰 발전소는 1906년 벨기에의 한 상인과 중국정부가 합작하여 건설하였다. 1908년 3월 상하이 거리에 전차가 등장했다.……

서양에서 들어온 서양 물건들과 현대 공업 기술은 점차 중국의 서민생활에 직접적 영향을 미쳤다. 수돗물, 성냥, 가솔린, 자동차, 서양옷감 등은 점차 사람들의 일상생활에서 필수불가결한 물건이 되었다. 카메라, 전등, 전화, 선풍기, 축음기 등 고급품들은 왕공귀족들의 생활에서 나타나기 시작했다. 톈진항구에는 「진먼바이웨이津門百味」라는 시가 떠돌고 있었다.

온갖 보물 바다로 들어오고
커다란 유리거울 문짝보다 많네
네덜란드 숴푸瑣袱와 시판진西番錦[20]
기괴한 서양 물건들 거리에 넘쳐나네.

공업문명이 가져온 물질적 향수는 재빨리 변발을 수호하고 있는 중국인들의 흥취를 자아냈고 생활의 면면에서 서양화의 행보가 시작되었다. 옷 짓

---

20. 네덜란드 숴푸(瑣袱)는 서지(serge)를 가리키고, 시판진(西番錦)은 인도비단을 가리킨다.

는 원단과 화장품들도 서양 물건과 서양 풍기의 영향을 받았는데 서양 원단의 대량적인 유입은 재래식 원단 시장에 치명적인 타격을 안겨주었다.

서양 원단의 범람에 대하여 라오서老舍 선생은 생동적으로 묘사를 한 적이 있었다.

주인 왕씨老王掌柜 "그는 재래식 남색 원단에 심취하여 있었다. 하지만 아무리 찾아보아도 재래식 남색 원단은 거의 찾아볼 수가 없었다. 이젠 사각거리며 시끄러운 소리를 내는 죽포竹布, 서양천을 가리킴-저자 주를 입는 것 빼고는 별다른 뾰족한 수가 없었다. 이렇게 시끄러운 죽포셔츠를 처음 입었을 때 동네방네 개들까지 모여들어 컹컹거리며 이의를 제기했지만, 얼마 지나지 않아 전 베이징 남녀노소가 모두 이런 죽포로 만든 옷을 입었다. 그러자 동네방네 개들마저 점차 습관이 되어 더 이상 짖지를 않았다."[21]

이미 수입된 죽포는 베이징 시민들의 생활에 깊이 뿌리내렸던 것이다.

사람들의 낡은 복장차림새와 의식형태는 점차 느슨하게 풀려져가고 있었다. 개항한 도시에는 차림새나 예의범절에서 정해진 법도를 넘어서는 현상들이 비일비재하게 나타났다. 이처럼 옷차림새가 선을 넘어서는 현상은 청나라 왕조의 정통 지위가 동요하기 시작했음을 의미하며, 복색개혁의 씨가 움트고 있었음을 보여 주었다. 왕타오王韜는 『영연잡지瀛壖雜志』에서 상하이의 기풍을 이렇게 기록하고 있다.

"오늘날 풍속은 날로 화려하고 사치한 쪽으로 나아가고 있다. 의복의 차림이 사치스럽고 상하의 구별이 없는데 상하이의 정황이 가장 심각하다. 서양조계지에서 장사하는 놈들이 목돈을 벌어서는 여우 등 짐승가죽으로 지은 옷을 입고 뽐내며 거리를 활보하는데 정말 비단보자기에 똥을 싼 격이다."

청나라 말년의 상하이와 톈진 등 통상항구의 장거리 및 조계지에는 중국 사람과 서양인들이 잡거해 있었고, 상인·매판·서양 은행직원 등이 사회

---

21. 라오서, 「붉은기 아래에서」, 『라오서문집』 제7권, 228쪽, 인민문학출판사, 1995.

1909년 청나라 관원 자이순(載洵), 사전빙(薩鎮冰) 등이 구미에서 해군을 고찰할 때 서양인들과 함께 찍은 기념사진.

생활에서 날로 중요한 위치를 차지하고 있었다. 당시 도시문화의 주요 특징은 서양화와 세속화의 경향이었다. 그리고 조계지는 황성과 멀리 떨어져 있는 데다 서양인들의 세력까지 등에 업었기에 전혀 두려워하지 않았다. 청나라 왕조의 기운이 쇠약해지면서 많은 지방의 옷차림새는 역전할 수 없는 변화를 겪고 있었다.

동양과 서양의 복색은 서양인의 유입과 유학생의 수출로 사람들에게 영향을 끼치기 시작했다. 일부 양무파 인사와 유학생, 혁명당인革命党人들은 서양인들이 '돼지꼬리'라고 조롱하는 변발을 잘라 버리고 거추장스러운 두루마기와 마고자를 벗어 버린 후 아예 서양식 복장차림을 선택하였다. 1904년 『대공보大公報』에 실린 한 글에서는 외국에 유학 갈 때 아예 "옷을 바꿔 입고 변발을 잘라 버려 서양인과의 교제에 장애를 덜게" 하자고 주장하기까지 하였다. 하지만 이러한 논쟁은 "역복하고 개원하여 만족을 배제하는 혁명을 선동하는 혐의"가 있다고 하여 정부에 받아들여지지 않았다.

루쉰魯迅의 소설 『아Q정전』에서 "이전 나으리의 아들이 유학을 마치고 돌아왔는데 변발을 잘라 버리고 온몸에 서양 옷을 걸치고 모좡末庄에 나타났다. 모좡 사람들은 이전 나으리의 아들을 '가짜양놈'이라고 매도해 나서자 '가짜양놈'의 색시는 우물에 세 번이나 뛰어들었다." 이 시기 일부 간이 큰 여자들은 서양인들을 따라 "소매가 좁은 양복에 가죽구두"를 매치하거나, "길이는 발까지 덮을 수 있고 소매는 팔을 딱 맞게 감싸며 엉덩이라인이 훤히 드러나는" 좁고 긴 저고리를 입었는데 이 또한 서양인들의 복색제도를 모방한 것이라고 했다. 당시의 사람들은 이러한 현상을 이렇게 풍자하였다.

"신식 옷은 가랑이가 너무 좁다네. 너무 길고 비좁아서 이루 다 말할 수조차 없다네. 서양 사람들의 옷은 참말로 거추장스러워. 허리가 너무 걸려서 쭈그려 앉을 수도 없다네."(『경화죽지사京華竹枝詞』)

이 밖에 신군新軍은 제일 먼저 서양식 옷차림을 보급한 집단이었다. 광서 31년1905년 궁정에 상소하여 육군의 새 제복 양식을 허가받았지만 큰 행사가 있는 날에는 여전히 머리에 화령과 정주를 달아야 했다. 육군 군복은 군 예

68세의 자희태후는 서양인들의 '기괴한 기교와 참새머리 잔재주'에 심취하여 사진 찍기를 좋아했다. 그래서 화려한 청나라 궁실 여장들이 사진기록에 남게 되었다.

태감들이 서양식 눈썰매를 끌며 장난치고 있다. 청나라 황실은 물질향수 방면에서는 아주 개방적이었다. 1900년 프랑스 화보 『L'illustration』에서 발췌함. 친펑(秦風) 작업실/fotoe 제공.

청나라 말기에 세운 학당. 서양학설을 유입한 후 학생복은 점차 서양화의 방향으로 나아갔다.

청나라 말기 순경 교관의 졸업사진에서 순경들은 이미 서양식 군복을 입고 있다.

복軍礼服과 평상복으로 구분했고 군모를 썼다. 군복은 전부 앞섶을 여는 식으로 되어 있었고 소매는 모양을 내고 단추를 달았으며 검은색 차양의 군모를 쓰고 가죽장화 또는 가죽구두를 신었다. 또 견장에는 금실과 붉은색 실을 드리워 군 계급을 나타냈다. 선통 원년에는 해군복과 경찰복 양식도 결정했다. 가장 일찍 서양 군복을 입은 것은 위안스카이袁世凱의 북양군北洋軍이었다. 1905년 청나라 정부는 베이징에 있는 훈련병들을 순경으로 개편하고 서양식 경복을 적용했는데, 트윌면으로 지은 상하의를 입고 가죽구두를 매치했다. 장관들은 제복에 구리별과 금줄을 상감했고, 허리에는 동양식 칼을 찼는데 이와 같은 서양식 복색은 일본에서 비롯된 것이었다.

20세기에 들어서면서 중국은 모든 방면에서 이미 변화를 꾀하고 있었으나 그러한 변화는 그렇게 쉽지만은 않았다.

두루마기, 마고자(馬褂) 그리고 과피(瓜皮)모자

남자들의 변발과 관병의 삼각형 모자는 청나라의 전형적인 모습으로 일반 서양인들의 머릿속에 각인되어 있었다. 극동 지역 중국인에 대한 이러한 형상은 그 시기 서방의 서적과 잡지에 나오는 중국 남자의 모습에서 빼놓을 수 없는 부분이었다.

남자는 앞이마를 모두 밀어버리고 나머지 머리카락으로 변발을 만들어 뒤통수에 드리우는 경우가 보통이었다. 변발을 머리 위로 감는 경우도 있었는데 이는 일할 때 편리를 위해서거나 여름에 더위를 피하려는 것에 한해서였다. 청나라 말기 혁명당인들은 변발을 자를 것을 당부하였는데 일부 사람들은 변발을 머리 꼭대기에 감는 것으로 변발을 자르는 것을 대신하는 경우도 있었다.

보통 관리들이나 선비 서민들이 사용하던 것은 주로 쪽모자였는데 육합통일모六合統一帽라고도 불렀다. 민간에서는 간단히 과피모자瓜皮帽로 부르고 이 남자는 오른쪽 섶이 잘린 마고자를 입고 있는데 이런 양식을 '비파금(琵琶襟)'이라 했다. 이는 기인(旗人)들 특유의 양식이었다. 가오젠중(高建中) 제공.

과피모자는 청나라에서 가장 흔히 볼 수 있었던 남성 모자였다.

남방에서 입는 향운사(香云紗) 마고자와 두루마기.

북방에서 입는 두루마기·마고자와 끝이 쌍날로 된 신.

부채를 들고 두루마기에 마고자를 입은 남자. 탁상시계는 당시 부유함의 상징이었다.

있었다. 명나라 때 기원되어 청나라 때 성행한 과피모자는 흔히 아래가 넓고 위가 좁은 검은색 비단이나 모사毛紗 여섯 마디를 이어서 만들었다. 청나라 말기에는 모자의 꼭대기 부분이 과능형瓜棱形으로 둥그스름하고 윗부분이 약간 평평한 모양을 했었는데, 그 아래에는 모자 차양이 이어졌으며 위에는 검은색 혹은 붉은색 매듭이 지어졌다. 차양에는 흔히 진짜 혹은 가짜 명주나 보석이 박혀있어 모자의 앞뒤를 구분하는데 이를 '모정帽正'이라고 불렀다.

북방지구에는 풍모風帽, 즉 톈진방언으로 관음두觀音斗(兜)라고 부르는 모자도 있었는데 진흙공예품이나 그림에서 관음보살이 착용하고 있는 두건과 비슷하다고 하여 이러한 이름이 붙여진 것이다. 무명이나 가죽 비단 등 다른 재료로 만들어졌는데 비단풍모는 부유한 사람들의 전용이었다. 두 조각의 큰 천을 가운데 겹치게 바느질해서 모양을 잡고, 머리 부분은 이마까지 가릴 수 있고 머리 좌우 양쪽에는 모자 끈이 있어서 턱 아래에 감아 맨 후 몸 뒤쪽이나 어깨에 드리웠다. 풍모를 쓸 때에는 과피모자를 꼭 안에 넣어서 함께 착용했다. 중년 상인들은 장군투구將軍盔라는 모자를 착용하였는데, 장군투구는 겨울철 바람을 막고 추위를 이기는 솜털모자로 모양이 명청明清 군관들이 사용하는 가죽모자와 흡사하다 하여 이런 이름을 가지게 되었다. 또 섬모氈帽라고 부르는 모자도 있었는데 농민들과 도시 노동자들이 많이 사용하였다.

청나라 남자들이 복색에서 가장 중요한 조합은 두루마기와 마고자에 조끼였다. 두루마기는 만족과 한족이 모두 입었지만 그 모양이 약간 차이가 있었다. 두루마기는 길이가 발등까지 닿는 긴 겉옷인데 소매가 좁고 옷이 몸에 붙어 많은 남자들이 평상시 복장이나 평민들의 외출예복으로 사용되었다. 민간의 길복吉服은 감색하늘청색, 깊은 청색에 붉은색이 섞인 컬러을 사용하고 소복으로는 청색을 사용하였다.

재료는 모사로부터 털가죽까지 수십 가지가 되었으며, 모사 한 가지만 봐도 양사亮紗, 암사暗紗 구분이 있었고, 계절에 따라 홑 것, 겹 것, 솜을 넣은 것 등 재료의 차이가 있었다. 털가죽도 잔털, 굵은 털의 구분이 있었고, 주피珠皮, 씨방 안에 있는 속피, 쇠족제비, 친칠라쥐의 일종 털, 여우의 털가죽부터 진귀한 해달, 은색 여우털, 링크스펄 견직의 일종, 자고紫羔, 검은 양의 털가죽까지 수많은 재료들이 있었다. 관원의 두루마기는 화살소매箭袖가 있는가 하면 말굽소매馬蹄袖도 있었는데 단추로 소맷부리에 꿰매서 용탄구龍呑口라고 불렀다. 두루마기의 소매는 아주 길어서 드리우면 손가락 끝까지 가릴 수 있었다. 청나라 관원들의 두루마기는 흔히 옷자락을 텄는데 트지 않은 복장은 일반적으로 민간용으로 일과원一裹圓이라고 불렀다. 두루마기의 귀천은 주로 그 재료와 재단공예에서 나뉘었다.

청나라 사람들은 두루마기 밖에 마고자를 입었는데 마고자는 만청의 특색복장으로 길이가 허리를 넘지 않고 소매는 팔꿈치를 겨우 가리며 소맷부리는 평평하고 널찍하였다. 옷이 짧고 소매가 짧아 말 타는 데 편리하기에 마고자馬褂란 이름이 붙었는데 많이는 신분이 있는 남자들의 예복이나 평상복이었으며 관원들의 일상복장으로 쓰이기도 하였다. 마고자는 대금對襟, 대금大襟, 결금缺襟의 세 가지로 구분되었는데 결금缺襟은 비파금琵琶襟[22]이라고도 부르며 전형적인 만족 복장양식이었다. 흔히 감색이나 원청색元青色의 대금對襟 마고자를 예복으로 삼고 대금大襟 마고자는 평상복으로 삼았는데 소매가 모두 평평하였다. 청나라 초기에는 옷깃과 소매에 가선鑲滾[23]을 두른 것이 많았는데 청나라 말기에 이르러서는 가선이 점차 줄어들었다. 한 문학작품에서는 이렇게 묘사하고 있다.

……가마의 수렴을 들어 올리자 가마 속에서 한 노인장이 걸어 나왔는데 야윈 얼굴에 회백색 수염을 드리우고 있었으며 눈썹은 곡식 이삭처럼 두 쪽으로 뻗어 내려와 있

22. 비파금(琵琶襟): 옷섶의 일부분이 결여된 만족 특유의 복장 양식이다. 흔히들 조끼와 마고자에 쓰였다.
23. 가선(鑲滾): 옷의 가장자리를 다른 헝겊으로 가늘게 싸서 장식하는 것을 이른다. 여성복에서 넓게 가선을 두르는 것을 양(鑲)이라 하고, 좁게 가선을 두르는 것을 곤(滾)이라고 했다. 흔히 넓이가 다르게 여러 겹으로 가선을 둘렀는데, 삼양삼곤(三鑲三滾), 오양오곤(五鑲五滾), 칠양칠곤(七鑲七滾) 등이 있었고 가장 많게는 십팔양곤(十八鑲滾)도 있었다.

두루마기와 마고자·조끼는 모두 청나라 남성들의 주요한 예복이었다.

청나라 말기 한족의 가족사진. 남자는 만족식의 두루마기에 마고자를 입었고 여자는 한족식의 저고리와 치마를 입고 있다.

었다. 노인장은 눈길을 확 끄는 금황색 꽃두루마기를 입었는데 그 위에는 감청색의 공단마고자를 입고 모자 꼭대기에는 짙푸른 비취모정帽正[24]이 황금받침판에 박혀있었다.[25]

조끼는 '칸젠坎肩' 혹은 '베이신背心'이라고도 했는데 남녀가 모두 입는 복장이었다. 조끼의 섶은 대금對襟, 대금大襟, 결금缺襟 외에도 앞자락을 가운데로 맞대게 한 일자금一字襟 조끼가 있었는데 열세 개의 단추를 달았으며 '바투루巴圖魯조끼'라 불렸다. 만족어로 용사 조끼라는 뜻이다. 컬러가 있었는데 검은 컬러와 짙은 컬러가 주를 이루었다. 조끼도 다른 의복과 마찬가지로 가죽으로 된 것, 겹으로 된 것, 홑으로 된 것 등이 있었다. 홑조끼는 대개 아마천과 명주천으로 만들었는데 카오처우拷綢도 유행되었다.[26] 조끼는 처음에 만족들이 속에 입는 옷이었으나 청나라 말기에 와서 보편적으로 겉에 입게 되었다. 겉에 조끼를 입는 것은 청나라 말기 부유한 가정의 자식들이 입는 중요한 복색이었는데 가선도 두르고 자수도 수놓아 아주 세세하게 챙겼다.

청나라 관복에는 조정이 내린 구슬을 달아야 했는데 평상시 남자들도 장식품을 다는 풍속이 있었다. 남자들의 허리춤에는 각종 장식품이 걸려있었는데 장식품의 명목도 아주 많았다. 흔히 보는 것으로는 염낭, 부채커버, 이쑤시개, 귀이개, 안경커버와 패옥 등이 있었다. 염낭에도 여러 가지가 있었는데 재료와 모양이 다름에 따라 명목도 달랐다. 손수건도 일종의 실용적이면서 장식기능이 있는 생필품이었는데 남자들은 하얀 비단과 천으로 만든 손수건을 많이 사용하였으며 소매에 숨겨 가지고 다녔다.

부유한 가정의 자제들은 평상시에 붉은색과 황색 사이의 색깔을 띤 '군기색軍机色' 두루마기를 선호하였는데, 그 위에는 구리 단추가 달린 바투루 조끼를 입곤 하였다. 모자의 차양은 앞이 낮고 뒤가 높았으며 수달 꼬리 한

24. 모정(帽正): 청나라 때 유행하던, 모자 위에 다는 장식물의 일종으로 옥이나 비취, 마노로 만들었는데, 정인군자의 덕(德)을 상징함.
25. 펑지차이(馮驥才), 「신편(神鞭)」, 『펑지차이집(馮驥才集)』, 235쪽, 하이샤(海峽)문예출판사, 1986.
26. 카오처우(拷綢)는 속칭 향운사를 말하고 랑처우(莨綢)라고도 한다. 중국 고대로부터 전승되어 온 천연직물로 앞면은 검고 윤택이 나며 뒷면은 갈색이 나는, 매끄럽고 시원한 직물이다.

쌍이 달린 솨마오耍帽라는 장식품을 달고 허리에는 스웨이다이侍衛袋, 자루가 긴 담뱃대를 걸치고 발에는 끝에 구름이 새겨진 부자신夫子履을 신었다. 가까운 교외에서 사냥을 할 때에는 짧은 군기軍机마고자기와 겹으로 된 엷은 군용 뾰족부츠를 신었다. 여름철이 오면 부채를 들고 장원라삼狀元羅衫을 입고 향주香珠를 달고 돌아다녔다.

일반 사람들은 흔히 일하기 편한 긴바지에 짧은 마고자를 입었다. 일반적으로는 하얀색 내의에 남색 혹은 회색의 마고자대금對襟이나 대금大襟, 칼라가 없거나 스탠딩 칼라standing collar를 입었고 밑에는 천 바지를 입었으며 허리에는 천으로 만든 허리띠를 맸는데 앞으로 졸라매기도 하고 옆으로 졸라매기도 했다. 일반적으로 내의의 하얀 소매를 드러냈으며 날씨가 추워지면 짧은 마고자를 덧입었기에 안쪽 옷은 길고 겉옷은 짧은 겹층 시각효과가 있었다.

신발은 일반적으로 바닥이 두터운 헝겊신을 신었다. 베이징에서는 속칭 천층바닥千層底이라고 부르는 헝겊신으로 발 부분은 곧고 입구는 둥그스름하며 검은 색깔이었다. 부유한 집이나 관원들은 구름 모양의 장식물을 박은 헝겊신을 선호하였는데 신코는 남색이나 회색으로 여의두 무늬로 지었고 신울은 다양한 색깔의 천을 덧붙여서 만들었다. 양말은 길고 짧은 구분이 있었는데 일반적으로 거친 광목천을 써서 수공으로 만들었으며 양말 바닥은 실로 꿰매서 만들었다. 부유한 가정에서는 비단실로 만드는 경우도 있었는데 흔히 전직 여공이나 옷집에 일을 맡겼고 자기가 직접 만들 때도 있었다. 청나라 말기에 이르러서는 바지와 마고자, 양말 등등을 모두 점포에서 구매할 수 있게 되었다.

북방은 날씨가 추워서 겨울에는 대님을 치는 습관이 있었다. 전에는 바지가 넓고 안에 속옷을 입지 않았기에 발목 부위를 대님으로 꼭 조여서 맸는데 이러한 대님나중에는 줄로 대체을 톈진말로 퉤이다이즈腿帶子라고 불렀다. 퉤이다이즈는 넓고 좁은 구분이 있었는데 말단에는 술이 발목까지 드리웠다.

청나라 말엽에 이르러서는 서양식 혹은 동서혼합식 복장을 입는 사람들이 점차 많아졌다.

만족과 한족 풍격이 융합된 여장

청나라 초기에 "남자가 따르고 여자는 따르지 않는" 규정에 따라 만족과 한족 여자들은 각기 자기 민족의 복장 형식과 제조 양식을 고수하였다. 시간의 흐름에 따라 만족과 한족 부녀자의 복장 양식과 장식품 그리고 심리취향이 점차 접근하는 방향으로 나아가서 융합됨으로써 청나라의 여성 복장을 형성하였다.

만족 여자들은 흔히 자기 민족의 전통복장 두루마기기장旗裝이라고도 함를 입었다. 기장의 옷소매는 한족 여장보다 좁았지만 청나라 말기에 이르러 소매가 펑펑하고 넓게 되었다. 칼라, 앞섶, 소맷부리에는 가선을 두르거나 자수, 레이스 등을 대서 상당히 화려했다. 만족 여자들은 흔히 저고리 위에 조끼를 입었고 주로 비파금, 대금大襟으로 되었는데, 나중에는 일자금一字襟이라는 바투루巴圖魯조끼를 입었다. 여성들이 입는 조끼의 원단은 색상이 다양하고 가선이나 자수 등 장식이 많았다.

만족 여성복의 가장 큰 특색은 일 '두頭' 일 '각脚'이었다. 만족 여성들은 머리를 두 갈래로 빗는 게 유행이었는데, 위에 편방扁方, 만족 여성들이 머리에 꽂던 큰 비녀로, 기두旗頭라고도 함을 꽂았고 편방 위에는 커다란 비단 꽃으로 장식을 했는데 만청시기에 이르러서는 크고 높은 '대랍시大拉翅'[27]로 발전했다. 만족 여성들은 전족을 하지 않은 자연발이어서 화분저혜花盆底鞋나 마제저혜馬蹄底鞋[28]와 같은 굽이 높은 비단꽃신을 신었다.

청나라 초기 한족 여성들은 처음에는 명나라 말의 구습을 따르다가 나중에 2백여 년의 융합을 거쳐 청나라 후기에는 이미 명나라의 복장모식에서 벗어났다.[29] 그들은 만족 여성들의 복장에서 일부 따다가 청나라 특색의 여

27. 대랍시(大拉翅): 만족 여성들의 머리 장식의 일종. 철사 따위로 만든 부채꼴 모양의 틀에 천을 씌우고 갖가지 패물들로 장식하였음.
28. 화분저혜(花盆底鞋)와 마제저혜(馬蹄底鞋)는 모두 굽이 특별히 높은 만족 여성들의 전통 신발인데, 화분저혜(花盆底鞋)는 밑굽이 화분과 비슷하게 생겼고, 마제저혜(馬蹄底鞋)는 밑굽이 말발굽과 비슷하게 생겼음.
29. 송나라와 명나라 때부터 유행되어 온 여성 복장들이다.

1909년 칭다오(青島)에서 유럽으로 발송한 연하장에서 청나라 말기 여성과 아이들의 복장을 엿볼 수 있다.

청나라 궁정 만족들의 예복차림이다. 머리 위에 대랍시(大拉翅)를 얹었는데 매우 호화롭고 화려했다.

청나라 남녀는 모두 조끼를 입었다. 그림에서 볼 수 있듯이 조끼의 옷섶은 일자금(椅子襟)·대금(對襟)·비파금(琵琶襟) 등 다양한 종류가 있다.

치마를 입은 한족 여성. 옷 색상은 상당히 곱고 서양 회중시계를 걸고 있는데 청나라 말 패션이었다.

청나라 관원들 집안의 여성들은 머리에 장식용 패물을 달고 헐렁한 옷을 입었는데, 말 그대로 소매가 한 치나 되게 넓었다. 아래에는 꽃수를 놓은 말면치마(馬面裙)를 입었다.

청나라 말 산시(陝西) 지구 여성들의 복색.

청나라 말 북방 한족 여성들의 두루마기와 바지 차림새.

청나라 무명 화가가 그린 여성상. 상세하게 여성 복장을 그려보였다. 중국미술학원 소장.

붉은 자수를 많이 한 것은 청나라 말 여성 복장의 특징 중의 하나이다. 저자 소장.

성 복장을 만들어냈다. 청나라 여성 복장은 대개 상의하상혹은 바지식이었다. 위에는 저고리를 입었는데 가죽저고리나 겹저고리는 그냥 저고리襖라 불렀고 거즈 재질의 홑저고리는 셔츠라 불렀다. 흔히 저고리는 오른쪽으로 열게 만들고 무릎까지 혹은 더 내려오게 만들었는데, 소매가 헐렁했고 양쪽으로 터놓아서 말 그대로 "통이 아주 넓고 소매는 한 자가량 되었다." 아래에는 반드시 치마를 입었다. 특히 예의범절을 중히 여기는 선비 집안에서는 아침부터 저녁까지 반드시 치마를 입어야 했고 그렇지 않을 경우 실례로 보았다.

붉은 색상은 귀함을 나타냈고 미망인은 검은색 치마를 입었다. 중상층 가정에서는 주로 비단을 사용했다. 치마는 상의 안쪽으로 졸라맸고, 치마 앞부분은 주름이 없어 '말얼굴馬面'이라 했는데 꽃, 새, 물고기, 벌레, 복福자 등 각종 무늬를 수놓았다. 흔히 보는 주름치마는 명나라 때부터 이어져오던 명맥으로 함풍咸丰, 동치同治 연간에 다시 유행하면서 치마폭을 실로 교차되게 감치는 '물고기 비늘식 주름치마魚鱗百褶裙'로 만들어 오랫동안 풍미해 왔는데 여성들이 즐겨 입었다.

"봉의 꼬리 왜 묻는 이 없는가. 가죽, 솜, 홑겹 옷들이 분분한 탓이로다. 오늘날은 계절을 불문하고 물고기 비늘 주름치마만 입더라."(「죽지사竹枝詞」)

이 말은 바로 당시 모습을 말해 주고 있다.

청나라 말기 여성들은 발까지 오는 긴바지도 즐겨 입었는데 바짓가랑이가 넓은 바지였고, 허리에는 색깔이 있는 땀수건을 둘렀는데 옷 밖으로 드러내어 장식을 대신했다. 청나라 복색은 갈수록 화려해졌고, 19세기 유럽 로코코Rococo식의 섬세하고 우아하며 화려한 풍격에 근접하고 있었다. 상의든 바지든 가선을 많이 둘렀고 자수가 정밀해졌다. 청나라 말기에 이르러 옷은 더욱 넓어지고 가선이 더욱 많아져 삼양삼곤三鑲三滾, 오양오곤五鑲五滾 등이 있었고 가장 많게는 십팔양곤十八鑲滾도 있었다. 청나라 말 여성 복장은 한족과 만족의 문양, 자수, 가선 등 복장공예가 극치에 이르렀다.

반세기 전 상하이 여류작가 장아이링張愛玲이 「갱의기」라는 산문을 썼는데 복장에 대한 묘사가 매우 정밀했다. 회화에 천부적인 재능이 있었던 장아이링은 스스로 삽화마저 그려 넣어 「갱의기」가 복장사학의 가치도 지니게 했다. 그녀는 여성 특유의 직감으로 상세하고도 구체적으로 그 시기 여성 복장에 대해 묘사했으며 아울러 민국民國시기 모던 여성들의 반봉건 관념에 대한 평가도 내렸다.

17세기 중엽부터 19세기 말까지 극히 비대한 셔츠와 바지가 유행되었는데 매우 무게감이 있어 보였다. 색상은 거의 없는 것이나 마찬가지였고 겉에는 '큰저고리大襖'를 입었고, 비공식 장소에서는 겉옷을 헤쳐 '중저고리中襖'를 드러냈고, '중저고리' 안에는 또 '작은저고리小襖'를 입었다. '작은저고리'는 침대에서도 벗지 않았는데 일반적으로 예쁘장한 도홍색이나 수홍색으로 지어 입었다. 이 세 가지 저고리에 '운견조끼云肩背心'까지 입었는데, 커다란 구름무늬를 감싸고 검은 비단 재질의 넓은 가선을 둘렀다.

가냘픈 어깨, 가느다란 허리, 작은 가슴, 가녀리고 작은 표준 미녀는 한 겹 한 겹의 옷속에 파묻혀 실종되고 말았다. 그녀 자신은 존재하지 않고 오로지 옷걸이에 불과했다. 중국인들은 너무 튀는 여자를 좋아하지 않는다. 역사 기사에는 끔찍한 미덕들이 올라 있다. 예를 들면 팔 하나를 낯선 남자가 잡았다고 해서 그 팔을 찍어버리는 등이다. 비록 많은 이들이 찬성하고 있지만 지식계층은 이에 대해 은근히 유감을 나타내고 있다. 여자란 너무 다른 사람의 이목을 집중시켜서는 안 된다는 것이다. 이름마저도 숱한 사람의 입에 오르내리면 그 입김에 의해 녹슬어 버린다는 것이다. 여자가 빼어나려면 이처럼 드러내놓고 해서는 안 된다고 했으니 기이한 복장이야 더 말해 무엇 하랴. 그것은 곧 미풍양속을 해치는 것이다.

문을 나설 때 바지 위에 치마를 입는 것도 매우 철저했다. 흔히 검은색이었고 경사나 명절을 맞아도 마님들은 붉은 옷을, 소첩들은 분홍색을 입었다. 과부들은 검은 치마를 입었는데 남편이 죽은 지 오래되었어도 시부모가 있는 자리에서는 연두색이나 연자주색 옷을 입어야 했다. 치마의 잔주름은 여성들 옷차림에서 가장 엄격한 부위였다. 교양 있는 처녀는 걸음걸이도 하느작거리며 조신하게 걸어야 했는데, 치마의 주름이 가능한 미세하게 흔들려야 했다. 치마에 익숙하지 않는 계집애들은 사람들에게 경박한 인상을 주었다. 더욱 각박한 것은 신부의 붉은 치마로, 치마허리에는 실실이 반 촌가량 넓은 띠를 매고 그 아래에 방울을 달았다. 움직일 때면 방울 소리가 은은히 들려왔는데 멀리 산 위 보탑에서 들리는 풍경 소리 같았다. 1920년 즈음에야 비교적 자유스러운 넓은 치마를 입기 시작하면서 위의 치마들은 자취를 감추었다.

저고리는 삼양삼곤三鑲三滾, 오양오곤五鑲五滾, 칠양칠곤七鑲七滾 등으로 가선을 둘렀는데 가선 외에도 아랫단과 옷섶에서는 수정으로 된 매화와 국화가 반짝이고 있었다. 소매에는 '난간闌干'이라 불리는 7촌쯤 되는 예쁜 비단 레이스를 상감했고 복福이나 수壽자 문양을 수놓기도 했다.

여기에는 수없이 많은 흥미로운 점들이 모여 있는데 그것들은 끊임없이 곁가지를 치면서 새로운 것을 만들어내곤 했다. 서로 어울리지 않는 사물에 정력을 낭비하는 것이 바로 중국 유한계급의 일관된 태도였다. 세상에서 가장 한가한 국가의 가장 한가한 사람만이 이와 같은 세절적인 것에 눈길을 돌리리라. 백 가지 중복되지 않는 도안을 만들어내는 것은 예술과 시간을 요구하거니와 그것을 수놓는 것 역시 만만치 않다.[30]

20세기 초에 이르러 국내의 민족모순은 나날이 완화되어 갔다. 만족과 한족들의 융합은 굉장히 자연스러워 한족들이 만족 복장을 입기도 하고 만족이 한족 복장을 입는 등 그런 따위는 별로 신기한 일이 못되었다. 주목할 것은 당시 각 통상구로 서양화물이 쏟아져 들어오면서 변발역복의 목소리가 섬섬 서세졌으며, 사회의 복상기풍은 일상의 변혁에 맞닥뜨리게 되었다. 당시 상하이는 변화가 가장 빨라 "하루에 한 벌씩 옷을 바꿔 입고 신기하지 않으면 안 될 만큼 새로워야 했다. 소박한 것은 사치한 것으로 되어가고 세속의 세례 속에서 복잡한 것들은 간편하게 변해갔으며 문화는 진보하고 있었다. 옷은 허리통이 넓고 띠를 매던 것에서부터 짧은 치마로까지 변했고, 신은 높은 나무바닥신으로부터 자연스런 바닥을 선호하기 시작했다."고 할 수 있다.

이 시기 청루青樓-기생방의 기생들, 학당의 여학생들도 조류를 따르는 분장

---

30. 장아이링(張愛玲), 「갱의기」, 『유언』, 79-81쪽, 저장문예출판사, 2002.

을 하기 시작했다. 20세기 초 유행되던 화려한 색상은 두 귀를 가리고 뺨도 가릴 정도였다. 이런 조가비식 옷 색상은 원보령元宝領[31]이라 하거나 '하늘 향한 말발굽朝天馬蹄袖'이라 했다. 당시 사람들은 그런 색상이 서양 여성복의 영향을 받은 것이라고 여겼다. 서양에서 기원된 것이라는 추측은 믿음직한 것이었다. 이런 색상은 1910년 민국 초기에 유행되었다. 청나라 말 여성들은 분장으로 이런 옷을 입었고 사진관에서 한 번 입고 사진을 찍곤 했는데 거리에서는 보기 드물었다. 상하이 등 조계지에서도 간혹 볼 수 있었으나 내지에서는 거의 볼 수가 없었다.

한족 여성들은 머리를 빗어 넘기고 틀어 올려서 그 머리 모양이 반반하고 윤이 나는 등 대체로 둥글거나 길쭉한 두 가지였다. 상투는 뒤통수에 틀어 얹거나 머리 위로 빗어 올렸다. 여의如意머리, 모란牡丹머리, 연꽃荷花머리 등의 양식이 있었고 부잣집 여성들은 '원보계元宝髻'라는 남방 머리 모양을 했다. 청나라 말기 높은 상투는 점차 긴 상투로 변하면서 나중에는 '평산투平山套', '소주궐蘇州橛' 등이 유행되었고 젊은 여성들은 앞머리로 이마를 덮는 '까치꽁지喜鵲尾'를 즐겼다. 소녀들은 뿔머리를 했고 가쁜하게 자르거나 제비꽁지처럼 드리우고 생화나 비단 꽃을 꽂았다. 미혼여성들은 외태 머리를 하고 기혼여성들은 상투를 틀고 겉에 경판지와 검은 비단으로 만든 '상투'를 덧씌웠으며 그 위에 작은 비녀들을 가득 꽂았다. 중노년 여성들은 일반적으로 다양한 머리띠를 둘렀다. 노년 여성들은 뒤통수에 머리를 둥글게 틀어 얹어서는 비녀를 꽂고 그 위에 판지거나 비단으로 만든 '관'을 썼다. 상투를 틀 때에는 전문 하녀가 약 3, 4일에 한 번꼴로 상투가 흐트러지지 않도록 기름이나 밀랍을 발랐다. 평소 상투가 흐트러지면 기름이나 교질물로 문질러 주었다. 상투를 보호하기 위해 잘 때는 목침 등 단단한 베

장아이링이 자기의 저서 『Chinese Life and Fashion』에 그린 삽화로 매우 리얼하다.

31. 원보령(元宝領): 옷깃의 높이가 귀까지 올라올 정도로 매우 과장된 형식.

개를 사용했는데 이것이 바로 중국 여성의 생활습관이었다.

청나라 여성들은 허리를 조였고 흔히 그 위에 상의를 입었으며 비단실로 꼰 술을 드리웠다. 광서光緖 중엽 후 바지 위에 치마를 입지 않게 되면서 여성들은 깔끔한 비단띠를 둘렀고 띠에는 각종 꽃을 수놓았다. 어떤 것은 무릎까지 오기도 했으며 한 자가량 드리우고 그 끝에 술을 달아 걸을라치면 바람에 따라 한들거렸다. 옥 따위 패물을 담는 금낭을 만들어 달기도 하고 사향주머니를 달기도 했다. 『진먼쇼링津門小令』에서는 이렇게 묘사하고 있다. 금낭은 파랑, 빨강 비단으로 되었고 꽃과 새를 수놓았다. '톈진에서는 옷에 풀과 벌레를 수놓고 패옥이 영롱하다네.' 이로부터 금낭이 얼마나 정교하게 만들어졌는지 알 수가 있다. 여성 손수건은 색상에 구애받지 않고 외출 시 언제든 가지고 다녔으며 손에 들거나 앞섶에 끼워두었다.

청나라 한족 여성들은 전족을 해서 3촌금련三寸金蓮을 신었는데 궁혜弓鞋라 했다. 평소에는 매화바닥 신을 신었고 때로는 구름신도 신었으며 규중 아녀

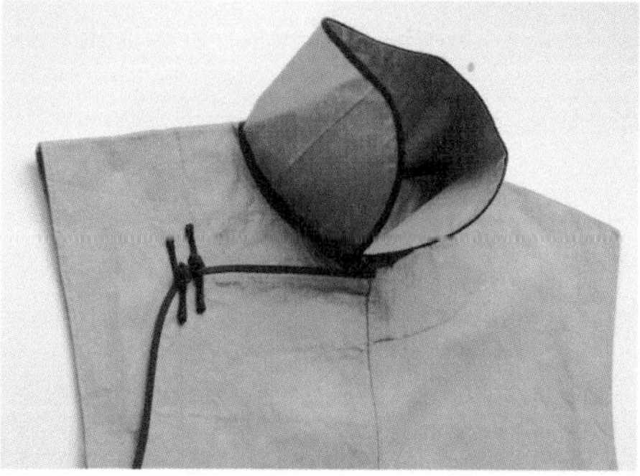

높은 칼라로 '원보령(元宝領)'이라 했다. 저자 소장.

한족 여성이 신었던 3촌금련(三寸金蓮)으로 수가 정교하고 수려하지만 여성은 전족의 고통을 겪어야 했다. 저자 소장.

텐진의 양류청년화(楊柳靑年畫, 텐진 양류칭전의 유명한 특산품인 목판연화를 이름)에서는 〈미인도〉가 유행되었는데, 당시 유행하던 모습을 보여 주고 있다.

중국 쿵푸를 아는 청나라 말
북방 남녀의 차림새.

자는 '차이탕신踩堂鞋'을 신었다.

사내들은 까까머리를 하거나 길게 땋아 드리우기도 했고 머리 꼭대기나 가운데 또는 양옆으로 땋기도 했다. 정수리에 질끈 맨 것은 '고사포冲天炮'라고도 했다. 평소 붉은 배가리개를 입고 붉은 저고리에 녹색 바지를 입거나 길복을 상징하는 백가옷百家衣을 입었으며, 발에는 호랑이를 수놓은 신을 신고 팔목과 발목에는 팔찌를 끼고 장수열쇠를 걸었다. 조금 크면 작은 두루마기에 마고자를 입고 삭발변발을 했으며 과피모자를 썼는데 성인 남자와 별 차이가 없었다.

한족 계집애들은 흔히 붉은 저고리에 녹색 바지나 녹색 저고리에 붉은 바지를 입고 띠로 허리를 졸라맸으며 변발을 땋고 전족을 했다. 청나라 말 많은 한족 소녀들도 만족들의 두루마기와 조끼를 즐겨 입었는데 만족 소녀와 별 차이가 없었다.

1908년 12월, 어느 추운 겨울 청나라 마지막 황제가 등극하고 국호를 선통宣統이라 했다. 즈진청의 용상에는 3살짜리 사내애가 앉아 있었는데 그가 바로 아이신줴뤄愛新覺羅 푸이溥儀이다. 비록 이 꼬마황제가 밝은 황금빛 용포를 입고는 있었지만 경성 대궐의 한기를 막아주지는 못했다. 게다가 복잡한 등극 예식은 아이의 인내심을 넘어섰고 꼬마황제는 대성통곡을 하고 있었다. 청나라 정부 문무관원들은 울어대는 아이를 마주하고 여전히 정숙한 모습으로 세 번 무릎 꿇고 아홉 번 머리를 조아리며 산이 떠나갈 듯 '만세'를 외쳤다.

이미 그때 청나라 왕조는 서서히 쇠락의 길을 맞이하고 있었고 선통이 등극한 지 3년 만에 대청의 황룡기는 오색기로 대체되어 버렸다.

02

1910년대

1911–1920

전승이냐? 타파냐?
복장의 변화

민국시기에 들어서면서 여성들의 의상은 점차 간결하고 소박하며 우아해졌다.
위진펀(余金芬) 제공.

02

1910년대

1911–1920

황제의 용상이 흔들리면서 청나라가 망하고 세상이 바뀌었다. 중국 백성들로 보면 이는 '난세'였다.

종래 '민주'니 '혁명'이니 하는 현대사상의 계몽과 영향을 받아본 적이 없었던 중국 백성들은 외환과 내란이 겹친 혼란 속에서 막무가내로 새로운 이름들을 받아들여야 했다. 공화, 헌정, 총통, 서양파, 모던……

선통宣統 3년, 즉 서기 1911년 10월 10일 우창武昌에서는 무장봉기가 발발했다.

봉기 이튿날 새 군복을 입은 혁명군은 원 청나라군 제21혼성여단 통수 리위안훙黎元洪을 그의 은닉처에서 끌어내 그의 변발을 잘라 버리고 혁명에 성공했다. 다른 일설에 의하면 그는 봉기군에 의해 강제로 변발을 잘렸다고 하는데 이 설은 어디까지나 리위안훙이 적극적으로 혁명에 참여하지 않으려 한 데서 찾아볼 수 있다. 그러나 어떤 설이든 간에 우창봉기라고 하면 사람들은 우매함의 대명사인 변발을 잘라 버린 것을 먼저 떠올리게 되었다.

그해 겨울 그러니까 청나라가 간들간들 마지막 숨을 몰아쉬던 겨울이었다. 청나라 군대와 혁명군은 한커우漢口 우창에서 강을 사이에 두고 대치 상태로 전쟁을 계속하고 있었는데 남북정권에서 파견된 협의대표들이 상하이에서 대면하게 되었다. 아이러니한 것은, 남방 혁명군 담판대표 우팅팡伍廷芳은 중국식 두루마기에 마고자를 입었고, 청나라 정부군 1품관인 탕소이唐紹儀는 관복을 입지 않고 변발을 잘랐으며 서양식 의상을 입었다는 것이다. 양복에 넥타이를 매고 프랑스식 가죽모를 쓰고 나사외투를 입었던 것이다. 이 청나라 관원이 선택한 복색은 그의 정치적 성향을 암시해 주고 있는지도 모른다. 마치 담판석상에서 그가 우팅팡한테 말한 것처럼. "……내가 공화사상을 가지고 있은 지는 자네보다 꽤나 이르다네!" 과연 그에 걸맞게 탕소이는 나중에 국민정부의 제1임 총리가 되었다.

이듬해 2월 12일 즈진청紫禁城 양신뎬養心殿에서 룽위隆裕태후는 선통宣統황제의 명의로 조서를 발표하고 퇴위를 선포했다. 그날 외무대신 후웨이더胡惟德 등은 조서를 받자 관례대로 머리를 조아리지 않고 국궁을 하는 방식으로 그 왕조와 고별했다. 조서 낭독이 끝나자 룽위태후는 대성통곡을 했는데 그녀는 진심으로 상심했을 것이고 2백여 년 지속되던 대청제국이 그녀의 손에서 끝난 것을 개탄했을 것이다. 혹시 그녀도 조정에서 그토록 중용하던 청나라 총리대신 위안스카이袁世凱마저 그 전날 저녁 변발을 잘라 버렸다는 소식을 들었을지도 모른다.

그해에 황룡기는 오색기로 바뀌었다.

변발역복 역시 역사의 뒤안길로 사라져갔다.

1912년 10월, 새로 성립된 국민정부는 〈복제服制〉 법령을 반포해 청나라 의관복색을 일률적으로 폐지시키고 서구식 복장을 복제 법령에 수록시켰다. 새로운 복색제도는 중국에 새로운 기원을 열어놓았음을 상징한다. 그러나 낙관적이지 못했던 것은 한 장의 법령이 2천 년의 역사를 자랑하는 봉건고국古國에서 즉시 효력을 발휘할 수는 없었다는 것이다. 신구 교체에서 복색은 정국과 마찬가지로 혼돈의 시기를 지내야 했고 앞길을 예측할 수 없었던 것이다.

신구(新旧) 사이

민국 원년1912년 4월, 저명한 외교가 꾸웨이쥔顧維鈞이 미국에서 베이징北京으로 돌아왔다. 그는 위안스카이의 요청으로 총통부 영어비서에 임명되었다. 그는 회고록에서 맨 처음 베이징에 도착했을 때의 인상을 이렇게 적고 있다.

"베이징은 다소 실망스러운 도시로 대다수 남자들은 여전히 장발을 하고 있었고 황력과 양력을 병용하고 있었다……."

민국 초기 새로운 기상과 낡은 풍모는 병존하고 있었고 그러한 일들은 서로 뒤엉켜 있었으며 민국 초기의 기이한 풍경화를 연출하고 있었다. 신구 정치세력의 대결은 신구 복색의 겨룸으로도 표현되고 있었다. 당시 모든 것들은 매우 혼란하고 복잡하게 변하고 있었으며 양복에 구두, 군복에 가죽장화, 두루마기에 마고자, 청나라 관복과 각종 이도저도 아닌 복색들이 어깨를 나란히 하며 거리를 누비고 있었다.

사실상 그 뒤 십여 년 동안 비록 민국정치를 떠받들고 있었으나 황제제도의 이미지도 여전히 남아 있었으며 관료화 정도는 청나라에 못지않을 정

민국 초기 이마 가리개로 사용되던 금속장신구도 민국 오색기로 장식되고 있었다. 저자 소장.

도였다. 국호에 공화라는 딱지를 덧붙인 외에 기실은 초야에 있던 군벌과 서양파로 분류되는 관료들이 장악하고 있었다. 당시 중국에서 변화는 산발적으로 사회 어느 모퉁이에서 일어나고 있었다. 예를 들면, 베이징의 톈안먼天安門을 대외에 개방하고, 예전 황족들의 화원이 공원으로 바뀌었으며, 오족공화를 선양하는 신문들이 눈송이처럼 날리고 있었고, 전등, 수돗물, 양학당洋學堂, 서양 원단과 양말, 전보며 전화 등 새로운 물건들이 등장했다. 이런 새로운 물건들은 음양으로 국민들의 생활과 사유에 영향을 주고 있었음이 분명하나 뿌리는 흔들지 않았다. 필경 유구한 봉건전통은 쉽사리 무너지는 것이 아니었으며 특히 국민들의 보수적인 심리는 일종 완고함을 고집하고 있었다.

즉위한 푸이溥儀는 여전히 즈진청자금성에 거주하고 있었으나 외롭고 고독했고 그의 삶은 "나라 속의 나라"와 다름없었다. 중화민국이 건립되었으나 위로는 민국 대통령으로부터 아래로는 크고 작은 군벌 및 상인들에 이르기까지 여전히 청나라의 황은을 잊지 않고 있었으며, 국민들한테서는 괴현상조차 일어나고 있었다. 베이징 성내에서 황룡기가 휘날리고 도포자락이 펄럭거렸으며 장발이 흔들거리고 사모관대가 여전히 존재하는 것이었다. 그런가 하면 즈진청 성문 앞에서는 차들이 실북 드나들듯 하고 어중이떠중이들이 시야비야를 떠들어댔으며, 첸칭궁乾清宮 보좌 앞에서는 청나라 검정 도포와 민국의 서양 양복이 어깨를 나란히 하고 오가고 있었으니 그야말로 "동서양의 조화"라 하지 않을 수 없었다.

민국 초기에는 또 두 차례 복벽復辟 해프닝도 있었다. 위안스카이의 홍헌제제洪憲帝制와 장쉰張勛의 황제 푸이溥儀를 옹호하는 복벽이 바로 복장의 변화였다. 황제 푸이 역시 그의 회고록에서 이렇게 적고 있다.

민국 원년 한때 자취를 감추었던 왕족 대신들이 다시 관복을 입고 붉은 허리띠에 모자를 쓰고 쌍두마차로 큰길을 질주하는가 하면 의장대마저 부활되었다. 선우먼神武門 앞과 즈진청紫禁城은 갑자기 들끓기 시작했다. 민국 원년 사람들은 즈진청에 올 때면 평복

차림으로 왔다가 조복으로 바꿔 입고 입성하곤 했다. 민국 2년부터는 다시 사모관대를 높이 쓰고 거리를 활보하기 시작했다.[1]

열혈 혁명가들의 승리의 성과는 위안스카이 등 북양군벌들이 가져갔다. 초기 민국시기에는 황제가 퇴위하고 국호가 바뀐 외에 그 거대한 중국 땅에서 진정으로 인정할 만한 자산계급 민주혁명가가 매우 적었다. 그래서 일반 백성들의 의식주에는 큰 변화가 없었고, 풍속 음식습관 역시 예전과 다름없었으며 귀족아씨들이나 그에 딸린 여인네들 역시 여전히 치파오旗袍 등을 입고 있었다. 관원, 지식인, 상인들 역시 기다란 두루마기에 마고자 등을 입었고, 노동자들은 중국식 저고리와 바지에 과피모자를 쓰고 헝겊신을 신었다. 양복은 정부 관원들이 성대한 모임에 참가할 경우거나 서양은행 직원들, 유학생들 및 사교계 인사들이 유행을 따른답시고 입었고 일반 서민들의 의상에는 큰 변화가 없었다.

그러나 민국 초기 가장 큰 변화라면 남자들의 변발과 여인들의 전족이라고 할 수 있다.

변발과 전족의 변화

20세기에 중국인들의 변발과 전족에 대한 두 편의 좋은 문장이 있었다. 하나는 루쉰魯迅의 잡문 「두발의 이야기」인데 루쉰은 N형이 삼 천 번뇌를 다듬으면서 변발을 하고, 변발을 자르고, 가짜 변발을 다는 과정에 대한 심리과정을 통해 이렇게 개탄하고 있다.

나는 얼마나 많은 중국인들이 이 별것 아닌 두 발로 애를 먹고 수난 당하며 죽어 가

---

1. 아이신줴뤄(愛新覺羅)·푸이(溥儀), 『나의 전반생』, 306쪽, 군중출판사, 1964.

는지 알고 있다.[2]

다른 하나는 당대 작가 펑지차이馮驥才의 중편소설『3촌 금련』으로 이 책에서는 중국 여성들이 전족을 하는 역사적 근원, 사회문화 및 방식과 수단에 대한 고증을 나열하고 있다. 첫 머리에 이렇게 쓰고 있다.

> 청나라가 산해관을 넘을 때 하나의 명령이 떨어졌는데 누구라도 전족을 하지 말아야 한다는 것이었다. 그때 청군은 한창 기세등등할 때였으나 아무래도 전족을 이길 수는 없었다. 그리고 그것은 일시에 해결될 문제도 아니었다. 나중에 한족들은 여전히 전족을 고집했는데……청나라가 망하지 않았더라면 울고 웃고 죽기로 전족을 하다가 못하고 못하다가 하는 등의 과정을 수없이 반복했을 것이다. 그때의 사람들은 진짜 발을 머리보다 더 중히 여겼던 것이다.[3]

확실히 그 무렵의 대부분 일반 백성들을 보면 민국 초기의 혁명, 공화, 개원 등 거사의 직접적 결과는 가가호호 남자들 변발 자르기와 여인들의 전족 풀기였다. 정권을 찬탈한 혁명가들은 먼저 만청 정권이 계승해 내려오던 변발과 한족들의 천 년 풍속인 전족에 대한 해제를 호소했는데 이 '머리' 끝부터 '발' 끝까지의 혁명은 사실상 혁명가들이 민중교화를 실시한 것으로 풀이된다.

신해혁명이 치켜든 중요한 혁명 하나가 바로 변발 자르기였다. 3백 년 동안 청나라 백성으로 살아온 중국 남성들은 또 한 번 변발의 존폐 문제에 당착해야 했다.

1912년 중화민국 임시정부가 난징南京에서 갓 성립되었고 임시대통령 손중산孫中山이 변발 자르기 영을 반포했다. 전국에 고하는 글은 다음과 같이

2. 루쉰(魯迅), 「두발의 이야기」, 『루쉰전집』 제1권, 462-463쪽, 인민문학출판사, 1981.
3. 펑지차이(馮驥才), 『3촌 금련』, 1-2쪽, 쓰촨문예출판사, 1986.

적고 있다.

"이 영이 반포되는 날부터 20일 이내로 모든 것을 깨끗이 없앤다."

변발은 혁명가와 청나라 정부가 결렬하는 첫걸음이었고, 변발령剪辮令의 반포는 국민들을 기쁘게도 당황하게도 만들었다. 기쁘거나 당황하거나 상관없이 뒤통수에 달려 있던 변발은 의심할 바 없이 혁명의 대상이었다. 1912년 베이징의 『아시아일보』, 『순천시보』 등은 수차례 변발 자르기에 관련된 보도를 실었다.

"……음력 16일 저녁 베이징 내외 성 및 칭롱교靑龍橋의 하이뎬海甸 더와이관상德外關箱 마뎬馬甸 바리좡八里庄 이슬람교도들이 변발을 잘렸다. 조사에 따르면 도합 740여 명에 달했다. 첸먼前門 밖 다자란大柵欄 동인당同仁堂 약방에서도 문을 걸고 변발을 잘랐다. 완취자이万聚齋 옥기물 상점에서도 전체 직원들이 변발을 잘렸고, 각 상가들에서 변발을 잘린 자가 부지기수였다.……자이쉰載洵 자이타오載濤가 변발을 잘린 뒤 관원 중 변발 자른 자가 갈수록 많아졌다……."

"어제 쉔우먼宣武門 밖 파웬스法源寺에 거주하던 의군은 전체 군에 변발을 자르도록 명령했다. 장관이 온통 까까머리인 전체 군인들을 이끌고 시위행진을 했는데 문명거동이라 해야 할 것이다."[4]

변발 자르기는 '혁명'의 상징이었고 그 무렵 '문명'의 패션이었다. 그러나 많은 곳에서 변발 자르기는 여전히 혁명군들이 가위를 들고 강제로 실시해야 했다. 보도에는 촌민들이 군인들에게 변발을 잘릴 때의 공포를 이렇게 묘사하고 있다.

"변발을 잘리지 않으려고 미친 듯이 고향으로 도망치고 군인들이 그 뒤를 쫓았다. 어떤 사람들은 핍박에 강물로 뛰어들었는데 옆에서 구해 주었기에 죽음은 면했다……."

---

4. 『아시아일보』, 1912년 8월 1일자 제6면, 1912년 7월 25일자 제6면.

혁명군들은 거리에서 정부의 명령대로 변발을 자르고 있다.

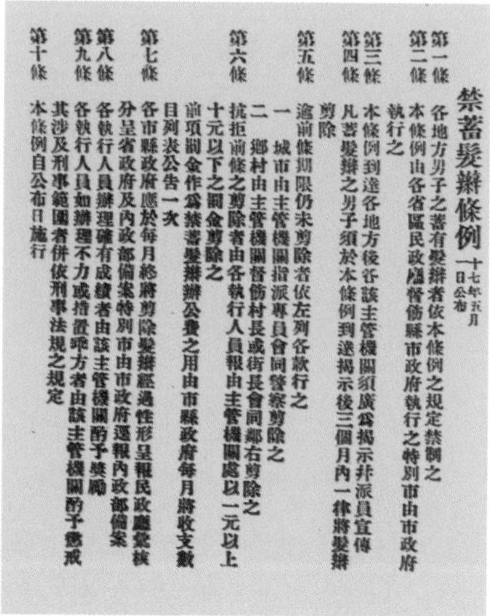

禁蓄髮辮條例 十七年五月一日公布

第一條 各地方男子之蓄有髮辮者依本條例之規定禁制之
第二條 本條例由各省區民政廳督飭縣市政府執行之特別市由市政府執行之
第三條 本條例到達各地方後各該主管機關須廣爲揭示幷派員宣傳
第四條 凡蓄髮辮之男子須於本條例到達揭示後三個月內一律將髮辮剪除
第五條 逾前條期限仍未剪除者依左列各款行之
一 城市由主管機關指派專員會同警察剪除之
二 鄉村由主管機關督飭村長或街長會同鄰右剪除之
第六條 抗拒前條之剪除者由各執行人員報由主管機關處以一元以上十元以下之罰金剪除之
前項罰金作爲禁蓄髮辮辦公費之用由市縣政府每月將收支數目列表公告一次
第七條 各市縣政府應於每月終將剪除髮辮經過性形呈報民政廳彙核分呈省政府及內政部備案特別市由市政府逕報內政部備案
第八條 各執行人員辦理確有成績者由該主管機關酌予獎勵
第九條 各執行人員如辦理不力或措置乖方者由該主管機關酌予懲戒其涉及刑事範圍者併依刑事法規之規定
第十條 本條例自公布日施行

1928년 국민정부에서는 재차 〈변발금지조례〉를 반포했다.

> 청나라가 멸망된 뒤 갑자기 변발을 자르는 바람이 불기 시작했고 그 기세가 어찌나 맹렬했던지 같은 해 청군이 산해관을 넘으며 반드시 변발을 기르라고 강요한 것에 못지 않았다. 더러 어리숙한 자들이 그 허실을 알아보기도 전에 어느 하루 뚱뚱보 소 씨는 머리를 부둥켜안고 집으로 뛰어왔다. 손을 떼자 머리가 마치 먼지떨이처럼 되어 우습기 짝이 없었다. 알고 보니 그는 성문 어귀에서 병사들한테 억지로 머리를 잘렸던 것이다.[5]

그러나 사실은 혁명당인들의 천진함을 증명해 보이고 말았다. 봉건 변발은 결코 20일 내로 자를 수 있는 것이 아니었다. 변발에 미련을 가진 자들이 너무 많아 일부 사람들은 머리를 틀어 얹어 눈가림을 하기도 했다. 특히 청나라 황실은 변발의 집중지로 부각되었다. 1913년 민국 내무부에서는 청

---

5. 펑지차이, 「신편」, 『펑지차이집』, 279쪽, 해협(海峽)문예출판사, 1986.

민국 초기 중식(中式) 복장은 여전히 주류였는데 사진은 북방 지역 대표 가정의 남녀복장이다.

나라 황실에 연락해 모두들 변발을 자르도록 설득했으나 먹혀들지 않았다. 1917년 '변사辮師' 장쉰張勛은 4천 명의 변발군辮子軍을 이끌고 베이징에 쳐들어가 복벽을 꿈꾸었고 일순 베이징에서는 가짜 변발 바람이 불기도 했다. 민요는 이렇게 불렀다.

"변발을 자르지 않고는 살아갈 수 없고 변발을 자르면 장쉰이 두렵다네."

복벽 해프닝은 매우 빨리 막을 내렸다. 민국 10년1921년 퇴위한 16세의 황제 푸이는 스스로 가위를 들어 자신의 변발을 잘랐고 이에 궁중의 남녀노소들은 대성통곡을 했다. 물론 푸이의 거동은 결코 공화혁명에 찬성표를 던진 것은 아니었다.

보다 철저히 변발을 자르기 위해 국민정부는 거듭 변발 자르기 정부령을 반포했다. 1912년 〈임시정부 공보〉 29일자에는 "대통령 내무부에 영을 내려 누구나 일률적으로 변발을 자르도록"이라는 글을 실었다. 1914년 6월민국 3년 내무부는 재차 "변발을 자르기에 대한 규정 6조"라는 글을 발표했다. 규정에는 관리, 학자, 대신들은 반드시 변발을 자르도록 요구했는데 당시 참의원에는 십여 명의 완고한 변발쟁이들이 있었던 것이다. 1928년민국 17년 난징南京의 민국정부는 또 한 번 〈변발 금지 조례〉를 발표했는데 언사는 더욱 강경했고 처벌은 보다 구체적이었다.

속담에 '전족 한 쌍에 눈물 한 독'이라고 중국 한족 여성들은 오랜 세월 전족이라는 악습에 시달려 왔었다. 그러나 상당히 오랫동안 중국 남권사회는 여성의 전족을 백안시해 왔고, 오히려 작은 발을 여성미의 기준으로 삼았으며, 호색한들은 더구나 전족에 대한 미친 사랑을 고아한 품격으로 여겼었다. 만청정부 역시 자기 민족 여성에 대해 전족을 못하도록 했고 한족들의 이런 악습에 대해서는 크게 관여하지 않았다. 철학가 헤겔은 인류의 이미지 훼손을 통한 멋내기에 대해 매우 심각한 분석을 거치면서 중국 여성들의 전족을 언급한 적이 있다.

"……모든 멋내기의 동기는 바로 이에 있는데 설령 그것이 야만적이고 추

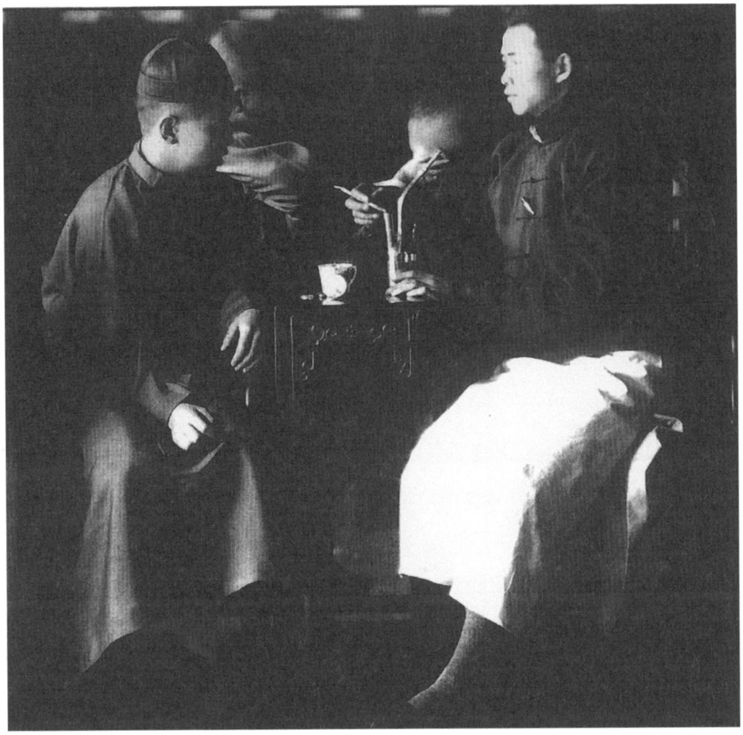

남방의 다방에서 변발을 자른 민국 시민이 차를 마시며 수연통을 피우고 있는데 장삼에 마고자를 입고 과피모자를 쓰고 있다.

사회변혁의 흔적은 가족사진 속 남녀복장의 차이에서도 찾아볼 수 있다.

상당수의 중소 도시와 농촌에서는 여전히
전통복장을 하고 있었다. 톈밍(田鳴) 제공.

악한 것이고 형체 훼손이고 심지어 해로운 것이라 할지라도 말이다. 예를 들면 중국 여성들의 전족이나 귓구멍을 뚫고 입술을 꿰매는 것 등이 이에 속한다."[6]

청나라 말기에 이르러 여성들의 전족을 둘러싸고 사회상에서는 신구 관념이 격렬하게 충돌했다. 1895년 캉유웨이康有爲는 광저우广州에서 '월중불전족회粤中不纏足會'를 성립했는데 이는 첫 반 전족 단체가 되었다. 1896년 공익천족사天足社 멍양孟揚 등은 상소를 올려 호소했다.

"오호, 우리 중국 여성들은 뼈가 부서지고 힘줄이 끊어지는 아픔을 겪어야 했으니 어찌 불행하다 하지 않으리오……."

무술변법시기 유신자들 역시 전족 반대를 제기했었고 20세기 초에 와서야 전족 폐지의 목소리가 높아졌다. 1905년 북양고등여자학당北洋高等女學堂이 세워지면서 그 학교 정관에는 체조가 여성들의 나약한 체질 향상에 도움이 되고 자연발 여자들의 입학을 격려한다고 적어놓았다. 난카이南開 교육의 정초자인 옌판손嚴范孫은 〈방족가放足歌〉를 작사한 적이 있다.

다섯 살내기 딸애가 울면서
울면서 엄마한테 물었지요.
엄만 자식을 사랑한다면서
왜 자식의 발을 묶어놓았어요.
뼈 부서지고 마음도 아파요
걸을 수도 없고 잠들 수도 없어요.
이웃집 아이는 발이 편해서
학당에 공부하러 다닌다네요.[7]

6. 헤겔, 『미학』, 39쪽, 상무인서관, 1979.
7. 옌런칭(嚴仁淸)·옌시우(嚴修) 편저, 〈방족가(放足歌)〉, 『톈진문사자료선집』 제25집, 52쪽, 톈진인민출판사, 1983.

1912년 3월 손중산은 내무부에 명령을 내려 각 성에서 전족을 폐지하도록 했다. 명령은 이렇게 작성되었다.

"이 신구 교체시기 이와 같은 악습은 우선 사라져야만 국력이 강해질 수 있다."

1916년 내무부는 또 〈각 성에 여성 전족 금지에 대한 내무부 통고〉를 발표했다.

> 여성의 전족은 세상 어디에도 없는 악습으로 시간이 오래되면 병이 생긴다. 역사책을 뒤져보면 오대·남북송시기에 이 바람이 불었고, 점차 널리 퍼지면서 그걸 아름답게 보아주었으며 귀족들도 따라했는데, 이 습관이 아직 남아 있다. 전족금지령이 엄하지 못했기에 오늘까지지도 이런 악습이 전해오고 있는 것이다. 이 습관이 나쁘다는 것은 사람마다 아는 사실이고 인도적인 차원에서도 취할 바가 아니니 이 풍속을 폐하고자 하는 것이다…….

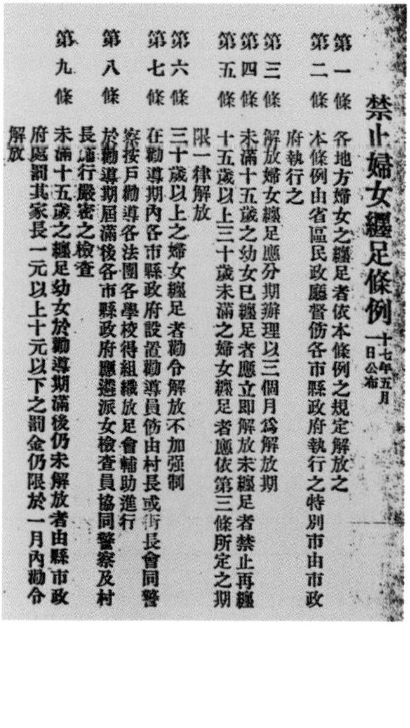

禁止婦女纏足條例 十七年五月十日公布

第一條 各地方婦女之纏足者依本條例之規定解放之
第二條 本條例由省區民政廳督飭各市縣政府執行之特別市由市政府執行之
第三條 解放婦女纏足應分期辦理以三個月爲解放期
第四條 未滿十五歲之幼女已纏足者應立即解放未纏足者禁止再纏
第五條 十五歲以上三十歲未滿之婦女纏足者應依第三條所定之期限一律解放
第六條 三十歲以上之婦女纏足者勸令解放不加强制
第七條 在勸導期內各市縣政府設置勸導員飭由村長或街長會同警察按戶勸導各法團各學校得組織放足會輔助進行
第八條 於勸導期屆滿後各市縣政府應遴派女檢查員協同警察及村長施行嚴密之檢查
第九條 未滿十五歲之纏足幼女於勸導期滿後仍未解放者由縣市政府處罰其家長一元以上十元以下之罰金仍限於一月內勸令解放

민국정부에서 반포한 〈여성 전족 금지 조례〉

1928년, 난징 국민정부에서는 재차 〈여성 전족 금지 조례〉를 반포하고 각지에서 전족을 한 여성들의 발을 해방하도록 했으며, 15세 이하, 15세부터 30세까지와 30세 이상 여성들에게 각각 다른 요구를 제기했다. 민국 초기 한 방면으로는 '천족회天足會' '방족회放足會'가 각지에서 활약하면서 전족 폐지를 호소했고, 다른 한 방면으로는 여성들의 발은 감겼다가는 풀리고 풀렸다가는 감기면서 발에 관한 다양한 신조어들이 등장했다. 그 무슨 전방족纏放足, 복전족复纏足, 천족天足, 가천족假天足, 반전반방족半纏半放足 등이 그것이다. 남자들의 변발과 마찬가지인 천년 동안 이어온 악습을 폐지하는 것은 어려움이 한두 가지가 아니었다.

주목해야 할 것은 1912년부터 1928년까지 민국정부에서는 이 '머리'부터 '발'까지의 법령에 대한 강경함이 점차 강도를 높였다는 것이고, '권고'로부터 '금령'에 이르는 것을 두루 보면 그 흔적을 찾아볼 수 있거니와 악착같은 악습이 좀체 사라지지 않는 것은 놀랄 만한 일이라 해야겠다. 국민들 심리상 봉건 변발과 전족의 의의는 우리의 상상보다 훨씬 완고했다. 옌푸嚴复는 이렇게 말한 적이 있다.

"동서양문화에서 가장 공통점을 찾기 어려운 것은 중국인들이 옛것을 좋아하고 오늘을 홀시하는 그것이다."

그 후의 5·4 운동은 신해혁명이 미완성의 혁명임을 증명해 보였으며 새로운 정권 건설자들은 봉건주의 '변발'을 자르는 것이 황제를 쫓아내는 것보다 훨씬 어려운 것임을 알게 되었다.

민국 초기 가장 유명한 변발인으로는 변발원수라 불리는 군벌 장쉰과 베이징대학 교수 구홍밍辜鴻銘이다. 장쉰은 변발을 남김으로써 보수 세력들을 모아 복벽을 꿈꾸었던 자로 민국 초기 세상을 몰랐던 보황당保皇党이었다. 구홍밍은 박학다식한 베이징대의 문화 괴짜로 그는 당시 회백색 변발을 끌고 교실을 드나들었는데 학생들의 비웃음을 받았다. 동서양문화에 익숙한 이 대학자는 정색해서 말했다. "나는 뒤통수에 변발을 달고 다니지만 너희들

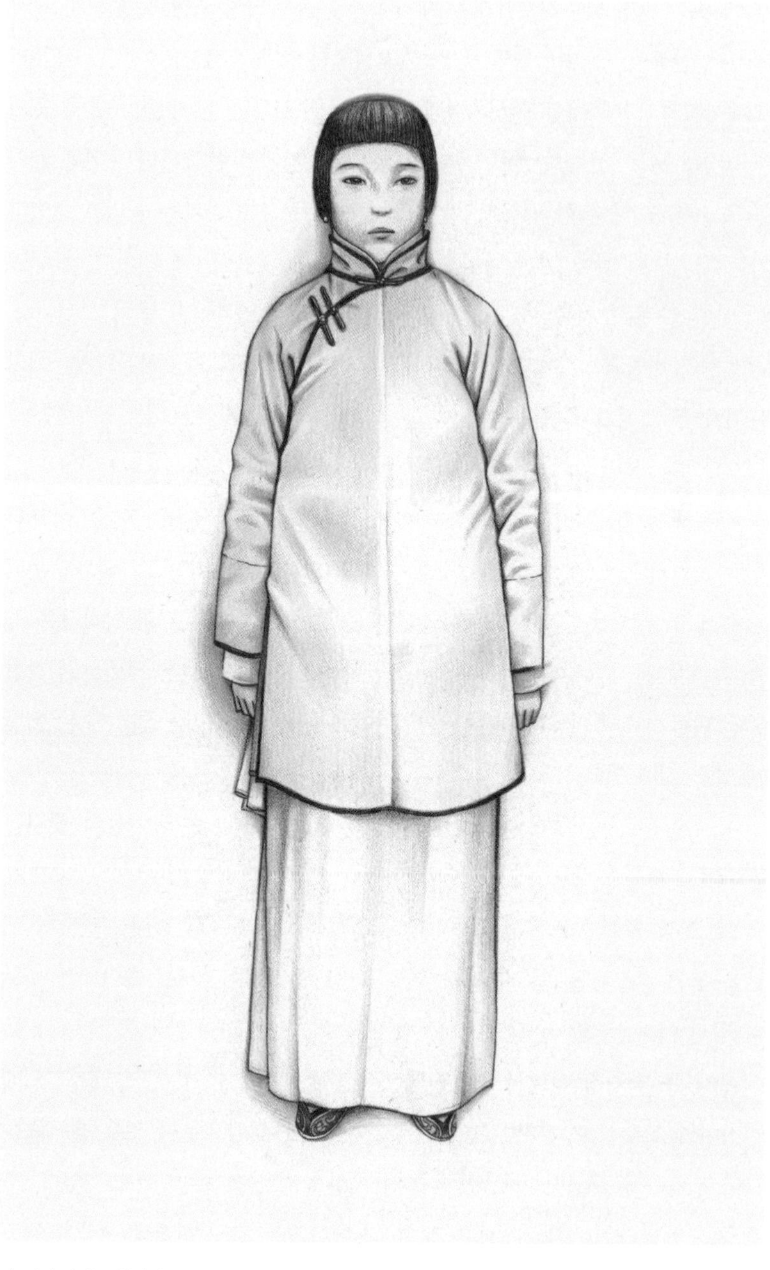

이 시기 치마는 청나라 말기에 비해 비교적 짧았고, 의복의 장신구 수가 적어졌으며, 드레스도 좁은 옷깃 장식이 유행하고 있었으며, 납작한 것은 '부추변(韭菜邊)'이라 하고, 둥근 것은 '등과변(灯果邊)' 또는 '선향곤(線香滾)'이라 했다. 류펑(劉蓬) 작.

은 머릿속에 혹시 변발을 남겨둔 건 아니냐?" 대체적인 뜻은 이러했다 그러자 교실은 물 뿌린 듯 조용해졌다.

구홍밍은 1928년 4월 변발을 자르지 않은 채 세상을 떠났다. 그해 9월 『신보』는 베이징의 한 조사보고를 발표했는데, 베이징 지역에 남자 변발인이 4,689명 남아 있다고 밝혔다.

복장 입법이 우선이다

변발이나 전족에 비해 민국 초기 복장법령은 보다 역사적 의의를 지닌다. 민국 초기 서방 민주체제를 본떠 법제제도에 매우 과감한 것들이 등장했다. 격렬한 정치 각축과 무장투쟁 속에 놓인 민국 초기 민국정부는 추호도 거리낌 없이 일련의 법령을 반포했다. 그중 극히 중요한 것들로는 〈중화민국 임시약법〉, 〈중화민국 임시정부 조직요강 수정판〉 등이 있었고, 복장 예법에 대한 법령도 포함되어 있었다. 난징 임시정부시기 임시대통령 손중산孫中山은 변발, 전족 금지령에 대한 많은 법령을 반포했다. 민국 원년1912년 베이징에 이전된 민국 임시정부와 참의원은 첫 번째 복장법령을 정식으로 발표했다. 즉 〈복장제도〉민국 원년 10월 3일가 그것이다. 이 법령은 민국 남녀의 정식 예복의 양식, 색상, 원단 등에 대해 구체적인 규정을 내리고 있다.

제1장 남자 예복

제1조 남자 예복. 대예복과 상예복 두 가지로 나뉜다.

제2조 대예복은 그림 1과 같다. 원단은 본국 견직물로써 검은색으로 한다.

제3조 상예복은 두 가지로 나뉜다.

1. 갑종 양식은 그림 2와 같다. 원단은 본국 견직물 또는 면직물이나 아마천으로 하고 검은색으로 한다.
2. 을종 양식은 두루마기 식으로 그림 3과 같다.

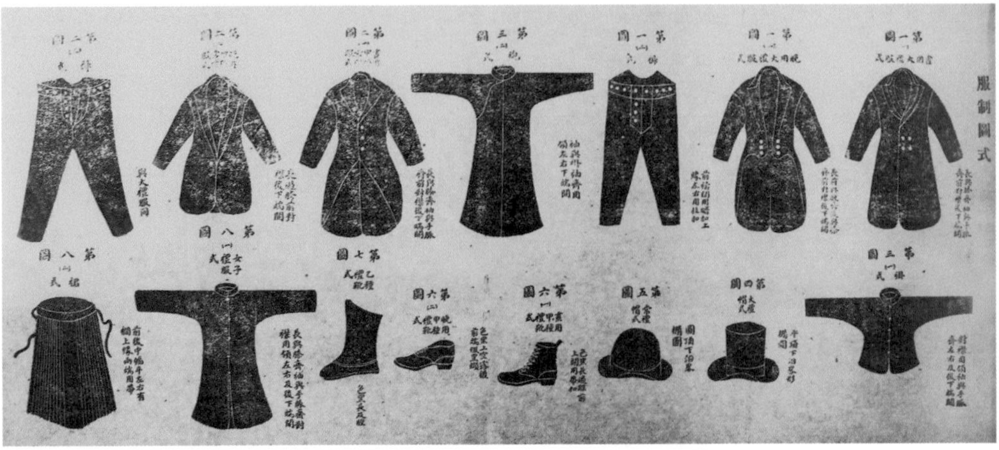

1912년 민국정부가 〈복제(服制)〉 조례의 부도(附圖)를 반포했다.

제4조 상례를 만났을 경우 제2, 제3 예복을 입으며 왼팔에 검은 천을 두른다.

제5조 남자 모자는 대례모와 상례모로 나뉜다.

1. 대례모 양식은 그림 4와 같다. 원단은 본국 견직물로 검은색이다.
2. 상례모 양식은 그림 5와 같다. 원단은 본국 견직물이나 모직물로 하고 검은색으로 한다.

제6조 예복에 맞춘 장화 역시 두 가지이다.

1. 갑종 양식은 그림 6과 같다. 검은색이고 대례복이나 상례복에 두루 맞출 수 있다.
2. 을종 양식은 그림 7과 같다. 검은색이고 상례복을 입을 경우 신어야 한다.

제7조 학생, 군인, 경찰, 법관 및 기타 관리의 제복은 특별규정에 따르며 본 제도를 따르지 않는다.

제8조 무릇 공직자들은 예복을 입을 경우 제3조 제2조목 및 제6조 제2조목의 규정에 따르지 않는다.

제2장 여자 예복

제9조 여자 예복 양식은 그림 8과 같다. 둘레에 드레스를 더 단다.

제10조 문상할 경우의 예복에는 앞가슴에 검은 꽃을 단다.

제11조 대례복의 원단은 본국 고급 모직물로 사용한다.

제12조 본 제도는 반포일부터 실시한다.[8]

상기의 복장제도에서 가장 선명한 특징이라면 서양 양복으로 예복을 삼았다는 것이다. 특히 대례복의 선택에서는 기본상 서양 양복을 그대로 옮겨왔고 완전히 영국 신사와 같았다. 즉 유럽 연미복 양식에 둥글고 단단한 검은색 중절모를 쓰고 옷깃은 움직일 수 있는 단단한 것이고 검은색 바지를 입었다. 남자 상례복은 동서양을 섞은 양식으로 즉 〈복장제도〉에서 말한 갑, 을 양식이다. 그중 갑종 서양식 상례복은 또 낮과 밤 두 가지로 나뉘었는데, 낮 예복은 길이가 무릎까지 오고 소매는 손목까지 오게 하며 앞은 가운데서 단추를 채우고, 뒤는 아랫부분을 갈라지게 만들었다. 밤 예복은 엉덩이를 덮게 만들고 앞은 가운데서 단추를 채우게 하며 뒤는 아랫부분을 갈라지게 만들었다. 이는 모두 서양식으로 을종 상례복은 중식 두루마기와 마고자에 서양 중절모를 쓴 것이었다. 이로써 민국 초기 동서양이 뒤섞이고 양복과 장삼이 어깨 나란히 다니던 풍경이 이루어졌던 것이다. 〈복장제도〉에서는 여성 예복에 대해 비교적 간단히 규정하고 있다. 길이는 무릎까지 오게 하고 드레스를 수놓은 치마를 입는 것이다.

완전한 서양식 대례복大礼服은 민국 초기의 특유한 표지이다.

당시 정계의 활동에서 에드워드 풍의 영국식 연미복과 둥근테 중절모는 정계의 독특한 풍경으로, 이런 순수 유럽풍의 복장은 1910년대를 풍미했다. 1915년 『토요일』 제59기에 실린 한 편의 문장은 이렇게 쓰고 있다.

"말소리와 발걸음 소리가 들리더니 의관을 단정히 하고 연미복을 떨쳐입은 수십 명이 멀리서 걸어왔다. 참의원과 중의원 설립에 즈음하여 당쟁이 심할 때 모 정당에서 장소를 마련해 담화를 조직했던 것이다."

1918년 『신신보新申報』는 쉬스창徐世昌 총통의 취임식에 대한 보도에서 다른 글보다 크고 굵은 고딕체로 새 총통이 "연미복을 입고 훈장을 달고" 나왔다

---

8. 〈복장제도〉, 『중화민국법령대전』, 상무인서관, 1913.

고 적었다.

1912년부터 1919년까지 민국정부는 또 10여 가지 복장제도를 반포했다. 예를 들면, 〈육군복장제도〉민국 원년 10월 23일, 〈검찰관 변호사 서기관 복장제도를 추광하다〉민국 2년 1월 6일, 〈외교관 영사관 복장제도〉민국 2년 1월 10일, 〈해군복장제도〉민국 2년 1월 18일, 〈경찰복장제도〉민국 2년 5월 15일, 〈철도직원 복장규정〉민국 3년 5월 23일, 〈육군 평상복 및 증원병종 색상 개정문〉민국 6년 1월 30일, 〈광산업 경찰제복 등급완장령〉민국 8년 4월 4일, 〈제사 의관 예약문〉민국 8년 9월 9일 등이다.

시사점을 주는 것은 민국 초기 복장 선택에서 기본상 양복을 주로 택했다는 것이다. 비록 그 중에 동서양 결합도 있었지만 이와 같은 양복의 '가져오기'식 조치들은 대담하면서도 혁명적 의의가 있는 것들이라 하지 않을 수 없다.

전승(傳承)이냐? 타파냐? 복장의 변화

새 정권에 출마한 문무관원들은 새로운 차림을 했는데 이는 만청제국의 사모관대 시대의 종말을 의미한다. 조대가 바뀌면 의복도 바뀌는 것 천고 불변의 진리이다. 중국 역대 통치자들은 모두 복장을 종법사회제도의 예법규범에 수록시켰으며 주공부터 상나라시기에 이미 존재했던 복장등급의 차이를 보다 제도화, 시스템화해서 혈연가족을 기초로 한 봉건적 등급제도를 굳건히 했었다. 중국 역대 『여복지輿服志』, 『예의지礼儀志』 등에는 모두 각 조대의 복장제도가 기록되어 있다. 복장제도는 우리나라 역대 조대들이 나라의 기강을 세우는 중요한 조치의 하나였다.

민국 초기 반포한 복장제도의 의의는 근근이 복장을 달리하고 조대를 바꾸는 거동에 지난 것이 아니라 중국 역사상 처음으로 법률의 방식으로 양복을 직접, 위로부터 아래까지 중국 전반에 받아들인 행보이며, 사회정치 변혁의 수단으로 삼은 매우 큰일이었다. 민국 초기의 〈복장제도〉는 정부의

민국 초기 도시 젊은이들은 서양식 차림새를 무척 흠모했다. 황중장(黃宗江) 제공.

에드워드풍의 유럽식 차림새는 민국 초기의 관방의 예복이기도 했다.

영일뿐만 아니라 더욱이는 혁명적 격문이라 할 수 있다.

역복易服은 혁명을 의미하고 새 시대에 대한 태도를 의미한다. 당시의 상하이, 톈진, 베이징, 난징 등 도시의 정계, 지식계들에서는 먼저 변발을 자르고 역복을 했으며 상업계에서는 그 여파를 지켜보다가 재빨리 그 상업기회를 틀어잡았다. 민국 원년 베이징『대자유보大自由報』에는 이런 광고가 실렸다.

> 역복자들은 주의하세요. 민국 공화는 국민들의 변발을 잘라드리고 역복을 해 우리나라 기상을 일신시키고자 합니다. 이에 본사에서는 특히 상하이에서 고등재단명사를 특별히 데려와 각종 서구식 개량평상복과 각 나라 모자들도 만들어 드리는데 종류가 여러 가지입니다. 본사에서는 이윤이 목적이 아니라 역복을 격려하기 위함이므로 각계 유지들은 한 번 시험해 보시기 바랍니다.[9]

양복 외에 군복 역시 민국 초기 정계의 또 다른 중요한 복색이었다. 민국

9.『대자유보』, 제5면, 1912년 9월 10일.

초기의 베이징 정부는 대량의 군인들이 정권을 통제하고 있었고 당시 정치 각축전 역시 흔히 군사상 다툼으로 치달았기에 군복은 빈번하게 민국 초기 정계에 모습을 드러내곤 했다. 〈복장제도〉가 반포된 20일 후 민국정부는 또 〈육군복장제도〉 및 〈육군 군관예복제도〉를 발표했다. 신식 육군제복은 전부 서양화되었고 일본식 서양군복의 특징을 흡수했다고도 할 수 있다. 민국 오색기는 '보병, 기병, 포병, 공병, 치중병輜重兵' 등 병종을 대표하고 있다. 제복은 모표, 견장, 평상복, 외투, 사관생복과 군 예복 등에 대해 상세한 규정을 지었다. 특히 장군의 군 예복과 군모 및 장식들은 아주 호화로웠고 군례모의 깃 장식, 수대, 술 등 역시 까다로웠다. 어느 한 회고록에서는 비교적 자세하게 당시 군 예복에 대해 기록하고 있었는데 그게 1913년 10월이었다.

> ……이때 금실을 늘인 군모를 쓰고 남색 제복을 입고 군도를 지참한 호위무사 320명이 줄을 지어 홀에 들어와 두 줄로 양 옆에 시립했다.……총통부 비서장 양스이梁士詒, 비서 샤서우톈夏壽田 등은 모두 연미복을 입었고 시종무관 인창蔭昌, 군사처 참의參議 대리처장 탕자이리唐在礼 등은 남색 군 예복에 깃털 달린 모자를 쓰고 예의띠를 띠었다. 나중에 위안스카이가 팔인교에 앉아 들어왔는데 육해군 대원수 예복에 금술장식이 엄청 많았다.[10]

민국정부가 현대양복을 새 시대 상징으로 선택한 것은 절대 우연한 것이 아니었다. 사회문명이 진보하면서 필연적으로 사회 구성원들의 생활방식 및 의상 등 행위에 영향을 미치게 된 것이다. 어떤 국가든 농경문명으로부터 공업문명으로 진입하면서 모두 같은 복장개혁을 거쳐 왔고 전통적이고 번쇄한 두루마기 장삼은 필연코 현대의 간결한 짧은 옷가지로 대체되게 마련이었다. 쉽게 말해 빠르고 고효율적인 기계 생산은 '옷깃을 끌며 우아하게 걷

---

10. 탕자이리(唐在礼), 『신해혁명 이후의 위안스카이』. 두춘허(杜春和) 등 편저, 『북양군벌사료선집』, 90쪽, 중국사회과학출판사, 1981.

일본을 본뜬 서양 복색.

는' 것과 도저히 호흡을 같이 할 수 없었다. 세계 어떤 민족이든 농경문명에서 새로운 시기로 뛰어넘으려면 자기의 부분적 전통과 안녕을 불러야 하는 것이다.

아마 민국 초기 국회는 양복을 예복으로 정하면서 이 거동이 중국 전통복장에 맹렬한 충격과 전대미문의 개혁의미를 가져오리라고는 생각지도 못했을 것이다. 우리나라 의상문화와 전혀 다른 연미복과 원통모자는 국민의 주요 예복이 되었고 이는 극히 과감한 조치였다. 이 조치는 중국 전통에 대한 중용이 아니라 지나친 조치였다. 2천 년 봉건전통의 나라에서 사람들은 흔히 변화를 두려워하고 습관에 의존하며 권위에 겁을 집어먹곤 한다. 그러나 민국 초기의 복장제도는 혁명이라는 권위와 법률이라는 권위를 빌려 사회변혁을 실현하면서 국민들이 새로운 정치체제와 현대문명을 강제적으로 받아들이도록 했다.

변발과 만족 복장을 폐지한 중국인들은 어떻게 입었을까? 당시의 혁명가들은 비록 만족들을 배척했지만 명나라를 다시 일으키려는 것은 결코 아니었다. 이에 대해 루쉰은 익살조로 이렇게 말했다.

"복고풍을 하려니 황제로부터 송, 명에 이르기까지의 복장은 해석 불가하고, 무대 위 의상들처럼 긴 도포자락에 옥띠를 띠고 분 바르고 장화를 신었

민국 초기 외교 예복—전부 서양화된 모양새다.

동양식 군복 역시 민국 초기 정계의 중요한 복색이었다.

군복은 청나라 말기 민국 초기 가장
일찍 중국에 들어온 양복이다.

으니 그야말로 오토바이를 타고 서양요리를 먹는 것과 같으니 그 어찌 우습지 않겠는가."[11]

당시 양복은 역사의 선택이었고 화하華夏 복색은 자각적으로 공업시대에 들어서기 어려웠기에 농경문명의 복색형태는 먼저 공업문명에 들어선 서양 양복에 자연스레 자리를 내줄 수밖에 없었다. 하물며 혁명당들이 프랑스혁명, 미국독립전쟁 등을 모델로 하고 서방 민주정치시스템을 모델로 하는 터라 민국 초기의 복색의 서구화는 필연적인 역사이기도 했다.

박래(舶來)한 양복과 두루마기, 마고자

청나라 신하와 백성들은 서양인들의 복장에 대해 매우 멸시를 해 왔었다. 청나라 사람 임측서林則徐는 처음 마카오에 갔을 때 서양인들의 의복을 보고 이해할 수 없다는 듯이 말했다.

"저 양키들의 옷은 참 불가사의하군. 남자들은 온통 꽁꽁 감싸고 긴 다리를 그대로 드러내고 있어 마치 연극에서 나오는 여우나 토끼 같단 말이야. 여자들은 또 어떤가. 머리는 두 갈래나 세 갈래로 나누어 빗고 귀밑머리마저 다 없애지. 옷이라는 건 가슴을 드러내고 치마는 기다랗기만 하고…… 참 오랑캐들 풍속이야."

'오랑캐 풍속'이라는 것은 바로 중국인들이 양복에 대한 폄하로 하는 말이다. '오랑캐 풍속'은 공업 기술 문명을 따라 유입된 것으로 갓 잠에서 깬 문명고대국에 심각한 영향을 끼쳤다.

기사에 따르면 중국인들이 양복을 만들어 입기 시작한 것은 대도시에서부터 시작되었다. 1864년 상하이 홍커우虹口구 바이라오훼이百老匯 일대에서 어떤 사람이 수입 나일론을 팔기 시작하면서 양복의 발전에 물질적 조건

11. 루쉰(魯迅), 「양복의 몰락」, 『루쉰전집』 제5권, 455쪽, 인민문학출판사, 1981.

을 마련해 주었다. 1880년 광저우에서는 신푸청지信孚成記 양복점이 생겼다. 1896년 상하이 첫 양복점–허창和昌 양복점이 쓰촨베이四川北로에서 문을 열었다. 1903년 왕차이윈王才運은 상하이 난징로에서 룽창상榮昌祥 양복점을 열었다. 1905년 닝보宁波 사람 리라이이李來義는 수저우蘇州에서 리순창李順昌 양복점을 시작했다. 이것은 양복업이 중국에서 본격적으로 시작되었다는 것을 말해 준다. 양복의 재단수공예도 중국에 온 서양인들을 끌어들였는데 예를 들면 톈진에서 오랫동안 생활한 백러시아가 그 주인공이었다.

……하얀 양옥이 들어선 일대에는 적잖은 백러시아인들이 개설한 신모자점, 복장점 및 세탁염색소, 이발관 등이 들어섰다. 알렉산드르 마님은 오늘의 취푸曲阜도에서 알렉산드르 모자점을 경영하면서 중국 여직원과 아동공들을 고용해 전문 여성모자와 브래지어를 만들었다. 파블렌코라고 부르는 형제는 오늘의 해방남로에서 모자점을 경영하면서 각종 남녀 모자를 팔았다.……복장점은 간누니코와 마님이 오늘의 마창다오馬場道에서 여성 패션점을 열었고 하얼빈에서 온 헬렌 옐레미나 마님이 독일 조계지 24번로오늘의 광둥로 미국빌라에 복장점을 차리고 각종 여성복과 혼례복, 베일 및 교회에서 쓰는 옷가지들을 팔았다.[12]

중국에 온 서양인들은 빼어난 솜씨로 양복을 만들었고 '시앙요리' '야체빵' '휘핑크림'[13] 등을 중국 시민들 생활에 끌어들였다.

민국 초기 양복은 관방에서 정식으로 인정하고 보급하기 시작했으며 당시 남자들이 즐겨 입었던 양복들로는 이런 것들이 있었다.

대예복은 민국 초기 유행했던 정식 사교 예복이었다. 정식 예복은 연미복으로 검은색이었다. 깃은 뾰족하고 바지 혼솔은 비단 띠를 상감했다. 흰

---

12. 두리쿤(杜立昆), 「톈진에서의 백러시아」, 『톈진문사자료선집』 제9집, 172–173쪽, 톈진인민출판사, 1980.

13. 휘핑크림: 우유와 동물성이 아닌 식물성 지방을 넣어서 가공한 것으로 식물성 크림이 들어간 것을 말한다. 주로 팜유나 대두유 채종유 등을 이용해서 만드는데, 설탕이 가미되어 단맛이 나는 것도 있지만 요즘은 무가당으로 나오는 제품도 많다. 케이크 등에 장식하는 생크림이 바로 휘핑크림으로 만든 것인데, 이는 쉽게 무너지지 않고 단단하게 만들어져 무늬가 선명하게 오래 남아있다.

두 줄배기 단추를 단 양복, 넥타이와 하얀 바지는 서양물이 잘 든 민국 초기 패션이었다.

둥근 테 중절모, 양복, 양복바지, 외투와 구두에 이르기까지 민국 초기에 유행되었던 양복 세트들이다.

어릴 때 미국유학을 했던 잔톈유(詹天佑)는 미국식으로 전신무장을 했다.

두루마기와 마고자는 양복과 구두와 함께 민국 초기를 주름잡던 패션이었다.

셔츠, 러닝, 검은 넥타이, 흰 장갑과 검은 중절모, 검은 가죽구두가 한 세트로 되어 있다.

양복은 민국 남자들의 반 정식 예복으로 라펠 칼라Lapel collar에 왼쪽 가슴과 양 옆으로 주머니가 달리고 외줄 또는 쌍줄 단추를 달았으며 한 알 혹은 두 알을 박았다. 러닝, 바지와 더불어 한 세트로 불렸다. 원단은 나사천이 위주이고 검은색, 짙은 남색 또는 백색이었다.

학생복은 일본에서 배로 실어온 개량 양복으로 흔히 옷깃을 세웠고 세 개의 안주머니와 일곱 개의 단추 또는 하나의 주머니와 5, 6개의 단추로 검은색, 진한 색 또는 옅은 회색 등이었다.

외투는 스탠드칼라에 길이가 무릎까지 오게 길었다. 서양 셔츠는 깃, 소매가 있고 앞가슴에 주머니가 부착되어 있었으며 소맷부리에는 코프처리를 했다. 바지는 몸에 맞는 게 우선이고 모직이거나 면직으로 원단을 삼았다. 양털 털실이 유행되면서 수공과 기계로 실을 뽑고 스웨터 등을 짰다.

경사역학관(京師譯學館) 학생들이 일제히 민국 당시 유행되던 신형의 운 낮은 중절모를 쓰고 있다.

"신해혁명 후 국내에서 양복을 입는 사람들이 점차 많아졌고 중화민국은 양복을 예복의 하나로 정했다. 1919년 국산 재봉틀이 생산되면서 우리나라 복장생산은 수공봉제로부터 기계봉제로 변화했다. 당시 신문화운동이 일어나면서 양복은 신문화의 상징이 되었고 전통 중국식 두루마기, 마고자 등을 밀어내고 양복업은 신속한 발전을 가져왔다.……1930년 상하이 일대에서만 해도 크고 작은 양복점들이 420여 집대부분 공장을 겸함이 있었고 종사하는 사람은 3천여 명이었다. 같은 해 상하이에서는 양복업 동업공회가 설립되었다."[14]

40년대에 이르러 상하이 양복점과 여성 양복점패션점은 이미 천여 집에 달했다. 당시 양복업의 경영방식은 다양했는데 공장과 상가를 겸하면서 앞은

---

14. 중국근대방직사 편찬위원회, 『중국근대방직사』 하권, 172–173쪽, 중국방직출판사, 1997.

일본에 유학했던 학생들은 일식 학생복과 학생모의 유행을 이끌었다. 황중장 제공.

점포이고 뒤는 공장이면서 생산과 판매를 일체화하고 있었다.

민국시기 각 업종에 종사하는 상인들은 선명한 조폭한 성격을 띠고 있었는데 그중 닝보宁波파는 양복업에서 중요한 자리를 차지하고 있었다. 그들이 경영하는 양복재단업을 흔히 말해 '홍방재봉紅幇裁縫'이라 했는데 닝보 사람들이 서양인을 '홍마오런紅毛人'이라고 불렀고 홍마오런들을 위해 옷을 만든다 해서 '홍방紅幇'이라 했던 것이다.

이 업종 종사자들은 은현鄞縣 남향인과 봉화奉化 사람들이 많았는데 고향 관념이 매우 강하고 손부리가 여물었기에 톈진 양복시장에서 매우 큰 우세를 점하고 있었고, 선후로 7~80집이나 되었으며 각 나라 조계지에 널려 있었다. 직원들도 가장 많을 때는 250여 명에 달했다. 그중 규모가 비교적 큰 것들로는 푸싱샹复興祥, 장싱마오張興茂, 마위안창馬源昌, 왕전지王珍記, 왕위안지王元記, 저우리창周立昌, 허칭창何慶昌, 저우허창周和昌 등이었다. 그 외 전문 철도국을 상대로 한 영업집들도 순리창孫理長, 팡진창方錦昌, 쥐신창聚

新長 세 집이 있었다.[15]

양복은 신생 사물인지라 사회 민중들은 서양식 양복을 입는 데 대해 많이 혼란스러워하고 있었다. 왜 옷을 개량해야 하며 어떻게 개량할 것인가 하는 등 많은 화제들은 언론계, 지식계에서 정치이슈 외에 또 다른 관심거리였다. 신문, 잡지에서는 전문 코너를 만들어 복장개량에 대한 문제를 논의했고 민중들은 양복의 맞춤형 착복에 대해 너무 모르는지라 이상하게 입는 일들이 늘 발생했다. 해서 민국 초기에는 일부 양복계몽 등 지도서들이 출판될 지경이었는데, 예를 들면 1912년 상하이 문명서국에서 출판한 우즈후이吳稚暉가 집필한 『개량필독改裝必讀』에서는 변발을 자르고 옷차림을 바꿀 필요성에 대해 상세하게 기술하면서 양복의 정확한 입기와 조화 등을 지적했다.

"지금 사람들이 중국식도 서양식도 아니라고 웃는 것은 중국옷에 서양 모자를 쓰거나 중국옷에 서양 신발을 신거나 중국 두루마기에 서양 조끼를 입는 것 등을 말하는 것이다……자연스러우며 적당하다면 그다지 놀랄 일은 아니라고 본다."

1913년에는 또 『역복신서』를 출판했다.

"서양인의 예절과 금기 등에서 중요한 것을 골라 대략 설명하노라."

톈진 국산품판매소에서 인쇄 발행한 『양복 입을 때의 예법 고찰』에서는 이렇게 말했다.

"변발 자르기가 날로 성행하지만 양복은 다양해서 반드시 노력하여 연구한 후 소비자들에게 알려주어야 한다. 한 가지 일에는 그에 따르는 연구가 있어야 하거늘 양복을 입으면서 양복의 각종 정확한 예들을 모르면 남들의 웃음거리가 되지 않을 리 없다."

그 뒤 각종 재봉교과서, 가정교과서들이 간간히 출판되었는데 예를 들면

---

15. 장장상(張章翔), 「톈진에서의 '닝보방'」, 『톈진문사자료선집』 제27집, 83쪽, 톈진인민출판사, 1984.

『신재봉』, 『재봉교과서』, 『의복론』 등에서는 서방 재봉방법과 기계 재봉 기술을 소개하고 있다. 양복 재봉 기술은 당시 여학교 및 사범학교 교과서에도 편입될 만큼 재봉 기술은 더는 가정에서나 스승이 입으로 전수하는 기술이 아니라 근대 학교교육의 한 부분이 되었다.

초기 민국 양복이 비록 인기가 있었으나 여전히 두루마기와 마고자를 입는 자들이 많았다. 중국인들의 전통습관에 어울리는 두루마기와 마고자는 여전히 대중 복장으로 양복과 더불어 병존하고 있었다.

지식계는 양복에 대한 태도가 찬반이 엇갈리고 있었다. 특히 5·4 신문화운동 이후 양복은 사상의식계에 커다란 쟁의를 불러일으켰다. 사람들은 낡은 전통방식을 반대하면서 낡은 전통에 대한 개변을 요구하고 나섰고, 한편으로는 서방 열강들의 안하무인의 태도를 증오하고 있었다. 적잖은 유학파 학자들은 여전히 두루마기를 고집하고 있었는데 예를 들면 천인뤄陳寅洛, 왕궈웨이王國維, 루쉰魯迅, 린위탕林語堂 등이었다.

오랫동안 미국, 유럽 등에서 유학한 경험이 있는 린위탕은 여러 차례 수위 높은 문장을 발표해 "양복이 인성에 어울리지 않는다."고 하면서 양복 추종자들을 풍자했다.

> 입만 열면 영어가 쏟아져 나오고 중문은 말할 줄 모르는 사람이거나 외국에서 박사나 따내고 아직은 소양배양하나 문학비평서를 두어 권 읽고는 좌충우돌하면서 문학을 담론하고 여자들이나 눈여겨보는 자들은 양복을 입어야 한다.……또 백 위안짜리 월급 받는 비서나 할 일 없는 유학생이나 뜻을 이루지 못한 정객들도 입을 만하다. 화교 자제, 당부 청년, 귀공자, 졸부 상인 및 이발사 등은 다른 부류로 양복을 입는 심리가 제각기 다르다. 속세를 따르는 편으로 마치 농촌 아낙이 금이빨을 한 것처럼 아무 이유도 없는 것이다.[16]

16. 린위탕(林語堂), 『양복을 논함』. 린헝(林恒)·위안위안(袁元) 편저, 『입성을 말하다』, 66쪽, 하이난출판사, 2000.

그 외 베이징 정계는 각 세력들이 수시로 교체되고 있었고, 군벌들은 각양각색의 군복들을 입곤 했는데 이는 베이징 정계의 풍경이었고 당시 유행이었다. 북방 지역은 기후가 차서 망토가 널리 유행되고 있었다. 망토를 다른 말로 '한점종一口鐘'이라 했는데 역대로 북방 사람들이 즐겨 입는 것이었다. 바람도 막고 추위도 덜며 입고 벗기 편리하기에 군관들이 특히 애용했다. 민간에서는 부잣집 따님들이 이 망토를 즐겨 입었는데 모피, 베이지, 비단 등으로 만들었다.

동서가 뒤섞여 가려볼 수 없네

기실 민국 초기 몇 년 동안 변발을 잘린 백성들은 어찌할 바를 몰라서 거죽만 바꿨을 뿐 속내는 그대로였으며 새 신을 신고 낡은 길을 걷고 있었다. 그 무렵 복장에서 나타난 것은 '동양도 서양도 아니다', '이도 저도 아니다' 등으로 민국 초기 정국을 해석한다면 틀림없는 것이다.

변발 자르기만 놓고 봐도 그렇다. 비록 변발 자르기가 역사적 추세이고 시대의 조류라 하지만 변발을 자르지 않은 사람들도 적지 않았으며 길거리에 각종 괴상한 차림들이 나타나기도 했다. 어떤 이는 양복을 입고 변발을 하고 다니거나 혹은 발목에 대님을 매고 다니기도 했다. 또 어떤 이는 두루마기를 입고 서양 모자를 썼으며, 그런가 하면 동교민항東交民巷에서 산 낡은 양복을 입은 사람도 있었는데 이것저것 빠진 부분이 많았다. 민국 원년『베이징신보北京新報』에는 이런 보도가 실렸다.

일전 바오즈제報子街 쥐센탕聚賢堂 문 앞에 한 사람이 나타났는데 그는 신식 단장을 하고 머리에는 신식 중절모를 쓰고 있었다. 아주 그럴듯해 보였다. 그런데 뒤를 보니 길고도 검은 꼬리가 춤을 추고 있지 않겠는가. 길 가던 사람들은 모두 웃지 않는 사람이 없

었으니 이 얼마나 어처구니없는 일인가.[17]

또 한 소년은 "파란 솜옷을 입고 그 위에 검은 조끼를 입었는데 하얀 꽃무늬가 도드라져 있었다. 머리에는 서양 모자를 쓰고 뒤통수에는 검고도 윤기 흐르는 굵은 변발을 하고 있었으며 얼굴에는 화장품을 잔뜩 발랐다. 얼굴이 너무 검어서 서리가 한층 내려앉은 듯한 그의 모습은 남자인지 여자인지 구분이 가지 않았다."[18] 동양도 서양도 아니고 중국식도 서양식도 아닌 그런 차림새들은 사람들의 웃음을 자아냈다. 『대공보』는 이렇게 평했다.

"서양식, 동양식, 한족식, 만족식 등 있을 건 다 있어서 딱히 종류가 다양한데 뭐라 할 수 없다."[19]

변발 자른 자들은 더구나 천태만상이었다.

"조롱박처럼 반반하게 머리를 밀어버린 사람과 가운데로 가르마를 낸 사람이 있는가 하면, 변발을 절반 남짓 잘라 한 뼘쯤 남기고는 그걸 질끈 묶어 앞으로 오게 만든 자들도 있었다."[20]

어떤 머리는 어깨까지 오고 어떤 머리는 귀밑까지 잘랐는데 '기왓장'이니 '까치둥지'니 하고 불렀다. 거기에 외태머리를 한 사람들까지 있어 그야말로 각양각색이요 괴상함의 극치였다.

그러나 이런 괴이한 현상 뒷면에는 두 가지 문명, 두 가지 문화가 강하게 충돌하고 있었다. 린위탕은 양복에 대한 편견이 무척 강했지만 그가 이런 문명의 충돌현상에 대해 이성적인 분석을 하는 데 조금도 영향을 받지 않았다.

다른 건 제쳐놓고 서방 문명은 일종의 관념 시스템이고 관념의 힘은 군함보다 훨씬

17. 『베이징신보』, 1912년 제1299호. 제4면.
18. 『베이징신보』, 1912년 제1174호. 제4면.
19. 『대공보』, 1912년 9월 8일자.
20. 『베이징신보』, 1912년 제1384호. 제1면.

동서양 결합으로 된 복색이 민국 초기
에는 매우 자연스러운 것이었다.

강했다. 유럽의 군함이 톈진 다구포대大沽炮台를 공격하고, 1900년 8국연합군이 위풍당당하게 베이핑北平, 북경 거리를 걸을 때 서방의 관념은 이 왕조의 사회구조와 문화구조를 맹렬하게 뒤흔든 것이 되었다. 기타 문화 변화시기와 다를 바 없이 맨 먼저 시작한 것은 지식인들이었다. 특히 주목할 것은 중국이라는 이 오래된 문명 고대국이 서방의 공업성과를 받아들이기 전 먼저 서방의 문화유산을 받아들였다는 것이다. 이런 문화 관념의 수입은 굉장히 중요한 것으로 왕조와 문명은 없어지고 재해를 입게 되었다. ……이로써 서방의 지식, 사상과 문학의 침투는 점차 강력하고, 끊임없으며, 암묵적인 과정이 되어 버렸다. 십 년 사이 서방 정치 관념의 입수는 왕조의 멸망을 선포하고 공화국의 성립을 세상에 알렸다.[21]

비록 이 공화국이 아무런 성과도 없이 온건한 정부형식을 유지하고 있었지만 참신하고, 진보적이며, 전 세대와 전혀 다른 가치 관념의 문명을 창조해 내고야 말았다. 이 무렵의 중국은 서방으로부터 산발적이고, 우연적이며, 혼란스럽게 입수한 것들마저 뜨거운 환영을 받고 있었다.

의심할 것도 없이 서방문명을 추구하는 과정에서 이성적인 인식도 있었고, 맹목적인 숭배도 있었으며, 서양에 대한 편집성적인 열광과 우매한 숭배도 있었다. 양복을 '문명복文明服'이라고 부르고 소위 신식 인물들의 옷차림에 불가결의 요소로 등극하면서 마치 "새로운 인물일수록 외국의 것"이라는 관념이 형성되었다. '양洋' 자가 붙으면 선진적이고, 영광의 상징이 되었는데, 양총洋槍, 양포洋炮, 양차洋車, 양방洋房으로부터 양연洋烟, 양화洋火, 양유洋油, 양채洋菜 양인들의 연극마저 '문명극文明戱'이라고 했고, 서양인들의 지팡이마저 '문명곤文明棍'이라고 했다. 선통황제 푸이마저 사사건건 서양을 숭배하는 모습을 드러냈다. 푸이의 눈에 외국인의 물건은 모두 좋은 것이었고 중국의 비단마저 외국의 나사보다 못했으며 중국의 붓은 외국의 만년필보다 못해 보였다. 서양 가구를 쓰고 양복을 입고 서양 회중시계를 찼으며 서양 핀을

21. 린위탕(林語堂), 『중국인』, 312쪽, 저장인민출판사, 1988.

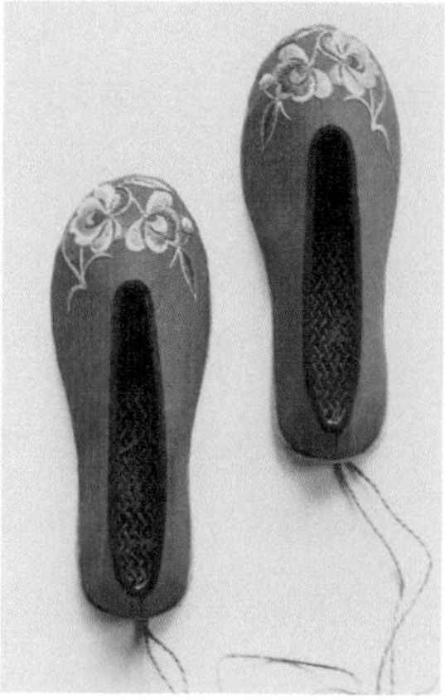

정상 발(전족이 아닌 발)이 신을 수 있는, 커다란 붉은 꽃을 수놓은 여성 신발. 저자 소장.

꽂고 서양 넥타이를 맸다. 이토록 서양 숭배에 빠진 사람이 다른 사람이 아니라 바로 대청황제였다는 사실은 봉건제도에 대한 최대의 풍자가 되었다.

전통 풍속을 내동댕이치다

1917년 12월, 미국에서 박사학위를 취득한 후스胡适가 양복을 입고 안훼이安徽 지시績溪 고향집에 돌아왔다. 이 서양 박사가 이번에 집으로 돌아온 것은 결혼을 위해서였는데 어머니의 영을 어길 수 없어서 전족 여인과 혼인하기로 한 것이었다. 미국 유학시기 후스는 이미 마음에 드는 사람이 있었으나 전통 충효忠孝 관념으로부터 출발해 그는 부득이 사랑을 포기하는 선택을 하게 되었다. 사회현실에서 신문화를 먼저 받아들인 인물 역시 수천 년의 전통 앞에서는 고통스럽고 침통하며 어려운 선택을 해야 했던 것이다.

신문화운동은 언제 일어났는가? 1917년 차이위안페이蔡元培가 베이징대학 총장으로 위임된 것은 분수령이라 할 수 있었다. 그해 정월 4일은 폭설이 내리는 날이었다. 이날 신임총장은 그를 환영하는 베이징대학 일반 교직원들

순진무구한 민국 아이 몇이 전통 복장을 한 채 모던 헤어를 선보이고 있다. 황중장 제공.

에게 허리 굽혀 예를 갖추었는데 이와 같은 평등한 거동은 의미심장한 것이었다. 이로부터 베이징대는 차이 선생의 지도하에 중국에서 전무후무한 현대 대학교육을 시작했다. 그 시기 전후로 천두슈陳獨秀, 후스 등도 문학과 문자를 돌파구로 삼아 신생사물을 제창하는 신문화운동에 기초를 닦아주었다. 뒤늦게 찾아온 자산계급들의 계몽운동은 중국의 미래에 헤아릴 수 없이 중요한 작용을 하였다. 그 뒤 1919년 5·4 운동은 깊이 잠든 민족의 격정을 진일보 깨우는 계기가 되었다. 당시 파리에 있던 중국 외교관 구웨이쥔은 비록 화려한 유럽 외교 예복을 입고 있었으나 파리와의 계약서에 사인하는 것을 거절했다. 중국인들은 '과학'과 '민주'라는 낱말의 의미를 열심히 사고하기 시작했다.

민국 초기 무렵에는 너무 많은 정치 충돌, 군벌 혼전, 의식형태의 다름 등이 있었기에 복색의 변화는 오히려 중요하지 않았고 다만 그 특유의 방식으로 당시 사회현황을 투영하고 있었다.

당시 의상에 영향을 주는 요소들로는 전통과 정치였다.

귀국 후 후스 역시 중국식 복장으로 갈아입었다. 그러나 이는 그가 봉건 전통과 타협한 것을 의미하지 않고 나라의 사정에 의한 것이었으며, 그 무

민국 초기 남자 예복의 가장 대표적인 것은 두루마기에 마고자였다. 위안신즈(袁信之) 제공.

평유란(馮友蘭, 가운데)이 1912–1915년 사이 중저우(中州) 공학에서. 두루마기와 마고자는 당시 지식인들의 가장 보편적인 차림새였다.

비록 두루마기에 마고자를 입었지만 머리는 서양식이었다. 황중장 제공.

민국 초기 가장 일반적인 차림새는 중국 두루마기에 마고자였다. 황중장 제공.

렵 양복이나 학생복을 입은 사람은 소수였다. 일반 백성들이 가장 보편적으로 입는 복장들은 여전히 중국식 두루마기와 마고자였다. 두루마기는 발뒤축에서 2촌 못 미치는 데까지 길었고 양 옆에는 1자가량 되게 트여 있었다. 마고자는 흔히 검은색의 견직물, 면직물, 마직물로 지었으며 팔소매가 길고 옷은 배를 덮었으며 단추는 다섯 개 정도 달았는데 이때는 이미 신분등급의 제한이 없었다. 그러나 평소 더 많은 사람들이 두루마기와 마고자를 입었고 비단으로 된 조끼도 입었다. 두루마기는 남색과 회색이 많았고 솜을 넣기도 하고 겹으로 만들기도 했으며 홑벌로도 지었다. 여름에는 목깃이 없는 것으로 하고 겨울에는 높직한 목깃을 달았으며 두루마기 안에 서양식 바지를 입고 구두를 신거나 중국식 통바지에 헝겊신을 신기도 했다. '5·4' 시기 남성 지식청년들은 대부분 흰색 두루마기나 학생복을 입었고 긴 목수건을 걸었는데 이는 당시 신문화운동 이후 신청년의 전형적 복색이었다.

이 시기 농민, 수공업자 및 각종 상인들은 그래도 습관적으로 청나라 말기와 얼마 다르지 않은 윗옷과 바지를 입는 차림이었다. 상의는 저고리로 모양이 다양했으며 바지는 통바지중국식 바지로 북방에서와 남방에서 부르는 호칭이 달랐음로 바짓가

1919년 제작된 병에 그려진 오색기와 인물은 민국 초기 풍속을 보여주고 있다. 높은 목깃의 솜저고리는 당시 여성 패션이었다.

랑이를 졸라매 주었다. 더러 그 위에 겹바지를 입는 사람들도 있었는데 허리와 엉덩이 부위가 매우 헐렁해서 '간편한' 의상이긴 했다. 상하의들은 회색, 남색 또는 남회색 위주였다. 신과 모자는 별다른 변화가 없이 과피모자와 누빈 헝겊신 등이 각 계층 사람들이 애용하는 것들이었다.

민국 초기 여성 복장도 빠른 변화가 일어났다. 공화혁명에 편승하여 간편하게 만든 것이었다. 여성 복장은 청나라 말기 저고리 바지로부터 저고리 치마로 변화한 것이 주류였고 복장은 더욱 몸에 맞고 상의의 허리 부분은 잘록하게 해 주었고 소매는 팔꿈치를 살짝 넘는 것이었으며 소매는 나팔형으로 되었다. 허리와 엉덩이는 곡선이 두드러지고 호형, 둥근형, 직각형 등 다양했다. 장아이링張愛玲은 이렇게 말했다.

> 유행복도 전례 없이 천진하고 경쾌하고 즐거운 모양들이 나타났다. '나팔관 소매'가 바람에 팔랑이면서 옥결 같은 팔목을 드러냈으며 짧은 저고리의 허리 부위는 한껏 졸라매 주었다.……짧은 저고리의 아래 깃은 바람에 한들한들거리며 둥글게도 뾰족하게도

민국 초기 여성치마는 이미 복잡한 장식을 버렸다. Paul Chapron 제공.

육각형으로도 보였다.[22]

치마도 청나라 말엽에 비해 다소 길었고 재래의 재봉 기술에 얼마간의 변화를 주었으며 원단은 자연스레 처지도록 했다. 옷이나 치마의 장식은 청나라 말엽에 비해 감소되었고 가선 등이 줄었으며, 더는 화려하고 요란한 십팔양곤十八鑲滾 등이 보이지 않았다. 원단은 명주와 목화천이 특히 성행하면서 애국포愛國布, 문명사文明沙 등으로 불렸다. 부잣집 여자들은 명주를 많이 사용했고 일반 가정에서는 남색과 백색의 목화천을 선호했다. 어떤 이들은 중국식 저고리에 서양식 목깃을 달았는데 역시 동서양 복장예술의 조화로 볼 수 있다.

여학생들과 젊은 여성들은 당시 일본 여성의 영향을 많이 받아 깃 높은 옷을 몸에 딱 맞게 입었으며 검은색 통치마와 어울리도록 했으며 일체 수를 놓지 않았다. 전족신을 신지 않았고 장신구를 달지 않았으며 연지곤지를 멀리하는 등 '문명 단장'을 했다. 거기에 타원형 안경을 걸고 끝이 뾰족한 구두라도 신는다면 그야말로 가장 최신 차림새라 할 수 있었다. 특히 여자 학당이 생겨나면서 당시 여학교는 서방의 교육방식을 따르는 것이 유행이었고 학생들도 개명하고 잘사는 집안 자식들이었다. 여교복의 산뜻함은 새 시대 여성 복장의 선구라 할 수 있겠다. 1910년대 이후 여학생들의 복색은 그 뒤 10여 년 동안 유행 패션이 되었다. 기사에 따르면 "여학당이 크게 흥성했지만 여학생들은 화장기가 없이 소박한 단장을 하고 다녔다.……여염집에서도 따라했다. 여성의 복장은 베이징대에서 양가집에 전파되었고 나중에는 여염집에까지 퍼졌다."

짚고 넘어갈 것은 청나라 말기 나타난 기생방 옷차림들이 신사, 숙녀들에 의해 그 시대의 흐름이 되었고, 양가집들에서 그를 본받기 시작했다는 것이다. 당시 신문은 이렇게 적고 있다.

---

22. 장아이링(張愛玲), 「갱의기」, 『유언』, 83쪽, 저장문예출판사, 2002.

여성 복장은 간결하게 변화했고 목깃은 갈수록 높아졌다. 리커위(李克瑜) 제공.

남방 관인집 여성들은 전형적인 복장과 앞머리, 머리꽂개를 하고 아이들도 길게 머리를 기르고 있다.

린훼이인(林徽因, 우측 첫 번째)이 1916년 학생복 차림으로 찍은 사진.

여학생들과 젊은 여성들은 진보적인 사상의 영향으로 복장이 갈수록 짧고 품이 좁아졌으며, 팔소매는 '나팔형'으로 하고 아랫단은 호형으로 해서 짧은 치마와 어울리게 했으며 수는 놓지 않았다. 류펑(劉蓬) 작.

민국 초기 여성 복장은 간결했고 몸에 맞았으며, 소매는 나팔형으로 되어 있었고 아랫단은 호형을 이루었다. 저자 소장.

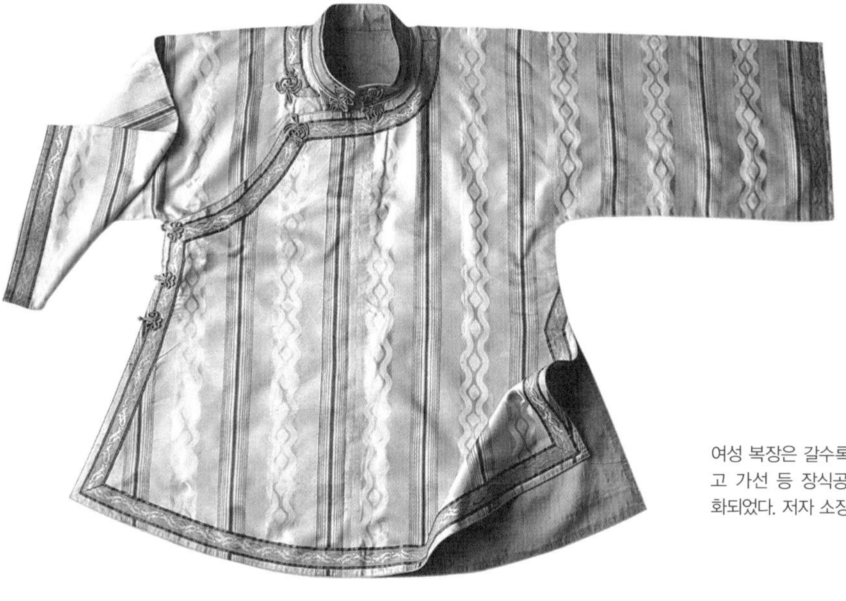

여성 복장은 갈수록 간단해졌고 가선 등 장식공예가 간소화되었다. 저자 소장.

둥주쥔(董竹君)의 첫 사진(1914년). 통이 좁은 옷에 원보령(元宝領)을 했으며 가위로 자른 듯 앞머리를 남기고 있어 매우 예쁘다. 퉁궈잉(董國瑛) 제공.

"상하이 기생방 사람들 복색은 새로운 것이 많았고 예쁜 화장과 멋진 옷들이 나타났으며 이를 사람들이 본받았다.……광서光緖, 선통宣統 연간에는 더욱 괴상한 옷들이 나타났는데 옷이 허리까지 왔다. 허리 부분을 잘록하게 하고 팔은 드러냈으며 이것이 사람들에게 신선함을 주었다. 그러자 이것이 새로운 멋이 되어 양가집 여자들도 그를 따라하게 되었다. 나중에는 온 나라에까지 퍼졌다. 또 서양식 모자에 서양식 코트를 입은 남자들도 나타나기 시작했다."

기생방에서는 청나라 말기 원보령元宝領을 입는 이들도 있었고 서양식 남장차림도 있었다. 1900년에 태어난 둥주쥔은 14살에 청루에 끌려가 소리를 팔다가 사진관에 가 난생 처음 사진을 찍었고 사진에서 원보령元宝领 차림을 한 그녀는 이렇게 회고록에 밝혔다.

> 저는 제가 가장 즐기는 한 쌍의 녹색 비취옥 귀걸이를 걸고 당시 가장 신식이라고 하는 검은 수가 놓인 옷과 바지조가비식 목깃에 다리에 붙는 바지를 입었으며 발에 꼭 끼는 검은 비단신을 신고 그 위에 댕기 묶음을 했어요. 머리는 가장 흥행하는 앞머리를 하고 뒷머리는 선홍빛 굵은 끈으로 묶어주었지요. 팔목에는 한 쌍의 수금화 식 금팔찌를 걸었고요…….[23]

그러나 대부분 여성들은 복장에 대한 변화를 신중하고도 천천히 받아들였으며 보수적이기도 했다. 청나라 말기 여성 복장은 여전히 큰 흐름이었다. 만족 여성들은 기본상 청나라 말기 양식을 고집했는데 발까지 내려오는 널찍한 만족 복장에 수놓이를 한 조끼를 입었고 나무로 된, 굽 높은 수를 놓은 신을 신었다. 이때의 치파오는 널찍하고 평이했으며 무릎 아래까지 긴 것이 특징이었다. 특히 소매는 넓고 각종 수를 놓은 것이었다. 그러나 혁명이 성공하면서 사회상에서 만족배척 정서가 격앙되면서 만족 여성들도 일부 한족 옷을 갈아입었는데 저고리 바지와 저고리 치마가 그것이다. 그러나 그때 한족과 만족의 옷 양식은 이미 그 경계가 매우 모호했다.

일반 한족 여성들은 여전히 청나라 말기 옷차림으로 상의에 바지거나 상의에 치마를 입었고 상의는 흔히 무릎을 넘거나 엉덩이를 덮었으며 오른쪽에서 앞섶을 열도록 되어 있으며 좌우 하단은 살짝 터놓았다. 칼라를 높이 세우고 원보령元宝领이 여전히 유행되었으며 치마는 발등에 닿았고 액세서리들이 매우 적었다. 나이가 좀 든 여성들은 여전히 머리에 러즈勒子라는 장신구를 달았으며 손수건과 부채가 장식품이었고 머리에는 또 꽃을 꽂기도 했다.

민국 건국을 전후로 여성들의 머리 모양의 변화는 크지 않았다. 전보다

23. 둥주쥔(董竹君), 『나의 한 세기』, 28쪽, 싼롄서점, 1997.

난징 궁위안(貢院)에서 찍은 이 사진은 민국 초기 여성들이 여전히 “세 가닥 머리를 기르고 두 가지 옷을 입은” 모습을 담고 있다. 가오젠중(高建中) 제공.

달라진 것은 이 무렵 머리를 정수리까지 빗어 올리는 것이 유행이었고 틀어 올리거나 빗어 올리거나 모두 색상이 화려한 비단 댕기 따위로 예쁘게 묶었다. 머리를 뒤로 빗어 어깨까지 오게 하거나 앞머리를 짧게 자르거나 또는 반반이 쓸어 올려 이마가 훤히 드러나도록 하기도 했다. 젊은 여성들은 뒤통수에 한 가닥으로 땋아 늘이고 정수리에 꽃을 꽂았다. 그 외 또 한 가지 연미또는 가위식 앞머리도 유행되었다. 소녀들은 짧은 앞머리를 '일자식'으로 다보록하게 빗어 내렸고 아줌마들은 앞머리를 남기지 않았다. 그전에는 일본에서 전해온 머리 모양이 유행되기도 했다.

신은 쌍량双梁신이거나 와윈挖運신을 신었고 흔히 비단으로 만들고 나무바닥이나 나긋한 바닥을 했으며 겨울에는 마오워毛窩, 솜신라고 해서 남빛, 검정자색, 석청 등의 색상으로 했다. 이때 신은 전족과 정상족으로 나누었고 평바닥이었으며 수문장이 주요 장식이었다. 1910년대 후기 부유한 가정의 여성들은 하이힐을 신기 시작했다.

1919년 5월 4일은 일요일이었다. 당시 『천바오晨報』는 나라 안팎을 놀라게 했던 5·4 운동에 대해 이렇게 보도했다.

"기자가 차를 타고 중앙공원으로부터 톈안먼까지 가면서 보니 수많은 학생들이 저마다 손에 백기를 들고 전단지를 반포하고 있었는데 사람들이 담벽처럼 둘러싸고 있었다."

그해는 특별히 추웠던 것 같았고 학생들은 저마다 회색 또는 남색으로 된 두루마기를 입고 있었는데 매우 소박했고 더러 목수건을 두르기도 했다. 5·4 운동의 기획자 뤄자룬羅家倫은 훗날 회고록에서 당년 베이징 학생연합회 주석 돤시펑段錫朋의 옷차림을 "베이징대 학생들은 누구나 그를 잘 몰랐다. 그는 언제나 남빛 장삼을 입고 있었고 큰 부채를 들고 다녔다."고 묘사했다. 운동에는 여학생들도 참가했는데 그녀들은 연한 남색 둥근 깃 솜저고리에 검은색 치마를 입고 하얀 양말과 검은 헝겊신을 신었는데 매우 소박하면서도 우아했다. 당년 젊은 대학생들의 차림새는 혼란한 시국에서도 청순함을 잃지 않고 있었다.

03

1920년대

1921–1930

여성들이 장포를 입다

신사상의 영향을 받은 전통 가정.
복장에는 전통과 현대가 공존하고
있다. 톈밍(田鳴) 제공.

03

1920년대

1921-1930

그것은 풍운조화가 심한 연대였다.

"군벌들이 말발굽으로 흙모래를 날리며 지나가면 그 뒤로 관원, 정부, 법률들이 따랐고 복장 역시 그 뒤를 휘청대며 따르면서 끝없는 변화를 겪어야 했다."[1]

장아이링은 이렇게 말했다.

"신구 교체의 혼돈 연대에는 정국이든 복장이든 별로 다르지 않다."

1921년 5월, 손중산孫中山은 광저우에서 비상대통령에 취임되었다. 열병식에서 그는 매우 복잡하고 화려한 대원수복을 입었다. 일설에 의하면 그때가 바로 한창 중국식 현대 제복을 탐색하던 중이었다고 한다.

1924년, 펑위샹馮玉祥 장군은 베이징에 진군해 정변을 일으켰는데 이를 역사에서는 베이징사변이라고 한다. 11월 5일, 즈진청紫禁城의 고요함은 다급한 발걸음 소리에 놀라 깨어났다. 베이징 경비사령 루종린鹿鐘麟은 펑위샹의 명을 받고 최후의 만청황제 푸이를 황궁에서 쫓아냈다. 군복을 입은 루종린이 푸이한테 물었다.

1. 장아이링(張愛玲), 「갱의기」, 『유언』, 83쪽, 저장문예출판사, 2002.

“일후 황제가 되고 싶소? 백성이 되고 싶소?”

두루마기에 마고자를 입은 푸이가 더듬거리며 대답했다.

“이제부터는 백성이 되고 싶소이다.”[2]

민국 후 13년 간 지속되어 온 조정이 결속을 고하는 대목이었다. 이미 변발을 자르고 과피모자와 작은 선글라스를 낀 이 마지막 황제는 쓸쓸하게 즈진청을 떠나야 했다. 황궁에 있던 남녀노소는 뿔뿔이 흩어졌고 만족들은 옷을 바꿔 입어야 했으며 만족 머리는 베이징 거리에서 자취를 감추었다.

같은 해, 육해군 대원수였던 손중산은 펑위샹의 요청으로 북상해 광저우에서 상하이에 이르고 톈진을 거쳐 베이징에 이르렀다. 여행 중에 그는 신식 복장을 입고 많은 장소에 얼굴을 내밀었다. 팔자八字형으로 접은 스탠드 칼라에 네 개의 호주머니가 달리고 일곱 개의 단추가 달렸는데 이것이 바로 나중에 그의 이름으로 명명된 ‘중산복’이었다.

1920년대 나타난 중산복과 치파오는 현대 중국에서 가장 중요한 복장양식이었으며 세월의 흐름 속에서 이 두 가지 양식은 국내외의 한결같은 공감을 이끌어내면서 현대 중국에서 나라를 대표할 수 있는 복장으로 불리게 되었다. 난세는 혁신을 위해 기회를 마련해 주었고 난세는 변혁을 위해 가능성을 키워주었다. 1929년, 난징에 도읍을 정한 국민정부는 다시 〈복장조례〉를 반포해 연미복을 폐지시켰다.

낡은 것을 없애야 새 것이 온다

어지럽고, 혼란스럽고, 분열되고, 유혈적인 연대는 사상의식의 전환과 승화, 봉건전통을 반대하고 신문화 신사상을 제창하는 데 더없이 좋은 기회를 마련해 주었다.

---

2. 아이신줴뤄·푸이(溥儀), 『나의 전반생』, 169쪽, 군중출판사, 1964.

20년대 초기 치파오는 아직 치파오의 예전 특징들을 남겨두고 있었다. 넓고 각이 있으며, 정숙한 것은 장아이링이 말한 바와 같다. 그러나 길이가 좀 짧아져서 발목까지 닿지 않았다. 류펑(劉蓬) 작.

나팔형 소매로 된 저고리는 줄곧 20세기까지 이어져 왔다. 저장(浙江) 핑후(平湖)에서 합영. 위진펀(余金芬) 제공.

상하이 가오챠오(高橋) 전통가정의 차림새다. 전통의상도 젊은이들의 신사상에 대한 추구를 막지는 못했다. 위안신즈(袁信之) 제공.

구식가정은 여전히 전통의상을 고집하고 있었다. 쉬광헝(徐广亨) 제공.

장제스(蔣介石)가 북벌시기 군복을 입고 있다. 당시 군복과 중산복은 비슷한 데가 많았다. 전처 천제루(陳洁如)는 아랫단이 둥글고 팔소매가 나팔형인 저고리에 흰색 치마를 입고 있다. 1926년 광저우 황포군관학교에서.

역사상 중국인들은 자기 민족의 사상문화전통에 대해 단 한 번도 이처럼 격렬하게 비판하고 반성해 본 적이 없었다. 해외에서 들어온 각종 사회사조와 예술유파들은 미국, 영국, 프랑스, 러시아 어느 나라 것이든, 또 고대 그리스나 로마의 것이든 문예부흥시기의 것이든 모두 열렬한 환영을 받았다. 민주주의, 민족주의, 민수주의民粹主義, 무정부주의, 마르크스주의, 개량주의改良主義 등은 누구나 입에 올릴 수 있는 화제였다. 5·4 신문화운동은 의식형태가 각 영역에 미쳤고, 정치, 철학, 교육, 예술로부터 생활방식에 이르기까지 그 영향력의 사회적 깊이와 너비는 중국 역사상 선진先秦이나 위진남북조魏晋南北朝시기에 비견될 정도였다.

청나라 말기 신정과 국민 변혁은 중국 신문업의 번영을 추진함에 크게 기여했다. 이런 신문들은 민주공화정치를 일으키고 신문화 신사상을 전파했으며 사상해방을 부르짖는 동시에 사람들의 생활패턴, 옷차림 습관, 심미취미 등에도 중요한 영향을 끼쳤다. 민국 초기 개량된 역복과 여성들의 단발머리와 풀어놓은 전족은 신문과 잡지를 통해 선전되었고 대중 속에서 계몽과 교화 작용을 했다.

특히 20년대 이후 민국의 각종 화보, 문예잡지 및 신문들은 문자, 사진, 패션 회화, 광고, 만화 등 다양한 형식으로 양복문화와 해당 정보들을 소개하면서 일부 복장현상에 대해서는 토론도 진행했다. 예를 들어 여성들의 단발에 대해 1920년 『여성잡지』에서는 기나긴 논쟁을 진행해 사회의 폭넓은 관심을 끄는 여론으로 되게 했다. 매체는 생활방식과 사상관념에 대한 공개토론을 거쳐 빼어난 사회효과를 견인해 내기도 했다. 매체의 전파성, 권위성은 사람들의 전통 관념을 신속하게 바꿔버렸고 신생사물 내지 외래사물을 기꺼이 받아들이도록 부채질했다.[3]

---

3. 『양우』 화보, 『여성잡지』를 제외하고 상하이환구사 『그림일보』는 베이징과 상하이 두 곳 여성 복장 기생방 복장을 포함해서 소개했다. 상하이 『진상화보』는 정치와 예술, 생활을 아우르는 간행물로 당시 정치사건을 기록하는 동시에 새로운 복장양식에 대해서 선보였다. 톈진 『국문주보』의 '해상신장(海上新裝)' 코너는 매기 상하이 신식복장에 대해 소개하고 복장, 장신구, 헤어, 신과 모자 등에 대해 소개했다. 베이징 『링룽보(玲瓏報)』, 『그림세계』, 톈진의 『북양화보』 등은 모두 사람들이 즐겨보는 생활예술 간행물이었다.

1926년 창간된 상하이의 『양우良友』 화보는 예술과 오락을 위주로 하는 잡지였는데 이 화보의 독특한 점은 매 기마다 표지에 여성사진을 실었다는 것이다. 요청을 받은 여성은 사회에서 관심도가 높은 명사나 스타였다. 1927년 6월분의 표지에는 영화스타 황류상黃柳霜이, 9월분에는 쉬즈모徐志摩의 애인이자 나중에 아내가 된 루샤오만陸小曼 등이었다. 표지여성의 옷차림과 정신적인 기질은 '아름답고, 모던하고, 매력적'이라는 정보를 전달해 주었고 유행의 모델이 되었다.

패션 관념은 빠르게 사회에 퍼졌고 유행 개념은 복장행위의 동력이 되었다. 사실이 증명하다시피 중국 여성들은 일단 전통의식의 굴레에서 벗어나자 패션에 대한 추구는 그녀들로 하여금 놀라운 행보를 하게 했고 이는 그 후의 나날들에서 검증되었다.

이 시기 유행을 추구하는 것은 대중의 커다란 진보라 할 수 있다.

유행은 점차 사람들이 복장을 선택하는 중요한 기준이 되었고 사람마다 따라하게 되었다. 장헌수이張恨水의 소설 『금분세가金粉世家』는 1926년에 쓴 것으로 그중에는 이런 에피소드가 있다. 소설 속 주인공 진옌시金燕西는 계집종 샤오롄小憐이 그다지 낡지 않은 검은 조끼를 입고 있는 것을 보고 웃으며 말했다.

"이 조끼가 참 예쁘네."

그러자 샤오롄이 대답했다.

"예쁘긴요? 이건 여섯째 아씨가 저한테 선물한 거예요. 2~3년 전에 유행하던 거라 이젠 고물이 되었거든요."

이로부터 20년대 말 베이징에서는 대갓집 하녀마저 복장의 유행에 대해 알고 있었음을 알 수 있다.

20년대 전반기를 지나면서 여성 복장의 유행은 사람들을 황홀하게 만들었는데 전족으로부터 하이힐, 변발로부터 파마, 긴 소매로부터 짧은 소매, 통치파오로부터 옆트임을 준 것 등 변화 속도가 얼마나 빠른지 경악을 금치 못할 지경이다. 1923년 제3기 『링룽바오玲瓏報』에는 「여름철 복장 특집 응모」

『양우』 화보 등 매체는 민국 패션의 중요한 전파자였다. 사진은 1928년 4월호 표지. 화가 세즈광(謝之光)의 그림으로 된 패션 미녀 모델.

라는 광고가 실렸다.

"본지는 이달 내에 여름철 복장 특집을 묶어 올 여름 남녀복장의 원단 양식 등을 연구하고자 합니다. 옷, 신, 모자, 양산 등은 모두 토론 내용에 속하며 여름복의 제작 기준과 참고사항은 지켜봐주시기 바랍니다……."

사회와 언론계의 복장에 대한 관심도가 어느 정도인지 엿볼 수 있는 대목이다.

패션의 유행에 대한 개념은 인체의 아름다움을 기초로 한 것으로 천백년래 중국 전통문화 습관에 대한 도전이 되었다. 봉건 이학理學을 주도로 하고 전통도덕을 최상의 것으로 꼽는 중국 봉건사회 후기 인체미에 대한 인식은 우매하고 왜곡된 것으로 특히 여성에 대해서는 더 심했다. 천 년의 전족, 가슴 조이기 등 봉건습속은 육체적, 정신적 이중 사슬이 되어 중국 여성들의 심신 건강에 많은 영향을 끼쳤다. 1920년 류하이리劉海粟의 회화누드모델 풍파는 중국 대지에 거대한 센세이션을 일으켰다.[4] 그 뒤 신문화사상의 전파에 힘입어 새로운 도덕가치관이 대중들한테 어마어마한 영향을 일으켰고 해방을 추구하는 여성들은 더는 자신을 봉건이라는 낡은 천 쪼가리로 속박하려 하지 않았다. 그 후 나타난 짧은 소매, 곡선, 조임, 긴 옆트임 등 여성 저고리와 치파오 및 천유운동天乳運動[5]에서 호소한, 건강하고 위생적인 브래지어를 착용하여 여성의 젖가슴을 겹겹의 속박에서 해방시키는 등의 운동은 모두 중요한 사회적 진보를 보여줬다.

1926년, 『양우』 화보에서는 미국의 미인 선발을 보도하면서 서방 누드조각도 등재했다. 그 잡지는 제30기1928년에 중국모델의 등허리 누드사진 묶음을 실으면서 화가 완라이밍万籟鳴의 인체회화 광고도 실었다. 제40기1929년와

4. 류하이리(劉海粟)는 1920년 여 모델 천시오쥔을 청해 상하이 미술전문에서 인체모델 사생을 하다가 장쑤성 교육회에 의해 금지되었다. 1925년 류하이리는 공개변호를 했지만 당시 상하이 의원, 상회로부터 '금수보다 못하다'는 욕을 먹었다. 상하이 현장 워이다오펑(危道丰)은 인체사생 금지령을 내렸다. 이 일은 류하이리를 격노시켰고 류는 신문에 당시 5성연군(五省聯軍) 통수 손촨팡(孫傳芳)한테 쓰는 편지를 공개하면서 류·손의 모델에 대한 필전을 일으켰다.

5. 천유운동(天乳運動): 1920년대에 있었던 여성의 가슴을 봉건적인 속박(여성의 젖가슴을 가슴 윤곽이 보이지 않도록 안에서 꽁꽁 싸매고 속박했음)으로부터 해방시키기 위한 운동을 이름.

제51기1930년에는 전면整面으로 여성 누드사진을 등재하면서 인체 촬영에 대한 전문 글을 실었고 "건강한 신체는 미의 우선 원칙"이라고 역설했다. 중국의 천 년 회화사에서 보면 다만 은밀히 개인적으로 소장한 춘화에서만 여성의 동체 회화를 볼 수 있었다. 게다가 공공연하게 대중들 앞에 그런 불미스런 그림을 전시한다는 것은 불가능한 일이었다. 20년대에 이르러 잡지 속에는 누드 여성상과 국내외 지도자, 영화스타가 같이 등장해도 아무 문제도 없었다. 이와 같은 파격적인 변화는 사회 심미가 새로운 시대에 진입했음을 상징했다.

정치이상이 낳은 중산복

중산복은 오늘날 중국인들의 의상에서 이미 너무 익숙한 복장양식으로 이미 근 한 세기의 역사를 가지고 있다. 중산복은 민국 이래 가장 중요한 남성복이었으며 가장 정치색채가 농후한 복장양식으로 정치역사의 기복에 따라 지나온 역사와 호흡을 같이 해왔다.

문자 그대로 민주혁명의 선도자인 손중산은 중산복의 창도자이다. 20년대 이후 국민정부는 중산복에 상당한 정치적 의미를 부여했다. 예를 들면 국부의 의지를 계승해 혁명을 끝까지 진행한다는 등이었다. 흥미로운 것은

손중산은 학생복 차림의 사진을 적잖게 남겼다.
1918년 상하이에서.

1923년 손중산과 숭칭링(宋慶齡)이 광저우에서. 이때 손중산은 중산복을 입고 있다.

1924년 손중산은 중산복을 입고 상하이에 나타났다.

손중산이 상하이 샹산(香山)로 저택에서 중산복을 입고 있다.

정치적 견해가 서로 다른 국공 두 당에서도 선후로 중산복을 공식 장소에 입고 나오는 남성 예복으로 삼았다는 것이다.

중산복이 만들어진 시간이며, 어느 복장을 모델로 했으며, 최초의 제작자는 누구이며, 양식상의 발전변화는 어떠한지 하는 것들은 복장사학이 관심을 갖는 내용들이다.

사료적 가치가 있는 사진에 의하면 1914년 이전 손중산 선생은 양복을 많이 입었고 그 후 빈번하게 학생복을 입었다고 판단된다. 그의 표준사진들은 모두 칼라를 세운 밝은색 학생복 차림이었고 당시 정계 요원들과 혁명 동인들 가운데 학생복 차림은 희소했기에 "선생은 학생복을 즐겨 입는다."는 말까지 돌았다. 20년대 말에는 손중산은 양복과 학생복과 두루마기를 주로 입었다. 중산복에 대해 소위 1905년 손중산이 일본 화교 '퉁이창同義昌 나 일론양복점' 장 씨를 청해 만들었다는 말이 돌지만 정확한 것 같지는 않다.[6] 더 오래된 사진들에는 중산복이 나타나지 않았고 다만 학생복 양식만 있었는데 작은 칼라에 가슴께에 주머니를 달았지만 주머니 덮개는 없었다.

손중산이 중산복을 입고 찍은, 현존하는 사진 가운데 가장 오래된 것은 그가 광둥에서 북벌을 기획하던 시기의 사진이다. 이로부터 중산복 양식은 1922년 좌우에 나타난 것으로 추정할 수 있으며 '중산복'이라는 명칭은 응당 1924년 이후의 일이 될 것이다.

1924년 베이징정변 후 펑위샹은 전보로 손중산에게 북상해서 국사를 같이 의논하자고 요청했다. 손중산은 12월 31일 베이징에 도착해 각계 인사들의 뜨거운 환영을 받았고 정치적 센세이션을 일으켰다. 그의 지위와 지명도는 전에 없이 높았다. 그 이후 그가 즐겨 입는 복장의 이름을 그의 이름으로 명명한 것은 조금도 이상할 것이 없었다. 이 시기의 사진에 따르면 극소수의 국민당 요원들이 간혹 입은 외에 중산복의 모습은 찾을 길 없었다. 조기 중산복은 정계 관원들만 입도록 했으며 그것도 대개 삼민주의 추종자들

---

6. 지쉐위안(季學源)·천완펑(陳万丰) 편, 『홍방복장사』, 27쪽, 57쪽, 닝보(宁波)출판사, 2003.

만 입었다. 당시 시민, 직원들은 아직도 중국식 두루마기나 양복, 학생복에 익숙했다. 대중들이 개혁된 새 복장을 받아들이려면 추진하고 인도하는 시간과 과정이 필요한 것이다. 난징 국민기록보관소國民檔案館에는 당년 복장개혁에 대한 제안이 남아 있다. 예를 들면 1927년 6월 저우원량周文亮의 「복장개혁에 중시를 돌려주십시오」와 같은 글이다.

> 호복胡服을 폐지해 청천백일기 아래 자유 국민임을 알려야 하며 원량은 엎드려 고하매 중산복은 전 총리가 만드신 복장으로 미관에 좋고 사업에 편리하기에 만일 전국 국민에게 일률적으로 중산복을 입도록 한다면 즉 환언하면 중산복을 평상복으로 한다면 우리의 위대한 혁명영수를 기릴 수 있을 것입니다…….

이 서류자료는 20년대 말 중산복이 아직 추천 소개 과정에 있음을 증명해 보이고 있다. 1927년 4월 난징 국민정부가 설립되었고 정치중심은 남으로 옮겨가고 민중은 복장개량을 호소하면서 중산복을 널리 알리려 했지만 관방 측에서 인정하지 않았다.

1928년 12월, 장쉐량張學良은 동북에서 반란을 선포했다. 따라서 그는 처음으로 중산복을 입고 동북변방 총사령에 취임했고『북양화보』는 즉시 짙은 황색 중산복을 입은 장쉐량의 사진을 실었다. 장쉐량이 이와 같이 선명한 표식의 복장을 선택한 것은 그가 삼민주의를 따른다는 확고한 의지를 보여주는 것으로 풀이된다.

1929년 난징 국민정부에서는 새로운 〈복장조례〉를 반포, 남자 예복은 두루마기와 장삼을 규정하고 연미복은 폐지했으며 학생복을 남자 제복으로 한다고 했다. 그러나 중산복의 유니폼 지위는 분명하지 않았다. 이 시기 국민당정부는 〈당원복장의용국산안党員服裝宜用國貨案〉을 발표해 당원들이 국산을 사용하도록 호소했는데 소위 국산에는 중산복도 들어 있었다. 1930년 2월, 외교부 조약위원회 저우웨이周緯는 '행정혁신 몇 가지行政革新數事'라는 제안을 했고 그중 소위 '정장색正服色' 부분에 이런 말이 있었다.

당시 '선생은 학생복을 즐겨 입는다'는 설이 있었고 마침 학생복을 입은 손중산이 상하이에 모습을 드러냈다.

> 정부기관 및 학교 사생에 명하여 직위의 대소에 상관없이 일률적으로 중산복을 입어야 한다. 이유는 다음과 같다. ① 총리의 유훈을 따름이다. ② 낡은 의상을 버리고 새로운 기상을 수립하며 양복을 뛰어넘어 경제를 활성화함이다. ③ 일치함이다. ④ 운동에 편리하다. ⑤ 민중을 계발할 수 있다. 중산복은 가격이 싸고 세탁이 쉽기에 가난한 사람도 따라할 수 있다

중산복이 진정으로 보급된 것은 30년대이다. 1936년의 〈복장조례 수정초안〉에 이르러 중산복은 명확하게 남성 공무원 '유니폼'으로 강조되었고 그로부터 중산복은 점차 널리 알려지게 되었다.

부인할 수 없는 것은 중산복의 출현과 보급은 정치 영도자의 창도, 정치 형세의 변화와 갈라놓을 수 없다는 것이었다. 마찬가지로 중산복의 복장양식은 외관상 단정하고 구조가 복잡하지 않으며 선은 분명하고 기능성이 강해 엄숙하고 장중하며 소박한 미감을 구비하고 있어 국민들의 전통적인 아름다움에도 어울리고 국제 현대복장의 심미형식과 공예에도 어울렸다. 전

반적인 조형은 민주, 평등, 혁신, 진보 등 사회이상과 대중들의 염원을 구현하고 있으며 지역, 연령, 사회계층, 지위의 제한을 받지 않았기에 민중들의 옹호를 받았고 민중들에게 받아들여졌다.

중산복은 어떤 옷에서 근원을 찾을 것인가 하는 문제에 대해 사회에서는 여러 가지 설들이 구전되고 있다.

일설에 의하면 중산복은 학생복에 기초해 개량한 복장이라고 한다. 1926년의 『양우良友』 화보에서는 손중산의 사진을 등재하면서 소개말을 곁들였다.

"선생이 학생복을 즐겨 입으시기에 사람들은 그 옷을 중산복이라 한다."[7]

또 다른 설에 의하면 "저장浙江 펑화奉化 사람이 상하이에서 개업한 헨리 양복점민국 초기에는 룽창상榮昌祥양복점이라 했음에서 손중산을 위해 군복 한 벌을 개량했는데 그게 나중에 중산복이었다."는 것이다.[8] 그리고 약 1920년 전후에 손중산이 일본에서 가져온 당시 일본 육군 사관복을 상하이 '룽창상 나사양복점' 주인 왕차이윈王才運, 일각에서는 왕차이룽王財榮이라 함에게 맡겨 그것을 기본 바탕으로 해서 약간 손을 본 것이라고 한다. 그럼 중산복은 학생복인가 아니면 군복을 개량한 것인가? 중산복은 학생복, 군복과 어떤 구별이 있는가? 많은 문제들에 대한 정답이 없어 아직도 고증을 해야 한다.

분석에 따르면 중산복과 학생복은 매우 많은 부분이 비슷하다. 상의는 모두 밀폐식 스탠드칼라로 되어 있고 앞섶을 가운데로 트게 하고 단추는 직선으로 배열한 것 등이다. 학생복 설이 꺼내든 유력한 근거라면 청나라 말 민국 초기 일본 유학 붐이 일면서 일본에서 가져온 학생복 양식이 모델이라는 것이다. 게다가 손중산은 상당 시간 학생복을 입었기에 학생복이 중산복으로 발전했다는 설법이 어긋난 것은 아니다. 그러나 민국 초기 군복 역시 일본 군복의 영향을 많이 받았고 스탠드칼라, 덧댄 주머니, 주머니덮개 등

---

7. 『양우』, 손중산 선생 기념특간, 16쪽, 1926년 11월.
8. 중국근대방직사 편찬위원회, 『중국근대방직사』 하권, 173쪽, 중국방직출판사, 1997.

은 모두 중산복의 그것들과 흡사하다. 초기 중산복의 원단은 군복에 쓰는 황색이었는데 손중산 선생이 열병할 때 입었기에 군복설 역시 믿을 만한 데가 있다.

또 다른 설법으로는 중산복이 영국의 수렵복이라는 것이다. 1929년 5월 『북양화보北洋畫報』에는 이런 글이 실려 있다.

> 어제 남에서 어떤 요인이 와서 당의 유니폼 기원에 대해 이야기했다. 소위 삼민오권三民五權 등 설을 풀이한 것은 어쩌면 오해의 소지가 다분하다. 그가 말했다. 전 총리께서 광저우에서 대원수로 계실 때 하루는 군대를 검열하시면서 원수복을 입으려다가 지나친 감이 없지 않아 양복으로 고르는데 전에 대브리튼에서 하사받은 수렵복을 발견하고 그게 어울릴 것 같아 입었다. 그 후 백관들이 따라서 입었고 그 옷을 중산복이라 명했으며 오늘날 다소 다듬어져서 전 총리께서 처음에 입으시던 옷과는 다르다. 운운.[9]

글 속에 나오는 모 요인은 손중산을 다년간 따른 수행원으로 거짓은 아닐 것이다. 20년대 초기 중산복을 분석해 보면 이 설 역시 믿을 만하다. 영국 수렵복은 영국 식민지시기 성행했던 실용성 강한 복장으로 위아래 네 개의 주머니를 달아 탄알을 담았고 그래서 주머니덮개가 생긴 것이며 뒷부분은 허리 부분에 띠를 둘러주었는데 초기 중산복의 주머니와 등 부분이 매우 비슷하다. 그러나 발전을 거친 나중의 중산복은 이미 영국 수렵복과 많은 차이를 보이고 있다.

위에서 말한 몇 가지 설들을 종합해 보면, 최초의 기획자 내지 디자이너는 장중한 복장양식을 설계하려고 했고, 예의와 일상에서 모두 입을 수 있어야 하며, 또한 민족적인 아름다움에도 부합되는 현대복장을 만들려고 한 듯하다. 주로 정치적 사교 등 공식 장소에서 입어야 하고 민국 초기 복장에서의 동서양의 짬뽕식 복장의 어색함을 극복하고자 했다는 것이다. 중산복

---

9. 미오관(妙觀), 『중산복의 기원』, 『북양화보』 7권, 제318기, 1929년 5월 14일, 제2면.

의 양식은 상기 몇 가지 복장의 장점들을 종합하고 있으며 수렵복과 군복의 보무당당함과 학생복의 유식하고도 우아함이 녹아 있다. 그 뒤 중산복은 점차 초기 흔적들에서 탈출하면서 마침내 세계적 범위에서 알아주는 중국식 현대남장이 되었다.

중산복 양식이 기본상 결정된 것은 20년대 후기이다. 그 주요 특징들을 보면, 낮은 칼라거나 번진 칼라로 끝부분이 팔자八형을 띤 스탠드칼라이다. 위아래에 네 개의 덮개 달린 주머니를 달았고 가슴 주머니덮개는 산山자를 거꾸로 놓은 '붓걸이덮개筆架盖'였고 아래 두 개 달린 주머니는 '호랑이주머니老虎袋'주머니 변을 따라 자유로이 늘어나는 식의 주머니라 했으며, 네 개의 주머니는 모두 단추로 잠글 수 있었다. 앞섶에는 다섯 개의 단추초기에는 일곱 개를 드러나게 달았고 소매에는 각각 세 개의 단추를 달아놓았다. 그 뒤 난징 국민정부에서는 중산복을 공식 복장으로 발표하고 중산복의 네 개 주머니를 '예礼, 의儀, 염廉, 치耻'라 비유했으며, 앞섶 다섯 개의 단추는 '오권분립五權分立'을 상징한다고 했고, 팔소매의 세 개의 단추는 '삼민주의三民主義'를 상징한다고 했다. 이와 같이 특수시기에 나타난 특수복장에는 중국사회개혁의 정치이상이 깃들어 있는 것이다.

중산복 양식은 완성되는 과정에서 일정한 변화를 보였다. 최초에는 일곱 개의 단추에 가슴에는 덮개 달린 주름주머니褶襉袋를 달았고, 스탠드칼라에 등에는 주름을 잡아놓고 허리께에는 띠를 달았으며 여름에는 하얀색, 기타 계절에는 검은색으로 했다.[10] 자료상에서는 최초의 중산복에 단추가 몇 개 달렸고 호주머니가 몇 개이며 겉주머니이냐 안주머니이냐 등에 대한 정확한 기록을 찾아볼 수 없다. 그러나 어떤 이들은 초기 중산복은 밀폐식 스탠드칼라였지 결코 나중의 낮은 칼라와 젖힌 칼라가 결합된 팔자八字형 칼라가 아니라고 주장한다. 이런 주장은 손중산이 일찍 입었던 학생복을 초기 중산복으로 오인한 경우일 가능성이 짙다. 사진자료에서 긍정적인 것은 1928

10. 황넝푸(黃能馥)·천쥐안쥐안(陳娟娟), 『중국복장사』, 385쪽, 중국관광출판사, 1995.

년 유행된 중산복이 이미 낮은 칼라와 젖힌 칼라가 결합된 팔자형 칼라이고 단추 5개에 주머니가 4개이며 등에 주름도 없고 허리께 띠도 없는 중산복 기본형이었다.

중산복을 가장 먼저 평가한 디자이너들도 서로 다른 견해를 가지고 있었다.

"손중산 선생이 친히 창도한 중산복은 우리나라 근로자들이 입었던 상의와 바지를 존중해 양복쟁이 황룽성黃隆生더러 남양화교 사이에 유행하는 상의를 참조해 설계하도록 지시했다."[11]

"1912년 손중산 선생이 양복상인 리룽성李榮生에게 위임해 중국 특색의 제복을 설계하도록 했는데 그것이 바로 중산복이다."

또 '룽창샹호榮昌祥号' 왕차이윈이 중산복을 설계했다는 등등 많다. 이로부터 중산복은 복장디자이너 아무개가 손중산의 지시에 따라 설계 제작했다는 것은 분명해 보인다.

여성들이 장포를 입다

"1921년 여성들이 장포長袍를 입었다."[12]

장아이링張愛玲은 그녀의 「갱의기更衣記」에서 매우 분명하게 치파오의 출현 시간을 밝혀주었다.

1921년에 태어난 그녀는 물론 그해 여인들이 입은 치파오를 볼 수 없었다. 그러나 부유한 가정에서 태어나 여성들의 옷차림 따위에 각별히 신경을 써온 그녀는 어린 시절의 기억과 습작을 위한 고찰을 통해 이와 같은 명확한 판단을 내린 것은 괜한 이야기가 아니다. 다시 말해서 그녀의 판단과 복

---

11. 황넝푸(黃能馥)·천쥐안쥐안(陳娟娟), 『중국복장사』, 385쪽, 중국관광출판사, 1995.
12. 장아이링(張愛玲), 「갱의기」, 『유언』, 84쪽, 저장문예출판사, 2002.

장사학 전문가 저우시바오周錫保의 설은 기본상 아귀가 맞아떨어진다. 저우시바오는 치파오가 "민국 초기 한족 여성들 가운데 입은 자가 많지 않았으나 20년대 중기부터 점차 유행되었다. 그 뒤 점차 일반적인 의상으로 되었고 30년대와 40년대에는 노소를 가리지 않고 다투어 치파오를 입으면서 상의와 치마를 입던 방식을 대체해 버렸다."고 했다. 또 "대개 민국 10년부터 점차 유행되었다."고도 하면서 "그러나 입은 자는 많지 않았다."[13]고 했다.

다른 한 권의 책인 『중국역대복장』에서는 치파오가 20년대 초부터 보급되기 시작해서 30년대에는 이미 성행했다고 했다.

"20년대 초 치파오가 보급되기 시작했다. 그 양식은 청나라 말기 만족의 옷과 크게 다르지 않았으나 오래지 않아 팔소매가 점차 줄어들었고 옷단도 전처럼 넓지 않았다. 20년대에 이르러 구미 복장의 영향을 받아 치파오의 양식도 선명한 변화를 가져왔는데 길이가 짧아지고 허리 부분을 조여 주는 등이었다."[14]

상하이 신민新民도서관 형제회사에서 출판 발행한 『해방화보』를 뒤져보면 그중 1921년 제7기에 한 폭의 풍자화를 발견할 수 있는데 바로 〈치파오의 내력과 유행〉이다.

"신추辛丑(신해辛亥의 잘못된 표기-저자 주)혁명은 만족배척이 심했고 만족 여성들은 목숨이 달린 문제라 다들 한족 복장으로 갈아입었고 만족 복장에 대해서는 아무도 거들떠보지 않았다. 그러나 상하이 여성들은 지금 치파오를 만들어 입는데 그 저의를 알 수가 없다.……근일 모모 두 회사에서 할인한다고 하는데 오가는 여성들이 저마다 오색영롱한 치파오를 입고 있었다. 상하이에 대해 잘 모르는 나는 다만 어디서 이렇게 많은 만족의 후예들이 왔을까 의문이다."

세태에 대한 이 묘사는 연대상 큰 오차가 없을 것이다.

---

13. 저우시바오(周錫保), 『중국고대복장사』, 534-535쪽, 중국희극출판사, 1984.
14. 저우쉰(周汛)·가오춘밍(高春明), 『중국역대복장』, 306쪽, 학림출판사, 1984.

한족 여성들이 치파오를 입기 시작한 것은 20년대부터였고 최초의 양식은 청나라 말 만족의 옷과 매우 비슷했다. 황중장 제공.

20년대 치파오를 입은 숭칭링(宋慶齡).

치파오가 보급되기 시작했고 초기 치파오는 널찍해서 남자들 두루마기와 흡사했다. 양스치(楊士琦) 제공.

1924년 『시엔스회사 25주년기념책先施公司25周年紀念冊』에서도 "10년 봄1921년 여성들의 치파오가 북에서 남으로 유행되었다."[15]고 했다.

1924년 장헌수이張恨水는 베이징 『세계석간世界晚報』에 발표한 소설 「춘명외사春明外史」에서 여성 인물들에게 전부 치파오라는 유행복장을 입혔는데 그 중에는 곤극배우, 기생, 마님, 아씨, 여학생 등이 있었다. 그가 묘사한 당시의 치파오는 기장이 제각기 달랐고 사치한 것도 소박한 것도 있었다. 제44회에서 위루이샹余瑞香이 새로 하얀 비단 치파오를 지어입고 매우 득의양양했

15. 취반눙(屈半農) 등, 「25년래 중국 각 대도시 장신구담」, 『시엔스회사25주년기념책』, 308쪽, 홍콩상무인서관, 1924.

는데 "그녀의 옷자락은 2, 3촌가량 되게 넓었다. 그것도 복장전문점 기술자를 청해 백 마리의 푸른 나비를 수놓은 것이었다."

민국 이후 한족 여성들은 과감히 치파오를 입기 시작했는데 이는 반청혁명자들한테는 뜻밖의 일이었다.

청나라 말기 만족과 한족이 어울리면서 한족 여성들도 만족 여성들을 따라 치파오를 입었는데 그것은 넓고 길고 큰 치파오로 흔히 방한용과 쉽게 벗을 수 있는 실용적인 수요에서 출발한 것이었다. 신해혁명 이후 한족들의 만족 배척 정서에 못 이겨 일부 만족 여성들은 한족 복장을 입기도 했다. 민국 초기 두 민족 여성들의 입성은 서로 상대적으로 독립적이어서 아무 일도 발생하지 않았다. 청나라에 아부하는 세력이 강한 베이징에서는 상층사회 만족 여성들의 복장에 줄곧 아무런 변화도 없었다.

민국 여성들이 이 시기에 치파오를 선택한 것은 여권주의와 관련된다는 게 가장 설득력이 있다. 남자들이 두루마기를 입으니 평등진보를 추구하는 현대여성들이 치파오를 선택했을 것이고 치파오는 남녀평등의 어떤 기표로 작용했을 가능성이 많다. 어떤 이들은 민국 여성들이 맨 처음 입었던 치파오는 남성용이거나 남자 두루마기를 여성화로 개량한 것이 바로 치파오라고도 했다.

미국인 호른은 비슷한 이야기를 주장했다.

"저 여성들이 남자들한테 예속된 문화에서 인정받은 복장양식은 몇 대의 사람들에 의해 전승되면서도 불변했고 심지어 몇 세기에 이르렀다. 그러나 여성들이 그런 하찮은 지위를 받아들이기를 거절하고 남자들과 같은 평등한 신분을 추구할 때 여성 복장의 풍격이 매우 빠르게 변화하는 것을 보게 된다."[16]

이 설법은 장아이링한테서 구체적으로 증명되었다.

---

16. [미국] 마릴린 혼 저. 웨징훙(樂竟泓) 등 역, 『복장, 인간의 제2피부』, 136쪽, 상하이인민출판사, 1991.

〈1921년 여성이 장포를 입다〉의 삽화. 장아이링 작.

오족 공화 이후 전국 여성들은 갑자기 대부분이 치파오를 선호하게 되었는데 이는 그 무슨 만청 정부에 미련을 가지고 복벽을 시도하려는 것이 아니라 여성들이 감히 남성들을 모방하려는 것이었다. 중국에서 자고로 여성의 대명사는 '세 가닥 머리에 두 개의 의상'이었다. 의상이 통으로 된 것이냐 두 개로 나뉘느냐는 매우 미세한 차별이 있으며 거의 불공평을 찾아볼 수가 없다. 그러나 1920년 여성들은 생각이 많아졌다. 그녀들은 애초에 서방문화를 받아들이다가 남녀평등설에 도취되었다. 그러나 주변을 둘러보면 실제 정황과 이상은 너무도 큰 차이를 보이고 있었기에 부끄러운 나머지 그녀들은 여성화된 모든 것을 부정하면서 여성이라는 성 자체를 부정하고 싶어졌다. 그래서 초기의 치파오는 엄숙하면서도 단정해서 청교도의 풍격을 많이 닮아 있었다.[17]

'치파오'라고 불리는 이 의상은 만족 여성옷과 관련되지 않을 수 없다. 민국 초기 여성들이 입은 치파오는 만족들의 파오袍를 모방한 것으로 첫째, 시간상에서 추측해 보면 가장 가까운 뿌리이다. 둘째, 치파오에는 만족들의 파오와 비슷한 많은 특징들이 발견되고 있는데 이는 부인할 수 없는 사실이

17. 장아이링(張愛玲), 「갱의기」, 『유언』, 84쪽, 저장문예출판사, 2002.

다.

물론 발전해서 오늘에 이른 치파오는 이미 처음 만족들의 복장과는 많이 다르며 현재의 치파오어떤 이들은 개량 치파오라고도 한다는 이미 서방 재봉과 현대 심미에 융합되고 있다. 우선, 전통 다림질 기술의 운용과 서구 복장재단 중 마무리 및 소매 공예방법은 치파오가 더욱 몸에 알맞고 더욱 여성들의 신체라인을 충분히 드러내 주고 있으며, 보다 중요한 것은 현대의 아름다움의 의식이 여성들더러 치파오로 여성 체형의 아름다움을 표현하도록 떠밀어 주고 있다는 것이다. 치파오라는 형식의 디자인은 동방 여성의 인체미를 더욱 중시하고 있으며 짧은 소매와 긴 트임 및 허리 조임 등의 변화가 나타나게 됐다.

치파오의 개량에는 과정이 있었으나 상세한 역사사료의 부족으로 그 사이 정확한 시기는 고증할 길이 없다. 그러나 대체적으로 귀납해 보면 청나라 여성 복장은 형식상에서 초기에는 타이트한 것으로, 중기에는 헐겁게, 말기에는 다시 타이트한 것으로 발전하고 변화해 왔다고 할 수 있다. 개량이 시작된 시간은 어떤 연구자들은 동치同治 4년1865년에 시작되어 선통시기에는 이미 상당히 타이트한 것으로 되었다고 한다. 그러나 진정한 개량은 응당 민국 이후로 구체적으로는 20년대 이후 개량 추세는 보다 몸에 맞고 간결한 방향으로 발전했다고 보는 게 맞을 것이다.

라오서老舍의 극작품 〈다관茶館〉에 나오는 대사를 보면 "개량할수록 '추워'지는 것은 치파오에 어울리는 말이야." 다만 여기서 '춥다'는 말이 소외됨을 말하는 것이 아니라 치파오의 길이와 팔소매가 짧아진 것을 말하며 점점 더 몸에 꼭 끼고 옆트임도 점점 높아진다는 말이다.

단언컨대 치파오는 중국 20세기 초엽 패션 역사에서 선명한 위치가 없다가 민국 초기에 만족통치를 몰아내는 정치주장으로 잠시 몇 년간 은퇴했을 뿐이다. 1921년 다시 유행된 치파오는 이미 새로운 의미로 부각되었다. 소위 '남장여성'이라 해도 좋고 개량치파오라 해도 좋고 아무튼 새로운 시대에 중국 여성들이 해방을 추구하는 수단과 선언이 된 셈이다. 1929년 난징 국민정부에서 〈복장제도조례〉를 제정해서 여성 예복을 저고리치마와 치파오조례

1920년대의 치파오는 소매가 짧고 가선이 전처럼 복잡하지 않으나 품은 여전히 널찍했다. 저자 소장.

에는 치파오라는 글자가 없음로 나눈다고 규정[18]하면서 치파오는 드디어 현대 중국 여성의 '국복國服'이 되었다.

20년대 초의 치파오는 그래도 널찍하고 직선적인 애초의 특징들을 간직하고 있었다. 장아이링이 말한 것처럼 "엄숙하고 장중했다." 그러나 길이는 다소 짧아져서 발목에 미쳤고 소매는 나팔식으로 되었으며 옷단은 실로 감추거나 자수를 했다. 어떤 여성은 또 치파오 안에 바지를 입기도 했다. 처음에는 '치파오조끼'라는 것이 유행하기도 했다. 이런 '치파오조끼'는 단이 없고 소매도 없었으며 껴입어야 하고 안에 반드시 짧은 저고리를 입어야 했다. 저고리는 하얀색 내지 밝은 톤의 적삼이었다. 1924년 린훼이인林徽因은 타고르, 쉬즈모와 사진을 찍을 당시 바로 이런 옷을 입었는데 그녀가 입은 치파오조끼는 전혀 아무런 장식도 하지 않아 매우 소박하고 우아했다.

초기의 치파오는 품이 넓어 옆트임이 필요 없었으며 만족 여성들의 복장과 흡사했다.

"치파오는 남자들의 두루마기와 달리 아랫단에 트임이 없었고 소매도 여성 옷이었으며 위는 좁고 아래가 넓었으며 팔목이 드러났다. 치파오를 입은 사람은 머리에서 발끝까지 감싸게 되고 파마를 하고 목이 긴 신을 신어 치파오를 돋보이게 했는데 늦가을에서 초겨울에는 이것을 입는 사람이 있었다."[19]

그러나 20년대 후기의 자료에 따르면 이때 이미 일부 사람들은 안에 바지를 입지 않았고 옆트임 치파오도 나타나기 시작했다. 옆트임이 있었기에 여성이 걸을 때는 종아리가 은근하게 보였다. 이런 대담한 개변은 봉건전통의식에 대한 도전으로 자연히 봉건 수호자들의 공포를 자아냈다.

당시의 군벌 통치자들은 모두 치파오 금지령을 내려 여성들이 치파오를

---

18. 〈복장제도조례〉 제2조 여성 예복, "갑종 옷, 그림 4와 같이 칼라가 단정하고 앞섶은 오른쪽이 덮으며 길이는 종아리 가운데까지 오고 바지와 같게 하며 소매는 팔꿈치를 넘어 팔목까지 와야 하고 명주, 아마, 솜, 털 등으로 남빛이어야 하고 단추는 여섯 개를 달아야 한다."
19. 신농(新儂), 『패션잡지(6)』, 『국문주보』 제1권, 제14기, 1924년 11월.

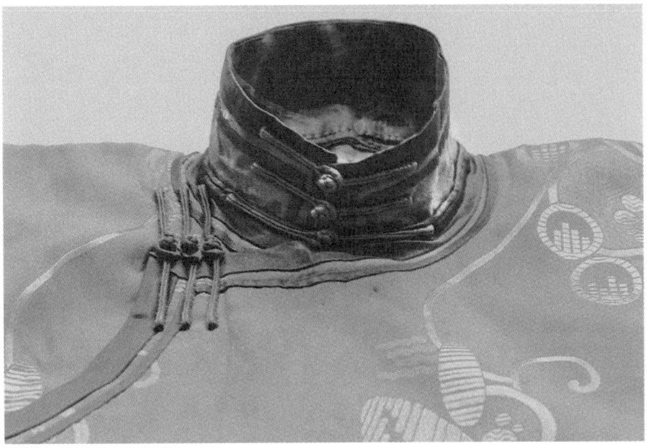

이 시기 치파오는 엄숙하고도 단정했다. 그러나 제작은 정교하고 세심했다. 저자 소장.

입지 못하게 했다. 남방에서는 손촨팡孫傳芳, 북방에서는 한푸쥐韓复榘가 그랬다. 어느 글에서는 류하이리劉海粟의 인체모델화에 대한 금지령을 내리고 또 치파오 금지령을 내린 손촨팡에 대해 피력했다.

> 여성 복장은 시대에 따라 달랐으며 그것을 소위 최신식이라고 했다. 예전에는 짧은 옷에 짧은 저고리를 입고 가슴과 팔을 드러내는 것을 최신식이고 아름답다고 하더니 이제는 그것을 아름답다고 하지 않고 오히려 풍속을 어지럽힌다고 하면서 금지령을 내리기도 했다. 언제 여성들의 옷이 두루마기처럼 위풍당당해서 풍속을 더럽히지 않았던가? 손 총사령은 이를 폐풍이라고 입지 못하게 금지령을 내렸지만 여성 복장이 어떤 것이 몸에 알맞은지 그는 몰랐을 것이다. 혹은 누드가 가장 최신형인가? 나라면 더는 금지령을 내리지 않았을 것이다.[20]

글에서 볼 수 있듯이 당시 상하이 패션계 분위기는 매우 명랑했고 그런 분위기 속에서 치파오 양식의 개혁은 대담할 수밖에 없었다. 민국 여성들은

20. 『손촨팡 여성 치파오 금지령』, 『양우』, 7쪽, 1926년 제2기.

흔히 이런 새로운 것들을 받아들였고 민심에 따라 치파오에 대한 금지령은 자연스레 폐지되고 말았다. 그 뒤 수십 년 사이 치파오는 보다 폭넓게 보급되고 발전되었다.

미적 인생관

어느 추운 겨울날 청두成都 실업여자학교實業女子學校 캠퍼스에서 한 마님이 땅에 드러누워 울며 소동을 피우고 있었는데 그녀는 단발을 깎은 몇몇 여학생들을 욕하고 있었다. 본래 이 학교 학생 친더쥔秦德君이 5·4 신사조의 영향으로 단발을 했고 그녀의 종용과 도움으로 같은 학교 친구들인 두杜, 이李 두 사람도 단발을 했던 것이다. 그리하여 낡은 것을 고집하는 두 씨네 어머니가 학교에 와서 난동을 피우는 장면이 펼쳐졌던 것이다. 이것은 1920년 말의 이야기이다.

이듬해 쓰촨四川에 있던 군벌 류촌허우劉存厚는 경찰청에 〈여성이 머리 자르는 것을 엄금함〉이라는 고시를 발표하도록 했다.

“최근 여성들이 앞머리를 잘라 눈썹까지 오게 하고 나폴레옹, 워싱턴 등 미리양식을 모방하는데 미풍양속을 어지럽히는 것으로 마땅히 금지시켜야 한다. 감히 위반하는 자가 있다면 여성범죄로 정하고 그 학부모를 처벌할 것이다.”

그 결과 청두 실업여자학교는 ‘미풍양속을 어지럽힌다’는 죄명으로 이 세 명 학생을 처벌했다. 두 씨는 어머니가 집에 데려가서 억지로 시집보냈고, 친더쥔은 학적을 제명당했다. 그리하여 친더쥔은 다른 두 친구와 남장차림을 하고 배를 타고 진리를 추구하러 떠났다. 쓰촨 『국민공보國民公報』는 “세 명의 여자가 변장을 하고 동으로 갔다.”는 소식을 실었는데 실로 “양안의 원숭이 울음소리 그치지 않는데 배는 이미 만중산을 지났도다.”라는 식이었다.

남자들의 변발 자르기와 마찬가지로 여성들의 머리 자르기 역시 사회에서 주목하는 이슈였다. 다르다면 여성들의 머리 자르기는 내심으로부터 자각적으로 우러난 진보의식의 발로라는 것이다.

당시 청두의 진보적 간행물인 『반월半月』은 바진巴金과 진보동인들이 꾸리는 것으로 그들은 용감하게 경찰청과 맞서서 「여성 머리 자르기와 경찰청」 「여성 머리 자르기를 금지시키는 황당함」 등의 글을 써서 봉건군벌의 경찰청을 공격했다. 여성의 머리 자르기는 여성해방 남녀평등 등 문제에 대한 사회의 폭넓은 토론과 관심을 받았다. 당시 교육을 받았고 신사상을 추구하는 많은 젊은 여성들은 머리 자르기에 동조해 나섰고 여성들의 머리 자르기를 지지해 나선 것은 5·4 신사상을 가진 학자와 진보적 인사들이었다. 머리를 자르느냐 남겨두느냐 하는 문제로 두 패는 첨예하게 대립하고 있었고 반대파들은 여성의 머리 자르기가 '예교'를 파괴한다면서 이대로 나가다간 "나라가 나라답지 못하고" 망조가 들 것이라고 했다. 지지파들의 반박은 입장이 선명했다. 그들은 여성의 두발 내지 몸은 남성의 요구에 복종만 할 것이 아니라고 주장하면서 "여성이 머리를 자르는 것은 전혀 문제될 것이 없고 자르고 싶으면 자르고 기르고 싶으면 기를 수 있다."[21]고 했다. 보다 강력하게 자르는 것을 주장하는 사람은 이렇게 말했다.

"머리를 기르면 씻기에도 애로가 이만저만 아니고 위생에도 걸림돌이 된다. 그러니 그 무슨 '구름 같은 머릿결'이요 '동방인의 아름다움은 두발에 있다'는 식으로 말할 것이 아니라 '머리카락에는 온통 더러운 것만 가득하다'고 해야 할 것이다."[22]

필경 많은 여성들은 신문화운동의 영향으로 점차 독립을 주장하고 있었기에 머리 자르기는 유행으로 번졌다. 도시의 젊은 여성으로부터 북벌군 여군에 이르기까지, 글 읽는 여학생으로부터 대갓집 규수에 이르기까지 다들 다투어 긴 머리를 잘라 버렸다. 20년대 후기 여성의 머리 자르기는 결코 새

21. 「교육부 여성단발 금지령」, 『여성잡지』, 1924년 10권 2기.
22. 마오즈전(毛子震), 「여성단발문제의 의견」, 『여성잡지』, 1920년 6권 4기.

로운 현상이 아니었다.

그 뒤 지지냐 반대냐의 논쟁은 여전히 십여 년간 지속되었다. 이런 논쟁은 사실상 여권과 남권의 다툼이었고 민주와 독재의 겨룸이었다. 새로운 사상을 전혀 몰랐던 한 봉건국가에서 여성의 머리 자르기는 이토록 어려웠던 것이다.

중국이라는 이런 봉건문명이 고도로 발달하고 완벽화된 나라에서 여성이 받아 안아야 하는 예교의 압박은 특히 컸고 중국 여성해방운동은 극히 험난한 여정을 거쳐야 했다.

1920년 2월, 여덟 명의 여성들이 베이징대학에 입학했다. 그녀들은 전국 각지에서 모인 왕란王蘭, 시전奚湞, 덩춘란鄧春蘭 등이었다. 그들의 단체사진이 그해『여성잡지』에 실렸고 이는 당시 사회에 충격을 주기에 충분했다. 물론 그들은 아직 전족을 하고 있었다. 그러나 '남녀칠세부동석'이라는 걸 주장하는 중국에서 남녀 학생들이 한 교실에 나란히 앉아 선생의 수업을 경청한다는 자체가 역사적 돌파라고 해야 할 것이다. 1921년 북양정부 교육부는 중학교에서의 남녀공학도 비준해 주었다.

1922년에 이르러 이미 28개의 전문학교에서 여학생을 가르치고 있었다. 20년대 후기 한 패의 직업여성들이 계속 사회무대에 진출했는데 여점원, 여교사, 여방직공들이 그 주인공이었다. 옌산산嚴珊珊은 영화〈장자가 아내를 시험하다庄子試妻〉에서 하녀 역을 맡으면서 우리나라에서 첫 여성 영화배우가 되었다.

청나라 말부터 여성해방운동은 여성들이 자발적으로 일으킨 것이 아니라 남자들이 창도하고 바람을 불러일으켰다. 신해혁명 후 혁명가들이 적극적으로 창도하고 격려해 주었고 게다가 임시정부에서 머리를 자르고 전족을 폐지하는 명령을 반포하면서 남녀평등을 고무해 주는 바람에 한때 지식 여성들이 전족을 폐지하고 공부하며 사회활동에 참여하는 붐이 일었다. 교육을 받은 젊은 여성들은 여성해방과 자신의 권리를 쟁취하는 열망이 갈수록 자각적으로 되었다.

강남의 중학교 부부교사가 방한용 두루마기를 입고 있다. 저장(浙江) 핑후(平湖)에서. 위진펀(余金芬) 제공.

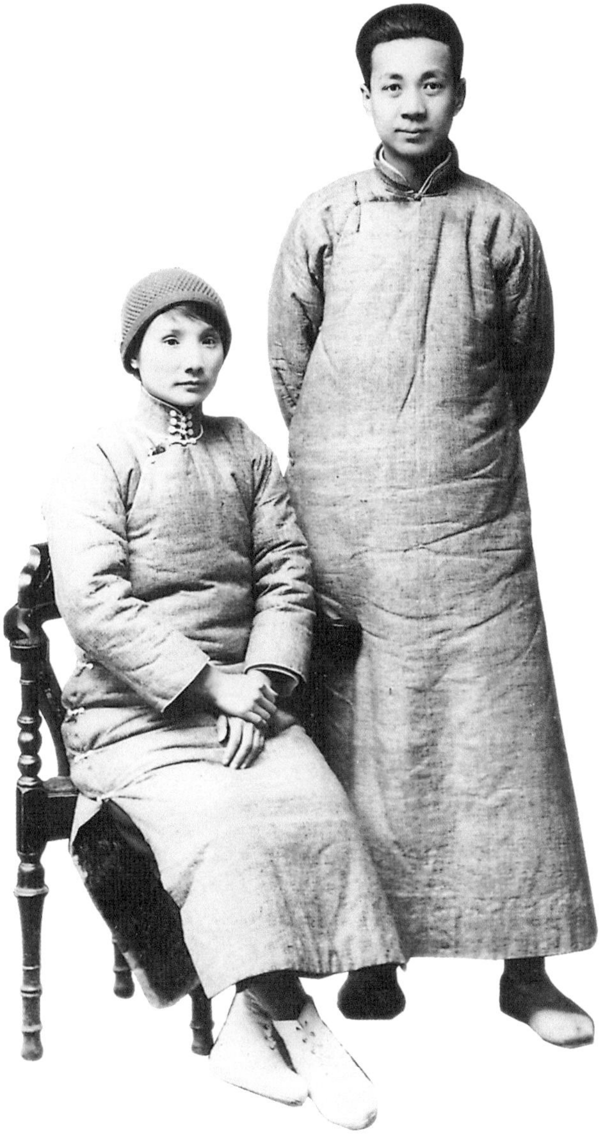

20년대 유행했던 치파오 조끼.

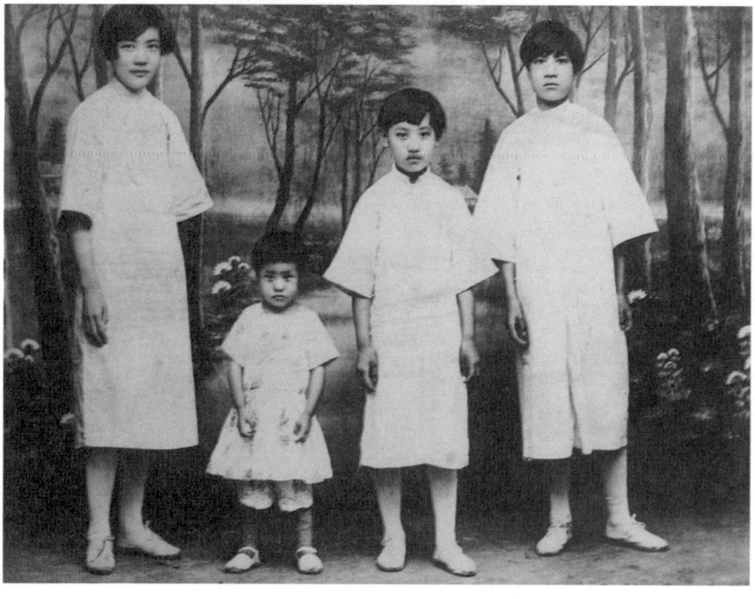

단발, 나팔소매 치파오, 헝겊신, 양말 등 최신식으로 무장한 4자매. 양판(楊盼) 제공.

민국 초기 대다수 전통가정에서는 전통의상을 고집하고 있었고 아주 미세한 차이라면 다들 크고 작은 가죽구두를 신고 있었다는 것이다. Paul Chapron 제공.

1929년 평유란(馮友蘭) 선생과 가족. 사진 속 남자는 여전히 옛날 두루마기를 입고 여자는 치파오에 단발을 하고 있다.

여자 단발은 20년대에 큰 관심사였고 당시 잡지는
표지여성을 내세워 여성 단발을 격려하고 있다.

1921년 베이징대학 철학과에 차이위안페이蔡元培 총장이 스카우트한 철학 교수이며 프랑스 유학파인 장징성張競生 박사가 새로 왔다. 독보적인 존재이며 전위적인 이 학자는 20년대 민국 사상문화계에 몇 가지 이슈를 만든 바 있다. 1920년 장징성은 귀국하자마자 광둥성 성장 겸 독군督軍–성급 최고군사장관인 천쥐잉밍陳炯明을 찾아 귀국길에 쓴, 스스로 매우 중요하다고 여기는 보고서 한 편을 올렸다. 보고서는 중국에서 인구수를 제한하고 피임조치를 취해 인구수를 조절해야 한다고 건의했다. 결과 천쥐잉밍은 보고서를 휴지통에 집어던지고 그를 정신병자라고 욕을 해댔다.

1923년 4월 29일 장징성은 『신보부간晨報副刊』에 「사랑의 정의와 천수쥔陳淑君 여사의 이야기에 대한 연구」라는 글을 발표했다. 그는 탄譚 씨와 천陳 씨의 변호에서 사랑의 네 가지 정의를 제기했는데 그 핵심은 "사랑은 변할 수 있는 것이고 이별은 어쩔 수 없는 것"이라는 것이다. 이리하여 중국 역사상 첫 사랑문제에 관한 대토론이 벌어졌다.[23] 그가 더욱 이름을 날리게 된 것은 그가 중국인 성性풍속에 대한 연구서인 『성사性史』를 편찬한 것이다. 이 책은 사회에 거대한 논쟁을 불러일으켰고 그 성학주장은 봉건 수호자들의 공격을 받았을 뿐 아니라 5·4 신진파들의 몰이해를 불러오면서 모두들 그를 '문단괴짜' '성性박사'라고 불렀다. 학자 리아오李敖는 이렇게 말했다.

"『성사』를 펴낸 장징성은 교실에서 공개적으로 인체 사생화를 그려야 한다고 주장하는 류하이리劉海粟와 가랑비를 부른 리진후이黎錦暉와 더불어 전통 세력한테는 '3대 예술요괴'이다. 그러나 시대의 조류는 이들이 바로 선각자임을 증명해 보였다."[24]

'문학요괴' 장징성이 베이징대에서 강의한 철학은 학생들이 가장 선호하는 학과 중 하나가 되었다. 1924년 그의 강의 『미적 인생관』은 당시 베스트셀러가 되었는데 책에서는 도학사회의 봉건의식의 폐단에 대해 맹렬히 공격

---

23. 베이징대 생물학과 주임 탄시훙(譚熙鴻) 교수가 상처 후 처제 천수쥔(陳淑君)과 연애하고 동거한 일은 사랑과 도덕에 대한 일장 변론을 불러일으켰다.
24. 『장징성(張競生)문집』(상권)에서 인용, 5쪽, 광저우출판사, 1998.

했고 특히 중국 여성들이 받은 압제에 대해 신랄하게 비판했다.

신문화운동 이래 신구 의식형태의 충돌은 이미 일반 대중의 인권에까지 파급되었고 전통문화가 금기시하는 사랑, 이혼, 천유天乳, 성생활 등의 화두에 미쳤고 이는 중국사회의 문화학자들이 신해혁명을 거친 후 사회 찌꺼기들이 고질화 되어 버린 현황에 대한 근심과 사색이었다. 『미적 인생관』에서 장징성은 당시 민국의 복장과 개량에 대해 이렇게 피력했다.

> 중국이라는 늙은 환자의 상태는 여러 방면에서 나타나지만 복장은 그중 가장 선명한 특징으로 보여진다. 남자는 긴 두루마기에 마고자를 입고 뭉툭한 신을 신었으며 뾰족한 모자를 쓴 모양이 게으르고 꾀죄죄하게 부패한 모양이다. 여자는 본래 몸이 작은 데다가 복장을 아래위로 나누는 바람에 여차하면 상의와 치마또는 바지가 서로 어울리지 않게 되고 짤막한 몸뚱이는 머리, 상의, 하의 및 신 네 토막으로 나누어 놓았다.……
>
> 민국으로 바뀌면서 근근이 국기와 변발만 바꾸어 놓았다. 아주 중요한 복장은 여전히 옛것대로였는데 이는 민국의 커다란 실패라 할 수 있다. 논리대로 하면 마음을 바꾸긴 어려워도 외모를 바꾸긴 쉬운 법이다. 만약 병적으로 더러운 복장을 바꾸어 놓는다면 자연스레 정신적으로도 바뀌게 될 것이다. 그러나 나는 예전처럼 조대가 바뀌면 반드시 복장을 바꾸는 아주 무의미한위안스카이 시대의 제복이 그랬다 소동은 주장하지 않는다. 내가 개혁하고자 하는 복장은 반드시 네 가지 조건을 구비해야 한다. 가장 경제적이고, 가장 위생적이며, 가장 합리적이고, 가장 아름다워야 한다는 것이다.
>
> 지금 시대를 따르는 남자들은 칼라를 젖힌 양복을 입는데 소비가 너무 크고 억지로 꾸미는 감을 줄 뿐 아니라 아름답다고도 할 수 없다. 그렇게 차려 입으면 그저 '기이하고 귀족스러울 뿐'이다. 나는 그래서 양복을 주장하지 않는다. 오히려 '예쁜 학생복'에 더욱 마음이 쏠린다.……이런 남장은 미의 표준에 어울린다. 그것은 단지 '사람의 옷'이기 때문이다.
>
> 우리나라 여성복의 개량은 남성복에 비해 더욱 중요하다. 우리나라 여성복의 불미스러운 것은 대충 이러하다. 첫째, 의복을 '예교'로 사용할 소지가 다분하다. 가슴을 열 수 없고 팔을 드러낼 수 없으며 젖가슴은 잔인하게 짓눌러버린다. 둘째, 잘못 입으면 상의

와 치마가 서로 어울리지 않는다. 셋째, 내의가 불량하다. 넷째, 아름다움을 기준으로 봐도 색상이랑 어울리지 않는다.[25]

전편 문장을 통해 장징성은 극력 '과학선생'과 '민주선생'을 빌어 국민들을 교화하려 했고 중국 복장에 대해 많은 개량의견을 제기하고 있다. 남녀 복장에 대한 그의 개량의견은 동시대 한창 진행되고 있던 중산복과 치파오의 디자인 개량과 절묘한 타이밍을 이루고 있다.

5·4 신문화운동의 발발로 여성해방은 강력한 사상지지를 획득하게 되었다. 중국은 바야흐로 신문화, 신사상의 세례를 받게 되었고, 사람들은 여성, 생활, 혼인, 복장 등의 개방에 대해 초미의 관심을 보이고 있었다.

베이징대에서는 처음으로 남녀공학의 선례를 열었고, 여성들은 단발고조를 일으켰으며, 전족여성들은 꽁꽁 감싸고 있던 천을 시원히 풀어 던졌고, 대갓집 규수라 할지라도 규방에서 해방되고 있었다. 한 외국여성의 이름이 사회와 여성들에게 널리 알려지게 되었는데 그녀는 다름 아닌 노르웨이 극작가 입센의 극작품 『인형의 집』에 나오는 주인공 '노라'였다.[26]

동서양이 어울리다

20년대 중국인들의 옷차림은 날로 개방적이어서 세 가지 차림새가 주를 이루고 있었다. 전통 중국식, 서양식, 동서양 결합이 그것이다. 소위 중국식이란 남자는 두루마기에 마고자를 입고 과피모자를 쓰는 것인데 이런 차림새는 대개 상인들이거나 가문이 높은 집안의 중년가장들이 대부분이었고, 여자는 저고리에 치마를 입었는데 중노년 여성이 대부분으로

25. 장징성(張競生), 「미적 인생관」, 『장징성(張競生)문집』(상권), 37–39쪽, 광저우출판사, 1998.
26. 『인형의 집』. 19세기 노르웨이 극작가 헨릭 입센의 저명한 사회극. 1879년. 여주인공 노라는 부권의 억압을 견디다 못해 결연히 가출한다. 이 극은 당시 중국에서 큰 센세이션을 일으켰다.

전통 대갓집 규수 역시 이와 같은 차림새를 고집하고 있었다. 소위 서양식이란 남자는 양복에 구두를 신었는데 교육계 인사, 은행 직원, 지체가 높은 이나 젊은 세대가 많이 입었고, 여자는 서양식 치마에 앞섶을 개방하고 파마를 했는데 개명집안의 아씨, 영화스타, 사교계의 꽃들이 늘 이런 차림새였다. 당시 신문에는 늘 "올해 파리 여성들한테 유행하는 모자" "서양여성 속옷의 추세" 등의 글이 실렸는데 바로 그들을 상대한 것이었다. 중국특색이 있다는 것은 '유럽 패션 소개' 등 뉴스들이다. "동서양 결합"이란 남자는 마고자에 양복바지를 입거나 두루마기에 가죽구두를 신고 중절모를 쓰는 등이고, 여자는 치파오에 수놓은 적삼을 입고 하이힐을 신는 등이다. 당시 어느 평론은 이렇게 지적했다.

"구두에 양복에 마고자, 파마에 치파오에 하이힐, 중국식도 서양식도 아니더라. 동서결합이면 문화진보라 해야 하겠지. 헌데 이런 결합을 진화라 해야 하나. 외국에선 볼 수 없는 일들이 중국에선 벌어지네. 중국인들 모방에 강하다지만 중요한 건 중국인들이 '중용의 도리'를 잘 알기 때문이라네."[27]

양복이 보급됨에 따라 도시의 대부분 상류층 청장년 남성들은 양복을 유행으로 보았고 20년대 후기부터는 연회, 무도, 영화 등 사교 장소에 갈 때면 반드시 양복을 입고 넥타이를 맸으며 두발과 가죽구두는 번쩍거리도록 윤을 냈다. 옷 색상은 일반적으로 여름에는 흰색 내지 회색이었고 겨울에는 검은색, 짙은 남색, 짙은 녹색 등 어두운 색상이었다. 동시에 옷 색상과 어울리는 중절모를 쓰고 더러는 멋을 부리기 위해 짧은 지팡이를 짚고 다니며 신분을 드러내기도 했다.

이 시기의 중산복은 그래도 관원들이 입고 있었다.

짚고 넘어갈 것은 이 시기 새로운 중국의 지식인들 특히 청년학생들은 비록 양복에 대해 호감을 가지고 배척하지는 않았지만 민족정서와 옷 습관에 따라 계속 5·4 운동시기의 옷을 고집했다. 즉 전통적인 중국식 두루마기

---

27. 이신(一新), 「중용의 길」, 『신톈진화보』, 1934년 5월 6일, 제2면.

에 옷섶에 만년필을 꽂고 아래는 서양 바지를 입고 헝겊신이나 가죽구두를 신었으며, 단발에 하이칼라를 했으며, 머리에는 서양 중절모나 햇빛을 가릴 초모자를 썼다.

"10년 봄 상하이上海, 광저우广州, 베이징北京, 한커우漢口, 수저우蘇州, 항저우杭州 등 각 곳의 남녀청년들의 복장은 단색미를 추구하고 있었다.……남자들은 박래품인 나사모를 즐겨 썼고 중국식 옷 위에 외투를 입었으며 본국의 모자를 썼는데 모자 위는 둥글거나 평평했다……."[28]

그 외 명주실이나 털로 짠 긴 목수건을 둘렀는데 소탈하면서도 우아한 풍격을 이루면서 청년학생들의 사랑을 받았다.

학생복 역시 청년학생들의 주요 복장으로 형태는 밀폐식 스탠드칼라에 앞섶에는 다섯 개의 단추를 달고 앞가슴 왼쪽이나 좌우에 호주머니를 달았다. 옷 길이와 소매 길이 및 품은 몸에 맞도록 했다. 당시 이 복장은 대, 중, 소학교의 교복이었고 특히 대학생들이 많이 입었다. 소수 학교에서는 학생들이 일본 학생복 모양을 본떠 만든 동자군제복에 서양 반바지를 입고 수놓은 긴 양말을 신었으며 가죽구두나 돛천운동화를 신도록 요구하기도 했다.

두루마기, 마고자 혹은 조끼는 여전히 국민들의 평상복이었고 특히 중노년 또는 만족 후예들은 집에서 두루마기를 입고 겉에 조끼를 입기도 했으며 손님을 맞이할 경우 마고자를 입어 정중함을 나타냈고 발에는 여전히 헝겊 양말과 헝겊신을 신었다. 주즈칭朱自淸의 저명한 산문 『뒷그림자』에는 이런 묘사가 있다.

"그이는 검은 헝겊모자를 쓰고 검은 마고자를 입었으며 짙은 검정색 솜 두루마기를 입고서는 휘청거리며 철길 건너로 걸어가셨다……."

당시 많은 청장년 남성들은 평소 여전히 두루마기에 조끼를 입었는데 이때 조끼에는 중국식 헝겊단추나 꼬아서 만든 단추가 아닌 서양제 구리단추

---

28. 취반눙(屈半農), 「25년래 중국 각 대도시 장신구담」, 『시엔스회사25주년기념책』, 308쪽, 홍콩상무인서관, 1924.

나 수정단추 등 각양각색의 단추를 달았다. 노인이나 문인들은 검은색 과피모자에 검은색 장화청나라시기의 것를 신은 것도 심심찮게 볼 수 있었다. 당시 중요한 장소에 나갈 때는 조끼를 입어야 했고 그 안에는 서양식 흰 셔츠를 입어야 했다.

일부 사람들은 이와 같은 동서양으로 헷갈리는 변화에 적응하기 어려워서 되는대로 입기도 했다. 라오서老舍 선생이 쓴 『장씨의 철학』에는 절묘한 묘사가 있다.

> 학무대인은 약 45~6세 되어보였다.……그는 낡은 회색 두루마기를 입었고 아래에는 허난河南 비단으로 만든 바지를 입고 있었으며 바짓가랑이를 발에 걸고 있었다. 발에는 목 짧은 서양 가죽구두를 신고 있었는데 당지에서 생산되는 양말이 비죽이 내보이었다.[29]

아마 이것이 바로 신구양식이 공존하고 동서문화가 어울리는 목소리를 대신함이리라.

가난한 백성들은 여전히 간소하게 차려입고 다녔다. 라오서의 붓끝에서 그려진 뤄퉈샹즈駱駝祥子들은 인력거를 끌면서 번호조끼차번호가 새겨진 광목조끼를 입고 가랑이를 실은 농민 중국식 바지에 중국 헝겊신을 신고 있었다. 옷은 흔히 흰 천이나 탕부搪布, 거친 실로 성기게 짠 천으로 예전에는 이것으로 수건을 만들었음로 지었고 바지는 인단트렌으로 지어 입었다.

"일률적으로 긴 소매에 하얀 겉옷이었고 희거나 검은 바지를 입었으며 바짓가랑이는 특히 헐렁했고 다리에는 대님을 둘렀다. 발에는 넓적한 검은 헝겊신을 신었는데 깨끗하고 간편하고 멋스러웠다."[30]

---

29. 라오서, 「락타샹즈(駱駝祥子)」, 『라오서문집』 제3권, 5쪽, 인민문학출판사, 1995.
30. 『그림세계』, 1924년 제1권 제1호.

1934년 『상하이만화(上海漫畵)』에 실린 만화 〈중서합벽(中西合璧)〉은 당시 중국식도 서양식도 아닌 옷차림을 풍자했다. 펑즈카이(丰子愷) 작.

이 시기 남자들은 단발에 하이칼라를 했고 귀밑머리는 기르기도 자르기도 했는데 젊은 축들은 대부분 구레나룻 부위를 밀어버렸고 하층 젊은 남자들은 머리 꼭대기 부분만 남기고 다 밀어버리기도 했다. 남자들의 신은 둥근 아가리에 네모난 신발혀가 유행이었고 이들 중 1916년 개업한 '톈루天祿' 신점이 가장 유명했다. 중노년층은 과피모자거나 2각모를 썼고 겨울에는 러시아식 방한모羅宋帽를 썼으며 유학파들은 나사 중절모를 쓰고 일반 직원이나 노동자들은 피크트 캡Peaked cap을 썼다.

자각적으로 미를 추구하다

20년대는 중국 여성들이 자각적으로 미를 추구하기 시작한 새로운 시대였다.

치파오가 유행되면서 20년대 초기와 중기에는 발꿈치에 닿았고 직선이고 몸에 헐렁했으며 소매도 통 너른 것으로 팔목에까지 왔다. 치파오의 단은 대다수 가정에서는 남자들이 여성에 비해 일찍 양복을 받아들였다. 후베이(湖北) 우한(武漢)에서. 톈밍(田鳴) 제공.

민국 신청년이 입고 있는 학생복은 중국식 복장과 서양식 복장 사이에서 선택적으로 받아들였다. 황중장 제공.

양복은 재빨리 도시청년들의 사랑을 받았다. 황중장 제공.

두루마기와 양복들이 한 교실에서 어울렸고 젊은이들이 노인들보다 더 쉽게 양복을 받아들였다. 장쑤(江蘇) 쑤저우(蘇州)에서. 쉬줴민(許覺民) 제공.

1924년 국공 양당이 상하이에서 만났을 때 사진. 동서 복장이 함께하고 있음을 볼 수 있다.

갈수록 간단해지고 칼라에는 한 줄 혹은 세 줄의 실 무늬를 수놓았다. 후기에는 더욱 짧아지면서 하이힐, 양말 등과 조화를 꾀했다. 치파오의 유행으로 세트로 입는 현상이 나타났는데 그야말로 오색이 구전했다.

이 무렵 여성 상의는 흔히 그전에 비해 짧고 작았으며 허리까지 오는 것으로 엉덩이까지 왔다. 앞섶은 가운데를 열게도 하고 비스듬히 열 수도 있었으며 꽃무늬 천으로 만든 단추를 달기도 하고 서양 금속단추나 금속 호크를 달기도 했다.

아랫단은 직선으로도 하고 반원형으로도 했다. 청나라 말 민국 초기 '원보령元宝領'은 이미 점차 도태되었고 대신 스탠드칼라거나 아예 칼라가 없는 것이 유행되었다. 소매는 모두 널찍하고 짧았으며 나팔형이었다. 1921년 이후 주름치마百皺裙는 입는 사람이 거의 없었다. 장아이링張愛玲이 「갱의기」에서 말하던 '부추단韭菜邊' '등초단灯草邊' 등도 더는 찾아보기 힘들었다. 주름치마도 뒤안길로 사라지고 아래가 널찍하고 비교적 자유스런 너른 주름치마가 유행되고 있었다.

베이징 잡지 『그림세계圖畫世界』는 때로 유행복장에 대해 소개하기도 했는데 1924년 제1권에는 사진과 함께 "금년 여름철 여성 패션설今年夏季婦女時裝說"에서 그 흔적을 찾을 수 있다.

> ……상의는 더 이상 짧을 수 없을 지경이었다. 앞자락 끝은 비파琵琶식으로 되었다. 드러낼수록 더욱 유행이었다. 때로는 살결이 드러나기도 했다. 이를 불미스럽다고 보는 이는 적었다. 칼라는 여전히 매우 짧고 좁았다. 소매는 근근이 팔꿈치에까지 미치고 허리는 잘록했으며 몸에 꼭 밀착했으며 그 아래는 폭 퍼져서 치마가 아니냐고 의심할 지경이었다. 바지양식은 기괴해서 금년 패션 중 제일 큰 특징이 되었다.[31]

작가 장헌수이張恨水는 그 연대를 반영한 소설 『춘명외사春明外史』에서 이런

---

31. 장헌수이(張恨水), 『춘명외사』(중권), 314쪽, 베이웨(北岳)문예출판사, 2000.

여학생들은 가을 겨울철에 실로 짠 목도리를 둘렀다.

차림새에 대해 이렇게 묘사했다.

들어서니 20여 세의 새댁이 눈에 띄었는데 머리는 자연스런 생머리를 하고 있었다. 위에는 상아빛 비단을 원단으로 거기에 꽃을 찾아 날아가는 나비를 수놓았고 아랫단은 둥글게 했으며 지름 한 자가량의 오리알 모양을 하고 있었다. 아래에는 짙은 녹색 베이지 바지를 길고도 통 넓게 입었는데 멀리서 보면 치마처럼 보였다.[32]

32. 장헌수이(張恨水), 『춘명외사』(중권), 787쪽, 베이웨(北岳)문예출판사, 2000.

푸이(溥儀)와 완룽(婉容) 부부가 양복·
치파오 등 당시 상류층 인사들의 차림
새를 하고 있다.

이 무렵의 여학생들은 특히 스스로 뜬 털실목도리를 즐겨 둘렀는데 색상이 화려하고 목에서 한 고리 두르고 양 옆으로 드리워놓았다. 흔히 여학생들의 차림새는 많은 장식이 없이 회색이나 파란색 헝겊이 대부분이고 남학생들처럼 옷섶에 만년필 하나를 꽂아 멋을 더했다. 여학생들이 입는 치마는 남빛 또는 검정 치마 위주로 역시 장식이 없고 소박하고 깨끗했다. 『춘명외사』에는 이렇게 씌어 있다.

"둘은 모두 회색 천으로 된 저고리에 검은 치마를 입었으며 각자 뒤축이 살짝 높은 가죽구두를 신고 있었다. 나이가 든 여자는 머리를 빗었고 어린 여자는 단발을 했는데 두말 할 것 없이 여학생 복색이었다."[33]

서양식 복장은 그 무렵 모던여성들이 가장 선호하던 복장이었고 주로 대도시의 부유한 집의 딸이거나 사교계의 스타들이 주로 입었으며 일부 정치사무나 여성해방에 열심인 여사들도 즐겨 입었다. 주로 원피스, 서양식 상의와 짧은 치마, 서양식 나사외투, 번진 깃 털외투 등을 선호했고 넓은 차양의 모자, 하이힐, 핸드백 등을 곁들였다. 원피스와 서양 짧은 치마는 모양이 다양했고 소매는 서양식 소매로 했다.

당시 소설들은 옷차림에 대해 상세한 묘사를 하면서 등장인물의 신분과 지위 및 개성을 나타냈다. 민국 멜로작가 류윈뤄劉云若의 글에는 이런 한 단락이 들어 있다.

문으로 말쑥한 새 자전거 한 대가 나왔다. 자전거에는 묘령의 소녀가 앉아 있었는데 몸에는 인도산 나사로 지은 양복을 걸치고 있었고 머리에는 하얀 프랑스 모자를 쓰고 있었으며 목에는 커다란, 노랑과 남빛이 엇갈린 목수건을 두르고 있었는데 목에 한 벌 감고는 뒤로 넘기고 있었다. 발에는 무릎까지 올라오는 살구색 양말을 신었기에 멀리서 보면 다리를 그대로 드러낸 것처럼 보였으며 발에는 매우 소박한 사슴가죽신을 신고 있었고 양가죽 장갑을 낀 손에는 테니스 라켓이 들려있었다.

33. 류윈뤄(劉云若), 『결혼 전에 만나지 못한 것을 후회하노』, 93쪽, 백화문예출판사, 1988.

민국시기 유행되던 치마저고리는 소박하고 담담했으며 '워싱턴'식 단발과 하이힐이 환영을 받았다. Paul Chapron 제공.

항구도시에서 양복차림은 상류사회가 흔히 추구하는 패션이었다.

중국식 흔적을 지우지 못한 서양 원피스.

엄마와 아들이 사진관에서 사진 찍는 것이 유행이었다.
그들의 복장 역시 '유행복'이었다. Paul Chapron 제공.

1927년 화가 예첸위(叶淺予)는 『상하이만화』에 연재만화 〈왕선생〉을 창작하면서 시민들의 옷차림을 진실하게 기록했다.

수놓은 신으로 된 하이힐은 민국시기 유행되던 신이었다. 중만톈(鐘漫天) 소장.

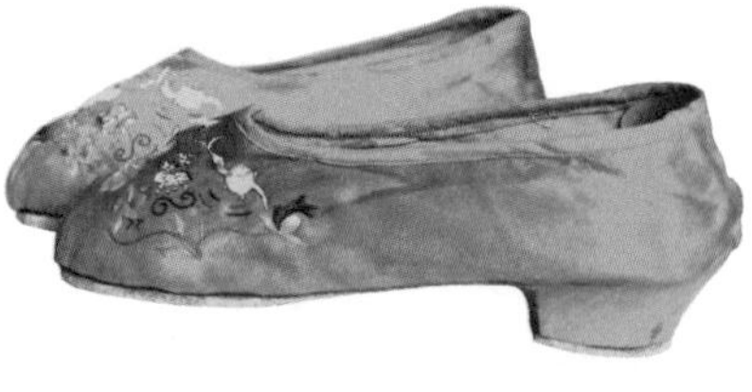

여성 단발은 애초에 남자머리 식으로 깎았는데 소위 옆 가르마를 내는 '나폴레옹' 식이거나 가운데 가르마를 내는 '워싱턴' 식이었고 그 후 반달 식, 연잎 식, 갈구리 식 등이 유행되었다. 그 뒤 서양에서 파마 기술이 들어오면서 여성들의 아름다움에 한발 더 다가서는 조건을 마련해 주었고 순식간에 다양한 헤어양식이 나타났다. 파마는 단발파마를 해서 머리 위에 얹어놓기도 하고 장발파마를 한 뒤 머리를 다시 땋기도 했다. 또 긴 외태머리는 그대로 두고 앞머리만 살짝 파마하기도 했다. 또 어떤 여성은 단발파마를 한 뒤 두 갈래로 갈라 예쁘장한 비단 끈으로 묶어주었는데 매우 요염했다.

복잡다단했던 20년대 정국은 끝없이 흔들렸지만 동해 바닷가에 우뚝 선 상하이는 날마다 번창해갔고, 당시 해외에서 들어오는 무도, 영화, 복장, 음식 등 생활패턴들이 우선 상하이에 도착했기에 상하이는 '동방의 파리'라 불렸다. 1929년 상하이 외탄에는 10층에 달하는 사순沙遜빌딩이 자리를 박차고 일어섰다. 번화한 난징로에서는 매3분마다 한 대의 차량이 지나갔는데 이는 당시에는 이례가 없던 일이었다. 신세계 오락장에서는 미인 선발대회가 열리고 융안永安회사 보스의 딸 궈안즈郭安慈가 상하이아씨로 뽑혔다. 그 뒤 오랜 세월 동안 상하이는 중국 패션의 최전방이 되었다.

1929년, 난징 국민정부에서는 민국 새 복장제도를 발표, 민국 초기 에드워드식 연미복과 원통형 모자를 폐지시켰다. 대신 간결하고 소박한 예복에 두루마기, 마고자와 양복을 모두 남성 예복으로 했고 여성 예복은 치파오치파오라는 명칭이 없었음와 저고리치마였다. 남자공무원 제복은 중산복과 비슷했고 칼라를 세우고 다섯 개의 단추를 달았으며 3개의 안주머니를 달았다. 민국의 새 복장제도는 『대청회전大淸會典』에 나오는 복잡한 봉건제도들을 버리고 일부 현대 민주사회의 사상의식을 반영했다. 민간복장은 그 후 더욱 자유롭고 풍부하게 발전했으며 여성의 치파오는 민국에서 가장 중요한 유행복이 되었고 민국 패션의 주인공으로 부상했다.

04

1930년대

1931–1940

'해외파'의 모던 타임즈

치파오는 30년대에 이미 유행하기 시작하였다.
소녀들의 치파오는 체크무늬의 면으로 만들었다.
상하이에서 촬영. 톈밍(田鳴) 제공.

04

1930년대

1931–1940

1931년 6월, 대화호텔大華飯店에서 천여 명의 관객을 동원한 패션쇼가 한창이었다. 신문에는 이런 뉴스가 실렸다.

“남녀 모델들은 멋진 옷을 입고 화려한 패션쇼를 펼쳤다. 남성들의 양복, 여성들의 긴 치파오, 아침복장, 연회복, 혼례복 등 아홉 가지 종류의 복장들이 선을 보였다. 패션쇼는 대성황을 이루었다.”[1]

이번 쇼는 중국에서 펼쳐진 처음의 패션쇼일 것이다. 1931년 상하이의 인구는 315만 명에 달하여, 런던 뉴욕 파리와 베를린에 이어 세계에서 다섯 번째로 큰 대도시가 되었다. 국내외 무수한 사람들이 번화한 상하이에 몰려들어 상하이 골드러시 열풍이 일어났다. 따라서 세계에서 유행한 물건들이 상하이에 들어오게 되었다. 무역항을 개방한 후 시간의 흐름에 따라 상하이 사람들은 생활의 각 방면에서 서양의 생활습관들이 나타났다. 이런 상하이 생활습관과 문화는 독특한 해외파海派문화를 형성한다. 해외파문화는 중국의 현대적인 생활을 인솔하였으며 오랜 시간 중국의 유행을 주도하였다.

1. 『옛 사진, 20세기중국도지(老照片, 二十世紀中國圖志)』, 531쪽, 타이하이(台海)출판사.

신생활운동을 홍보하기 위하여 송씨네 세 자매는 길거리에서 패션쇼를 진행한다.

1934년 2월, 장제스蔣介石는 장시江西에 가서 "신생활운동의 중요한 내용"에 관한 강연을 했다. 그는 이번 운동은 "정신력 방면의 중대한 전쟁이다."고 하였다.

그해 겨울 충칭重慶의 거리에서 패션쇼가 진행되었다. 이번 패션쇼는 신생활운동에 호응하기 위하여 진행한 것이다. 송메이링宋美齡, 송칭링宋慶齡, 송아이링宋靄齡 등 중국 정계의 주요한 여성들이 패션쇼 모델로 나섰다. 짙은 색의 치파오를 입고 머리에 모자를 쓰고 검정색 구두를 신은 송 씨네 세 자매는 거리에서 워킹을 했다. 사진 속의 충칭 사람들은 무표정한 얼굴로 바라보고 있다. 그들의 얼굴에는 흥분의 희열도 없고 찬성하는 긍정의 표정도 없이 기이해하고 놀란 표정으로 바라보고만 있다. 그들의 눈길은 세 명의 여성들과 신생활운동과 아무런 관련이 없었다. 이런 서평이 있었다.

"충칭의 주민들은 호기심에 찬 얼굴로 큰 예모를 쓰고 신생활운동 복장으로 거리에서 패션쇼를 하는 송 씨네 세 자매를 바라본다. 이번 패션쇼의 메인 모델은 당시의 영부인과 두 명의 중국 정계의 중요한 여성이다."[2]

---

2. 스융강(師永剛)·린보원(林博文), 『송칭링화전(宋慶齡畵傳)』, 47쪽, 작가출판사, 2003.

상세한 자료를 찾기 힘들지만 이것은 패션쇼에 대한 최초의 기록으로 이번 패션쇼는 중국 복장 역사의 중요한 사건이다.

30년대 중국 대지에는 대규모의 전쟁과 소규모의 모던함이 공존하였다.

치파오의 황금시대

30년대부터 치파오는 중국 도시 여성들의 중요한 복장이 되었다. 명문가의 규수, 영화배우, 여학생, 공장의 여노동자들 모두가 원단의 재질과 제작 기술과 디자인이 조금씩 다른 치파오를 즐겨 입었다.

상하이는 현대 치파오의 발원지이다. 치파오의 긴 길이는 강남 여성들의 아담한 몸매와 어울려 상하이와 상하이 주변 지역에서 광범위하게 유행되었다. 더욱 중요한 것은 이 시기의 치파오는 더 이상 만족혹은 남성들이 입는 장삼 모양의 치파오가 아니라 서양에서 전해온 현대적인 제작 기술과 아름다움을 겸비한 치파오이다. '창장삼각주長江三角洲' 지역의 많은 여성들은 치파

송칭링은 일생 동안 치파오를 즐겨 입었다. 1938년에 촬영한 송칭링이 입은 단정하고 우아한 치파오.

사진 속 치파오를 입은 영화배우들은 더욱 매력이 있었다. 롼링위(阮玲玉, 1930년대의 유명한 여배우)의 매력적인 미소는 치파오의 아름다움을 더해 준다.

롼링위의 긴 치파오는 모던한 멋을 더해 준다.

민국시기의 미녀 후뎨(胡蝶, 영화배우)의 풍만한 체형은 치파오의 아름다움을 더해 준다.

30년대 중기의 타이트하고 땅에 닿을 것 같은 길이의 치파오는 아담한 몸매의 동방여성들과 더욱 어울렸다.

30년대에 창간한 『신생(新生)』 잡지는 여성들 치파오의 황금시기를 기록하였다. 치파오는 점차 몸에 맞게 제작되어 중국 여성들의 주요 복장이 되었다.

오를 입고 자신들의 우아하고 매혹적인 자태를 뽐냈다. 이런 상하이의 치파오는 '해외파' 문화스타일의 대표적인 복식형상으로 중국 현대 복장 역사상의 휘황한 한 페이지를 수놓았다.

장아이링張愛玲은 이렇게 자세하게 서술하였다.

"당시의 패션은 점차 타이트해졌다. 나팔 모양의 소매는 점차 좁아졌다. 1930년 소매의 길이는 팔꿈치까지 올라왔으며 칼라는 다시 또 높아졌다……."[3]

『스좡時裝-패션』 잡지에는 당시 완전한 양복 외에 치파오가 여성들 가운데서 제일 유행되는 복장이라고 하였다. 치파오의 구조와 스타일은 시대적 유행에 따라 변화하였다. 치파오의 장식은 점차 간단해졌고 길이와 넓이는 해마다 달랐다. 이런 변화는 주요하게 치파오의 길이와 칼라의 높이, 단추의 수량, 옆트임 길이의 변화에 있었다.

3. 장아이링, 「갱의기(更衣記)」, 『유언(流言)』, 84쪽, 저장문예출판사(浙江文藝出版社), 2002.

1932년 이후 치파오의 길이는 점차 길어지고 몸의 라인은 점차 드러나고 소매는 더 짧아졌다. 쉬줴민(許覺民) 제공.

30년대 초 몇 년간 치파오의 디자인은 20년대 말기의 스타일의 연장이었다. 1928년의 치파오의 길이는 걷기에 알맞았고 소매는 여전히 중국의 짧은 윗옷의 소매처럼 넓은 디자인이었다. 1929년에 이르러 치파오의 길이는 짧아져 무릎 아래까지 오고 소매도 짧아졌고, 1930년에는 치파오의 길이가 무릎까지 오고 허리선도 점점 선명해지고 치파오의 하단도 좁아졌다. 1931년에는 짧은 치파오가 유행하였고 허리의 곡선에 알맞게 재단되어 몸에 맞았다.

행동에 대한 구속이 적은 "유흥가의 여성"들이 유행의 선도자였다. 이런 복장들에 대하여 사회적으로 의논이 분분하였다.

"치파오는 길이가 무릎까지 오는데 길이가 짧다. 허리 부분은 좁아져 엉덩이는 볼록하게 드러나고 갓난아이들의 명맥인 가슴은 더는 조여 줄이지 않는다. 칼라는 턱까지 오게 높고 빳빳하여 고개를 돌릴 때 부자연스러웠다……."[4]

"날씨가 더워지자 여성들은 얇고 타이트한 치파오를 입는데 엉덩이의 볼륨이 그대로 드러났다……."[5]

1932년 이후 치파오의 길이는 다시 길어져 발목 혹은 종아리 아랫부분까지 내려오는데 굽이 높은 신을 신어야 했다. 이 시기 치파오의 길이가 길어진 것은 현대 치파오의 발전에 있어서 중요한 작용을 했다. 첫째로, 동방 여성의 라인을 살려주는 허리와 엉덩이, 적당한 치미의 길이이고, 둘째는, 행동을 편하게 하기 위하여 출현한 양쪽의 옆트임이었다. 이로부터 옆트임의 치파오는 현대 개량치파오의 주요한 표시가 되었다. 1933년부터 약간의 옆트임 혹은 트임이 없던 것으로부터 길게 트임이 있는 것으로 변하였다. 그 시기의 유명한 배우인 구메이쥔顧梅君은 옆트임이 많이 트인 치파오를 입고 사교 장소에 다녔다. 그녀가 입은 치파오는 무릎을 넘어 허벅지 위까지 트였다. 스타들의 홍보작용으로 이런 스타일의 치파오는 점차 유행하기 시작했다.

---

4. 『누광저우칸(女光周刊)』, 30쪽, 1930년 제1권 제38기.
5. 이허(一鶴), 「상하전후(上下前后)」, 『누광저우칸』, 1930년 제1권 제27기.

사진 속의 여주인의 소매가 팔꿈치까지 오고 높은 칼라에 세 개의 단추가 달려있고 약간의 옆트임이 있는 길이가 땅에 닿는 치파오를 입었다. 이것은 30년대 전형적인 치파오 스타일이다. 남자아이는 양복에 반바지와 목이 긴 양말을 신고 가죽 구두를 신었다. 이것은 도시 유복한 가정의 패션이다.

청나라 말기의 복잡한 장식이 없지만 몸에 맞는 재단과 정교한 가두리의 치파오는 중국 여성들이 좋아하는 스타일이다. 쉬줴민 제공.

『대공보大公報』홍콩 일간지는 "현재 '다치大气치파오', 가죽옷, 망사스타킹이 유행하고 걸음걸이가 유연하고 하늘거린다."고 하였는데 북방에서의 '다치大气' '다셰大楔'는 양쪽이 트인 옆트임 치파오를 말한다. 복식 수집가인 허즈화何志華는 "톈진 30년대 '다셰大楔'치파오의 옆트임은 50~60센티미터에 달하였다."고 하였다. 30년대 중후기 모던한 여성들이 치파오의 옆트임을 무릎 위까지 올렸다. 이런 섹시한 복장은 중국 역사상 보기 드문 현상이었다.

"……그녀는 아마 매판買辦의 딸일 것이다. 값비싼 원단으로 몸에 맞게 제작된 옷을 입고 무릎 위로 올라간 트임을 한 치파오를 입었다. 어깨에 닿을 정도로 짧은 소매이고 칼라는 낮고 빳빳했다. 이런 치파오는 1936년의 새로운 트렌드로 많은 현대적인 여성들의 사랑을 받았다."[6]

『북양화보北洋畫報』의 만화는 치파오가 사회의 질타를 받던 현상을 기록하

---

6. [미국] 요셉(Jose)·웨이(越裔) 번역, 『상하이를 팔아먹다(出賣上海灘)』, 173쪽, 상하이서점출판사(上海書店出版社), 2000.

였다. 이런 기록으로부터 당시의 대다수 가정교육이 엄한 가정에서는 가정의 여성들이 이런 옆트임이 많은 치파오를 입지 못하게 하였다.

1932년 이후, 치파오에 레이스가두리를 하거나 손뜨개나 코바늘로 꽃을 떠서 가두리를 두어 치파오의 매력을 더해 주었다.

1935년 이후, 사교계에서 유명한 천위메이陳玉梅, 천치샤陳綺霞가 옆트임이 적은 치파오를 선호하자 옆트임의 치파오가 다시 유행하기 시작하였고 치파오의 길이는 거의 땅에 닿아 두 발이 보이지 않을 정도였다. 사람들은 이런 치파오를 "청소 치파오"라고 부르기도 했다. 필경 긴 길이의 치파오는 실용적이지 않아 얼마 유행하지 않고 치파오의 길이는 다시 짧아졌다. 더욱이 항일전쟁의 시작과 함께 치파오의 길이는 운동하기에 편리한 길이로 짧아졌다. 작가 차오주런曹聚仁은 이런 형상을 이렇게 말하였다.

"치파오의 역사는 치파오의 길이의 변화이다. 길어졌다 짧아졌다가 다시 길어지기도 하였는데 이건 마치 증권거래소의 그래프의 변화와 비슷하다."[7]

넓은 소매의 치파오는 더 이상 찾아 볼 수 없게 되었다. 치파오의 소매는 몸에 맞게 재단되고 팔꿈치까지 짧아졌다. 이 시기는 치파오의 소매가 짧아지는 시기였다. 1937년 치파오의 소매는 어깨에서 2치 되는 곳까지 짧아져 소매라 할 수 없을 정도였다. 이런 치파오는 옥같이 부드러운 여성들의 팔을 다 보여 주었다. 일 년 후에 소매는 완전히 사라져 조끼 치파오의 모양이 되었다.

30년대 치파오의 칼라는 다시 높아져 턱까지 올라가고 세 개의 단추가 달려있었다. 부잣집 여성들은 하이칼라에 달린 단추에 여간 신경을 쓰는 게 아니었다. 정교한 매듭단추, 꽃 매듭단추 등 중국 전통의 단추도 있고 서양식의 금속 단추도 있으며 보석이나 에나멜 단추들도 있었다. 30년대의 "월분패月份牌-달력"의 많은 광고모델들도 세 개의 단추가 달린 하이칼라 치파오를 입었는데 긴 길이의 치파오와 잘 어울렸다. 하지만 장아이링은 이런 칼

7. 차오주런(曹聚仁), 『상하이청춘(上海青春)』, 190쪽, 상하이인민출판사(上海人民出版社), 1990.

장아이링이 그린 삽화. 30년대 하이칼라 치파오의 특징을 그대로 보여 준다.

라를 좋아하지 않았다.

"예전의 원보령元宝領의 장점은 적당한 각도로 비스듬히 올라가 얼굴이 갸름하지 않은 사람도 갸름한 얼굴처럼 보인다. 이번 하이칼라는 원통식으로 턱까지 곧게 올라가 군턱이 없는 여성들도 목의 살이 위로 올라가 군턱처럼 보이기도 한다. 이런 칼라는 실용성이 전혀 없다. 하지만 십여 년 전의 이성적이고 안일한 분위기를 상징하는데 이번의 원통형의 칼라는 여성이 머리를 곧게 쳐들게 만들어 머리와 몸을 완전히 갈라놓는 것 같았다."[8]

하지만 30년대 중후기에 이르러 칼라는 다시 낮아지기 시작했다.

30년대 중기 이후 여성들은 치파오의 불필요한 장식들을 하지 않았다. 보편적인 치파오는 큰 자수나 화려한 가두리가 없어지고 좁은 가두리를 하였는데 완전히 정교로웠다. 그 외에 많은 중국식과 서양식의 특징을 모두

8. 장아이링, 「갱의기」, 『유언』, 84쪽, 저장문예출판사, 2002.

민국 이후 치파오의 길이는 길어지기도 하고 짧아지기도 하고 치파오의 칼라도 높아졌다 낮아졌다 함. 총체적으로 치파오는 점점 몸에 맞게 변하였다. 저자 소장.

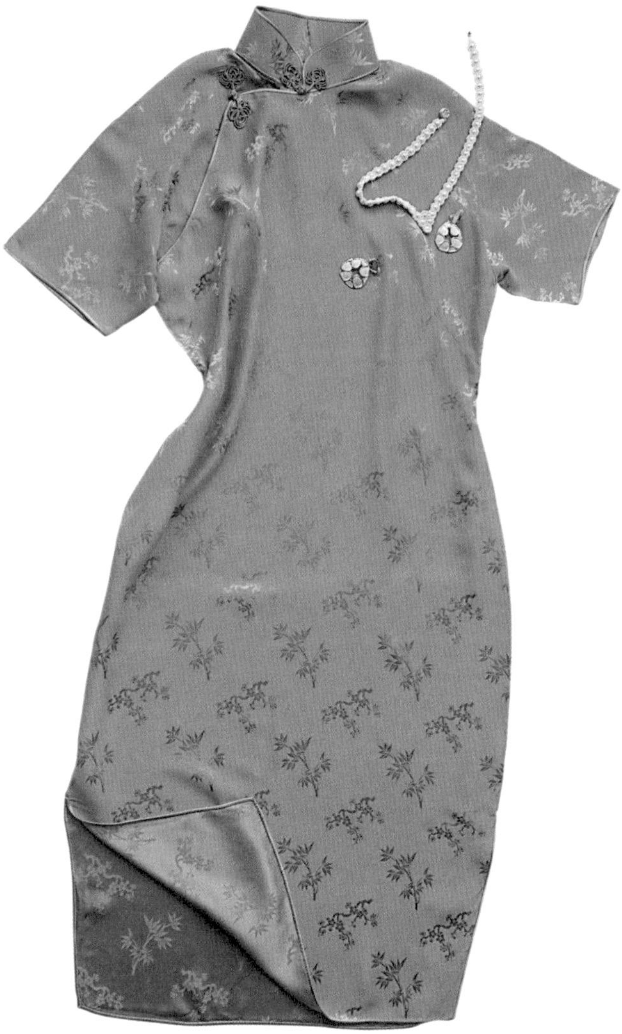

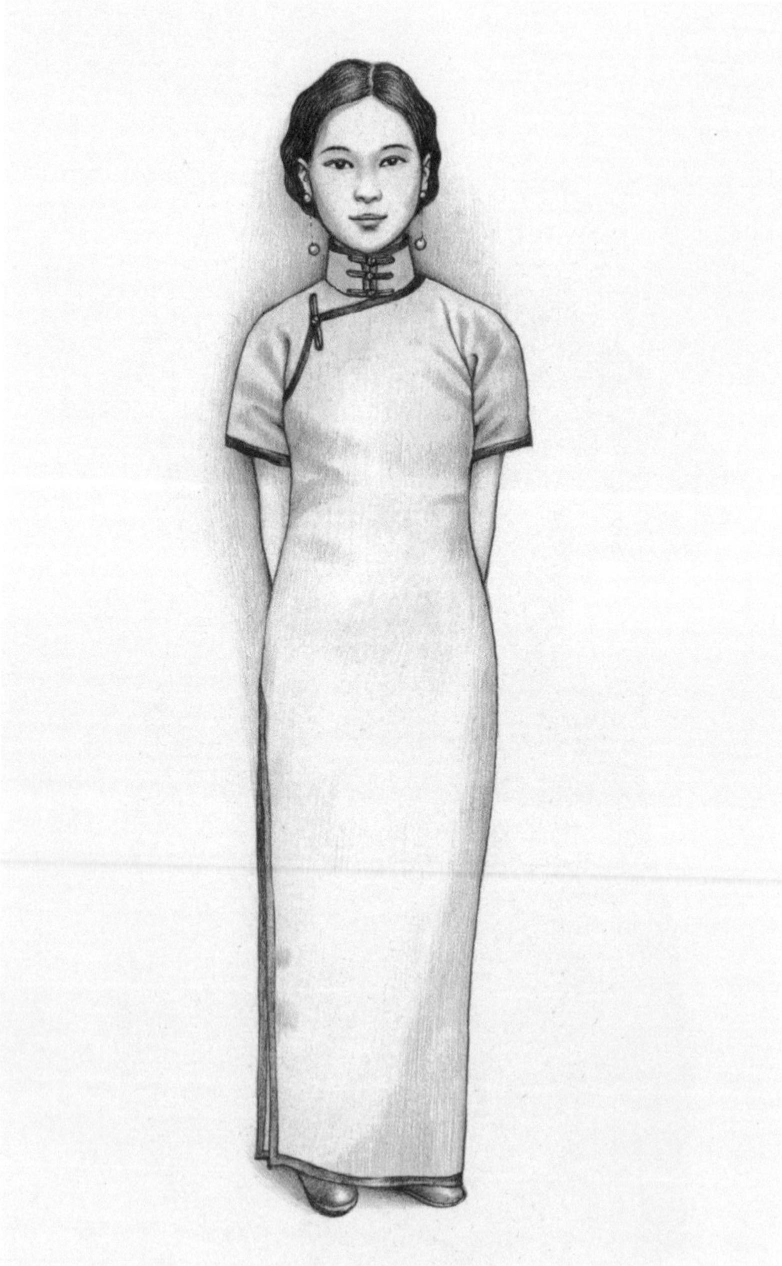

1932년 이후 치파오의 길이는 점차 길어져 발목을 덮었는데 굽이 높은 신을 신어야 걸을 수 있었다. 이 시기 치파오 몸체의 변화는 치파오가 현대 치파오로의 전환에 있어서 아주 중요한 작용을 하였다. 류펑(劉蓬) 작.

당시 유행하던 쌍금(雙襟) 치파오. 저자 소장.

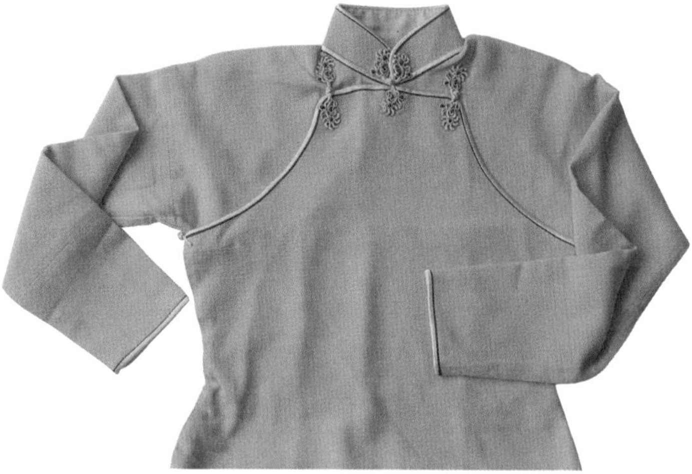

가진 치파오의 장식들이 나타나기 시작했다. 20년대 중기부터 30년대 초에 이르기까지 상하이에서는 소매와 치마의 하단에 페플럼나비주름 장식을 하기 시작하였다. 이런 디자인의 수법을 "별재파別裁派-특별한 재단파"라고 하는데 치파오의 일부분에 서양적인 변화를 주는 방식을 말한다. 이런 변화는 칼라와 소매, 레이스가두리, 페플럼 등에서 표현된다. 이 외에 좌우로 된 옷섶도 나타났다. 1932년 상하이 사교의 꽃으로 불리는 쉐진위안薛錦園이 입은 "꽃무늬 가두리의 치파오"는 전국 각지에서 유행되었다.

카디건, 털실조끼, 외투 등의 서양식 복장을 치파오 위에 입었다. 엉덩이까지 오는 털실조끼 혹은 카디건은 봄과 가을의 스타일인데 지식 여성들이 이런 스타일로 입었다. 명문가 규수나 부잣집 여성들은 위에 밍크코트를 입고 가죽미트를 하고 모피로 장식한 망토를 입었다. 이런 복장은 당시에도 앞선 패션이었다.

가슴과 허리에 다트를 넣어 여성의 몸에 맞게 재단했는데 이런 재단방식은 전통적인 치파오에 대한 중대한 개량이었다. 치파오의 가슴과 허리 다트는 치파오를 타이트하게 했다. 하지만 가슴과 허리 다트는 매우 신중하게 사용되었다. 가슴과 허리의 다트는 전통적인 다리미를 사용하는 원단의 신축성을 이용하여 다리미로 필요한 부분을 늘리는 방법 공예와 서양식 다트를 넣는 방법과 병행하였다.

민국 초기, 상하이 시장에는 서양식 레이스 양말이 판매되고 있었다. 하이힐은 레이스 양말보다 먼저 출현하였다. 1870년대 상하이에는 이미 구두를 제작하는 가게들이 나타났다. 그 후로 많은 외국 상인들은 '보쟈撥佳' '쮀이메이스最美時' '화차오華草' 등 구두점을 개설하였다. 때문에 레이스 양말과 하이힐은 20세기에 나타난 치파오와 완벽한 조합을 이룰 수 있었다. 하지만 30년대 초에 이르러 짧은 치파오가 나타나서야 레이스 달린 양말을 신기 시작하였다.

"뒤에 있는 여성의 검은머리는 목까지 드리웠고 아치눈썹이 매력적이다……남색 바탕에 흰색 나뭇가지 문양의 치파오는 무릎까지 내려오고 살색의 레이스가 달린 양말에 검정색의 하이힐을 신었다."[9]

대다수의 여성들은 치파오 밑에 전통적인 중국식 내의를 입고 일부는 치파오 위에 중국식 장포를 입기도 했다. 30년대의 소설에는 이런 묘사가 있다.

"그녀는 길게 담배 한 모금 들이마신 후 일어서서 치파오를 벗었다. 서양비단으로 만든 짧은 내의가 드러났다."[10]

"그녀는 덥다고 소리치며 위에 입은 치파오를 벗었다. 얇은 비단으로 만든 셔츠의 가슴 쪽에는 비취색의 단추들이 빼곡히 달려 있었다."[11]

망사, 크레이프, 비단, 새틴, 무늬가 있는 모직물, 면 등의 원단으로 치파

---

9. 나윈성(拏云生), 『노랗게 익은 매실(黃熟梅子)』, 7쪽, 신생수주(新生書局), 1932.
10. 나윈성, 『십리앵화몽(十里鶯花夢)』, 1930년 상하이 『진강조안바오(金剛鉆報)』에 원작 기사, 115쪽, 춘펑문예출판사(春風文藝出版社), 1997.
11. 나윈성, 『노랗게 익은 매실』, 32쪽, 신생수주, 1932.

당시 인기 있는 치파오와 유행했던 헤어스타일을 그대로 그려 넣은 1936년 월분패의 여 모델화 〈부채를 든 미인도(執扇仕女圖)〉. 항즈잉(杭穉英) 작.

스포츠를 좋아하는 서양사회를 본받아 도시청년들의 복장도 서양복장으로 변화되어 간다.

도시 상류사회에서 유행하는 시대적인 패션들. Paul Chapron 제공.

오를 만들었다. 옷차림에 신경을 쓰는 사람들은 서양에서 수입한 망사, 모직물 등으로 만들었고 적어도 비단 치파오여야 시대적 패션이라고 할 수 있었다. 상류층의 부녀자들은 시스루 치파오, 레이스 치파오 등 치파오를 입고 밑에 아름답고 정교한 꽃 레이스가 달린 속치마나 서양식 내의를 입었다. 체크무늬 면과 인단트렌 천으로 만든 치파오는 간결하고 대범한 느낌을 주어 여학생, 회사 직원들과 규방 아씨들에게 인기가 있었다. 중국산 옅은 남색의 천은 "애국포"라고도 하는데 이런 천으로 만든 치파오는 젊은 학생들과 평민 여노동자들이 많이 입었다.

'해외파(海派)'의 모던 타임즈(Modern times)

상하이 무역항은 처음에는 영국-프랑스 조계지租界地였다. 이 조계지는 작은 강인 양징방洋涇浜에 둘러싸여 있었다. 후에 강을 메우고 길을 만들었는데 바로 지금의 옌안둥루延安東路이다. 중국식도 아니고 완전한 서양식도 아닌 언어와 행동의 조계문화를 "양징파洋涇派"라고 하는데 이것이 바로 "해외파" 문화의 시초이다.

"해외파"는 본래 중국 경극 유파의 하나였다. 지금에는 본래의 의미를 아는 사람들이 별로 없다. "해외파"의 의미에 대하여 학자들은 상하이의 문화 특색을 뜻하는 것으로 중국식과 서양식이 뒤섞여 있는 상하이의 문화생활과 거기에서 파생한 모든 문화 예술을 포함하고 있다. 통속적으로 말하면 "해외파"는 상하이 이외의 지방에서는 범접할 수 없는 상하이 특유의 생활방식이고 모던한 생활을 말한다.

"해외파"의 형성을 무역항 개방, 조계, 식민지 등 시대적 상황들과 따로 분리해서 해석해서는 안 된다. 청나라 말기 항구, 조계의 발전으로 인하여 많은 국내외 이민자들이 상하이에 몰리게 되었다. 중화민국시기 상하이는 활력이 넘치는 지역적 특징을 나타냈다. 동란의 민국 초기 상하이 사회 환경은 다른 지역에 비하여 자유로워서 외래문화에 대한 거부감이 없었다. 이런 환경 하에서 각 지역 문화인들이 상하이에 와서 발전하게 된다. 이런 역사, 문화의 배경 아래 번영하고 발전한 상하이는 필연적으로 중화민국시기의 유행의 발상지가 된다.

20세기 초 상하이는 다른 도시들보다 먼저 근대 서방의 민주, 과학, 가치관의 전형을 보여 주었다. 민족공업이 빠르게 발전하고 중국 내외에 유명한 기업들이 설립되었다. 선신방직공장申新紡織厂, 난양형제담배공사南洋兄弟烟草公司, 센스회사先施公司, 융안회사永安公司 등 회사들은 이 시기에 창설되고 발전하였다. 민족공업은 상하이의 현대산업과 현대 패션의 경제 기초를 만들어 주었다. 20년대 이후 새로운 사상을 가진 새로운 형태의 지식인들이 상하이에 대거 집결되었다. 이들은 서방문화를 중국에 들여오는 발걸음을 빨리 할 수 있는 기초가 되고 상하이가 새로운 문화중심이 될 수 있는 중요한 요인이 되었다. 1927년 중화민국 정부가 난징南京에서 성립되고 중국 정치중심이 난징으로 바뀌면서 상하이에서 신문화운동의 지위가 더욱 뚜렷해졌다. 1937년 이후 항일전쟁 시기의 상하이 조계는 전쟁과 격리된 "외딴 섬"이 되어 전쟁의 영향을 적게 받게 되어 전쟁 전의 모던한 생활을 계속할 수 있었다.

이 시기 상하이는 '불야성不夜城'이라고 불렸다. 거리의 가로수도 휘황찬란하여 대낮인 듯하였다. 우편, 통신, 전등, 전차, 수돗물 등 공공시설의 건설은 상하이 현대화 건설에 급속한 발전을 가져다주었다. 상하이 시민들은 다른 중국의 국민들보다 먼저 발달한 현대문명을 그리워하고 서양의 생활방식의 영향을 더 많이 받았다.

구라파, 미국 등에서 온 수많은 관원, 상인들과 여러 가지 업종에 종사하는 외국인들이 상하이 조계지租界地, 외국인 거주 지역 내에서 생활하였다. 그들은 자기 본국의 의식주 등의 여러 생활방식을 가지고 중국에 들어왔다. 조계의 거리에서 보면 마치 외국인 듯 모두 외국인들이 생활하는 모습이었다. 조계 내에서의 생활습관들은 그들과 제일 가까운 곳에 있는 중국 거주민들의 생활에 영향을 미쳤다.

상하이의 남성들은 평소에 양복·장삼 등을 입었고 일부는 중산복과 비슷한 1929년 민국정부의 〈복제조례(服制條例)〉에서 규정한 남성 공무원 제복을 입었다. 생활서점(生活書店)의 기념사진.

"외국인들이 관리하고 중국인들이 거주하는 조약하의 항구이다. 이것은 문화공생의 산물이며, 서방 세력의 확장과 중국 연해지방 세력의 성장 아래 나타난 공동의 산물이다."[12]

1917년 전후 수십만 명의 러시아인들이 상하이에 왔다.……샤광로霞光路 일대에는 많은 서양 기업이 나타났다. 샤광로의 복장점은 난징로의 복장점들보다 오래되지는 않았지만 그들이 만드는 복장의 디자인이나 제작 기술은 구라파 풍격에 더 가까웠다. 빵집, 커피점, 보석상, 사진관들에서 질 좋고 값싼 유럽 상품들을 볼 수 있다. 벨로루시에서 온 외국인들은 유럽의 생활방식을 가져 왔다. 조계의 외국계 회사의 책임자들과 상

12. [미국] 페이정칭(費正淸), 『케임브리지 중화민국사(劍橋中華民國史)』 상권, 25쪽, 중국사회과학출판사(中國社會科學出版社), 1998.

서구식 예절모는 완전히 중국식 과피 작은 모자를 대신하게 되었다.

류사회의 중국인들로부터 시작된 생활방식은 보통 상하이 시민들이 즐길 수 있는 생활방식이 되었다. 상하이에서는 오래전부터 푸저우로福州路에서 "판차이番菜—광둥식 서양요리"를 먹고 프랑스 식품들의 풍부한 맛을 즐긴다는 말이 있었다. 하지만 "휘핑크림" "바게트" "러시안브레드" "아이스크림"……등의 단어들이 생활에서 보이기 시작한 시기는 비로 이때부디었다.[13]

조계문화는 중국인들의 생활에 천천히 스며들어 중국 본토의 문화와 더불어 공존했다. 해외파문화는 바로 본토의 강남문화와 각국의 외래문화 등 다문화들의 혼합체로 외래 주민들과 본 지방 주민들이 함께 어울린 문화였다. 적극적인 것과 소극적인 것들, 진보적인 것들과 낙후한 것들, 건강한 것들과 병적인 것들, 현대적인 것들과 봉건적인 것들이 뒤섞여 있었다. 당시의 중국인들은 서방문화를 접촉함과 동시에 이런 문화가 가져다주는 성급함과

13. 천허(陳和), 『옛 상하이(老上海)』, 396쪽, 상하이교육출판사(上海教育出版社), 1998.

충격을 받아들여야 했다. 양복을 입고, 서양요리를 먹으며, 영화를 보고, 무도회장에 다니며 신형의 생활을 향락하는 것은 조계에서 제일 유행한 일이었다. 서방생활방식과 가치관을 상하이에 성공적으로 접목시킨 것은 "해외파" 생활과 문화의 특징이다.

양복을 입고 '스디커司帝克'[14]를 들고 도수 없는 안경을 끼고 펠트예모를 쓰고 우유 커피를 마시고 소시지와 빵을 먹으며 '양징파'의 영어 몇 마디를 할 줄 아는 사람은 많은 사람들이 부러워하는 대상이었다.

30년대에 십리 조계지에서 제일 모던한 패션은 아래와 같은 차림새였다.

머리에 진한 회색, 옅은 회색, 진한 갈색 혹은 연한 갈색의 영국식 Hatman펠트모을 쓰고 여름에는 밀짚모자를 썼다. 상하이 난징로의 '샤오뤼송小呂宋' '성시푸盛錫福' 등 밀짚모자를 만드는 가게에도 이런 디자인의 모자들이 있었다. 양복은 우선적으로 수입원단을 사용하였는데 Towntex 브랜드의 원단이 가장 좋았고, 그 다음은 외국 개버딘 원단이고, 그 다음으로는 중국산 '장화章華' 혹은 '셰신協新' 등 브랜드의 개버딘 원단을 사용하였다. 발에는 수입 가죽구두를 신었다. 셔츠는 Van Heusen 혹은 Arrow 브랜드를 선호하였으며 적어도 '스마이퉈司麥脫' '캉파이쓰康派司' 등 중국산 셔츠를 입었다. 난징로의 영국 가게인 안캉양항安康洋行에서는 손님들의 요구에 따라 셔츠 단추와 넥타이핀을 제작하였는데 은이나 금으로 만들기도 하고 위에 보석이나 다이아몬드를 박아 넣기도 하였다. 롤렉스, 오메가, 론진, CYMA, T-Touch……등 브랜드의 손목시계가 유행이었다. 이런 아이템으로 차림을 하는 사람들은 외국의 것을 숭배하는 사장들이거나 부잣집 자제들이었다.

이 시기 상공계, 정계와 부분적인 지식계인사들은 양복을 입었다. 하지만 같은 쓰리피스의 양복이라도 서로 다른 특징을 가지고 있었다. 난징로南京路 부근 쓰촨로四川路의 CRAY는 제일 유명한 양복점이었다. 사장 겸 재단사는 유럽 사람이었는데 이 양복점에서 양복 한 벌 만드는 가격은 '페이뤄멍

14. 스디커(司帝克): 지팡이 stick의 중국어의 음역임.

培羅蒙'의 몇 배에 달하여 황금 여러 냥의 가격이었다. 1930년 좌우에 개업한 훼이뤄惠羅회사와 그 맞은편에 개업한 푸리福利회사 등 두 회사 모두 양복을 만들었는데 재단사는 벨로루시였다.

대다수의 상하이 사람들은 중국 재단사의 손에서 만들어진 양복을 입었다. 20년대부터 저장평화浙江奉化의 '홍방재봉紅幇裁縫'은 상하이에서 일정한 시장을 차지하고 있었다. 당시 상하이에서 제일 유명한 네 개의 양복점은 징안로靜安路의 '페이뤄멍' '황쟈皇家' '룽성隆生'과 '헝성亨生'이었다. 1919년에 개업한 '페이뤄멍'은 제일 유명하였는데 고급관리들과 부자들이 많이 찾는 가게였다.

당시 상하이에는 외국의 물건들로 넘쳐났다. 용안永安회사에서 판매하는 프랑스 파리의 바지 멜빵과 신신新新에서 판매하는 영국의 울 스카프, 마오창茂昌의 독일제 차이스Carl Zeiss 평크식 도수 없는 안경들은 양복과 어울리는 아이템이었다. 그리고 남자들은 카디건을 셔츠 위에 입거나 뜨개조끼를 입고 넓은 라펠의 양복을 입었다.[15] 두 줄 단추의 양복코트를 입고 가을과 겨울에는 중식 솜옷 위에도 입었다.

그 시기의 상하이 사람들은 서양의 모든 모던한 생활을 미처 소화하지 못하였다. 때문에 중국에서 보지 못했던 모든 서양의 물건을 모던적이고 패셔너블한 것이라고 여겨서 잘 팔렸다. 이런 세월에 옷차림으로 사람을 판단하는 사회적 현상이 일어났다. 루쉰魯迅은 말했다.

"상하이에서는 패셔너블한 옷은 남루한 옷보다 비용이 적게 든다. 만약 낡은 옷을 입고 '공공전차公共電車'를 타고 내리려 한다면 운전수는 절대로 요구하는 지점에 세워주지 않았다. 공원의 경비들은 남루한 옷차림을 한 사람들의 티켓을 특별히 자세히 검사했다. 부잣집이거나 큰 객점에 들어가려 할 때 경비들은 남루한 옷을 입은 사람들을 정문으로 들여보내지 않았다. 때문에 많은 사람들은 허술한 집에서 빈대들과 같이 살면서도 잘 때마다 베

15. 양복의 라펠에서 접혀져 겉으로 나온 부분이 넓은 라펠을 말한다.

수영은 당시 제일 모던한 운동이었다.
시대적인 원피스를 입은 수영선수.

오스트리아의 화가 Friedrich Schiff가 30년대에 상하이에서 창작할 당시 현대 패션을 한 여성.

개 밑에 양복바지를 깔고 잤다. 그들은 이렇게 해서라도 이튿날 입게 될 바지의 주름이 여전히 칼날같이 곧기를 바랐다."[16]

'양징빙'이 피운 아름다운 꽃은 향기뿐만 아니라 악취도 풍기고 있었다. 수천 년간 내려오던 중국의 봉건적인 악습을 버리고 새로운 현대문명을 형성한 반면에 이런 식민문화의 수단과 방법을 가리지 않는 아첨과 외국의 것에 대한 맹목적인 숭배의 사회의 악습을 형성하기도 하였다.

"보기 민망한" 패션 걸

모던적인 여성들과 부잣집 여성들은 해외파, 서양 복장을 아름다운 것으로 여겼다. 서양 물건, 서양 복장의 지위는 점차 높아졌다. 가을과 겨울에는 서양식의 좁은 소매, 좁은 허리, 플랫칼라의 긴 치마를 입고

---

16. 루쉰, 「상하이의 소녀(上海的少女)」, 『루쉰전집(魯迅全集)』, 563쪽, 인민문학출판사(人民文學出版社), 1981.

치마의 하단에는 2촌 길이의 속치마를 드러냈다. 황색, 자색, 회색, 청색 등의 미국 혹은 프랑스의 아이이니愛以呢, 렌리니連里呢 등 모직물 원단을 사용하였다. 봄과 가을에는 옅은 회색, 베이지색의 플란넬, Valen 캐시미어 원단으로 만들어 입었다. 여름에는 짧은 치마를 입고 치마의 하단에 속치마가 노출될 수도 있고 노출되지 않을 수도 있었다. 양복의 라펠은 네모나거나 뾰족하였고 팔꿈치까지 오는 소매의 하단에는 페플럼을 주었다. 플란넬, 무늬 비단 등 얇은 재질의 중국 원단으로도 만들었다. 여름에는 종일 양산을 썼고 때로는 흰색 면으로 만든 모자를 썼다. 이런 모자도 이내 유행하였다.

원피스는 조젯 원단으로 만들었는데 안에 입은 끈이 달린 속옷도 다 보였고 가슴 부분과 어깨 부분에는 장식을 달았다. 여성들은 여름에는 민소매에 라펠의 양복과 무릎까지 오는 니커보거즈를 입거나 무릎까지 오는 짧은 치마를 입었다.

> …… 그 여자애는 치파오 같지 않은 치파오를 입었다. 겉에 입은 마고자 같지 않은 마고자의 털옷을 입었지만 가슴은 그대로 솟아 있다. 무릎은 드러나 있고 팔은 타이트한 소매에 감싸져 있고 흰 장갑을 끼고 있다. 얇은 스타킹은 발과 다리를 한데 묶어 놓은 듯하다. 마귀할멈 같은 헤어스타일에 검은 줄을 그어 놓은 듯한 눈썹들은 그녀의 정체를 알 수 없게 하였다. 중국 사람이라 하기도 그렇고 노란 머리칼이 아니니 서양인이라 하기도 애매하였다.[17]

영화배우, 사교계의 여성들은 더욱 대담한 서양식의 연회복을 입었다.

"어린창녀–어디 한번 보라! 새하얀 두 팔과 다리는 드러내 놓고 옷깃도 펼쳐 놓고 있다. 허리는 물론 가슴, 심지어 젖살까지 다 드러나 있다."[18]

당시의 옷차림에 대하여 매스컴에서는 "보기 민망하다"고 한탄하였다.

17. 무스잉(穆時英), 『남북극(南北极)』, 94쪽, 후펑서국(湖風書局), 1932.
18. 무스잉, 『남북극』, 위의 책, 102쪽.

영화배우 후뎨는 치파오 위에 밍크코트를 입고 있다. 언제나 그렇듯 스타들은 항상 유행을 주도하였다.

작가 마오둔矛盾이 30년대에 창작한 소설『자야子夜』에서 나오는 인물인 부자 우吳 씨 노인이 농촌에서 상하이로 이사 온다. 대 상하이는 노인에게 적지 않은 충격을 안겨주었다. 시각적이고 심리적인 충격 중 노인을 완전히 무너뜨린 것은 상하이의 패션 걸들의 차림새였다.

그의 눈길은 자연스럽게 둘째 아씨의 몸에 닿았다. 그는 처음으로 그녀의 옷차림을 훑어본다. 비록 오월이라고 하지만 날씨는 불씨로 후덥지근하게 더워졌다. 둘째 아씨는 이미 완연한 여름 차림새였다. 그녀의 몸은 옅은 남색의 얇은 치마에 가려져 있다. 풍만한 가슴은 도드라져 있고 팔꿈치까지도 닿지 않는 소매는 새하얀 그녀의 팔을 드러냈다. 그의 마음속에는 이루 말할 수 없는 혐오감이 생겼다. 그는 급히 얼굴을 돌린다. 하지만 그의 시야에 들어 온 것은 또 다른 거의 반라의 차림을 한 젊은 부인이다. 반짝이는 원단으로 만든 조끼를 입은 젊은 부인은 다리 살을 드러내고 앉아 있었는데 바지를 입지 않은 것과 마찬가지였다. "음란은 최악의 죄이다." 이 말은 늙은 노인의 마음을 여지없이 흔들어 놓는다. 그는 온몸을 관통하는 전율을 느낀다.……오씨 영감의 심장은 미

당시의 화가들은 대담하고 섹시한 여성들을 그렸다. 궈잰잉 그림.

친 듯이 뛰고 모든 혈관들이 파열될 듯 더 이상 몸을 움직일 수가 없었다. 목은 고춧가루를 목구멍에 뿌린 듯 타 들어간다.[19]

서양을 숭배하는 여성들은 남성의 셔츠와 서양식 긴바지를 입었으며 조끼와 양복도 입었다. 당시 "시원한 복장"이라고 하는 복장이 있었는데 벨트로 허리를 묶는 넓은 캐미솔 원피스 혹은 튤립형의 허리 벨트가 있는 원피스를 말하는데 어깨를 감싸거나 드러내는 짧은 비숍슬리브이고 외출 시에는 넓은 차양의 밀짚모자를 썼다.

중국인들은 이런 신식의 차림새를 처음으로 보았기에 의아해하고 의심하며 의논이 분분하였다.

"겨울에도 짚신 비슷한 가죽구두를 신고 살이 다 드러나 보이는 스타킹을 신고 홑바지를 입고 얇은 옷을 입고 앞섶을 헤쳐 놓고 다닌다."

"모던한 복장이라 하는 얇은 홑바지를 입고 지독한 추위에도 무릎을 드

19. 마오둔, 『자야』, 11쪽, 인민문학출판사, 1961.

러내 놓고 얇은 스타킹에 샌들을 신고 거리를 활보한다……."[20]

"지금 보편적인 옷차림인 머리에 털실로 뜬 모자를 쓰고 가죽 옷을 입고 평직원단으로 만든 반바지를 입고 얇은 스타킹에 샌들을 신고 승용차로 외출을 하면 괜찮은데 인력거로 이동한다면 차가운 겨울바람이 발끝으로부터 올라온다……."[21]

이런 패션이 한때 유행했다고 한다. 겨울에도 맹목적으로 유행을 따라서 모던성 류머티즈라고 하는 병에 들기도 했다.

여성들의 파마는 30년대부터 유행되었다. 많은 황색인종들이 긴 생머리를 곱실거리는 머리로 파마를 하였다. 이것은 당시의 모던적인 트렌드였다. 수많은 여성들은 '전기 파마'를 하여 생머리를 파마머리로 만들었는데, 이런 기술은 그녀들의 무한한 신뢰를 얻었다. 1927년 상하이의 징안스로靜安寺路의 화안華安미용원당시에는 화안메이리華安美麗에만 전기 파마기계가 있었다. 이 미용원에서 한번 파마를 하는 가격은 7~80원에 달하였는데 여간 비싼 것이 아니었다. 파마 기계가 점차 많아지면서 1934년에는 가격이 십여 원으로 내려갔다.[22] 비싼 가격이지만 유행을 따르는 패션 걸들은 여전히 이런 파마에 열광하였다.

신생활운동

1934년 난징 국민정부는 '신생활운동'을 벌였다. "정신 방면의 중대한 전쟁"이라는 구호를 외치며 대대적으로 선전하였다. 당시의 영부인인

---

20. 자이사오헝(翟紹衡), 『모던성 류머티즘(摩登性寒腿)』, 5쪽, 상하이 자이(翟)씨 부부병원(上海翟氏夫婦医院), 1935년 1월 발행.

21. 자이사오헝, 『모던성 류머티즘』, 9쪽, 상하이 자이씨 부부병원, 1935년 1월 발행.

22. 당시에 헤어스타일은 두 번의 과정을 거쳐 완성되었다. 먼저 "전기파마" 후에 "물파마"를 거친다. 전기파마를 한 후 웨이브의 방향에 따라 코르크 집게로 감아서 고정시킨 후 드라이기로 머리를 말린다. 머리가 마른 다음 집게를 빼면 처음 전기파마가 끝난다. 특별히 신경을 쓰는 사람들은 전기파마를 해서 한 주일 혹은 반달이 지난 후 이발소에 가서 물파마로 스타일을 바꾼다. 이 과정은 두 시간 정도 걸린다.

송메이링은 이번 운동의 기획자였다.

역사학자들은 "신생활운동"에 대하여 엇갈리는 견해를 가지고 있었다. 하지만 장송장제스, 송칭링의 문헌 자료에는 이번 운동의 취지는 사회도덕과 민족정신을 개조하는 것이라 하였다. 그들은 이번 운동을 통하여 소박하고, 위생적이며, 예의바른 사회를 만들어 국민들의 생활을 개선하려 하였다.

또한 그들은 여성들이 가정생활을 개변하는 원동력이라고 하였다. 하지만 이번 운동은 수천 년간 축적된 생활습관과 수많은 빈곤한 민중을 상대로 하는 운동이어서 절대로 쉬운 일은 아니었다. 의식형태의 거대한 차이는 운동을 실시함에 있어서 수많은 곤란한 것들과 상대하여야만 했다. 워낙 적지 않은 장애물들이 존재하였고 홍보할 때에 국민들의 생활에 침투하지 못하고 형식적이어서 이번 운동은 아름다운 소망을 뒤로 하고 실패로 끝났다. 이후에 일부 사람들은 이 운동을 "뜨거운 물을 먹고 교를 믿으라고 하고 여성의 권익을 제창했다."고 하였다.

성급하고 촉박했던 '신생활운동'은 급속하게 식어갔다. 이 시기에 진정한 신생활운동이 중국의 대지에서 일어나기 시작했다. 누구도 반박할 수 없는 것은 지속적이고 광범위하게 새로운 사상과 방식을 전파할 수 있는 중견역량은 바로 지식인들이라는 것이다. '5·4 신문화운동'의 중요한 화제가 바로 중국 '부녀해방'에 관한 문제였다. 린위탕林語堂 선생은 1935년에 그의 저작인 『아국아민吾國吾民』『중국인中國人』이라고도 한다을 완성했다. 이 책에서는 상당한 편폭으로 중국부녀들의 지위, 혼인, 가정, 교육, 첩, 전족纏足과 해방 등에 관한 문제를 분석하였다. 그는 30년대에 여성들의 몸에서 일어나는 변화를 보고 감개무량하여 이렇게 적었다.

> 부녀들은 이미 무형의 봉건적 속박에서 벗어났다. 빠른 변화는 십년 전 중국을 떠났던 사람들을 놀라게 한다. 물질에서 뿐만 아니라 심리적 관념에서의 큰 변화는 불가피하게 중국 여성들의 신앙을 흔들어 놓는다. 이 시대의 여성들의 기질, 옷차림, 행동과 독립적인 정신 등 여러 면에서 10년대, 20년대의 여성들과 많이 달랐다. 이런 변화는 여러

매스컴은 난징 국민정부의 신문화 운동을 대거 홍보한다.

여성들이 대중들 앞에서 수영을 하기 시작하는데 이것은 당시 사회의식은 이미 거대한 변화를 맞이하였다는 것을 의미한다.

이 흥미 있는 3촌 정도의 금빛 연꽃문양을 수놓은 신발은 시대 변천의 흔적을 수놓고 있다. 중만톈(鐘漫天) 소장.

가지 원인이 있지만 제일 중요한 것은 서방문화의 영향이다.[23]

린위탕은 계속하여 중화민국 이후 남녀평등에 대한 인식을 서술하였다. "사람을 잡아먹는 예의범절"과 남존여비에 대한 판단기준에 대하여 비판한 신문화운동, 남녀 학생들을 정치운동에 참여하게 하고 남녀공학을 제창한 5·4 운동, 남녀 참정과 '북벌北伐, 1926~1928년 장제스가 주도한 북방의 군벌을 타도하기 위한 전쟁'의 성공, 부녀들이 정부기관에서 일하고, 난징 정부가 남녀 평등하게 유산을 받을 권리에 대한 법령의 발표, 첩을 들이는 제도의 폐지, 여학교의 발전 등에 대하여 서술을 하였다.

또한 1930년 이후 유행했던 여자 체육운동, 특히는 1934년에 나타난 여성 수영, 인체 모델 등에 관하여도 적었다. 린위탕은 여성의 복식에 대하여 "파마머리를 하고 영국식 하이힐을 신고 파리 향수를 뿌리고 미국의 스타킹을 신고 옆트임이 많은 치파오를 입고 브래지어예전의 가슴을 조여 주는 옷을 대체함를 입은 것과 여성들의 수영복을 입는 등 중국 여성들의 적응성은 모든 사람들을 놀라게 하였다."[24]

23. 린위탕, 『중국인』, 144쪽, 저장인민출판사, 1988.
24. 린위탕, 『중국인』, 145쪽, 위의 책.

소박하고 단아한 현대적 색채가 있는
여학생의 복장은 당시의 패션이었다.

후베이(湖北)에서 금방 상하이에 이사 온 여자애는 겁에 질린 눈길로 사진기를 바라본다. 그녀의 옷차림도 어쩔 수 없는 변화를 가져오게 되는데 이것은 시대와 사회 변화의 필연적 결과이다. 톈밍 제공.

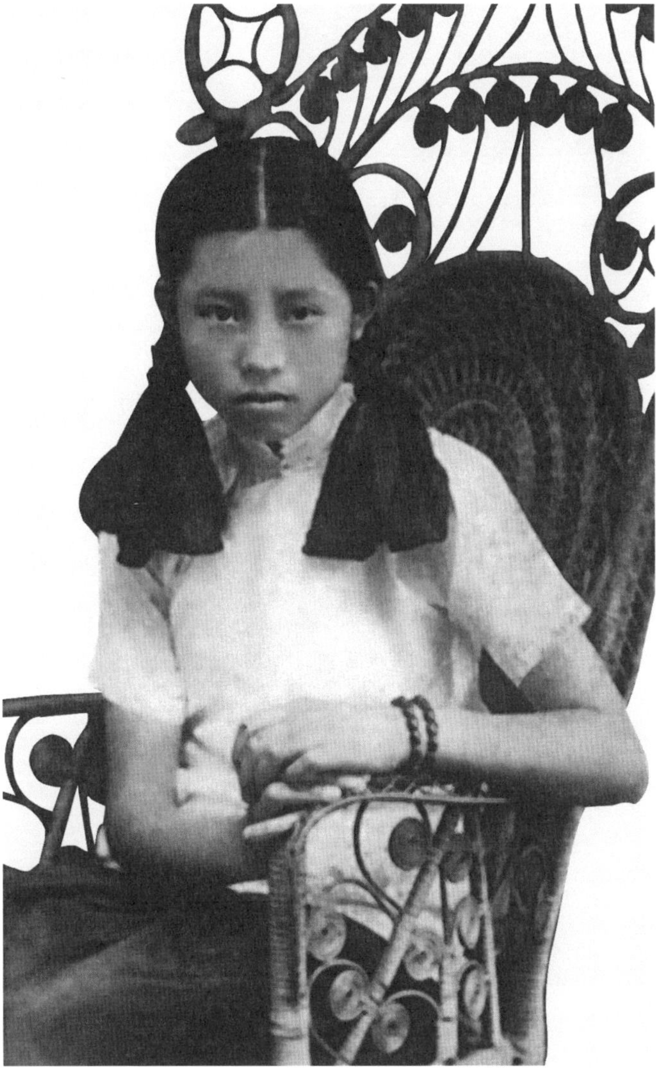

민국시기 청년들의 특별한 패션–보이스카우트 복장. 천스(陳實) 제공.

땋은 머리채와 파마머리, 소박한 치파오와 꽃무늬 치파오, 민국시기 청년 여성들의 변함없는 패션이다. 천스 제공.

눈썹까지 내린 앞머리, 단발머리의 여자애는 두려움 반 호기심 반으로 사진기를 바라보는데 마치 영화 〈성남구사(城南旧事)〉 중 잉즈(英子)의 모습 같다. 천스 제공.

이것은 본토의 습속과 외래의 현대문명이 강렬하게 부딪쳤던 세월이다. 의미가 있는 운동으로는 '천족운동天足運動'과 호응되는 '천유운동天乳運動'이 있다.

가슴에 대한 압박은 중국 봉건문화의 어리석은 발명으로써 여성의 2차 성징을 억제하여 금욕의 목적을 달성하려는 것이었다. 몸의 선천적인 곡선은 봉건사회에서 세상을 어지럽히는 재앙이라고 여겨 숨겨야 한다고 했다. 가슴을 압박하여 가슴의 볼륨을 줄이는 것은 한민족漢民族의 전통적인 습속이었다. 각지의 여성들의 압박 속옷은 서로 다른데 모두 몸에 딱 붙는 옷으로 여성의 가슴을 되도록 압박하려는 목적의 속옷이었다. 이런 속옷은 여성의 신체와 심리에 대한 이중적인 학대이다. 민국 이후의 민주인사들과 새로운 여성의 권리 운동가들은 '천유'를 제창했다. 스추石癯는 여성들을 가슴의 속박에서 벗어나게 하는 운동에 앞장선 운동가였다. 그녀는 홀몸으로 부녀의 기본적인 권리를 위하여 여러 곳에 다니며 호소했다. 봉건적인 풍속이 아직 많이 남아 있던 시절에 그녀가 마주한 어려움은 지금의 사람들이 상상할 수 있는 그 이상이었을 것이다.

1927년 7월, 국민당 광둥성广東省 정부위원회 제33차 회의에서 대리 민정청 청장인 주쟈예朱家驊의 제의에 의하여 여성의 가슴을 조이는 풍속을 금지하는 것에 관한 규정을 발표한다. 규정에는 "3개월 내에 전 성의 모든 여성들이 압박 속옷을 입는 것을 금한다.……만약 발견될 경우 50위한元의 벌금을 물어야 하며, 만약 20세 미만의 여성일 경우 부모들이 벌금을 내야 한다."고 하였다. 이것을 신문에서는 "천유운동"이라고 하였다. "천유"는 천연적인 유방을 뜻하고 운동은 여성의 유방을 압박 속옷에서 해방시키는 일을 말한다. 천년 동안 내려온 악습은 중화민국시기에 종결되었다. 이 운동은 이후 치파오 등 의복을 입은 여성들의 곡선미를 더해 주었다.

1914년 상하이 기독교청년회에서는 첫 번째 수영장을 건설하였지만 수영하는 사람들이 별로 없었다. 30년대에 이르러서야 수영이 점차 유행하기 시작했다. 1931년 상하이에서 중국 여자 수영연구회가 성립되었다. 당시 여성들은 수영할 때 남성들과 같이 타이트한 조끼에 짧은 플랫팬츠를 입었다. 비록 체육이라고는 하지만 19세기 30년대의 중국에서 여성의 대부분이 살갗이 드러난 옷을 입고 하는 수영은 중국에서는 엄청난 파장을 일으키지 않을 수가 없었다. 린위탕은 정곡을 찌르는 한 마디를 했다.

> '전족'으로부터 수영복까지 진심으로 이것은 하늘과 땅의 차이였다. 이런 외적인 변화는 천박한 것 같지만 깊은 의미를 가지고 있다. 우리의 생활은 바로 이러한 표면적인 물건들로 구성된 것으로 겉치장의 변화로부터 우리의 생활관의 개변을 가져오게 된다.[25]

신생활운동은 여학생들의 복장을 모던하게 만들었다. 젊고 생기가 넘치고 문화가 있는 여학생들은 신문화신생활을 대표하는 주요 집단이었다.

"국민시기 상하이 여자들에게서 두 가지 차림새를 볼 수 있었다. 기생들의 차림새와 여학생들 옷차림이었다. 구식을 따르는 사람들은 기생들의 차림새를 본받았고 새로운 유행을 따르는 사람들은 여학생들의 차림새를 따라 했다."

때론 기생들이 여학생 모양의 복장을 하기도 했다. 1930년 상하이의 『진강좌안바오金剛鉆報』에 연재된 원앙나비파鴛蝴派-20세기 초에 중국에서 유행하던 소설체인데 보통 능력 있는 남자와 아름다운 여자에 대한 사랑이야기를 많이 다루고 있음 소설 『십리앵화몽十里鶯花夢』에서는 기녀 앵앵鶯鶯에 대하여 이렇게 묘사하였다.

"……이마에 드리운 앞머리, 갸름한 계란형의 얼굴, 인단트렌으로 만든 치파오가 마른 몸매에 타이트하게 붙어 있다. 발에는 검정색의 꽃무늬의 가죽구두를 신고 겨드랑이에는 책가방을 끼고 있었는데 완전히 여학생의 차림새였다. 그녀는 하인들을 책망한다. '멍청이들아 내가 학당에 갈 때에도 출장서비스를 나가는 차림을 할 줄 알았나? 애국 천으로 만든 치파오, 너무

25. 린위탕, 『중국인』, 145쪽, 앞의 책.

나 표준적으로 생긴 얼굴, 누가 감이 나를 여학생이 아니라고 하겠나?'"[26]

2~30년대의 여학생들은 혼탁한 속세에 젊고 건강한 새로운 신선한 바람을 불어넣었다. 하지만 30년대 중후기에 이르러 형형색색의 패션들의 유행 속에서 이런 여학생 복장은 사라지고 모던한 패션의 의미와 시범적인 지위를 잃어 버렸다. 이를 대체한 것은 더욱 '새로운' 생활이었고 패션이었다.

달력(캘린더, 月份牌)상의 '신여성'

이 시기 중국의 미술가들은 상품광고판에서 조그마한 성취를 얻었다. 유명한 것은 바로 세상에 널리 알려진 '월분패' 광고화이다. 월분패 광고화는 각 시기 미녀들을 모델로 하였는데 모델들의 복장이 바로 그 시기 대표적인 트렌드였다. 이런 '월분패'는 상품을 홍보하고 유행의 메시지를 전달하는 데에 큰 성공을 거뒀다.

20년대 초, 고향이 안훼이서셴安徽歙縣인 정만퉈鄭曼陀는 새로운 '월분패'의 스타일을 창립했다. 그는 중국의 전통 공필시녀화工筆仕女畫를 잘 그렸다. 후에 서양의 수채화와 목탄화 등 화법도 배웠다. 그는 서양 소묘와 투시화법의 일부 화법을 응용하고 '숯분말'을 밑그림에 문질러 명암과 구조를 낸 다음 수채색을 입혔다. 이런 상업화의 기법을 찰필화擦筆畫 기법이라고 한다. 이런 기법은 그림 속 여성의 피부를 더 부드럽고 광택이 나게 하고 입체감을 더해 주어 사진을 찍은 듯하여 실사의 느낌을 주었다. 상하이에서는 사투리로 '톈甛-달고, 눠糯-차지고, 댜嗲-애교스럽고, 넌嫩-부드럽다'이라고 한다.

'월분패' 광고화는 그 시기의 대표적인 예술풍격으로 많은 사람들의 마음 속 깊이 파고들었다. 최초의 '월분패' 광고화는 외국계 기업이 중국에서 홍보할 때 사용한 광고형식이다. 영국, 미국의 담배회사에서 처음으로 중국

---

26. 나원성, 『십리앵화몽』, 49쪽, 춘펑문예출판사, 1997.

'월분패' 광고화의 미인은 단정하고 귀엽고 유행하는 복장을 입고 귀엽게 웃고 있다. '월분패'는 패션의 메시지가 상품의 메시지보다 더 많았다.

30년대 항즈잉(杭穉英)은 '월분패' 광고화를 광고의 내용을 삭제시킨 독립적인 미인화로 만들었다.

30년대 펑톈(奉天)태양담배회사의 광고. 진메이성(金梅生) 작.

1932년 화핀(華品)담배광고 '월분패'. 항즈잉 작.

30년대 라오진룽(老晋隆) 외국회사의 화루쉐이(花露水, 꽃의 액을 짜내어 만든 향수) 광고. 이런 광고화는 당시의 유행을 전하는 의미가 더 컸다. 항즈잉 작.

전통을 소재로 하여 그림을 그리고 한 쪽에 달력을 넣은 다음 오프셋 인쇄기로 인쇄해서 홍보하였다. 이런 광고 스타일은 많은 본토의 기업가들이 모방하기 시작했다. 상하이의 중법약국과 대세계오락장의 창시자인 황추주黃楚九는 당시 항저우杭州에 있던 정만퉈를 불러 자신의 기업과 상품들에 광고화를 그리게 했다. 이로부터 정만퉈와 그의 제자들은 '월분패' 광고화가 형성되었고 이런 화법은 한동안 중국에서 유행하는 화풍이 되었다.

'월분패' 광고화는 민국시기에 유행하였으며 당시 상하이탄 민중들의 생활과 패션을 따르는 심리를 제일 정확하게 묘사하고 대표하였다.

30년대 형성된 '월분패' 광고화의 기본적인 스타일은 모던한 "미녀"가 메인이고 상품광고와 달력은 부속적인 장식이었다. 이런 주객이 전도된 형식은 상품의 홍보효과에 큰 영향을 미치지 않았다. 하지만 현대 광고 전략으로 보면 아름다운 여성은 "오가는 사람들의 눈길을 사로잡을 수 있다."고 여기고 있다. 3~40년대의 '월분패' 광고화의 미녀들은 중서양의 특징을 가지고 있는 미인도로 선명한 민국 특색을 띠고 있는 패션화가 되었다.

'월분패' 광고화는 상품사회에서 대중들의 심미관에 맞게 만들어져 평민화, 대중화, 상업화된 상업예술인데 이는 60년대에 국제적으로 유행한 POP 예술과 비교할 수 있다.

상인과 설계사들이 광고를 기획할 때 동방 여성의 특징을 그림을 통하여 남김없이 발휘하였다. 그들은 소비자들의 마음을 사로잡을 수 있는 홍보물을 탄생시켰다. 사랑스러운 여성들이 미소를 띠고 치파오를 입고 새하얀 살갗을 드러낸다. 개량치파오가 여성의 아름다운 곡선을 보여 주어 살아 있는 미인들이 부르면 나올 듯하여 유행을 따르는 남녀들의 소비욕구를 자극하는 효과를 가져왔다. 봉건적인 독재에 금방 벗어난 사람들은 새로운 모던한 문화를 받아들이고 따랐다. 이런 사회적 경향은 당시 유행을 따른 젊은이들의 심리와 사회배경을 반영했다. 누구도 아름다운 미를 거절하지 않는다. 동방여

성의 형상과 "치예각지馳譽各地"[27] "통판구미양광화품統辦歐美洋广貨品—구라파, 미국, 서양, 광둥의 물품 통합판매" 등 문구들이 비단가게, 일용 백화상점들의 포스터와 선물함에 등장한다. 새로운 '월분패'는 예전의 촌스러운 도안들을 무색하게 만들었다.[28]

'월분패' 광고화는 아름다운 자태를 가진 패션모델을 통하여 도시의 현대적인 아름다움의 상상을 한 단계 업그레이드 시켰다. 거의 모든 '월분패' 속의 미인들의 패션은 안락한 환경에 사는 중산계급 여성의 이미지였다. 그녀들의 형상은 많은 사람들이 부러워하는 새로운 생활방식이었다. 때문에 이후의 학자들은 '상품신여성'이라고 했다. 뿐만 아니라 그녀들은 "패션적 신여성"의 대표이기도 했다. 때문에 새로운 '월분패'에 대한 기대와 '월분패'가 전달하는 패션적 메시지는 일상생활과 관련되는 대중적인 언어이다.

무의식 간에 '월분패' 광고화는 패션을 전달하는 매개체가 되었다. 패션에 대한 갈망으로 가득 찬 세월에 도시에서 출현한 특별한 매개체이다.

'월분패'를 보면 발행시기 유행의 변화를 알아 볼 수 있다. 1910년 저우무차오周慕橋가 그린 '월분패'의 인물들은 고대복장을 한 미녀들과 청나라 말기 민국 초기의 옷을 입은 여성들이었다. 선묘의 과정을 거쳐 선염을 하여 완성하였는데 중국의 전통적인 회화 기법이다. 20년대에 이르러 정만퉈의 붓에서 탄생한 여성들은 "원앙나비파" 소설속의 주인공들 같았다. 그녀들은 민국 초기에 유행했던 나팔 소매에 둥근 하단의 셔츠를 입고 머리스타일은 당시 보편적인 제비꼬리형의 앞머리를 하였는데 쑥스러운 표정과 움츠린 몸짓에서 주인공들의 마음을 알아 볼 수가 있다.

30년대에 정만퉈, 진메이성, 항즈잉 등 화가들은 당시의 패션 걸들을 모델로 한 그림을 그렸다. 이 시기는 '월분패'의 황금시기이고 중국 치파오의 황금시대였다. 이 시기의 모든 '월분패'의 모델들은 치파오를 입고 긴 몸매를

---

27. 치예각지(馳譽各地): 각지에 명성이 자자함을 이름.
28. 유궈칭(由國慶), 『안녕, 옛 광고(再見老广告)』, 75쪽, 백화문예출판사(百花文藝出版社), 2004.

자랑하였는데 그녀들은 환한 모습으로 "하얀 이를 드러내고" 웃고 있었다. 하이칼라에 짧은 소매의 옷을 많이 입었고 파마머리를 많이 했다. 일부 '월분패'의 모델들은 치파오 위에 서양식 겉옷을 입거나 카디건을 입었다. 심지어 일부 화가들은 속옷이 살짝 비치게 얇고 투명하게 치파오를 그렸다. 40년대 '월분패' 모델들은 주로 서양식 복장을 하고 자태는 더욱 개방적이었다.

'월분패' 광고화는 변화 발전하는 사회를 기록하였다. 십리 조계지의 잡다한 문화를 자세히 느낄 수 있다.

민국양식의 남녀복장

난징 국민정부가 새로운 복장제도를 발표한 후 민국 초년에 서양식 연미복을 예복으로 하던 제도와 함께 동양식의 낡은 군복들도 역사의 무대에서 사라졌다. 전 20년의 모색을 통하여 민국식 남장의 종류인 중산복, 양복, 장삼, 군복, 학생복 등 디자인의 복장이 형성되었다.

이 시기에 이르러 양복은 더욱 보급되어 새로운 트렌트가 되었다. 양복은

1937년 쩌우타오펀(鄒韜奮) 등 칠군자(七君子)들은 출소 후 기념사진을 남겼다. 사진 속 우수한 중국 지식인들은 전형적인 중식 혹은 서양식의 옷차림을 하고 있다.

정계인사, 상인, 지식인들과 도시의 직원들의 필수품이었다. 중상층 인사들은 양복을 입고 가죽구두를 신고 페도라모자를 쓰는 것으로 새로운 시대의 사람이라는 것을 표명하려 하였다. 대도시의 빈곤한 직원들은 부득이하게 낡은 중고 양복을 입었다. 취직을 위해서거나 허영심을 만족하기 위해서 이런 옷을 입은 사람들을 상하이에서 "양복을 입은 망나니"라고 하였다.

민국시기 남성들의 일상 양복은 수입 개버딘 원단으로 단색이거나 체크무늬였는데 흰색이 제일 유행하였다. 과하게 넓은 라펠과 칼라의 변두리에 1센티미터의 장식 가두리가 있거나 옅은 색으로 작은 칼라를 만들어 붙였다. 단추는 한 줄과 두 줄의 두 가지가 있었다. 바지의 하단은 2~3센티미터 밖으로 바짓단을 접었다. 양복은 서양식 셔츠나 서양식 조끼와 함께 입었다. 1936년 저명한 '칠군자' 중의 저우타오펀鄒韜奮, 장나이치章乃器, 왕짜오스王造時, 리궁푸李公仆, 사첸리沙千里 등은 양복을 즐겨 입었는데 당시 지식인들의 양복에 대한 애호를 말해 준다.[29]

중산복은 난징 국민정부 이후 당정 요원들이 우선 선택하는 복장이다. 중산복이라는 복장은 처음 이름을 붙여 만들어질 때로부터 정치적 의미를 내포하고 있어 국민당과 정부의 정계요인, 관원, 공무원들이 즐겨 입었다. 국부 손중산孫中山의 뜻을 따른다는 의미도 있어 정치 패션이라고 했다. 더욱 정계인사들은 서로 뒤질세라 중산복을 입는데 이런 복장을 하여야만 정계인사라고 여겼다. 당시 정계인사들은 중산복 외에도 양복, 장삼을 입는 사람들도 있었다. 중산복은 정치적 의미가 있기에 민간에서는 입는 사람들이 적었다.

이 시기 중산복은 원래의 7개의 단추에서 5개의 단추로 변하는 등 디테일에서 조금 변화가 있을 뿐 외형은 별로 변화가 없다. 가슴의 주름 호주머

---

29. 1936년 11월, 국민당 당국은 항일을 호소하는 지식계 영수인 선준루(沈鈞儒)·저우타오펀·장나이치·왕자오스·리궁푸·사첸리·스량(史良) 등 일곱 명을 체포하고 쑤저우(蘇州)고등법원 구치소에 수감한다. 이는 사회의 강렬한 불만을 일으킨다. 역사상에서 이것을 "칠군자사건"이라고 한다.

니의 주름이 조금씩 달랐고 역삼각형으로 된 호주머니의 뚜껑이 조금 변화가 있었다. 중산복과 군복은 구조와 스타일에서 서로 영향을 주었다. 그때의 군복은 중산복과 거의 비슷하였다. 중산복은 원단에 대한 요구가 많지 않아 중국산 면이면 되었는데 이것은 전쟁시기의 나라 형세와 알맞았다.

그 뒤로 '소비에트구역'[30]의 중국 공산당 지도자들도 중산복을 입기 시작했다. 중산복은 정치 관념과 상관없이 장기적으로 중국의 사회생활에 존재하였다.

장삼은 중국 남성들이 자주 입는 복장이었다. 장삼에 서양식 긴바지를 입고 가죽구두 혹은 헝겊신을 신는 것은 민국시기의 옷차림으로 정계활동에서의 예복으로도 가능했다. 특히 많은 지식인들이 장삼을 입었다. 차이위안페이蔡元培, 루쉰魯迅, 선준루沈鈞儒, 후스胡適, 린위탕林語堂 등 학자들과 선생들이 장삼을 많이 입었다. 이런 옷차림은 30년대 중국 문인들의 전형적인 복장이었다. 장삼은 비단 혹은 면으로 만드는데 색상은 원단에 따라 달랐다. 진한 색 혹은 회색이 많았다. 가을과 겨울에는 솜을 넣어 두껍게 만드는데 장포長袍라고 한다. 조끼는 계속 입으나 마고자馬褂는 별로 입지 않았는데 완전히 사라진 것은 아니었다. 일부 덕망이 높은 중노년층은 손님을 맞이할 때 마고자를 입어 40년대까지 예복이라고 여겼다.

이 시기 전쟁이 빈번히 일어나고 정계의 요원들은 군인들이 많았기 때문에 군복도 아주 중요한 예복의 하나였다.

일반적인 하층 빈민들과 노동계층의 사람들의 복식은 변화가 크지 않았다. 면으로 만든 중식 장삼과 마고자에 중식 바지를 입었다. 경제는 패션을 결정하고 패션은 경제를 기초로 한다는 말은 거의 맞는 말이었다.

비록 1910년대 부녀의 복식은 예전의 둥글고 넓은 소매에 허리까지 오는 윗옷에 아래는 종아리까지 오는 주름치마를 입었다. 미들 힐의 구두를 신

---

30. 소비에트구역: 중국 공산혁명 과정에서 소비에트 정권의 지역.

중산복은 30년대 이르러 디자인이 점차 고정되고 많이 입기 시작한다. 중산복은 양복, 장삼과 함께 새로운 복식이 되었다. 푸충(傅冲) 제공.

전통적인 장포는 문인들의 복장으로 문인들의 기품 있고 굽히지 않는 절개를 보여 준다. 위진펀(余金芬) 제공.

1937년에 찍은 생활서점(生活書店)의 직원들. 점잖고 진솔한 젊은이들 대부분 장삼을 입고 있다.

치파오에 양복의 조합은 지식 여성들이 즐겨 입는 조합이다. 왕산란(王善蘭) 제공.

여 청년들의 겨울 복장은 솜을 댄 치파오이다. 위진펀 제공.

난징 국민정부시기 양복, 장포마고자, 중산복과 군복은 점차 정식적인 예의 복식이 되었다. 1935년 『대중생활(大衆生活)』 1권 2기 최초 기사.

1938년 생활서점의 항일선전대의 옷차림(생활서점의 옛 모습).

서양식 직업여성 복장은 민국시기 도시 여성들의 패션 트렌드이다. 1934년 10월 『부인화보(婦人畫報)』 표지. 궈찐잉 작품.

고 단발머리를 했는데 이런 스타일은 주목받던 유행이 아니었다. 모던한 시대에 치파오와 양복이 주목받던 유행 복장이었다.

치파오는 제일 유행한 민국여성들의 옷차림이다. 30년대에 여러 가지 디자인의 치파오가 나타났다. 길어서 발꿈치까지 오는 길이의 치파오와 무릎까지 오는 짧은 치파오, 헐렁하여 편하거나 완전히 타이트한 치파오들도 있었다. 긴소매, 7부 소매, 5부 소매 등 길이가 변함없는 소매 길이의 치파오도 있다. 대부분의 치파오는 아름다운 무늬가 있는 원단으로 만들었다. 또한 가두리를 두르고 장식을 달았다. 치파오에 꽃을 수놓거나 넓은 가두리를 둘렀다. 장식수법은 청나라 말기보다 간단하지만 더욱 새롭고 정교하였다. 일부 학교에서는 종아리까지 오는 치파오를 교복으로 하였다.

30년대에 들어서서 전통적인 긴 중국식의 치마를 입는 사람들이 거의 없었다. 부녀들은 치파오 외에 마고자와 바지를 입었다. 마고자의 디자인은 비교적 넓고 편한 대로 만드는데 새롭지는 않았다. 하지만 이 시기의 마고자의 제작은 예전과 달랐다. 바지는 서양식의 재단 방식으로 재단하고 윗옷역시 서양식으로 재단되어 어깨, 가슴, 소매 부분은 몸에 더욱 맞았다. 허리 아래는 넓게 하여 움직이기 쉽고 편하였다. 30년대 초부터 하이칼라가 다시 유행되기 시작하였는데 청나라 말기 민국 초기의 하이칼라와 달리 얼굴을 감싸지 않고 목을 감싸고 턱밑까지 닿았다. 여전히 봉건적인 가정의 부녀자들은 전통적인 마고자를 입었는데 넓고 거북하여 시대와 어울리지 않았다. 도시 이외의 많은 지역의 부녀들은 대도시 여성처럼 개방적이지 않아서 마고자에 치마, 마고자에 바지를 입었다.

서양복장은 많은 대도시 여성들이 즐겨 입었다. 부잣집 여성과 사교계 여성들, 영화배우들, 민주정치를 숭상하는 여성들과 부녀해방을 선전하는 지식 여성들은 모두 서양식 원피스를 입었다. 저우타오펀은 '칠군자'들이 국민당정부에게 체포되던 당시를 회상하며 스량의 옷차림을 기록하였다,

두세 명의 사람들이 여변호사 스량을 앞에서 끌고 갔다. 그녀는 서양식의 부녀 여행

복장을 하였다. 위에는 남자의 양복 윗옷을 입고 아래에는 선원들이 입는 바지같이 통이 넓은 바지를 입고 겉에 큰 여성 코트를 입었다. 온통 검정색의 차림이었다.[31]

저명한 변호사인 스량의 복장은 거의 모두 서양식이었다. 서양식 복장은 지식 여성들의 대표 복장이었다. 이런 복장은 새로운 사상을 추구하고 새로운 문화의 표시가 되었는데 모던걸들이 서양식 복장에 대한 심리적 기대와는 차원이 달랐다.

서양식 여성 복장은 주요하게 원피스, 직업여성의 서양식 윗옷과 짧은 치마, 미식 옥스포드팬츠, 개버딘 외투, 모피외투, 하이힐, 실크스타킹 등이 있었다. 이 시기의 여성들은 무한한 창조력을 보여 주었다. 그들은 자신들의 기호에 따라 체형에 맞게 중국스타일, 서양스타일 혹은 중국스타일도 서양스타일도 아닌, 반중반서식의 복장을 디자인해 냈다. 이 시기에는 각양각색의 디자인의 복장들이 공존하였다.

그 시기 매스컴에서는 하이힐에 관하여 이렇게 말하였다.

"모던한 여성들이 거리에서 걸을 때 발밑에서 딸각딸각 하는 소리가 난다.……사실상 이런 하이힐은 발끝이 몸의 체중을 감당하고 있고 발꿈치는 의지할 곳이 없게 되어 습관이 되지 않으면 신을 신고 걷기 힘들다. 습관이 되더라도 불편하지만 여성들은 기꺼이 신고 다녔다. 이렇지 않으면 모던하지 못하다고 여겼기에 서양의 스타일에 푹 빠진 여성들은 여전히 따라하였다."[32]

하이힐은 30년대 여성이 가지고 있어야 하는 기본 아이템이다. 서방의 유행에 따라 변했는데 낮에는 여러 가지 꽃무늬의 가죽구두를 신고 밤에는 각색의 공단으로 만든 모카신을 신었다. 스타킹의 종류는 20년대에 비하여 더욱 풍부하여 망사스타킹, 불규칙적인 무늬의 스타킹이 있었고, 색상으로

31. 쩌우타오펀, 『경력』, 1957년, 『타우펀문집』 제3권, 89쪽, 싼롄서점(三聯書店).
32. 짜오핑(肇平), 「유럽화? 유럽화 하지 않겠다!(歐化? 偏不歐化!)」, 『뉘광저우칸』, 2-3쪽, 제1권 제1기.

국산품을 사는 운동과 구국운동이 활기차게 진행되었다.

인단트렌 천 광고.

는 커피색, 검정색, 백색, 베이지색 등이 있었다. 1935년 한동안 스타킹을 신지 않는 것이 유행하였다. 『신톈진화보新天津畵報』에는 이렇게 묘사하고 있다.

"신은 굽이 높을수록 더 멋있다. 소매는 짧을수록 좋다고 하며, 위에는 긴 옷을 입고 아래에는 맨발에 신을……일부러 스타킹을 신지 않고 발등과 종아리에 여러 가지 꽃을 그렸다."[33]

---

33. 『부녀 미래의장식(婦女未來之裝飾)』, 1933년 4월 22일, 『신톈진화보』.

구국과 국산품운동

중국 복장산업은 늦게 시작되었고 기초가 아주 미비했다. 초기의 복장산업은 자급자족의 자연적인 경제였다. 의상실에서 주문을 받거나 혹은 거리를 다니며 주문을 받아 한 개씩 만드는 것으로 복장의 기성복들을 판매하는 경우가 드물었다.

30년대에 대도시에는 일정 수량의 기성복을 판매하는 가게들이 나타났다. 이런 가게들은 공방형식으로 가게 앞면에서 판매하고 뒷면에서 생산을 하는 형식이었다. 일부 털실내의나 스타킹은 공장에서 기계로 생산하였다.

민국시기 상하이의 부티크는 집중적으로 공공조계지인 안쓰루安寺路, 지금의 산시베이루陝西北路인 시모루커우西摩路口로부터 지금의 스먼얼루石門二路인 퉁푸루커우同孚路口까지의 지역에 밀집해 있었다. 비교적 유명한 부티크는 1927년에 쉬즈모徐志摩의 부인인 루샤오만陸小曼과 『다루바오大陸報』 주필 탕위루唐諛廬의 동생이며 상하이 사교계의 꽃으로 불리는 탕잉唐瑛이 창립한 '공전지미술복장공사空前之美術服裝公司'인 '윈상회사云裳公司'였다. 다른 한 상하이의 저명한 여성복을 판매하는 복장점은 훙샹鴻翔복장회사였다. 본적이 저장펑화浙江奉化인 여성 복장 재단사인 진훙샹金鴻翔, 진이샹金儀翔 형제가 20년대에 공동 출자하여 징안쓰靜安寺로에 설립하였다. 동쪽의 퉁푸루에는 중식, 서양식의 복장뿐만 아니라 전문적으로 속옷, 신과 양말, 레이스, 단추 및 여러 가지 여성들이 사용하는 장식품들을 판매하는 가게들이 많았다.

부티크에서 기성복을 판매하는 경우는 매우 드물어 대다수의 고객들은 가게에 와서 원단을 고르고 디자인을 선택한 후 재단사가 맞춤제작을 했다. 완성되기 전에 입어 보기도 했는데 일부 까다로운 고객들은 서너 번씩 입어 보면서 여러 번 조절하였다. 때문에 모든 부티크는 자신의 작업장을 가지고 있었는데 큰 가게에는 수십 명의 일꾼을 두고 있었으며, 재단, 봉제, 다림질 등 분업하여 일하였다.

'윈상회사'는 조금 늦게 설립이 되었다. 회사는 20년대에 제일 큰 호소력을 가지고 있는 단어인 '미술'이라는 단어를 내세워 홍보하였다. 개업한 처음 며칠은 탕잉, 루샤오만 두 여사들은 신을 신어 보여 주고 옷을 입어 보기도 하면서 직접 손님을 맞이하였다. 개업한 처음 삼일 동안에 2천여 위안의 판매수입을 얻었다고 하는데 "유명인 효과"를 이용한 판매수단이었다. 윈상회사는 "1. 세계에서 제일 유행하는 트렌드를 중국인의 옷차림 습관에 맞춘다. 2. 되도록 국산품을 사용하고 외국의 수입산을 보조적으로 사용한다. 3. 정가 제도를 도입하여 저렴한 가격을 유지하는 것으로 제품들이 보급되기를 바란다."고 제기하였다.

윈상회사의 광고 중에는 아래와 같은 글이 있었다.

"제일 아름다운 옷을 입으려면 윈상으로 오세요! 제일 알맞은 옷을 입으려면 윈상으로 오세요! 제일 세련된 옷차림을 원한다면 윈상으로 오세요! 개성이 분명한 디자인을 원한다면 윈상으로 오세요!"

이런 문구들에서 우리는 윈상 여성의류의 자신감과 자부심을 엿볼 수 있다. 이런 자신감과 자부심은 30년대 이후에 상하이 패션계에서 유행의 트렌드를 주도할 수 있는 지도적 기질을 보여 준다. 민국 초기는 서양복식에 대하여 맹목적으로 따라하였다면 30년대 문명했던 문화인사들은 외래문명의 영향으로 '생활미술'이라는 단어를 만들었다. 이런 '미술'도 외래문명을 참고로 하였지만 중국이 만들어낸 중국의 특색을 가진 '미술'들이었다. 중국식도 서양식도 아닌 디자인들은 중서복식들과 어울리는데 이런 현상에 대하여 엇갈린 평가가 있었다.

조계가 형성된 이래 서양의 물건들은 중국에서 잘 팔렸다. 이런 현상은 거의 없었던 민족공업에 거대한 충격을 가져다준다. 중화민국 이래 중일, 중미 등의 관계가 정치, 군사, 무역 등의 방면에서 많은 충돌이 생기게 되자 상인들과 인민들은 중국산 상품을 구매하는 운동을 일으켰다.

1915년 상하이에서 "권용국화회勸用國貨會-국산품을 살 것을 권고하는 모임"가 성립되고 민중들이 국산품을 살 것을 호소하여 "사회의 도덕발전을 증진시키고 국민의 애국심을 발양"하는 효과를 얻기를 기대하였다. 톈진상회에서는 "국산품을 사는 것은 현재의 급선무이다."라고 하면서 각계인사들이 국산품을 생산할 때 국산품의 질량을 높일 것을 선동하였다. 1916년 10월에 전람회를 열어 서로 경험을 교류하고 경쟁을 통하여 발전을 가져오도록 하였다.

청나라 말기부터 중화민국에 이르기까지 중국 민족공업은 빠른 발전을 가져왔다. 특히 방직업에서는 이미 대형 기계로 생산을 하였다. 톈진민족공업의 통계에 따르면 방직공업은 제일 많은 자본을 가지고 있고 공장도 제일 많이 보유하고 있었다. 1916년부터 1922년까지의 6년 동안 기계화 정도가 높은 화신華新, 위위안裕元, 헝위안恒源, 베이양北洋, 위다裕大, 바오청宝成 등 6개의 방직공장이 세워졌는데 총 자본은 189만 위안에 달하고 방추는 원래보다 44배 늘어났다. 1925년 이후 여러 공장에서는 인조견사를 원료로 사용하기 시작했다. 방직의 종류도 기계 편직, 자카드직, 타월, 카펫 등으로 세분화되었다.

송쩌주宋則久는 톈진의 애국 실업가이다. 그는 "나라를 구하려면 빈곤을 없애야 하고 빈곤을 없애려면 기업이 많아야 하고 기업이 많으려면 먼저 국산품 구매를 유지해야 한다."고 하였다. 그는 애국포를 개발하기 시작하였다. "황녹색과 남회색으로 된 새틴애국포" 원단을 개발하고 여러 차례의 개량을 거쳐 서양의 기계로 생산된 원단과 비슷한 질량의 원단을 생산할 수 있는 기술을 가지게 되었다. 1910년 이후 "애국포"는 톈진방직업 발전의 동력이 되었으며 유행하는 치파오의 원단이 되었다.

국민시기 국산품 구매운동은 민족 자본과 외국 자본의 경쟁 수단이지만 역세민족의 민족주의정서를 반영하였고, 민중들이 당시의 제국주의 국가들이 중국 침략에 대한 강렬한 분개를 알 수 있었다. 이런 민족주의 정서의 재배로 소비의식은 민족자본을 발전시켰고 국민들의 애국정서를 배양하는 데 큰 도움을 주었다. 내우외환의 년대에 국산품을 구매하는 의식은 그 시기 민중들의 대폭적인 지지를 얻었다. "국산품" 구매는 전국적인 유행이 되었다.

30년대의 많은 매스컴의 광고에는 정정당당하게 "완전한 국산"이라는 광고문구가 씌어져 있었다. "완전한 국산 장화章華 개버딘" "으어표鵝牌 위생내의, 국산품 중 최고의 상품" "오래된 브랜드 국산품, 인단트렌천" 등의 글들이 광고에 나타났다. 그 시기 유행했던 인단트렌천의 대부분은 국산이었으며 "애국포"라고도 불렸다. 인단트렌천으로 치파오를 만드는 것은 20년대부터 시작하여 항일전쟁시기까지 꾸준히 유행하였다.

이 시기의 '완전한 국산'이라는 홍보문구는 당시 광고의 트렌드였다. "국인은 응당 스스로 강해져야 한다."는 글에 모든 뜻이 포함되었다. 심지어 일부 광고는 애국구국을 선전하는 정치격문檄文이었다. 상하이 안루安祿면방직 공장의 광고 문구는 아래와 같았다.

……수입제품들은 바닥에 떨어진 수은마냥 틈만 있으면 파고들어 시장에서 팔린다! 우리나라 모든 국민들은 실제에 맞게 행동해야 하고 허영에 들떠서는 안 된다. 천과 옷에 대한 정책을 세우는 것은 오늘날의 급선무이다!

우허五和방직공장, 중화中華공장 등 기업의 광고 문구는 〈제의〉였다.

아침에 일어나서 5분 동안 묵도합시다. 국내산 어표 위생내의를 입고 있는지, 매일 사용하고 있는 일용품들을 양심으로 생각해봅시다.……

국민들은 큰 결심을 내립시다. 국산품이 아니면 사지 않고, 국산품이 아니면 먹지 않겠다고.

양복을 만드는 홍샹鴻翔회사에서도 1934년에 〈홍샹회사게시문〉이라는 광고를 냈다.

……저희 회사는 창립 18년이 됩니다. 저희는 근 5년 동안 구라파, 아메리카 양복을 전문적으로 만들었습니다. 근래 국민들의 복장은 나날이 새로워지고 있습니다. 유행 복

장을 만들기 시작한 이래 제품의 국산화를 저희들의 경영 취지로 하였습니다. 일부 수입품을 대체할 국산품이 없기 때문에 어쩔 수 없이 수입품들이 판매되고 있습니다. 의도한 것은 아니지만 저희들은 메이야다메이美亞大美 방직공장 등 회사들과 많은 거래가 있는데 이것으로부터 저희 회사가 국산 원단을 많이 사용하고 있다는 것을 알 수 있을 것입니다. 저희는 국내의 많은 방직회사에서 새로운 원단을 많이 개발하여 더 많은 수입원단들과 제품들을 대체할 것입니다.……결과적으로 저희 '훙샹'은 절대적인 국내자본으로 국민들이 제작하는……국내 여성들의 아름다운 복장을 위하여 노력할 것입니다.[34]

국산품을 지지하는 열풍은 사회의 유행이 되었다. 근대 역사상 중국 정부와 상공업계 그리고 광대한 민중들이 공동으로 열강들과 맞선 상업전쟁에서 드물게 성공한 사례이다.

대도시의 문명은 처음으로 도시문명을 접한 사람들에게 깊은 인상을 남겼다.

"어느 날 아침, 외조부는 우리에게 바오쯔包子를 사오라고 하셨다. 나는 5층에서 엘리베이터를 타고 내려와 여관의 회전문을 나섰다. 바오쯔를 사가지고 돌아오는 길에 그만 회전문에 끼였다. 귀가 문에 부딪쳐 너무나도 아팠다. 나는 급히 현대문명 마귀의 발톱에서 벗어났다. 방에 들어와 보니 손에 쥐고 있던 바오쯔가 사라졌다."[35]

위의 단락은 『상하이 모던』의 작가 리어우판李歐梵이 자신이 어릴 때 처음으로 도시문명을 접하였을 때의 경험을 기록한 것이다. 사랑과 미움이 어우러진 느낌은 마오둔의 소설 『자야子夜』에서도 찾아볼 수 있다. 소설의 시작에 작가는 긴 편폭으로 당시의 현대문명인 시트로엥, 전화, 전등, 라디오, 시

34. 『선바오(申報)』, 민국 23년 12월 1일.
35. [미국] 리어우판, 『상하이 모던, 중국의 새로운 도시문화 1930-1945』, 3쪽, 베이징대학출판사(北京大學出版社), 2001.

시대의 변천속의 새로운 것과 낡은 것, 촌스러움과 서양풍. 텐밍 제공.

가, 향수, 하이힐, 선풍기, 소파, 플란넬 패션, 맥주, 소다수, 파리 패션 등을 서술하였다. 이런 여러 가지 현대 물건들은 영문 단어인 modern 혹은 프랑스어인 moderne 등 단어들과 함께 중국에서 유행되었다. 이런 단어의 중국어 음역은 '모덩摩登'으로 번역되었는데 이 단어에는 그 시기 혼잡하고, 자극적이며 모순적인 흔적들이 고스란히 담겨져 있다.

처음으로 현대문명을 접한 국민들은 '모덩'을 인정하고 '모덩'을 소비하고 성급하게 '모던'을 즐겼다. 1923년 상하이에는 라디오방송국이 세워졌다. 첫 방송 당일 재즈곡을 틀었다. 당시 서방에서 제일 유행한 선율은 전파를 통하여 상하이 사람들의 청각을 자극하였다. 30년대의 상하이 사람들은 재즈를 듣고 월분패의 치파오를 입고 파마머리를 하고 빨간 립스틱을 바르고 하이힐을 신은 모델들을 보면서 서방의 "모덩"이라는 단어를 복사하였다.

1937년 7월, 열심히 세계를 뒤쫓던 중화민족은 역사상 가장 어려운 시련을 맞이하였다. 침략의 포화소리가 다시 울리고, 여느 때보다 더 참혹한 전쟁이 시작되자 중국인민들은 더없이 어려운 나날들을 보내야 했다. 항일전쟁 기간 중국은 전국적인 복장복식의 침체기에 들어섰고 심지어 퇴보하였다. 소수의 항구도시의 조계지만 번화하고 화려한 복장들이 보였다.

05

1940년대

1941–1950

다시 돌아온 치파오의 황금시대

40년대에 진입한 후 치파오는 이미 동방 여성의 특징을 가장 잘 표현하는 국가적인 복장이 되었다. 쉬줴민(許覺民) 제공.

05

1940년대

1941–1950

전에 없이 어렵고 고달픈 항일전쟁시기를 거쳐 중국인민들은 최종적인 승리를 거두었다.

1945년 8월 28일, 초록색의 비행기 한 대가 충칭주룽포重慶九龍坡 공항에 착륙했다. 중공평화회담에 참석하러 충칭에 도착한 마오쩌둥은 얼굴에 미소를 지으며 비행기에서 내렸다. 한 기자는 "나는 마오쩌둥 신발이 신발창이 새것인 것을 보았다. 틀림없이 새로 지은 옷일 것이다."라고 하였다. 흥미로운 것은 다음 날 서로 다른 중국 당파의 지도자 장제스蔣介石와 마오쩌둥 모두 색상 등 일부 디테일한 면에서 조금의 차이가 있는 중산복을 입었던 것이다. 같은 중산복을 입었으나 정치적인 의견은 여전히 달라 '충칭담판重慶談判'은 파열되고 말았다.

이로부터 마오쩌둥과 장제스 모두 복장의 선택에 신중하였다는 것을 알 수가 있다. 공공장소에서의 복장은 정치인들의 정치적 태도, 입장, 관점을 표명하는 대표적인 도구로써 때로는 숨겨 있는 날카로운 비수와 같은 역할을 하기도 했다.

1946년 5월, 장제스는 국민정부의 도성인 난징南京에서 '환도전례還都典礼-수도를 돌려받는 의식'에 참가할 때 '오성상장군복五星上將軍服'을 입어 항일전쟁의 승리를 표하였다. 하지만 2년 후, 총통 취임식에 어떤 복장을 선택하느냐에 있어서 겉으로는 사이가 좋았으나 실질적으로는 같은 뜻을 가지고 있지 않은 당시의 부총통인 리종런李宗仁과 암투를 벌였다. 리종런은 자신의 회고록에 당시의 복장 암투에 대하여 이렇게 적었다.

> 총통과 부총통의 취임일은 5월 20일이라고 정부에서 공포하였다. 조례대로 나는 '시종실侍從室'을 통하여 장 선생에게 취임식에 입을 복장에 대하여 부탁하였다. 장 선생은 양식 예복을 입어야 한다고 하였다. 양식의 예복은 국민정부의 공식석상에서 입는 경우가 적고, 평소에 민족정신을 제창하던 장 선생이었으니 나는 양복이라는 선택이 의심스러울 수밖에 없었다. 어찌 이번에는 양복을 선택하였을까? 장 선생이 양복을 선택하였다고 하니 나는 그대로 따를 수밖에 없었다. 그날로 나는 상하이에 유명한 양복점을 찾아 스티프 칼라로 된 연미복을 주문하였다. 하지만 취임식 전야 시종실로부터 장 선생의 친필지시를 하달하였는데 군복을 입는다고 하였다. 나는 장 선생의 뜻을 따를 수밖에 없었다.[1]

분명한 것은 중화민국 초기의 양식 예복은 40년대에 어울리지 않았다. 하지만 취임식에서 군복을 입는다는 것도 별로 어울리지 않았다. 이 점에 대하여 리종런 역시 "군복을 입고 의식에 참가한다는 것은 분위기와 어울리지 않는다."고 하였다.

5월 20일, 난징시의 여러 주요 도로에는 채색 등불이 켜져 있고 폭죽 소리가 진동하고 총통부는 휘황찬란하였다. 취임식에 참가하러 온 문무관원 수백 명은 모두 예복을 입고 단정한 차림으로 참가하였다. 여러 나라의 사절들과 가족들 역시 화려하고 점잖은 복장을 하였는데 화려한 장신구들과 스티프 칼라의 연미복이 어울리지 않았다. 부총통 리종런은 복장에서 장제스가 자신을 조롱하였다는 것을 알아차렸다.

---

1. 리종런 구술, 탕더깡(唐德剛) 저, 『리종런회고록』, 653쪽, 화동사범대학출판사, 1995.

스물한 발의 예포가 울리고 찬예관赞礼官이 부총통을 청하여 부총통의 즉위를 알릴 때에야 나는 장 선생께서 군복을 입지 않고 두루마기에 마고자를 입고 안하무인격으로 위에 서있는 것을 보았다. 군복차림을 하고 그 뒤에 서 있는데 점잖지 못하였다. 그때서야 장 선생이 의식적으로 나를 난처하게 하려 하였다는 것을 알아차렸다.[2]

공자가 이르기를, "복식이 예의범절에 알맞지 못하면 몸이 화를 당한다[服之不衷 身之灾也]."고 장제스의 두루마기와 마고자는 기품이 있고 신분에 걸맞았다. 리종런은 피를 흘리지 않는 암투에서 당하고 만 것이다. 그해 장제스는 복장을 이용하여 이기는 것 같았으나 내전에서는 모두 패하고 말았다.

민국시기 유행에 대한 간단한 묘사

40년대에 이르러 민국의 유행은 기본적으로 형성되었다.

두루마기와 마고자는 더 이상 주요한 예복이 아니었지만 역사적 무대에서 사라진 것이 아니라 덕망이 높은 사람들과 노인들은 여전히 두루마기와 마고자를 입었다. 반면에 양복, 중산복과 당시의 군복은 중대한 행사에서 입는 예의 복장이었다. 양복, 중산복, 장삼 등은 정부 요원, 정부 관원, 직원, 교사, 지식인들이 평소에 즐겨 입던 복장으로 민속적인 옷차림이 습관이 되었다.

정계 인사, 양행 직원들이 양복을 입고, 당정 관원들은 중산복을, 지식인들은 장삼, 두루마기 등 중식 전통복장을 입었다. 서양의 양복을 즐겨 입는 사람들도 있었고 중식과 서양식의 복장을 모두 즐겨 입는 사람들도 있었다. 겨울이면 서양식의 외투나 면 겉옷을 입었다. 노동계층의 복장은 보편적으

2. 리종런 구술, 탕더깡(唐德剛) 저, 654쪽, 위의 책.

정치적 견해는 달랐지만 같은 복장인 중산복을 입고 충칭담판기간에 기념사진을 찍은 국공양당의 지도자.

대도시의 보통 가정에서도 서양식 복장을 입었다. 이 사진은 중공지하당원 가족이 입은 양복인데 당시 상하이의 유행하는 트렌드였다. 위안신즈(袁信之) 제공.

로 변화가 많지 않았는데 솜마고자나 면당고緬襠袴-허리가 넓은 중식 바지를 입었다.

40년대 말, 양복은 상하이 등 중국 연해 지방 대도시 중상층 남성들의 주요한 복식이었다. 당시 상하이 양복점은 700여 개에 달하였다. 해외파 남성의 모델로는 할리우드 스타인 클라크 게이블Clark Gable이었다. 당시 그는 모던적인 양복과 윤기나는 헤어스타일로 유행을 주도하였다. 40년대에는 트위드 양복, 단추가 세 개 달린 양복이 유행하였을 뿐만 아니라 과장된 플랫칼라의 양복도 유행하였다. 양장의 외투와 겉옷의 어깨 부분에 선명하게 두터운 패드를 넣었다. 단추를 두 줄로 단 양복은 30년대보다 더 많았고 외형은 20년대 양복보다 넓었다.

유행을 추구하는 남성들은 가벼우면서 큰 기하무늬가 있는 원단으로 만든 서양 바지와 외투를 입었는데 색상은 옅은 색 위주로 입었다. 여름이면 흰색 옷을 즐겨 입었으며 커다란 꽃문양 혹은 기하도형 문양의 반팔 셔츠나 옅은 색의 서양 바지를 입었다. 서양 바지는 하이웨이스트 바지였고 밖으로 2센티미터 정도 바짓단을 올렸다.

미식 재킷은 항일전쟁 이후부터 유행되었다. 짧은 길이의 재킷은 미국 공군의 군인복장으로 아이젠하워Eisenhower 재킷이라고도 했다. 당시 부잣집 자제들은 재킷을 즐겨 입었고 "레이밴Ray-Ban" 선글라스를 썼다.

이외에도 여러 가지 털실 옷과 서양식 와이셔츠, 긴바지의 조합이 있었다. 상하이 등 대도시의 남성들은 서양식 생활방식을 선호하고 옷차림도 서양화되어 갔다.

서양식의 셔츠가 대대적으로 유행하기 시작했다. 40년대 초기, 전쟁의 영향으로 소비수준이 현저히 내려가 수입되는 셔츠의 수량이 줄어들었다. 중국 국내산의 상품의 가격이 상대적으로 저렴하여 시장에서 인기를 얻게 되었다. Smart司麥脫 브랜드의 셔츠는 소비자들이 제일 좋아하는 중국 국내 브랜드였다. Smart 브랜드는 중화민국 22년1933년에 중국 본토의 상인인 푸쮜인량傅駿良이 창설한 독자기업으로 판매하는 상품은 당시 남성들이 반드시 구비해야 하는 비치품목이었다. 40년대 셔츠의 옷깃은 30년대의 옷깃보다 길고 날카로웠으며, 여름 셔츠의 옷깃과 앞가슴의 호주머니는 색상이 다른 원단으로 만들었다.

도시 남성들은 가르마를 하고 헤어드라이를 하고 기름을 발랐으며 대부분 귀밑머리를 기르지 않았다. 그중에서 머리를 높이 올리는 스타일을 리젠트펌, 건달머리라고 하였다. 민간에는 예전의 짧은 스포츠머리나 민머리를 많이 하였다.

40년대 거의 모든 여성들은 치파오를 입었다. 도시 여성들은 점차 서양식의 여성 복장을 입기 시작하였다.

항일전쟁시기에 '외딴 섬'으로 불리던 상하이의 여성들 가운데서 서양여성 복장을 입는 여성들이 점차 늘어났다. 『양우良友』 등 잡지와 '월분패'는 본의 아니게 서양 복장문화를 전도하는 매체가 되었다. 하지만 당시의 경제적 형편과 옷차림에 대한 오래된 습관에 어울리는 맞춤형 개량을 한 서양복장이 나타나기 시작했다. 원피스의 하단은 넓고 중식의 스탠딩 칼라에 가두리를 둘렀다. 긴 겉옷의 소매는 로맨틱한 넓은 비숍슬리브였다. 하지만 항일전쟁시기 복식에도 전쟁의 어둠이 내려앉아 여성 복장은 점차 간단하고 소박해졌다. 여성의 서양식 복장은 항일전쟁이 끝날 때까지 중성적이고 간결함을 이어갔다. 작업복과 여러 가지 일체형 작업복, 앞섶이 트인 라펠원피스, 멜빵치마와 간결한 스타일의 셔츠는 많은 여성들의 필수적인 아이템이다.

'해외파' 스타일은 40년대 유행을 주도하였다.
이 사진은 연예인 가족의 '해외파' 복식이다.
황중장(黃宗江) 제공.

각종 체크개버딘으로 만든 작은 라펠의 남성양복 뿐만 아니라 군복들도 전쟁시기의 여자들이 좋아하는 복식이었다. 저명한 화가인 완라이밍万籟鳴은 이런 옷차림새를 이렇게 비웃었다.

"남자라고 하자니 머릿결이 곱실거리고 아리따운 볼터치를 하지 않았는가, 여자라고 하자니 곧추세운 바지를 입고 터질 듯 타이트한 옷차림이니 여자인지 남자인지 확실하지 않으니 뭐가 무엇인지 전혀 모르겠구나."

항일전쟁시기 많은 중국 사람들은 중국 국내산 물건을 사용하여 절약하는 의식을 가지고 있었다. 사람들은 경제적이고 아름답고, 조화를 이루며, 위생적이고, 건강한 것을 추구하는데 이것은 항일전쟁시기 사람들이 아름다움에 대한 표준이었다. 여성들이 치파오의 겉에 입는 짧은 윗옷을 짧거나 긴 소매를 달 수 있는 옷으로 설계하였다. 복장점에서 조끼를 맞춤제작하고 소매와 잇닿은 곳에 스냅단추와 같은 속단추를 달아 놓는다. 긴 소매와 짧은 소매 두 가지를 만들어 낮에 더우면 짧은 소매를 달고 저녁에 추우면 긴 소매를 달았다. 이런 소매들은 여러 가지 디자인으로 제작되어 선택의 폭을 넓혔다. 항일전쟁의 후기에는 자투리 천을 이용하여 옷을 만들어 옷감을 절

예술가들이 입은 짧은 재킷과 양복바지는 당시에 유행된 모던적이고 서양적인 패션이다.

진보청년들은 중산복·학생복과 양복을 즐겨 입었고, 여학생들은 산뜻하고 우아한 치파오에 카디건을 입었다.

치파오, 장삼, 서양식 여장은 중화민국시기의 패션이다. 황중장 제공.

40년대 '해외파' 복식, 양복에 가죽구두, 멜빵바지에 목이 긴 양말. 위안궈신(袁國新) 제공.

해군 셔츠식의 아동복장은 당시의 모던이었다. 위안궈신(袁國新) 제공.

약하자고 건의하는 사람들도 있었다.

1942년 '헝겊신운동'을 제창하기도 했다. '헝겊신운동'이란 "항일전쟁 이전 양복 한 벌을 맞추려면 적어도 수십 위안에서 수백 위안이면 되었는데, 지금 양복 한 벌이 천 위안 넘게 주지 않으면 안 된다. 때문에 양복을 입는 사람들이 많지는 않았다. 5~6년 전만 하여도 가죽구두 한 켤레에 몇 위안 하여서……물가가 오르는 지금 소비를 줄이기 위하여 헝겊신 신는 운동을 제창한다."[3]

1945년 항일전쟁 승리한 후 국민당정부 관원들과 전쟁을 피하고 있었던 사회의 중상층들은 미친 듯한 소비 붐을 일으켰다. 상하이, 난징 등 대도시는 한동안 전쟁 전의 태평스럽고 번화한 현상을 보여 주었다. 일부 매체에

---

3. 행, 『포혜운동(布鞋運動)』, 『여성(女性)』 잡지, 10쪽, 1942년 제3기.

상하이의 도시 지식인 계층의 복장. 위진펀(余金芬) 제공.

상하이의 서양가게 직원가족. 옅은 색의 양복, 민소매 치파오, 샌들 힐, 서양식 아동복.

민국시기의 겨울 복장은 여전히 중국식 면 두루마기, 면 치파오가 많았다. 궈롄칭(郭聯慶) 제공.

두루마기와 미식 재킷. 당시 청년들의 변함없는 옷차림.

1947년 상하이교통대학교 공업관리계 졸업사진. 교원들은 양복, 장삼, 치파오를 입었고 학생들은 모두 셔츠와 양복 바지를 입었다. 궈렌칭 제공.

양복을 입고 구두를 신은 도시의 지식인들이 열차 앞에 서 있다. 첸중수(錢鍾書)의 소설 『위성(圍城)』에 나오는 이삿길에 나선 인물들과 흡사하다.

강남의 부유한 가족들의 모임. 여성들은 치파오를 입고 남성들은 장삼이나 양복을 입고 있다. 위진펀 제공.

도시 직장인들은 보편적으로 서양식 옷차림을 하였다. 1948년 촬영. 쉬광헝(徐广亨) 제공.

직업여성들은 여성 양복의 선도자였다. 양스치(楊士琦) 제공.

치파오 위에 카디건을 입는 옷차림새는 민국시기 지식 여성들이 제일 좋아하는 스타일이었다. 장핑허(張平和) 제공.

40년대 도시 여성들의 헤어스타일은 전통과 유행이 공존하였다. 파마를 하거나 곱슬곱슬한 머리거나 곧은 생머리 혹은 머리를 묶기도 하였다.

상하이의 여자중학교에서는 치파오를 교복으로 입었다. 1947년 촬영.

1948년 상하이 거리의 풍경. 제이키 번스(Jake Berns) 촬영.

서는 이렇게 보도하였다.

홍샹鴻翔-Shanghai Hong Xiang Fashion에서 판매하는 최신식 은빛 여우털銀狐로 만든 여성복은 주문하는 사람이 많았다. 란링蘭苓, 홍샤紅霞, 란탠여인藍天女人 등 패션 회사는 옷감이 부족하지만 여전히 분주히 생산하고 판매하는 모습이다. Baromon培羅蒙에서 한 벌에 사오백 위안씩 판매하는 양복도 잘 팔리고 있다. 위창샹裕昌祥, 왕싱창王興昌, 후이뤄惠羅 가게의 디자인 메뉴책은 고객들의 손에서 떨어지지 않는다. 쓰촨로四川路, 샤페이로霞飛路의 양복점들에서도 양복이 완성되는 즉시 판매가 되어 재고가 별로 없었다. 융안永安회사의 향수는 거의 완판되어 한 병에 8위안 60전씩 하는 작은 병의 "스와르 드 파리Soir de Paris" 몇 병과 한 덩이에 몇십 위안씩 하는 맥스팩터Max Factor 빅 사이즈의 "립스틱"[4] 몇 덩이만 남아 있다. 부잣집 며느리들과 아씨들은 서로 앞다투어 오메가OMEGA 금시계를 사느라고 카운터를 에워싸고 있다. 51형 파카Parker 만년필과 1캐럿 넘는 보석 반지들은 시장에서 보기 어렵지만 여러 경로를 통하여 구매하려고 하고 있다. 상하이의 네 개의 큰 백화점, 난징로南京路에 있는 백화점, 원단 상가들 어느 곳이나 고객들로 인산인해를 이루지 않는 곳이 없다![5]

이후로 여성 복장의 디자인과 옷감이 점차 풍부해지고 다양해져 치파오와 서양식 복장이 서로의 아름다움을 겨루었다. 종아리에 닿을 정도 길이의 원피스가 대부분이고 큰 꽃문양 원단의 치파오가 유행된다. 바지와 작업복 바지를 입는 여성들도 점차 많아졌다.

40년대 이후 도시 여성들의 헤어스타일은 귀엽거나 과장적인 경향을 보여 주었다. 중간 길이의 파마머리에 굵은 웨이브 헤어스타일이나 풍성한 뽀글뽀글한 스타일의 파마도 유행하였다. 칠 대 삼 가르마 파마에 앞머리를 내리는 스타일도 있고 앞머리를 자르지 않고 올리는 스타일도 있었다. 앞머

4. 당시 립스틱을 덩이로 만들어 팔았음.
5. 「상하이, 돈을 물 쓰듯 하는 불야성(揮金如土的不夜城)」, 『대공보(大公報)』(톈진(天津)), 5쪽, 1948년 10월 13일.

리와 귀밑머리 및 뒷머리 모두 전기파마를 했다. 머리를 매거나 긴 머리를 풀어 내리는 경우도 있었고 머리를 올려 여러 가지 쪽머리를 매는 사람들도 있었다. 머리를 양 갈래도 땋아서 귀의 뒤쪽으로 올리는 경우도 있었다. 일부 지식층의 진보 여성들은 짧은 머리를 선호하여 귀밑까지 오는 파마머리를 하거나 생머리를 하고 다녔다.

같은 시기에 서양식 아동복도 유행하였다. 여자아이 아동복은 벌룬 소매이고 스퀘어 칼라거나 라운드 넥의 셔츠에 체크무늬의 무릎까지 닿는 멜빵치마를 입었다. 헤어핀을 꽂거나 헤어밴드를 하고 파마를 한 헤어스타일이 유행이었다. 서양식 짧은 바지에 서양식 셔츠를 입고 가죽구두를 신는 것은 남자아이 아동복 스타일이었다. 물론 이런 옷차림은 부유층 자녀들의 차림새일 뿐 평민가족의 어린이들은 간결하고 소박한 중식 복장을 입었다.

다시 돌아온 치파오(旗袍)의 황금시대

전쟁시기와 전쟁이 끝난 이후에도 40년대 이후의 여성들이 제일 선호하는 복장은 여전히 치파오였다.

항일전쟁시기 경제가 침체되고 물자가 결핍한 형세라 전 한 조각이라도 여간 비싸지 않아 백성들은 옷차림에 신경 쓸 형편이 안 되었다. 정부와 민간 백성 모두 절약하여 난관을 극복하려고 "낡은 옷" 입는 운동을 제창하여 새 옷을 짓더라도 단색의 무명천을 사용하여야 한다고 규정하기도 하였다. 어느 해 설날에 발간된 『신보申報』는 아래와 같은 내용을 내놓았다.

"2차 항일전쟁에서 경제는 군사보다 중요하다. 새해 첫날부터 경제적으로 절약할 수 있는 방법을 내놓는다. 몸에 입고 있는 복장은 모두 중국 국내산으로 한다."

항일전쟁시기 치파오를 만드는 원단 대부분은 중국 국내에서 생산한 면 혹은 파란면사로 짠 천이었다. 치파오의 디자인은 간결하고 헐렁하여 활동

후산(胡珊)은 당시의 연예인이나 명문가 규수들과 함께 그 시기의 트렌드를 주도하는 패션모델이다.

영화 〈마로천사(馬路天使)〉는 저우쉔(周璇)의 대표작이다. 그녀는 영화 속에서나 평소 생활에서 모두 치파오를 즐겨 입었다.

적이고 경제적이었다. 30년대처럼 유행의 변화가 빠르지 못한데 40년대의 치파오는 바닥까지 긴 길이의 디자인은 보이지 않고 치파오의 길이가 종아리까지 오는 것이 대부분이었다.

이 시기 치파오의 화려한 장식은 적어지고 칼라의 정교한 매듭단추만 남았다. 칼라는 점점 낮아지는 추세를 보여 주어 후기에는 칼라가 없는 치파오도 나타났다. 소매의 길이도 점차 짧아져 민소매 치파오도 나타났다. 디자인도 점차 간결해지고 몸에 잘 맞고 간결한 것을 추구하였다. 민소매, 사금斜襟 혹은 양쪽으로 트인 옷섶의 치파오가 유행되기 시작하였다.[6] 40년대의 중국 여성 복장은 당시 전쟁 하의 국제 패션의 트렌드와 동일하였는데

6. 중식 윗옷(치파오 포함)은 모두 비스듬한 오른섶으로 된 옷으로 비스듬한 옷깃을 뜻하는 사금(斜襟)식 대금(大襟-단추를 한쪽으로만 채우는 중국 옷)이다. 양쪽으로 트인 옷섶은 민국시기의 치포의 형식이다. 이런 치파오는 좌우로 트인 치파오라고 하지만 왼쪽의 옷섶은 장식으로 된 것이다.

모두 단순한 디자인을 추구하였다. 장아이링張愛玲의 「갱의기更衣記」에는 아래와 같이 섬세하게 묘사하였다.

> 근년에 디자인의 주요한 변화는 소매가 사라진 것이다. 이것은 여간 어렵고 위험한 일이 아닐 수 없다. 20여 년간의 시간을 거쳐 조금씩 줄어들던 소매는 치파오에서 완전히 사라졌다. 이와 동시에 칼라는 점차 낮아졌다. 치파오의 길이도 짧아지고 치파오 둘레에 두르던 장식용 가두리도 사라지고 큰 매듭단추로 포인트를 주었는데 이런 장식도 얼마 지나지 않아서 스냅단추로 바뀌었다. 이런 디자인의 변화는 전체적으로 빼기 형식인 것이다. 모든 장식품은 필요하든 안 하든 모두 제거시켰다. 이런 디자인의 변화를 거쳐 치파오는 몸에 딱 붙은 민소매의 조끼와 비슷하여 목, 양팔과 아랫다리만 노출시키는 복장이 되었다.[7]

항일전쟁 승리한 후 도시 여성들의 치파오는 다시 한 번 전성기를 맞이했다. 30년대에 기본적으로 형성된 현대적 디자인의 연속이었다. 1946년 이후의 치파오의 길이는 아랫다리 중간쯤까지 오게 하고 인체에 알맞게 재단이 되어 동방 여성의 곡선미를 여실히 보여 주었다. 이런 치파오는 체형이 풍만한 젊은 부인들에게 적합하였다. 당시의 스타였던 후데胡蝶는 풍만한 체형이어서 치파오를 입으면 자태가 어여쁘고 화려하고 고귀한 멋이 있었다. 저우셴周璇, 왕런메이王人美 등 다른 스타들도 영화에서나 일상생활에서도 치파오를 즐겨 입었다. 저우셴은 영화 〈마로천사馬路天使〉에서 치파오를 입었는데 그 자태는 더없이 청순하고 수려하였다. 스타들과 명문가의 규수들은 그 시대의 패션모델이었다. 당시에 유행하던 '월분패'에 등장하는 미녀들도 치파오의 발전에 한몫을 하였다.

치파오는 중국 여성들의 유일한 유행 복장으로 여성의 '국민복장'이었다. 명문가의 규수들이나 보통 백성들의 딸이나 할 것 없이 모두 치파오를 입어 시대적인 풍경을 이루었다. 치파오는 함축적이고 우아하지만 경박하지 않으

---

7. 장아이링, 「갱의기」, 『유언(流言)』, 85쪽, 저장문예출판사(浙江文藝出版社), 2002.

며 현숙한 멋을 가지고 있었다. 튀지 않는 아름다움은 당시의 중국 국민들의 미에 대한 관점과 중국 여성의 체형과 어울렸다.

1947년 9월, 송칭링宋慶齡은 상하이 문화계의 여러 인사들이 참석하는 성대한 추석 원유회를 거행하였다. 당시의 『여성女聲』은 원유회에 참석한 귀빈들의 옷차림을 이렇게 묘사하였다.

> 손부인은 오전에 도착하였다. 그녀는 흰 바탕에 검은색의 잔 꽃무늬가 있는 긴 치파오를 입고 위에 삼베로 만든 겉옷을 걸쳤다. "Westgate Mall梅龍鎮" 여사장 우메이吳湄는 진한 갈색의 치파오를 입었다. 영화배우 황중잉黃宗英이 이번 원유회의 진행을 맡았다. 그녀는 짙은 남색의 긴 소매 치파오를 입었다.……원유회는 저녁 7시에 시작하였다. 손부인은 진한 남색 바탕에 하얀색의 잔꽃무늬가 있는 긴 치파오를 입고 위에 같은 원단으로 만든 팔꿈치까지 오는 망토를 걸쳤다. 후데는 분홍색이 도는 남색 짧은 겉옷에 옅은 노란색의 짧은 치파오를 입고 하이힐을 신었다. 바이양白楊은 커피색의 긴 팔 치파오에 등적색의 조끼를 입고 뱀가죽의 하이힐을 신었다.……원유회는 마치 치파오의 패션쇼인 듯하였다.[8]

40년대에 이르러 여성들은 새로운 치파오의 황금시기에 들어섰다.

많은 사람들은 중화민국 여러 시기의 치파오를 다 같은 것이라고 생각하지만 20년대부터 40년대에 이르기까지 치파오의 양식은 다 같은 것이 아니었다. 20년대부터 30년대에 이르기까지 치파오는 기본적인 형태를 가지게 되고 40년대에 이르러 더 성숙되었다. 40년대 이후 치파오의 변화는 옷깃, 소매, 치마의 하단 등에 국한된 것이 아니었다. 주요하게는 치파오의 제작 기법과 세부적인 장식의 개량 및 성숙된 장식 기법과 공예 기술이 치파오를 더욱 완숙미 있게 만들었다.

아래의 글은 치파오의 아름다움을 생동감 있게 표현하였다.

---

8. 1947년 9월, 「손 부인이 주최한 추석 원유회」, 『여성』 잡지, 16쪽.

그녀는 청색 바탕에 암화무늬가 있는 통수치파오를 입었고 도련선, 목둘레, 소매 둘레에는 3센티미터 정도의 비단을 둘렀다. 치파오 위에 푸른 소매의 조끼를 입었다. 발에는 검은색 비단 자수신발을 신었다. 청아하고 활달한 기품이 흐르고 노인은 자애로움을 나타낸다. 목에 두른 옅은 자줏빛의 비단 스카프와 가슴에 단 살색의 산호 브로치는 햇빛 아래서 아름다운 빛을 반사하니 여간 생생하지 않았다.

……

검은 바탕에 암화무늬가 있는 치파오의 옷깃과 소매는 꽃, 새, 꿀벌, 나비 등 자수가 새겨져 있는 동정을 댔다. 정교로운 자수가 나비를 춤추게 하고 꽃들에 생명을 불어 넣은 듯 생기 가득한 봄이 소맷부리와 옷깃에서 흘러나온다. 자수신발 역시 오색찬란하다. 노인이 입은 복장은 예술품이라고 하여도 과언이 아니다.[9]

“예술품 같은 복장”을 한 노부인은 바로 5~60년대 중국의 “마지막 귀족”인 강유위의 차녀 캉퉁삐康同璧이다. 그녀가 입은 치파오는 40년대의 작품임이 틀림없으니 40년대 상류사회 여성들 옷차림의 최고 수준을 보여 주는 것이라 할 수 있겠다.

치파오의 제작 기술은 40년대에 이르러 엄청난 발전을 가져왔다. 가슴 부분이 점차 타이트해졌다. 전통적인 다리미질 기법으로 가슴 다트와 허리 다트가 완성되었다. 구조상으로는 전통적인 프렌치 슬리브 형식을 보존하기도 하고 서양식의 세트 인 슬리브 형식을 사용하기도 하였다. 세트 인 슬리브의 스타일은 여성의 어깨 부분을 매끄럽게 하던 40년대 모던적인 스타일인데 이런 슬리브의 제작 기법은 치파오의 제작에도 응용되었다. “미인 어깨”라고 하는 이런 치파오는 치파오의 외형에 전례 없는 변화를 가져다주었다. 그리고 치파오에 사용되던 전통적인 매듭형태의 단추는 서양에서 전해

9. 장이허(章詒和), 『지난일은 결코 연기처럼 사라지지 않는다(往事并不如烟)』, 160쪽, 185쪽, 인민문학출판사, 2004.

이 시기 치파오의 옷깃은 점차 낮아지고 소매는 점차 짧아져 민소매의 형식이 되었다. 간결하고 몸에 맞는 민소매에 가로 된 옷섶 혹은 양쪽으로 된 옷섶의 치파오가 유행되었다. 류펑(劉蓬) 작.

도시 치파오는 비단, 면, 모직 등 원단을 사용하였으며 프린트, 문직, 번아웃, 자수, 레이스 크로세 등의 수법으로 제작되었다. 궈롄칭 제공.

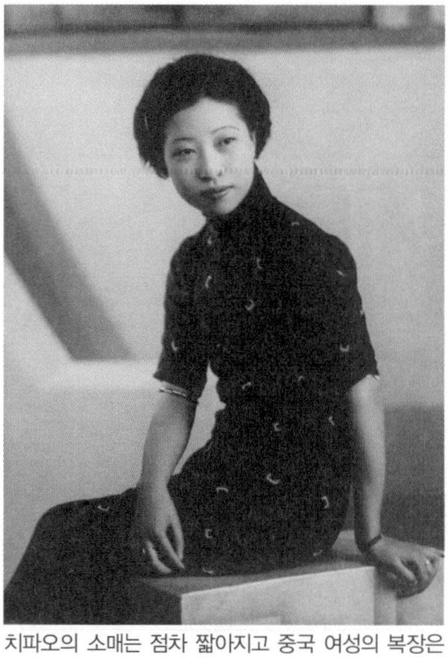

치파오의 소매는 점차 짧아지고 중국 여성의 복장은 점차 섹시해졌다. 쉬줴민(許覺民) 제공.

장아이링이 말하였던 것처럼 당시의 치파오는 "옷깃은 낮아지고 길이는 짧아졌으며 치파오 둘레에 두르던 장식용 가두리도 제거되었다." 양스치 제공.

중화민국시기의 치파오는 우아하고 현숙한 기질을 지니고 있고 수줍은 분위기도 띠고 있다. 가오젠중(高建中) 제공.

온 지퍼나 스냅단추로 대체되기도 하였다. 이런 변화는 치파오가 시대의 흐름과 더불어 변화 발전하여 왔다는 것을 보여 준다. 아름다운 미에 대한 추구와 제작 공예의 변화에서 우리는 서양복식의 요소들을 찾아 볼 수 있다. 이런 변화를 가져온 치파오를 개량치파오라고 한다.

치파오의 디자인이 점차 간결해지면서 사용하는 원단의 중요성이 더욱 뚜렷해졌다. 치파오를 제작하는 데 사용하는 원단은 중국 국내산 혹은 수입한 프린트원단이었다. 비단, 서양 얇은 비단, 서양 옷감, 그리고 꽃무늬가 있는 벨벳무늬 비단, 향운사香云紗[10]등 원단을 사용하여 치파오를 만들었다. 또한 망사레이스 원단이나 색상이 있는 직포나 무명 등을 사용하기도 하였다. 40년대의 상층계급의 여성들은 수입제 망사레이스에 매료되었다. 얇은 견사로 만든 속치마 위에 망사레이스로 만든 치파오는 또 다른 멋을 보여 주었다.

스타일리시한 디자인의 치파오에는 자수, 레이스, 엷은 가두리, 구슬 등의 장식이 더해져 있다. 하지만 대다수의 치파오는 예전의 '삼양삼곤三鑲三滾'의 번잡한 기법을 사용하지 않았다. 교복으로 하는 치파오는 소박하고 단아함을 추구하고 길이는 조금 짧았으며 소매는 서양식의 세트 인 슬리브였다. 공장의 여성공인들은 간결하고 소박하며 경제적인 치파오를 입었다.

치파오와 어울리는 복장으로는 서양식 외투, 외투, 조끼, 카디건, 스카프 등이 있었다. 치파오 위에 허리까지 오는 한 줄 혹은 두 줄 단추로 된 카디건이나 조끼를 입는 것은 40년대 지식 여성들의 전형적인 옷차림이었다. 실로 뜬 카디건은 겉옷으로 입어도 되고 외투 안에 입어도 되어 편하고 가볍고 부드러워 많은 도시 여성들이 즐겨 입었다. 당시 펑츄핑馮秋萍이라는 여성은 손뜨개로 유명하였다. 1938년부터 1942년까지 츄핑뜨개학교를 창설하였으며 손뜨개 기술을 전수하고 뜨개 도안에 관한 서적을 출판하기도 하였다.

---

10. 향운사(香云紗): 서랑(薯莨)즙을 입힌, 무늬가 있고 얇은 고급 견직물. 통기성이 뛰어나고 내식성이 강해 여름 옷감으로 적합함. 광둥(广東)성·푸젠(福建)성에서 생산됨.

치파오는 40년대 중국 여성의 대표적인 옷차림이다. 쉬줴민 제공.

민국시기 상하이는 모든 유행의 발상지였다. 여성들의 치파오와 양옥, 승용차는 스타일리시한 일상의 표현이었다.

망사레이스 원단을 사용하여 만든 치파오는 여름 치파오에서 제일 패셔너블한 옷차림인데 이런 치파오를 입을 때에는 얇은 견사로 만든 속치마를 입었다. 저자 소장.

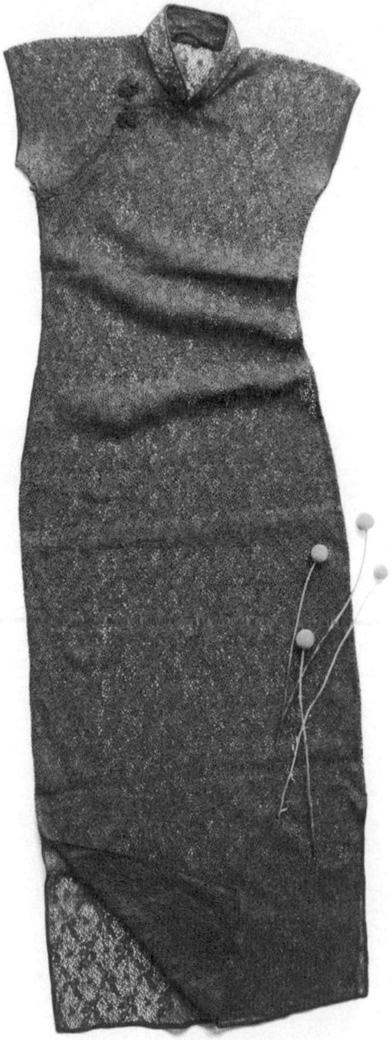

치파오의 제작 기술과 디테일한 장식 기법은 날로 완성되었다. 사진은 양쪽으로 트인 옷섶으로 된 치파오를 입고 있는 당시 할리우드에서 활동하던 영화배우 황류상(黃柳霜)이다.

치파오와 어울리는 짧은 뜨개 옷은 단정하고 유연한 멋을 내고 있어 도시 여성들의 '황금조합'이 되었다. 랴오펑화廖鳳華는 『편물대전編物大全』에서 "이런 손뜨개 기법은 구라파 혹은 아메리카에서 전해 온 것으로 지금 일본 여자학교에서는 수공과 과목으로 지정되었다. 이런 뜨개 기술은 보편적이고 여러 가지 용도의 물건들을 만들 수 있어 많은 사람들이 좋아하고 있었다. 가격이 저렴하여 소비를 줄이기도 하니 좋은 일이 아닐 수 없다."[11]고 하였다. 손뜨개는 점차 도시 여성들의 우아한 취미였으며 현대 여성들의 직업 중의 하나가 되었다.

봉관하피(鳳冠霞帔)[12]로부터 드레스까지

민국 이후 중국사회는 서양의 영향을 많이 받게 된다. 남녀공학, 자유연애, '노라'[13]의 가출 등 여러 가지 신생사물들이 나타났는데, 이런 사회 현상은 사람들의 생활, 가정, 혼인 등 여러 면에 영향을 미치게 된다. 그중에 제일 선명하고 대표적인 것은 혼인 풍속에 미친 영향이었다.

중국 민간 혼인 풍속은 선명한 민족 특색과 지역 특징을 가지고 있으며 예의범절은 선조로부터 전해 내려온 것이었다. 혼인은 육례六礼[14]에 구애되지 않아도 되지만 통상적으로 중매를 통하여 혼인을 맺으며 신랑 측에서 비녀 등 예품을 준비하여 결혼식 전날 신부에게 혼수품을 가져다주었다. 전통적인 풍속에서는 납정納征을 중요시하는데 납정이란 결혼 2~3일 전에 "비녀, 팔찌, 복장, 거위, 오리, 과일, 과자 등을 가지고 신부 측에 가져다주는 것

---

11. 랴오펑화(廖鳳華), 『편물대전(編物大全)』 서언, 상무인서관, 1935.
12. 봉관하피: 봉황의관에 수놓은 숄. 여인의 예장(禮裝).
13. 노라: 노르웨이 극작가 헨릭 입센의 『인형의 집』의 주인공임.
14. 육례(六礼): 인륜(人倫)의 대례. 곧, 관·혼·상제·향음주(鄕飮酒)·상견(想見)의 총칭(總稱). 혼인(婚姻)의 대례, 곧, 납채(納采)·문명(問名)·납길(納吉)·납폐(納幣)·청기(請期)·친영(親迎)을 말하는데 여기서 육례는 혼인의 여섯 가지 대례를 말한다.

으로 신부가 화장을 빨리 하라는 뜻"으로 납폐를 신부 측에 가져다주는 것을 말하는데 상견례 혹은 증서를 교환하는 의식이라고도 했다. 『옛 톈진天津의 혼례풍속』에서는 여자가 시집을 갈 때 혼수품에는 복장, 장신구, 진열품 및 일용품들이 있었다. 모든 물건들의 개수는 짝수여야 했다. 그중 "비녀, 팔찌, 의복, 치마" 등을 챙기는 것은 한족들이 대체로 가지고 있는 전통 혼례풍속이었다.

옷. 옷의 개수는 정하지 않는다. 면, 비단, 가죽, 견사, 모직물 등 여러 가지가 다 가능하다. 내의는 같은 원단 동일한 색을 한 세트로 하고 외의는 코트, 치마, 창의를 한 세트로 한다. 코트는 붉은색 혹은 자색 등 화려한 색상이다. 창의는 하늘색이고 치마는 붉은색으로 하였다. 가죽 옷의 종류도 많았는데 양가죽, 한양寒羊가죽, 영양가죽, 여우가죽, 친칠라가죽, 은서銀鼠가죽, 스라소니가죽, 밍크 등이 있다. 모든 옷들은 사각으로 접어서 붉은색 끈으로 묶은 후 상자에 넣는다. 상자에 다 넣지 못할 경우 네모난 상자에 넣어 따로 보내 준다.

이불. 이불은 네 세트 혹은 여덟 세트로 하고, 베개 두 개를 한 쌍으로 한다. 따로 포장은 하지 않지만 이불의 매 코너에는 밤, 대추, 여지, 계원 등을 실로 꿰매어 달아 놓는다.

장신구. 금, 비취, 진주, 보석을 새긴 장식품의 수량은 제한하지 않지만 흰색의 은으로 만든 장식품은 넣지 않는다. 장신구는 붉은 천을 댄 접시에 올리고 네모난 상자로 포장한다.[15]

결혼 예복은 짙은 민속 색채를 띠고 있어 지방, 연대에 따라 조금씩 같았다. 청나라 중후기 신부는 화삼자花衫子, 향령치마響鈴裙인 예복을 입고 머리에 봉황의 갓을 썼다. 화삼자는 명나라시기의 운견云肩-여성이 어깨에 걸치는 장식품과 비슷하였는데 붉은 비단 옷 위에 입었다. 향령치마는 붉은 비단 치마 위

15. 리란시(李然犀), 「옛 톈진(天津)의 혼례 풍속」, 『톈진문화 역사자료선집』 제37집, 206쪽, 톈진인민출판사, 1986.

청나라 말기 증국번(曾國藩) 손녀의 결혼사진. 이 사진으로부터 당시의 결혼 복장은 만족 혹은 한족의 복장일 수도 있다는 것을 알 수 있다.

민국시기 일반 가정의 결혼 복장. 쟈위안밍(賈元明), 왕훼이팡(王慧芳) 제공.

에 입는 예복 치마이다. 허리 아래는 검 모양의 리본이 달리고 리본의 하단에 방울이 달려 있어 길을 걸을 때 은방울 소리가 났다.

"겉에 걸친 '화삼자'는 운견의 케이프이고 리본의 하단에 달린 방울 때문에 '향령치마'라고 하는데 석류의 붉은색 자수가 있고 치맛자락에는 금색의 작은 방울이 백여 개 달려 있다. 발걸음을 옮길 때마다 청량한 소리가 울렸다. 신랑 신부가 맞절을 할 때 신부가 몸을 움직이면 장식구들의 소리가 여간 쟁쟁하지 않았다. 운견을 하고 금방울로 장식을 하며 진주 보석으로 머리 장식을 하는데 도화의 운을 가진다고 하였다. 신부가 '화삼자 향령치마'는 벼슬아치 집안이 아니면 입지 않았다."[16]

중화민국 이후 낡은 혼인 풍속에 대하여 비난을 하고 서방사회의 사랑, 혼인, 가정의 민주주의 사상을 '가져오게' 되었는데 서양식 혼례 형식과 혼례 복식도 도입하게 되었다.

일상적인 생활복장들의 변화와 더불어 혼례 복장도 세월의 흐름과 함께 변화를 가져왔다. 복장의 발전은 전통에 대한 계승과 새로운 사물에 대한 추구의 모순 속에서 변화, 발전되는 과정이었다.

국민 초기 새 시대의 청년들이 앞장서서 문명한 결혼을 지향하였다. "문명혼인"은 자유연애를 제창하고 독단적인 혼인을 반대했다. 신문에 공개 구혼을 하고 결혼 고시를 신문에 실으며 결혼 시 주례를 청하는 등등이 있다. 혼례식과 결혼 예복은 서양의 습관을 그대로 본받았다. 하지만 최초의 혼례는 중국과 서양식이 혼합되어 오리지널한 서양식 혼례식과 예복의 모습이 별로 없었다.

일반적으로 신랑은 두루마기와 마고자를 입고 예모를 쓰고, 신부는 붉은색 예복을 입고 흰색의 면사포를 썼다. 아무리 유행을 따르는 사람이라도 결혼식에서는 어쩔 수 없이 전통적인 예복을 입었다. 20년대의 재자才子 쉬즈모徐志摩와 가인 루샤오만陸小曼의 결혼식이 유명하였다. 운치가 있고 호

16. 싱다이(杏呆), 「화삼향령치마」, 『신톈진화보』, 1934년 4월 8일.

탕한 쉬즈모와 로맨틱한 루샤오만은 사랑을 위하여 이혼을 하고 재혼한 신 청년의 대표였다. 신 청년의 결혼식이지만 신랑은 전통적인 두루마기와 마고자를 입었을 뿐만 아니라 신랑의 들러리들도 마찬가지로 중식 복장을 하였다. 진웨린金岳霖은 당시 쉬즈모 결혼식의 신랑 들러리였는데 결혼식 규정대로 두루마기를 입어야 했지만 그는 중식 복장이 없었다. "나는 양복만 입는데 어쩔 수 없이 두루마기와 마고자를 입어야 했다. 나는 쉬즈모가 어디서 그런 복장을 얻어 왔는지 알 수가 없었다. 결혼식에 입은 나의 두루마기와 마고자는 루샤오만의 부친에게서 빌려 온 것이었다."[17]고 진웨린은 회상하였다.

이처럼 양복만 입던 모던적인 유학파 신 청년도 전통을 따를 수밖에 없었다. 그때는 1926년 10월이었다.

하지만 그 다음 해에 진행한 장제스蔣介石와 송메이링宋美齡의 결혼식은 완전한 서양식이었다. 물론 이것은 송메이링의 유학 경력과 그녀의 종교 신앙과 관련이 있었다. 장·송의 결혼식은 중식과 서양식 두 가지로 치러졌지만 성대하고 화려한 서양식 결혼식이 더 큰 인상을 남겼다. 장제스는 서양식 검은색 연미복을 입고 서양식 교육을 받은 송메이링은 순백색의 긴 드레스를 입었다. 그들의 결혼사진은 여러 신문에 실렸다. 흰색의 드레스를 입은 신부의 품위 있는 스타일은 신부를 너욱 눈부시게 하였다. 이런 결혼식 복장은 수많은 청년여성들이 갈망하는 것이었다. 그 후로 이런 송 씨의 흰색의 드레스가 유행하기 시작하였다.

젊은 부부들은 이런 "문명 결혼식"의 형식에 열광하였다. 서양식 결혼 서비스를 대행해 주는 업체들이 나타나기 시작하였다. 베이징에는 웨딩카, 악대, 양복, 넥타이, 드레스 등을 빌려 주고 꽃바구니, 부케, 브로치 등을 판매하는 서비스를 제공하는 "자방자紫房子-자줏빛 집"라는 상호의 웨딩대행업체가 창설되었다.

---

17. 한스산(韓石山), 『쉬즈모와 루샤오만』, 143쪽, 단결출판사, 2004.

장숭의 호화로운 서양식 혼례. 그들의 결혼 예복은 사회에 큰 영향을 미쳤다.

30년대 이후 대도시에서는 서양식 혼례복이 유행하였다. 신부의 예복은 붉은색에서 흰색으로 바뀌었고 머리에 붉은색 너울로부터 순백색의 면사포로 바뀌었다. 잡지와 신문 등에서는 이런 서양식 결혼식 스타일을 화제성 뉴스로 보도하였다. 『톈진대중시보天津大中時報』의 「신식 결혼에서의 반지」라는 글에서 반지를 어느 손가락에 끼어야 하는가 하는 문제에 대하여 흥미진진하게 토론하였다. 『국문주보國聞周報』의 「결혼 풍속의 재미있는 잡담」에는 결혼식에서 왜 반지를 끼어야 하며 예복은 왜 흰색이어야 하며 신부가 면사포를 쓰는 이유와 장갑과 예의범절 등에 대하여 담론하였다.[18]

18. 『톈진대중시보(天津大中時報)』 1936년 7월 1일. 『국민주보(國聞周報)』 1935년 제37기. 28쪽.

40년대 이후 연미복과 하얀 드레스는 도시 청년들의 결혼식에 필요한 복장이 되었다. 궈롄칭 제공.

이런 호화로운 결혼식은 서양식을 그대로 본받은 것으로 당시 국민들은 이런 형식을 문명하고 시대적 유행이라고 여겼다. fotoe 제공.

민국시기 집체 혼례식에서 신부들은 거의 모두 백색의 드레스를 입고 신랑들은 중산복, 양복, 군복 등을 입었다. 1947년 난징에서 촬영. fotoe 제공.

결혼식에서 신부는 면사포를 쓰고 치파오를 입고 하이힐을 신었으며 반지를 끼고 부케를 들고 들러리들의 부축을 받았다. 쉬즈모는 차를 몰고 예식장에 도착하였다. 축사가 끝나고 연주가 울렸다. 첫 번째 절을 하고 두 번째 절, 세 번째 절을 하고 반지를 교환하였다. 결혼서약서에 도장을 찍고 식을 마쳤다. 구식 결혼식은 번잡한 의식이 많고 명문세가가 아니면 다 지키기 힘들었을 뿐만 아니라 지방에 따라 결혼풍속이 달라 의식의 절차가 일치하지 않다.[19]

둥주쥔董竹君은 자신의 회상록 『나의 한 세기』에서 당시 자신의 신식 혼례복에 관하여 이렇게 기록하였다.

그는 나에게 몸에 맞지도 않은 흰색의 낡은 프랑스식 드레스와 흰색의 뾰족한 구두를 사주었다. 그리고 일본 이발소에 데리고 가서 프랑스식 머리를 하게 하였다. 그는 나에게 화장을 다 시킨 후 자신도 중고 연미복당시의 양복 예복을 입고 하얀 셔츠를 입었으며 까만색 나비넥타이를 매고 검정색 가죽구두를 신었다.[20]

둥주쥔은 자신의 회고록에 당시 청년들이 서양식 혼례를 하는 원인에 대하여 아래와 같이 정확하게 해석하였다.

샤즈스夏之時가 나와 결혼할 때 왜 나에게 프랑스식 드레스, 구두를 사주고 프랑스식 헤어스타일을 하게 하였을까? 당시 기억으로는 프랑스는 유럽에서 제일 먼저 군주제를 폐지하고 공화제를 실시한 나라였다. 프랑스는 일찍 민주와 자유를 제창하였다. 이런 시대의 흐름이 중국에까지 전해 왔으며 중국의 많은 지식인들은 거의 모두 프랑스식 언행을 하였으며 프랑스식 복장을 즐겨 입었다.[21]

---

19. 싱다이, 「화삼향령치마」, 『신텐진화보』, 1934년 4월 8일.
20. 둥주쥔, 『나의 한 세기』, 60쪽, 싼롄서점(三聯書店), 1997.
21. 둥주쥔과 결혼한 샤즈스(夏之時)는 당시 위안스카이(袁世凱)가 포상금을 걸고 잡으려 했던 혁명가이다. 그는 혈기왕성하고 진보적 사상을 가지고 있었으며 그들의 결혼식은 서양식으로 하였다. 둥주쥔, 『나의 한 세기』, 61쪽, 싼롄서점(三聯書店), 1997.

1935년 이후 단체 혼례식이 유행이었다. 새로운 형세 하에 당시 상하이시 사회국에서는 정부에서 주최하는 혼례를 거행하였다. 1937년에는 열 차례에 달하는 단체 결혼식을 진행하였는데 그 인원수가 천 쌍에 달하였다. 단체 혼례는 전통의 혼례식을 형식과 내용 면에서 많은 개량을 하였다. 사회국에서 발표한 "결혼 숙지사항"에는 신랑과 신부는 "규정된 색상의 예복을 입어야 하고 예복과 같은 색의 바지를 입고 면사포와 호주머니의 색상도 같아야 한다."고 규정하였다. 신랑은 남색 두루마기, 검은색의 마고자, 남색 바지, 흰색 양말, 검정색 비단 신, 흰색 장갑을 끼어야 하며, 신부는 짧은 소매에 연한 붉은색의 긴 치파오를 입고 같은 색상의 긴바지, 같은 색상의 비단 신발, 살색 스타킹, 흰색 면사포를 쓰고 흰색 장갑을 끼고 흰색 부케를 들어야 했다. 중국 전통의 문화를 표시하는 의미로 신부는 산발을 하면 안 되고 굽이 높은 하이힐의 가죽구두를 신으면 안 된다고 강조하였다.

집체혼례의 의식은 전통적인 혼례식과 달랐다. 경찰국 악대가 음악을 연주하고 신랑 신부가 손에 손을 잡고 레드카펫을 밟으며 예식장에 입장했다. 결혼식의 사회자가 이름을 부르면 한 쌍씩 앞으로 나가서 사회자의 진행에 따라 손중산孫中山의 유상에 몸을 굽혀 절을 하는데 이것은 전에 하늘과 땅에 절을 하던 것을 국부國父에게 절을 하는 것으로 대체한 것이었다. 이런 현상은 개선적인 현상이라 할 수 있겠다. 그 다음으로 부부가 서로 마주보고 두 번째 절을 하고 주례에게 세 번째 인사를 하였다. 주례는 시장이 섰다. 사회국 국장이 축사를 읽고 결혼증서를 발급하고 기념증서, 기념품을 주고 사진을 찍었다.

천 년의 결혼문화의 변화는 당시 사회 대중들이 봉건적인 혼인 관념과 번잡하고 불필요한 예절의 혼인 풍속에 대한 집단적 항의였다. 서양의 결혼식을 따라 하게 된 것은 새로운 사물에 대한 호기심과 유행을 따르는 단순한 목적도 있지만 주요하게는 서방의 자유, 민주적인 연애관에 대한 숭상이라 하겠다. 민국시기 도시의 결혼식, 웨딩복장, 웨딩사진 등은 서방사회를 따라하였다. 이런 시대의 발전은 누구도 막을 수 없었다.

체육 문명과 운동 복장

중국고어에는 '체육体育'이라는 단어가 없다. 하지만 중국사회에 체육이 없었던 것은 아니다. 사실상 무술은 중국 인민이 수천 수백 년간 전해 내려온 신체를 건강하게 하는 운동이었다. 그리고 민간에서 유행하던 전통 게임인 제기차기, 사자춤, 용주시합划龍舟[22], 죽방울 돌리기, 공 튀기기, 굴렁쇠 굴리기, 팽이 돌리기, 사방치기 놀이, 철판 돌리기 등 많은 운동은 현대의 체육과 표현의 방법은 다르지만 유사한 것이 많았다. 청나라 말기에 이르러 서방식 체육이 중국에 전해져 왔다. 중국 사람들의 건강의식과 신체를 건강하게 하는 방식이 개변되면서 체육이란 개념도 생겼다. 그때부터 운동복장도 발전을 하였다.

근대 체육은 유럽에서 발전하기 시작하여 19세기 중엽에 중국에 전해진다. 1853년 증국번曾國藩이 상용湘勇[23]을 훈련시키기 위하여 서양의 체조를 도입하여 훈련을 했다. 그 후로 현대 체육이 군에서부터 전파되었다. 더욱이 1894년 '갑오전쟁甲午戰爭' 이후 청 정부는 서양의 방법으로 군대를 편성하고 훈련하기 시작했다. 독일식 군인 운동, 독일식 체조철봉, 평행봉, 목마 등 기기를 이용한 체조 등은 비교적 체계적으로 군인들이 훈련하기 시작했다.

경자庚子년 이후 새로 세운 신형의 학당들은 모두 체조 과목을 도입하였다. 영문교원들이 영문과 체육을 겸하여 가르치고 있었다. 신해辛亥년 이후 민국이 성립된 후 국민들은 체육을 더욱 중요시하여 사회각계 인사들이 여러 가지 체조를 하고 각종 운동을 하기 시작했다. 이리하여 서양식 체조와 운동은 중국의 전통 항목인 무술을 능가하여 대중적인 운동이 되었다. 하지만 5·4 운동 이전의 학교체육은 준비단계였다. 그 원인은 학교 당국이 체육이라는 의미에 대한 이해가 별로 없었으며 체육 설비들도 완비하지 못한

---

22. 용주시합(划龍舟): 용머리로 뱃머리를 장식하고 하는 배 경주.
23. 상용(湘勇): 중국 청나라 말기 태평천국 운동을 진압하기 위하여 증국번(曾國藩)이 조직한 의용군.

형편이었을 뿐만 아니라 체육교사들은 대부분 군대에서 나온 군인들이기 때문이었다. 그리고 당시 학부모들은 스포츠가 자식들의 신체에 해롭다고 여겨 중도에 휴학을 시키는 경우도 있었다. 이 시기 현대 스포츠는 보급되지 않았고 사회에서 체육을 하는 사람들도 얼마 없었다.

5·4 신문화운동 이후 학교 체육교과는 사회에 조금씩 보급되기 시작하고 성숙되어 갔다. 공립학교에서는 기기를 이용하거나 맨손으로 하는 체조 등을 발전시켰고, 교회와 학교에서는 대부분 구기종목 등 단체스포츠를 하였다. 더욱 여자학교에서의 체육운동은 전례 없는 발전을 하였다. 이와 동시에 여러 스포츠 단체에서도 대형의 운동회를 열어 중국 스포츠의 발전에 힘을 더하였다. 1913년부터 중국은 중국, 일본, 필리핀에서 연합으로 주최하는 극동遠東운동회에 선수를 파견하기 시작하였다.

30년대 초 상하이의 후장대학滬江大學의 학생 자오주광趙竹光은 후장대학 에어로빅 동아리를 설립하였다. 비록 간단한 평행봉, 아령 등 허술한 기기만 있었지만 포스터의 「창간사」에는 이렇게 씌어져 있었다.

> 이건 우리들의 첫 외침이다. 나지막한 사슴의 울음소리가 아니라 거대한 사자의 포효이다. 생명력이 넘치는 우렁찬 소리는 시들어가는 생명에 한 줄기 바람을 불어넣어 아무 의미 없이 살아가는 사람들을 잠에서 깨워준다.

광저우 수영장은 가운데를 가로막아 여성과 남성들이 따로 수영하게 하였다. 『신생(新生)』 잡지. 1934년 제1권 29기.

2~30년대에 축구가 흥행하기 시작했다. "연극을 보려면 매난방梅蘭芳의 극을 봐야 하고 축구를 보려면 이혜당李惠堂의 경기를 봐야 한다."는 말이 있었다. "러화樂華"팀의 9번 유니폼을 입은 이혜당의 인기는 지금의 축구스타와 같은 인기가 있었다. 그가 입은 짧은 바지와 러닝셔츠는 유행하는 옷차림이 되었다. 심지어 어떤 상인은 "제9호 잰선健身주"라는 술 브랜드의 상표를 등록하였다고 했다.

여러 가지 서양식 스포츠들이 중국에 들어오고 보급되면서 많은 사람들은 운동에 알맞은 각종 운동복을 입게 되었다. 중국 전통의 길고 너른 복장들은 현대 운동에 맞지 않고 거추장스러워 팔과 다리가 노출되는 짧은 바지와 짧은 셔츠가 운동 시 필요한 복장이 되었다. 중국의 첫 운동복 역시 서양으로부터 들어왔다. 짧은 소매의 편직 셔츠나 러닝셔츠, 짧은 바지, 운동화 등이 있었는데 고무로 된 훼이리回力브랜드의 운동화가 인기가 있었다.

30년대 여성들의 운동 복장은 지금의 티셔츠와 비슷한 짧은 소매의 원피스 수영복을 입었고 안에 같은 색상의 반바지를 입기도 하였다. 1936년에 반바지와 합쳐진 일체형 수영복과 투피스로 나누어진 두 가지 수영복이 나타났다. 이런 과감한 노출을 바탕으로 한 수영복의 출현이 중국 국민들에게 가져다준 충격은 1960년대 서방사회에 나타난 비키니가 전 세계에 준 놀

누구에게도 뒤지지 않을 여자 테니스 운동선수. 테니스 운동뿐만 아니라 테니스 복장까지 그대로 서양의 것을 본받았다.

『양우(良友)』 잡지 1939년 8월호에 수영복을 입은 여성이 표지를 장식했다. 이것부터가 봉건관념에 대한 과감한 도전이었다.

만화, 수영복을 입은 여성을 둘러싸고 있는 여러 가지 생각을 가진 사람들. 당시 여성들이 수영복을 입는 모습은 여전히 민감한 광경이었다. 루사오페이(魯少飛) 작.

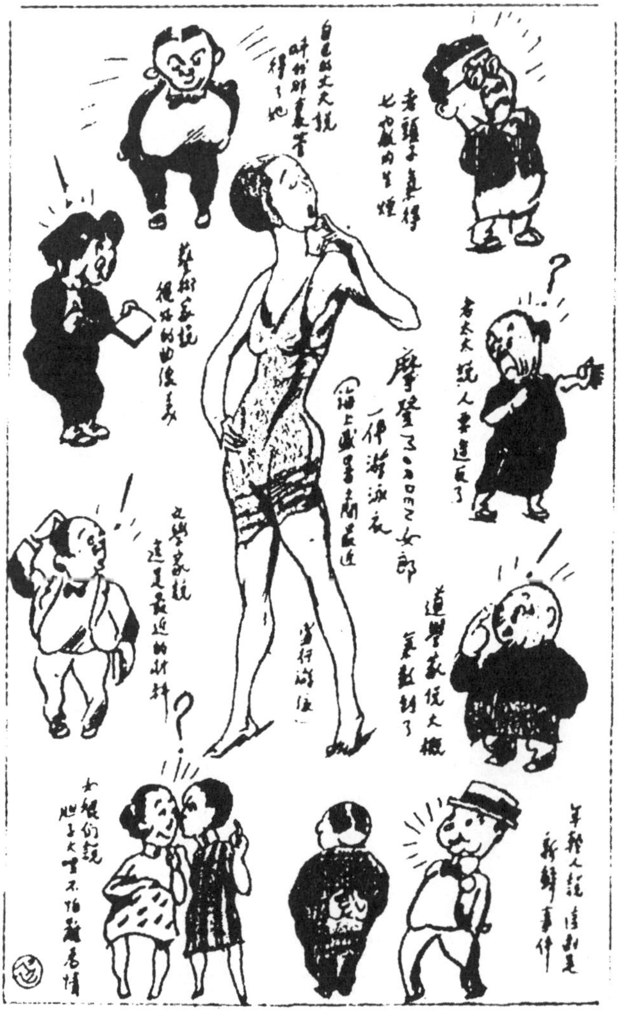

라움과 비슷하다고 할 수 있었다.

당시 민중들은 남녀가 같은 수영장에서 수영할 수 있다는 것에 경악해 하였다. 1934년 해군 사령 장즈잉張之英은 "남녀가 같은 수영장에서 수영하는 것을 금한다."는 "전례 없는 도덕규범"을 제기하고 수영장 가운데 난간을 설치하여 남성과 여성 수영자들을 양쪽으로 갈라놓자고 하였다. 이런 어이없는 건의는 찬성을 받아 많은 수영장에서 분리대를 설치하게 되었다.

시대적 흐름에 따라 많은 사람들은 수영이라는 스포츠를 받아들였다.

1940년 여름, 청두난훙예술전문학교成都南虹藝專의 수영장에서 현대 여성들의 다이빙쇼가 진행되었다. 그 당시만 하여도 수영하는 여성들이 별로 없었으니 여성 다이빙쇼는 사회에 큰 파문을 불러일으켰다. 크지 않은 수영장 주위에는 수천 명의 관중들이 빼곡히 서 있었고 총을 든 군인들이 질서를 유지하고 있었다. 다이빙쇼에 참가한 여성들이 하늘색의 가운을 벗고 분홍색의 수영복을 입은 모습은 관중들에게 거대한 시각적 충격을 안겨 주었다. 열 개가 넘는 걸상들이 현장에서 부러져 나갔다. 그 다음 날 『신신신원新新新聞』, 『화시완바오華西晩報』 등 신문에서는 일제히 다이빙쇼에 나간 여성들의 사진을 메인으로 내보내고 "인어가 뛰어 내리니 룽청蓉城-청두의 별칭이 놀라다"라는 제목의 기사를 발표하였다.

비록 보수적인 인사들이 이런 현상에 많은 불만을 표하였지만 스포츠의 시각적 충격은 점차 많은 사람들이 노출 의상에 적응되었다. 뿐만 아니라 기타 복장들에 지속적인 영향을 미쳤다. 근대 중국 체육사상도 서양에서 들어왔다. 서양에서 시작한 모든 운동, 운동복, 운동기기 등은 서양의 형식을 따라 하였다. 이런 운동기기들과 복장은 빠른 시간에 유행되었지만 모든 사람들이 소비할 수 있는 것은 아니었다.

서양식 학당에서의 체육과 교육에서의 체조는 "어린이들은 몸을 움직여 신체를 균형적으로 발육하게 하고 나쁜 습관을 고치고 혈기를 유동시킴으로써 어린이들의 정신을 맑게 해 준다. 또한 단체 활동에 쉽게 융합되고 행동을 바르게 한다. 유익한 게임과 스포츠를 통하여 몸과 마음을 건강하게

30년대 여자 배구선수들의 운동복장.

편직 셔츠와 운동 스포츠 팬츠는 남성들이 보편적으로 입는 운동복이다.

하여야 한다."고 하였다. 이 시대의 여성들은 자유로워졌으며 체형에도 많은 변화들이 일어났다. 체육활동에 참가하면서 여성들은 전족을 하지 않아도 되었다.

당시 여러 여자 학당의 규정에는 "여성들의 전족은 신체를 잔인하게 상해하는 것으로 스포츠가 추구하는 이치와 반대되므로 모든 학당에서는 전족을 금하여 이런 폐단을 교정하여야 한다."는 구절이 있었다. 사람들의 관념의 변화는 체형의 변화를 가져왔으며 중국 여성들의 걸음걸이는 자연스러워졌고 건강해져 전족으로 인한 기형적인 발 모양과 기형적인 걸음걸이가 사라지게 되었다.

체육이 중국에 전해지면서 중국의 전통적인 생활방식과 보수적인 옷차림에 큰 자극을 주었다. 운동은 내성적인 중국 사람들에게 생기를 가져다주었고 활기 없는 중국 대지에 강건함을 가져왔다.

1940년대 말 중국의 정치적 국면은 거대한 변화를 맞이했다.

1949년 5월 26일 밤, 하늘에서는 큰 비가 내렸다. 상하이를 포위 공격하던 중국인민해방군 장병中國人民解放軍들이 조용히 상하이에 들어섰다. 이튿날 아침 상하이 시민들은 남루한 군복을 입은 군인들이 온몸이 후줄근히 젖은 채로 길가에 누워 자는 모습을 보게 되었다. 당시 상하이 헝산루衡山路에서 살던 저명한 건축가 천잔샹陳占祥은 이 광경을 보고 깊이 감동했다. 그는 부인에게 소탕을 끓이라고 하고 소탕을 해방군 군인들에게 가져다주지만 군인들은 완곡히 사양했다. 소탕을 들고 집으로 돌아오는 길에서 천잔샹은 통곡을 했다. 누추한 옷차림의 군인들이 유학파인 이 건축가의 마음을 돌려놓은 것이었다. 집에 들어선 그는 나라를 등지고 상하이를 떠나려는 비행기 표를 찢어 버렸다.

사천만의 중국인민들은 진솔한 건축가와 더불어 평화가 하루 빨리 오기를 갈망하였던 것이다. 상하이가 해방되고 전 중국이 해방되었다. 중국의 역사는 새로운 페이지를 펼쳤다. 마찬가지로 중국 복장도 복식 역사의 새로운 서막이 열렸다.

06

1950년대

1951–1960

땋은 머리,
간부 모자와 '첸청디'

1949년 국가 영도자들은 중산복을 선택하는데 이것은 새로운 정권이 복장에 대한 표준과 형식에 대한 기본관념을 정한 것이다.

06

1950년대

1951–1960

중국 역대 왕조는 조대가 세워진 후 복식제도를 정하는데 이것은 왕조 수립 이후의 큰 대사로써 개원역복改元易服이라고 한다.

하지만 중화인민공화국에는 복식제도가 없었다. 이것은 수천 년의 중국 역사에서 처음으로 복식제도를 명문화하지 않은 시대였다.

1949년 10월 1일, 마오쩌둥은 톈안먼 성루에서 중화인민공화국의 성립을 선포했다. 그날 마오쩌둥은 올리브색의 중산복을 입었다. 그해 봄 건국시전을 준비할 때 마오쩌둥에게 "의식에서 무엇을 입겠는가"라고 물어보았다. 그는 곧장 평소에 즐겨 입던 중산복을 선택하였다고 한다. 마침 물건들을 정리할 때 두꺼운 황갈색의 군복 원단을 발견했다. 솜씨가 좋은 재봉사가 이 천으로 마오쩌둥의 중산복을 만들었다.

전 국민은 건국의 희열에 잠겨 있어 누구도 마오쩌둥이 입은 중산복이 예전의 중산복 원형과 디테일한 부분에서 많은 차이가 있는 것을 알지 못하였다. 새 중국을 건립하고 낡은 사회를 개조하는 것에 비하면 복장의 미세한 변화는 하찮은 일인 것이다. 하지만 마오쩌둥의 소박한 옷차림은 이후 수십 년간 중국의 복장문화에 광범위하면서도 심각한 영향을 미치게 되는데 어찌 '하찮은 일'이라 하겠는가?

신 중국 영화의 오픈 크레디트에 나오는 공농병(工農兵, 노동자, 농민, 군인을 이름) 조각상은 중국 사회의 거대한 변화를 상징한다.

그 뒤로 서방 국가에서는 마오쩌둥이 입은 스타일의 중산복을 '마오복'이라고 하였다. 이런 스타일의 복장은 인민정권 옷차림의 기본적인 스타일이 되었고 조문으로 밝히지 않았지만 이미 복식제도가 되었다.

한 차례의 변천

중국 인민해방군의 우레와 같은 포화 소리는 중국의 역사가 새로운 길에 들어서고 있음을 의미했다. '공농대중工農大衆'을 주체로 하는 새로운 정권이 건립되었다. 이런 근본적인 변화는 사회가 영혼과 신체가 거대한 변화를 겪을 것이라는 것을 의미하는데 패션의 변화도 포함되어 있었다. 프랑스대혁명시기 하층 민중들의 "상 퀼로트sans culottes"들의 복장은 대혁명 이후 유럽의 남성 패션으로 발전되었다. 중국의 공농혁명 역시 원래의 복식 발전의 흐름을 끊고 새로운 패션의 패턴을 만들었다.

레닌(Lenin, Vladimir Ilich;1870–1924)코트를 입고 사진을 찍은 삼형제. 삼형제들의 어린 나이는 '주의'와 '이상' 등에 대하여 아무것도 모르는 시기일 뿐이다.

양복을 입느냐 중산복을 입느냐 하는 것은 50년대 초 지식인들에게 주어진 어려운 선택 문제였다. 궈롄칭 제공.

50년대 초 치파오는 생활에서 완전히 사라지지 않았다. 모자간의 복장은 그들의 세대 차이를 보여 준다. 더우리린(竇礪琳) 제공.

새 중국의 농민들은 새 옷을 입고 새 신발을 신고 새로운 일을 하였다. 우시(无锡)에서 촬영. 위진펀(余金芬) 제공.

중국 공산당의 간부들은 중산복을 입었고 부인들은 치파오를 입었다. 사진 속 인물은 펑전(彭眞) 부부이다.

레닌코트를 입은 서점의 여성 직원들이 상하이와이탄(上海外灘)에서 기념사진을 남기고 있다. 레닌코트는 그 시절의 유행을 의미하기도 한다.

1952년 어느 농촌 대가족의 실생활을 보여 주는 사진으로, 복장의 신구 교체를 여실히 보여 준다.
프랑스 사위가 파리로 가져가 보존하였다. Paul Chapron 제공.

새 중국이 건립된 초기 시민들은 여전히 민국시기의 옷차림을 하고 있다. 1950년 촬영.

중화인민공화국은 새로운 복식제도를 제정하지 않았지만 새로운 복식의 표준을 성공적으로 보급하였다. 이것은 정부의 법령으로 시행한 것이 아니라 대중들의 의식형태의 힘으로 지령적인 명령이 아니라 유도적으로 복식 개변의 역사적 임무를 완성하였다.

오랜 시간의 전쟁을 거친 중국은 경제가 취약하고 백성들은 어렵고 고통스러운 날들을 보내고 있었다. 정부와 민중들이 먼저 해결해야 할 과제는 전쟁의 폐허에서 새로운 사회질서를 수립하고 생산을 회복하는 것이니 풍월을 읊고 향락을 누릴 겨를이 없었다. 때문에 식민 대도시에서 발전하여 오던 복식문화의 발전도 걸음을 멈출 수밖에 없었다.

강렬한 공농 의식을 가진 새로운 정권의 영도자들은 해방구의 소박한 복식에 대한 추구를 50년대까지 보류하여 그 후로 몇십 년 동안 중국의 옷차림에 영향을 주었다. 중국복식에 대한 표준은 큰 전환점에 이르렀다. 하지만 이런 거대한 변화가 가지고 있는 잠재적인 역효과를 의식한 사람들이 별로 없었다.

새 중국이 탄생한 이후 여러 차례에 달하는 사회주의 개조 운동에서 새 중국 국민들의 복장도 사회주의 개조를 완성하였다.

건국 초기 몇 년간 신구 복장이 공존하고 서양식과 중국식이 모두 있었다. 집에 무슨 옷이 있으면 그 옷을 입었다. 당시 중국공산당은 금방 정권을 접수하여 많은 것들을 버리고 새로운 출발을 하여야 하는 시기였다. 광범한 지식인, 민족 자본가, 옛 정부 시절의 직원들 모두 같은 전쟁에 참여하는 전우였다. 때문에 복장에 대하여 어떠한 제한도 없었다. 전통적인 장삼, 치파오를 입은 사람들도 있었고 양복을 입은 사람들도 있었다. 50년대 베이징대학北京大學의 학생들의 회상으로는 건국 초기 베이징대학의 사제들의 복장은 다양하여 반듯한 양복을 입고 가죽구두를 신은 사람들도 있고 소박한 옷차림을 한 사람들도 있었다고 하였다.

새로운 정부는 낡은 중국에 전면적인 사회주의 개조를 진행하였다. 1956년까지 "숙청肅反"[1], "삼반오반三反五反–부패한 당정 관료와 사기업 숙청운동"운동을 진행하고 생산 자료의 개인 소유제에 대한 개조를 완성하였으며, 후펑胡風과 후스胡適에 대한 비판을 진행하였다. 정치, 경제와 의식형태 및 사람들이 물질생활에서의 사회주의 개조도 자연적으로 완성하게 되는데 그 개조에는 복식문화에 대한 개조도 포함되었다.

깊이 있는 사회주의 개조가 진행되면서 화려한 복장을 하는 사람들은 새로운 사회의 질타를 받기 시작했다. 때문에 양복, 치파오, 장삼 등을 가지

1. 숙청(肅反): 반혁명분자들을 깨끗이 없애는 운동.

고 있는 자들은 옷을 깊이 숨겨 두거나 양복을 밑에 입고 위에 간부복장을 입었다. 어떤 이들은 양복, 장삼을 중산복으로 수선하기도 하였다.

건국 초기 경제가 좋지 않고 물자가 결핍하여 정부에서는 "간고분투艱苦奮斗" "근검치가勤儉持家" 등 구체적인 내용이 없는 생활표준으로 절약을 제창하고 사치를 반대하였는데 "기운 옷이 패션이다"라는 말이 유행하기도 하였다. 일부 단순한 공농간부들은 "좌左"경 경향이 있어 소박하고 낡고 초라한 복장을 아름다움이라는 극단적인 행동으로 보이기까지 하였다. 낡고 해진 옷을 기워 입었고 심지어 어떤 사람들은 새 옷도 천 조각을 대고 기워 입는 것으로 작고 소박한 혁명에 대한 지지를 보여 주었다. 어떤 옷차림을 하는가에 따라서 한 사람의 정치적 생명과 생존 상태가 좌우 될 수 있었으므로 이 시기의 복장은 특수한 정치적 의미를 가진 의상이었다.

정권이 점차 안정되면서 사회의 각 방면의 문제들은 정치적인 문제들로 인식되기 시작했다. 이런 현상들은 낡은 의식형태의 모든 사물들을 부정하는 것을 전제로 하여 기존의 도덕관, 가치관, 심미관과 생활방식을 뒤엎었다. 그러면 어떤 옷차림이 당시의 사회정치, 도덕, 심미의 표준에 부합되고 새 중국의 새 모습을 나타낼 수 있는가?

참조할 수 있는 것은 당연히 당시의 국가 영도자, 해방구 간부들의 복장과 공농 복장, 그리고 구소련 '큰형'의 옷차림이었다.

목욕(洗澡)과 제복

50년대의 패션은 혁명과 연결되어 있었다. 해방구, 해방군, 공농 대중들이 입은 것과 비슷한 복장들은 모두 아름다운 복장으로 여겨졌다.

레닌코트, 인민복, 중산복은 당시 제일 유행하는 세 가지 복장이었다.

당시 사회의 진보적인 여성들은 오른섶의 남성 레닌코트를 입었다. 이런 서양식 라펠에 두 줄로 된 단추가 달리고 허리에 벨트가 있는 옷은 유행하는 혁명적인 옷이었다. 여성들은 짧은 머리를 하거나 긴 머리는 땋고 화장을 하지 않았으며, 슬립온 신발이나 고무로 된 러닝슈즈를 신었다. 이런 천편일률적인 스타일의 복장은 자신이 진보적인 혁명자이며 자신의 두 손으로 일하며 생활하는 노동자인 것을 표명하려 하였다. 여성들이 화장을 하는 것을 찬성하지 않았는데 머리핀 하나, 붉은색의 리본 하나이면 분장이 끝났다.

50년대에 나라의 주인이 된 고생만 하던 대중들은 드높은 열정으로 일을 하였으며 사회주의 건설을 하였다. 경제는 비교적 빨리 회복되었고 눈에 띄는 발전을 가져왔다. 생활조건이 나아지고 중국 국내에는 조화로운 환경이 조성되었다. 비록 복식이 단조롭고 간소하였지만 사람들의 "해방구의 하늘은 높고 푸르고……" 노랫소리는 마음으로부터 우러러 나오는 진심어린 말이었다.

사회주의 개조가 깊이 있게 전개되자 상인, 민족재산가, 소재산가, 지식인들은 모두 똑같이 개조비판을 받게 되었다. 양복에 구두, 치파오에 스타킹 등 차림새도 사회주의 개조와 더불어 감추어지고 사라졌다. 돈이 있는 사람들도 넥타이를 벗고 양복을 입지 않고 구두를 신지 않았고 중산복을 입고 돈 있는 집안의 여인들도 레닌코트를 입었다. 소설『상하이의 아침上海的早晨』에서는 주인공인 자본가가 집을 나설 때 복장에 대하여 얼마나 고심하였는가를 보여 주는데 그 시대배경이 바로 공사합영公私合營의 연대인 50년대의 중국이었다.

> 수이더徐義德……직접 공장에 나가 보기로 한다. 그는 양복을 벗고 회색의 인민복을 입는다. 가죽구두도 벗고 발목이 얕은 검정색 헝겊신을 신었다. 린완林菀은 그가 머리부터 발끝까지 바꾸는 것을 보자 공장에 나가려 한다는 것을 알았다.[2]

2. 저우얼푸(周而复),『상하이의 아침』, 65쪽, 인민문학출판사, 1958.

화극 〈네온등 아래의 보초병霓虹灯下的哨兵〉의 한 단락은 해방 초기 상하이의 이야기를 반영하였다. 화극에는 린위안위안林媛媛이라는 돈 많은 주인공 아씨가 주동적으로 머리를 짧게 깎고 레닌코트를 입고 노동자바지를 입는 것을 묘사하였다. 이런 모습은 그녀가 철저히 회개하고 혁명에 몸을 바치려는 각오를 표현했다. 하지만 극중의 부잣집 아들이며 린위안위안의 사촌 오빠인 뤄커원羅克文은 여전히 양복에 구두를 신고 번지르르한 얼굴을 하고 다녔다. 당시의 형세 변화를 알지 못하였으니 이후 비판의 대상이 되는 것은 뻔한 일이었다. 극에서 입은 복장은 무대의상이라고만 볼 수 없는 것으로 이런 복장은 당시의 생활을 대변했다.

수많은 린위안위안, 뤄커원들이 이후의 개조과정에서 자의에서이든 타의에서이든 모두 혁명복장으로 바꾸어 입을 수밖에 없었다. 지금으로 보면 겉모양만 "포장"한 것이었다. 이런 "포장"의 행위는 의미심장한 일이 아닐 수 없었다. 사적인 물품인 복장이 개조를 받아들이는가 아닌가 하는 것을 판

50년대 초 양복을 입은 여성들이 있었으나 얼마 가지 못하였다. 톈밍(田鳴) 제공.

해방 초기에 회색의 면포로 지은 레닌코트. 서양식 라펠에 오른섶(혹은 왼섶)이고 두 줄의 단추가 달려 있으며 허리에는 벨트가 있다. 가슴에는 세트인 포켓이 있어도 되고 없어도 되며 허리의 양쪽에는 세트인 포켓이 비스듬히 좌우로 달려있다. 레닌코트는 그 시대에 유행된 '패션'이다.—열정이 넘치는 세월에 시대적 아름다움을 갖춘 복장이다. 류펑(劉蓬) 작.

흰 셔츠에 남색 반바지를 입고 붉은 넥타이를 매고 "톈안먼(天安門)"에서 기념사진을 찍는 것은 50년대에 제일 멋진 일이었다. 위안궈신(袁國新) 제공.

단하는 표준이 되었다. 인정할 수밖에 없는 것은 그들 중에는 자발적으로 개조를 받아들여 옷차림을 바꾸는 사람들도 있었지만 많은 사람들은 어쩔 수 없이 옷차림을 바꾸어 맹렬하게 불어오는 정치운동에서 자신을 보호하여야만 했다.

중국의 지식인계급은 정치에 대한 자부심이 강하여 그들 중 일부 사람들은 새로운 정권에 대한 기대가 컸다. 그들은 새로운 복장 디자인을 받아들이는 것으로 새 정권에 대한 신심을 표명하였다. 일부 지식인들은 복장에 대하여 아무런 관심도 없었다. 그들은 학자들의 독립적인 차림을 고집하였다. 하지만 새로운 정권이 보여 준 정치적 행보는 더 많은 학자들이 중산복, 간부복 등 남색, 검정색, 회색의 보호색으로 자신을 보호하게 만들었다. 작가 양장楊絳의 소설 『목욕洗澡』의 주요내용이 바로 지식인들의 개조를 받는 이야기를 다룬 것이다. 『목욕』에서 지식인들이 제1차 사상개조운동을 겪는다. "바지를 벗고 머리카락을 자른다."는 것은 첫 번째 사상개조운동의 별칭이었다. 소설의 시작에 등장하는 인물인 지식인 위난余楠이 회의에 참가해야 하는데 어떤 옷을 입어야 하는지 때문에 골치 아파했다.

중산복은 새로운 사회의 사람들이
제일 보편적으로 입는 복장이다.

일부 사람들은 양복·장삼을 입었지만, 대부분의 상공업 종사자들은 인민복·중산복을 입었다. 상공업 사회주의 개조에 관한 사진기사 중에서.

위난은 일찍 회의장에 도착하려 했으나 제일 마지막으로 도착한다. 그는 이번 회의에 참석하기 위하여 남색의 천으로 옷을 만들었는데 입고 보니 눈에 거슬렸다. 마침 그의 딸이 밖에서 들어오면서 이 광경을 목격한다.

"아이고, 아버지, 저팔계가 뚱보 중으로 변신한 것만 같아요!"

위난은 성난 어투로 말한다.

"중이 제복을 입느냐?"

완잉宛英은 새 양복을 다림질하여 옷걸이에 걸어 놓고 넥타이도 다림질하여 놓았다고 아버지한테 말한다.

이 말을 들은 위난은 양복은 물론이고 다림질한 새 양복은 더욱 입지 않겠다고 소리친다.

……

딸의 말을 들은 위난은 제복이 아무래도 합당하지 않다고 생각한다. 그는 수옌청許彦成에게 물어볼 겨를도 없이 낡은 양복을 입고 아무 넥타이나 매고 총망히 회의 장소에 도착한다.……프랑스에서 온 문학가인 주첸리朱千里는 양복을 입고 남쪽을 향한 좌석의 끝에 앉아 있는 것을 보고서야 안심한다.……사장社長의 연설을 들으면서 주위의 동료들을 둘러본다. 긴 책상의 맞은편에는 중년의 문예간부들이 앉아 있었는데 모두 제복을 입고 있었다.[3]

---

3. 양장(楊絳), 『목욕(洗澡)』, 21-22쪽, 싼롄서점(三聯書店), 1988.

'제복'은 소비에트 지역의 간부들의 복장으로 중산복을 의미한다. 작가는 소설의 도입부에 지식인들이 신구 정권의 교체, 가치관의 변화에 대한 불안한 마음을 복장의 선택에 대한 망설임으로 표현하여 형세에 맞는 선택으로 자신을 보존하려는 심리를 표현하였다.

미국의 학자 대니얼 부어스틴Daniel J. Boorstin은 저서 『미국인들』 3부작에서 미국에서 이민자들의 신분 식별에 어려움을 가졌던 시대를 서술하면서 이렇게 적었다.

"어떠한 물건도 옷차림을 개변하는 것으로 신속하고 아무런 고통이 없이 외국인을 제 나라 사람으로 만들었다."[4]

마찬가지로 중국의 복장도 '신속하고' '고통 없이' 낡은 시대의 사람들을 새 시대의 사람으로 바꾸었다. 해방 후 상공업자, 지식인들은 약속이나 한 것처럼 빠르게 남색 혹은 회색의 중산복의 복장을 하였다. 50년대와 그 이후의 사진을 볼 때 사진속의 많은 인물들은 중산복을 입고 있었다. 그들이 어떠한 마음으로 그 복장을 입었는지는 모르겠지만 그들이 자신을 개조하려는 순수한 열정은 고귀한 것이었다.

해방 후 중국인들의 복장은 지역, 계급에 따른 차이가 점차 줄어들었다. 공산당은 파죽지세로 전 중국을 통제하고 군정관리 체계를 실시했다. 각지에 분배되는 군 관리위원회 간부들은 새로운 사상을 하달함과 함께 복장 스타일도 전파하게 되었다. 그들은 신 정권의 대표여서 가는 곳마다 존경을 받았으며 그들의 옷차림도 자연스럽게 모방의 대상이 되었다. 혁명적 사상의 통일, 혁명복장의 통일은 전국 각 계층 인민들의 복장을 통일시켜 혁명의 대 통일시대에 발을 맞추었다.

도시에서는 레닌코트, 인민복 등 '혁명복장'의 천하였지만 농촌에서는 간부들만 간부복을 입었을 뿐 다른 농민들은 개변이 필요 없는 원래의 중국

---

4. [미국] 대니얼 부어스틴(Daniel J. Boorstin), 『미국인, 민주적 경험』, 146쪽, 상하이역문출판사(上海譯文出版社), 1977.

식 짧은 면으로 된 옷을 입었다. 신 정권의 무형의 복장제도가 형성되고 대중들이 그 무형의 제도를 따르고 실행하였다.

'동지(同志)' 연대와 레닌코트

'동지'라는 칭호는 인민정권의 탄생과 함께 보급되면서 새 중국에서 사람 사이의 혁명적 관계를 표시하는 준칙이 되었다. '동지'는 직업, 나이, 성별은 물론이고 사회주의 혁명 대 가정의 공공적인 호칭으로 평등, 민주의 뜻도 가지고 있다. '3반, 5반', 공사합영, 농업합작화를 대표로 하는 사회주의 개조가 기본적으로 완성된 후 "지배인, 보스, 매니저, 회장" 등 호칭은 존재해야 할 사회적 조건에서 사라졌다. "식용유, 천 등에 대한 통일적 구매 통일적인 판매, 공인들이 생산을 감독한다."는 취지는 사람들의 사회적 지위를 평등하게 하였다.

이런 일련의 정책 하에 '동지'라는 호칭이 많이 사용되게 되었다. 노동자 동지, 해방군 동지, 매표원 동지, 경찰 동지……심지어 '어머니 동지' '남편 동지' 등 호칭도 있었다. 동료 사이, 친구 사이, 부부 사이뿐만 아니라 행인을 만나도 '동지'라고 불렀다. 같은 뜻을 가지고 같은 길을 가려는 동지들은 새로운 사회에서 같은 목표를 향하여 함께 일하고 생활하며 분투했다……이런 동일한 이념은 이 시기의 복장에서도 표현되었다. 동지시대에 복장의 동일성은 사회계층, 직업, 지위를 막론할 뿐만 아니라 나이, 계절, 장소 등에 상관없었으며 심지어 성별에도 상관없이 모두 '동지'라고 불렀다.

새로운 사회에서 만들어진 '동지'라는 호칭이 유행하던 시절의 복장의 상징적 의미는 여느 역사적 시기보다 컸다. 개인에게 있어서 일상적인 생활복장도 제복과 마찬가지로 제한을 받아 개인의 소원과 요구는 억제할 수밖에 없었다. 하지만 이런 현상은 그 시대에 어쩔 수 없이 따라야 했던 '혁명 패션'이었다.

해방 초기에 레닌코트는 그 시기의 패션이었다. 물론 패션이라는 단어는 당시에는 없었던 단어이다.

처음 레닌코트는 남녀 상관없이 모두 입는 복장이었는데 점차 여성들만 입는 복장이 되었다. 가정 일에서 해방되어 혁명사업에 종사하는 여성 간부들은 소박한 레닌코트를 입었는데 프롤레타리아적 느낌이 있었다. 열정 가득한 세월에 이런 복장은 시대적 아름다움을 지니고 있는 것이었다.

옌안延安시기부터 간부들은 회색 면으로 만든 레닌코트를 입기 시작하였다. 서양식 라펠에 오른섶혹은 왼섶이고 두 줄의 단추가 달려 있으며 허리에는 벨트가 있었다. 가슴에는 세트인 포켓이 있어도 되고 없어도 되며 허리의 양쪽에는 세트인 포켓이 비스듬히 좌우로 달려있다. 허리에는 벨트를 사용하기에 허리다트를 넣을 필요가 없게 되었다. 솜을 넣어서 만들기도 하고 홑겹으로도 만드는데 통일적으로 제작하여 배분했다. 해방구에서 레닌코트를 입기 시작한 원인에 대해 명확한 문헌자료가 없으나 소비에트정권을 본받으면서 구소련의 복장을 본 따 온 것일 수 있었다. 근거지 간부들이 남쪽으로 내려가고 정권을 인수하면서 그들의 옷차림은 전국 각지로 전해져 모방 제작하기 시작하였다.

레닌코트와 인민복을 입은 사람들은 혁명적 '동지'였다. 양스치 제공.

그 시대에는 중국 전통의상을 입으면 낡고, 남들에게서 뒤떨어지고, 심지어는 봉건적인 면이 있다고 여겼고, 양복, 치파오 등을 입은 사람들은 그들이 뒤엎은 계급이라고 여기는 경향이 있었다. 때문에 새 중국의 레닌코트, 인민복, 중산복은 새 시대를 의미하는 것으로 여겨졌다.

상공업자, 지식인들이 공산당의 이상에 대하여 인식해야 하는 시간이 필요하였지만 상대적으로 순수한 대중들은 공산당에 대한 충성이 종교적 신앙의 정도를 넘어섰다. 그들은 당에 대한 사랑이 추상화되며 이런 열정은 복장에서도 표현되었다.

인민복은 중산복의 별칭 혹은 중산복에서 조금 변화된 복장이었다. 40년대 이후 해방구에서도 중산복을 입기 시작하였는데 그때 당시의 군인들의 군복도 중산복과 별 다른 점이 없었다. 중국공산당의 간부들이 도시로 들어오고 인민정권을 장악한 후 "인민"이라는 단어를 여러 방면에서 사용하였는데 그 시대의 남성들의 복장을 모두 인민복이라고 하였다. 하지만 중산복과 인민복의 디자인은 달랐다. 일부 사람들은 중산복, 청년복, 학생복 등을 모두 인민복이라고 하였고, 일부 전문 인사들은 사용하는 원단이 다르고 가공 기술이 다를 뿐 중산복이 바로 인민복이라고 하였다.

> 중산복은 모직 혹은 포 두 가지 원단으로 만든다. 모직원단으로 만든 옷을 중산복이라 하고 포로 만든 복장이 인민복이다. 그 디자인은 완전히 같으나 봉제 기술이 다른 것뿐이다.
>
> 인민복은 레닌코트, 인민복, 중산복, 학생복의 총칭이다. 보편적으로 짙은 청색, 짙은 남색, 청회색의 카키원단, 트윌원단 및 케임브릭으로 만든다.[5]

정치 지도자들은 민중들이 따르는 패션의 지향자가 될 가능성이 많았다. '마오복'은 중산복을 조금 개변한 것으로 민간에서 광범위하게 유행될

---

5. 왕궤이장(王圭璋), 『남장전범(男裝典范)』(재단), 22-23쪽, 인생출판사(人生出版社), 1953.

해방구에서 전해온 회색의 레닌코트와 중산복은 50년대 유행하는 복장이었다.

레닌코트는 간단한 재단으로 만들어졌지만 혁명적 패션이었다. 저자 소장.

인민복의 호주머니 공예가 중산복보다 간단하였는데 중산복과 인민복은 디테일한 부분에서 작은 차이가 있었다.

회색의 레닌코트는 50년대 초기의 진보 여성들의 대표적 복장이다. 장핑허 제공.

수 있었던 것은 영도자에 대한 숭배가 있기 때문이었다.

"사실상 5~60년대를 통틀어 중국 복장의 유행을 주도한 것이 바로 '뉴트렌드'의 복장을 하고 나타난 국가 영도자들이었다. 그들의 옷차림은 현대 패션모델의 작용을 한 것이다."[6]

50년대에 이르러 레닌코트는 줄어들고 중산복, 인민복이 점차 유행을 주도하였다. 이런 복장을 백성들은 '간부복' 혹은 '제복'이라고 하였다. 말 그대로 "국가기관에서 일하는 사람"들이 이런 복장을 즐겨 입었다.

대중들의 옷차림이 정치적 의미로 자신을 보호하려는 방식이 될 때 혁명화의 복식은 혁명화의 사상과 통일되었다.

예전의 통치계급과 부유계층이 무너져 정치, 경제면에서의 모든 우세를 잃게 되었다. 공인들과 농민들이 중국 사회의 중견역량이 되고 노동계급은 나라의 주인이 되어 노동계층은 가장 우월감을 지닌 계층이 되었다. 노동자, 농민계층의 생활방식, 옷차림은 환영을 받게 되었다.

6. 장중추(張中秋)·황카이펑(黃凱鋒), 『미모를 초월하는 신화-여성 심미 투시』, 75쪽, 학림출판사(學林出版社), 1999.

군 관리위원회의 간부들은 민중들에게 새로운 디자인의 복장을 선보였다.

50년대 중산복은 지식인들이 반드시 구비해야 할 복장이었다. 사진 속의 화뤄경(華羅庚), 라오서(老舍), 량쓰청(梁思成), 메이란팡(梅蘭芳)은 약속한 것처럼 모두 중산복을 입었다.

비록 공인계급이 전 중국 인구에서 차지하는 비례가 크지 않았지만 당시의 공인계급의 형상은 선진적인 생산력을 대표하고 찬미와 칭송을 받았다. 해방 후 상당히 긴 시간에 사람들은 공인들의 작업복을 입는 것을 영광으로 여겼다. 국영기업의 로고가 박힌 작업복을 입은 사람은 다른 사람들이 부러워하는 대상이 되었다. "돈을 얼마 벌든 상관없이 하이드론 블루의 옷을 입는 것이 우선이다."라는 말도 있었다. 파란색의 작업복과 하얀 셔츠는 현대 중국 산업 노동자들의 전형적인 복장으로 그 시대의 심미관을 표명했다.

쇠락해 가는 치파오

30여 년 동안 전성시대를 맞이하였던 치파오는 50년대에 이르러 신 중국인들의 생활에서 서서히 사라져 없어졌다.

건국 초기에는 치파오를 입은 여성들이 종종 있었다.

새 중국이 건립된 후 활발하게 진행된 외교활동 중에서 많은 개국공신들이 해외대사로 임명되었다. 그들은 군복을 벗고 양복을 입었으며 대사 부인들은 치파오를 입었다. 치파오는 건국 초기 여성들의 예복이었다. 문예종사자들과 국가 영도자들의 부인들이 해외로 방문을 갈 때면 전문인원을 청하여 치파오를 만들어 입었다. 50년대 초의 정치적 환경은 그나마 느슨하여 여성들이 입은 치파오의 색상도 선명하고, 자수도 있었으며, 아플리케 장식을 달거나 직접 손으로 그림을 그려 넣는 등 여러 가지 장식을 하였는데 이런 장식들은 지금도 계속 사용하고 있다.

정치운동이 점차 빈번해지면서 이후의 치파오와 치파오를 입던 사람들은 새로 건립된 중국이 이런 치파오를 낡은 사회가 남겨 놓은 낡은 복장의 범주에 들게 된다는 것을 꿈에도 몰랐다. 연이어 진행되는 정치운동은 '좌'파의 정치 분위기가 형성되었다.

새로운 사회가 제창하는 심미관이 없어지고 개조되는 계급의 생활방식 치파오를 입었던 사람들은 이런 우아한 동방의 아름다움을 한껏 뽐낼 수 있는 복장이 역사의 무대에서 사라지게 되는 날이 올 줄을 몰랐다. 쉬광헝(徐广亨) 제공.

에 대한 멸시와 비판도 포함되었다. 이로 인하여 치파오와 양복을 입은 사람들에게도 연루가 되었다. 그 이후로 치파오도 점차 옷장의 깊숙한 곳에 자리하게 되었다. 설 명절이나 특별한 장소에서 어쩌다 치파오를 입은 여성들을 볼 수 있었는데 모두 치파오 위에 스웨터나 조끼 같은 것을 걸치는 것으로 치파오의 아름다운 매력을 감추려고 하였다.

양복과 치파오는 불운하게도 "낡은 사회" "비 프롤레타리아"라는 낙인이 찍혔다. 그때 그 시절에는 몸에 맞게 재단된 양복과 단아하고 수려한 치파오는 자산계급 죄악의 화신으로 여겨졌다.

전통적인 치파오는 몸에 달라붙는 형식이어서 체력을 요구하는 노동에 적합하지 않았다. 그리고 여성적 아름다움을 나타내는 복장은 신생사회의 심미관과 부합되지 않았다. 더욱 대륙에는 레닌코트, 인민복, 중산복 등 여성 복장이 유행하였으며 심지어 직접 남성 복장을 입는 여성들도 있었다. 치파오가 보여 주는 여유로운 여성의 형상은 당시의 사회분위기와 어울리지 않았으니 치파오의 생존공간이 적어지고 사라지는 운명을 피할 수 없게 된 것이었다.

치파오는 극좌세력의 정치 환경에서 푸대접을 받았다. 장루(張茹) 제공.

1950년대부터 치파오는 몰락의 길에 들어섰다. 하지만 1956년 사라져가던 치파오는 해질녘의 아름다운 석양마냥 잠깐 동안 반짝이는 시절을 맞이하게 되었다. 그해 정부에서는 짧은 시간 동안 예쁜 옷을 입도록 허락하였다. 치파오와 원피스는 다시 나타났다. 이 시기의 치파오는 면으로 만들었으며 간결하고 소박한 컬러였다. 치파오를 입고 긴 머리채를 땋는 것은 당시의 '아름답고 대범함'이라는 표준에 적합하였다.

1958년 6월 중국은 루마니아의 수도 부쿠레슈티에 거행된 제9기 국제 패션 박람회에 참가하여 치파오를 주요자료로 하는 26가지 중국 복장을 선보였다. 쇼에 참가한 치파오는 선명한 중국 특색을 가지고 있었고 정교하게 만들어져 참가자들의 호평을 받았다. 하지만 어디까지나 정부에서 주관하는 외교활동일 뿐이었다. 비록 일부 특정 신분의 여성들이 일부 장소에서 치파오를 입었으나 치파오와 치파오가 대표하는 중국의 낡은 생활복의 전성시대는 점차 사라졌다.

50년대에 양복도 공식적으로 부정을 받지 않았지만 사회주의 의식형태의 지배하에 양복을 찾는 사람들이 줄어들었다. 예전의 양복점들에서는 양복을 만들던 솜씨로 중산복, 인민복을 만들기 시작하였다. 1952년 10월, 아시아 및 태평양지구 평화회의Regional peace conference for Asia and the Pacific가 베이징에서 열리게 되었다. 베이징의 각 기관, 학교와 군중단체의 영도자들은 건국기념일 행사 준비위원회의 정신을 전달했다. 건국기념일 행사에 참가하는 남성들은 모두 반듯한 양복을 입고 여성들은 꽃무늬 셔츠와 치마를 입어야 한다고 하였다. 그 후로 '국경일10월 1일' '노동절5월 1일' 등 행사가 진행될 때면 '복장대회'가 진행되었다. 하지만 1957년 극 '좌' 사상이 우세를 차지하게 되면서 명절의 경축 퍼레이드에서 양복을 입는 것을 반대하였다. 양복, 치파오는 이렇게 중국인들의 생활에서 자취를 감추었다가 1980년대에 이르러 다시 나타나게 된다.

범(泛) 정치화 복식

50년대에 마오쩌둥은 '정치통솔'의 구호를 건의하였다. 각 기관의 영도자들은 '정치통솔' '계급투쟁' 등 구호를 외치며 계급, 계급투쟁의 관점으로 모든 것을 대하고 분석해야 한다고 하였다. 당시 정치생활, 경제생활 특히는 의식형태, 철학적 이론으로부터 문예작품, 개인 사상과 정감으로부터 행위, 애호에 이르기까지 모두 '계급투쟁'의 사유방식으로 규범하였다. 건국 초기 중국 공산당은 후펑, 후스, 영화 〈청궁비사淸宮秘史〉, 〈우순전武訓傳〉과 홍학紅學[7]에 대한 비판을 진행하였다. 지금에 와서 이런 현상들을 볼 때, 그 시기의 많은 비판들은 정치와 학술, 정치와 생활의 구분이 없이 모두 정치라는 잣대로 모든 것을 판단했던 것이다.

개인적인 사상, 언행 그리고 옷차림까지 정치 혹은 계급의 마크를 지니고 있었다. 개인의 애호 심지어 어떤 옷을 입는가 하는 것은 하찮은 일이고 이런 생각마저 자산계급 혹은 소자산계급의 물건과 생각으로써 깨끗이 정리해야만 했었다.

그 시기 조사를 받았던 사람은 이렇게 말하였다.

> 50년대 극'좌'사상의 영향 하에 몸에 맞는 옷을 입으면 자본주의적 생활방식이라 하였다.……나의 업무능력은 줄곧 우수하였고 옷도 항상 딱 맞는 차림새였다. 바로 이 때문에 공산주의 청년단共靑團員과 중국 공산당이라는 칭호는 나와 인연이 없는 호칭이 되었다.[8]

동시에 고도로 집중된 중앙집권 하의 계획경제와 여러 방면에서 강화되어 가는 일원화된 영도체제가 되어 버렸다. 행정권력은 공산당 조직의 지배

7. 홍학(紅學): 중국 고전소설 『홍루몽(紅樓夢)』을 연구하는 학문.
8. 류수광(劉曙光, 71세), 산둥대학(山東大學) 교수. 조사일, 2001년 6월. 지점, 산둥지난(山東濟南).

싼롄서점(三聯書店)의 여성 직원들의 복장, 헤어스타일은 그들이 새 중국의 신여성임을 표명한다.

복장에서의 범정치화 경향은 여성들의 복장을 한 가지 디자인으로 통일시켰다.

주마오(朱毛, 주더(朱德)와 마오쩌둥)의 거대한 초상화 앞에서 기념사진을 찍는 소박하고 정직하며 이상에 젖어 있는 서점 직원들.

소박한 옷차림의 노동자들과 레닌코트를 입고 있는 공무원들은 약간의 구별이 있다. 더우리린 제공.

와 참견 하에 사회생산, 배분, 소비로부터 사적인 생활 및 개인이 일하고, 이사하고, 결혼하고, 연애하고, 옷을 입는 등등 모든 것을 정치에 맞추어 해석하여 모두 정치라고 하였다. 실제 생활환경 속에 있는 사람들은 사회의 동력은 경제가 아니고 정치라고 여겼다.

'정치성'은 이 시대에 제일 선명한 특징이었다.

1958년 '대약진大躍進'[9] 시기 인민들은 "15년 후에는 미국, 영국을 따라 잡는다." "공산주의가 멀지 않아 실현된다." "수요에 따른 배분은 꿈이 아니다." 등등 실효 없는 구호에 열광적이었다. 불같이 뜨거운 열정으로 가득 찼던 시절에 노동계급의 행위와 옷차림은 모두 사회의 본보기였다. 전 국민이 노동하는 사회 환경에서 사람들은 일하기에 편하고 소박한 복장을 선택하였다. 작업복, 중산복, 중식 겹옷 등은 최선의 선택이었다. 제철운동의 열기가 하늘을 찌르던 시절 남녀노소 모두 노동에 참가하였다. 먼지며 흙이며 땀들이 옷에 배어 더러워지는 것은 영광이라고 여기고 혁명의 아름다움이고 생산의 아름다움이라고 여겼다.

"싼멘훙치三面紅旗, 1958년 중국공산당중앙위원회에서는 총 노선, 대약진, 인민공사人民公社를 건설할 것을 결정하는데 총 노선, 대약진, 인민공사 건설을 '세 면의 붉은 기'라고 한다-역자 주"는 전 국민이 보조를 맞추고 같은 행동을 하도록 하였다. 전국 인민들은 통일적으로 강철을 제련하고 인민공사를 건립하고 단체 식당을 창설하고 참새를 잡는 운동을 벌였다. 사회주의 계획경제하에 생산, 판매, 소비 등은 짜임새 있게 전개되었다. 사상이 통일되어 버린 사람들의 복장도 통일되었다. 사람들의 가치관, 심미관 등은 개인적인 행위가 아니었다. 심리학자들은 "이런 집단적인 심리는 그들이 자신들의 감정, 사유 및 행동을 표현할 때 혼자 있을 때의 반응과 완전히 다른 방식을 취하게 한다."[10]고 하였다. 사회주의 대가정의 단체적인 생활

---

9. 대약진(大躍進): 대약진 운동은 1958년에서 1960년까지 중국 전국에서 공·농업 생산의 비약적인 발전을 위해 맹목적으로 전개한 군중 운동.
10. [오스트리아] 지그문트 프로이트(Sigmund Freud) 저, 린천(林塵)·장환민(張喚民)·천웨이치(陳偉奇) 번역, 『프로이트 후기의 저작 선집』, 79쪽, 상하이역문출판사, 2005.

그나마 조금 여유가 있었던 시기 아름다운 복장은 묵인되었다. 치파오와 길게 땋은 머리의 조금은 억지스러운 조합은 그 시대의 심미관에 부합되는 차림이었다. 수예(舒野) 촬영.

1959년에 출판 발행한 포스터 〈마오주석 만세〉에서 어머니는 벨벳원단으로 만든 치파오를 입고 브로치를 달고 귀걸이를 하였는데, 이 포스터는 문화대혁명(文化大革命)시기에 "흑화(黑畫)"라고 하여 투쟁을 받았다. 하충원(哈琼文) 작.

질서는 복장의 단체의식도 규범하였다. 복장의 아름다움에서 나타나는 희열은 인민들이 주인이 되었다는 희열로 대체되었다. 새로운 정권에 대한 기대, 미래에 대한 희망적인 희열, 선진과 모범에 대한 우상숭배는 복장에 대한 심미적인 가치를 주의하지 않고 혁명성을 지닌 복장이 내포한 정신에만 집중하게 되었다. 그 시기의 중산복, 인민복은 물질적인 의식형태가 되었다.

'좌'의 독기를 한껏 지닌 정치는 중국인들의 일상생활에 가득 차 있었다. 베이징대학 55급 학생 황슈지黃修己는 이렇게 회상하였다.

1958년에 이르러 대약진과 반"우"를 실시하던 시절에 지식인들에 대한 사상개조운동도 시작하였다. 교정의 풍기는 많이 변하였다. 농촌에 내려가 노동단련을 하기 위하

머리부터 발끝까지의 소박하고 간결한 차림은 그 시기의 혁명 패션이었다. 천스(陳實) 제공.

여 일부 학급의 전체 학생들은 "인민복"을 입고 머리에 흰 수건을 둘렀는데 마치 산베이陝北에서 온 농민들 같았다. 가방을 메고 대열을 짓고 노래를 부르며 행진하기도 하였다. 양복을 입는 남학생, 꽃무늬 치마를 입는 여학생들은 볼 수가 없었다.

복식은 당시의 사회 상황을 표현하는 매개체이다. 새 중국의 건립 초기의 복식은 너무 많은 정치적 의미를 담고 있었는데 '반우' '반우경' 등 운동은 복식에 '좌경'의 색채를 더해 주었다. 정치는 과도하게 사람들의 일상생활을 관여하였다. 남, 회, 흑 등 어두운색은 예전의 화려함을 대체하고 레닌코트, 간부복의 유아독존의 상황은 오랜 시간 계속되었다.

짧은 번영

정치의 영향으로 건국 이후 복장은 단일한 모습을 보여 주었으나 50년대에도 짧은 번영의 시기가 있었다.

1955년 3월, 『신관차新觀察』 잡지사에서는 베이징의 문예계 인사들과 중국 공산주의 청년단 중앙, 전국 총 상공회의 대표들을 초청하여 복장에 대하여 도론을 하고 도론 기록을 잡지에 등재하였다. 발행 수가 많은 『중국부녀中國婦女』, 『중국청년中國青年』 등 잡지에서도 복장의 디자인에 관한 토론을 하였는데 아름다운 복장이 부도덕적인 복장이 아니라는 의견이 열세에 처하게 되었다. 그해 여름 『신관차』 잡지는 복식에 관한 칼럼을 진행하였다. 칼럼에서 한 참가자가 "단색의 옷을 입어야"만 "진보"적인 것이 아니라고 하자 다른 한 참가자는 중산복과 해방군 군복은 혁명 중에서 탄생한 복장이므로 이런 복장을 입어야 한다고 하였다. 한 음악평론가가 치파오는 여인들을 더 아름답게 하니 치파오를 입어야 한다고 주장하자 한 공회의 여 주석은 치파오는 아름답지도 않고 불편하여 단조로운 옷차림을 바꾸려면 여러 가지 디자인의 옷을 만들어야 한다고 하였다.

칼럼의 마지막에 단조로운 옷차림의 원인은 복장 디자이너들이 다양한 디자인의 옷을 만들어 내지 못한 것이라고 하여 "디자이너들은 마땅히 여러 가지 디자인의 복장을 선보여야 하며 여러 매스컴에서는 패션에 대하여 많은 토론을 하여야 한다.……모든 사람들은 틀에 얽매인 생각을 버리고 풍부하고 다채로운 디자인과 여러 색채들을 받아들인다면 인민들은 많은 새로운 디자인의 복장을 만들 것이다."는 결론을 내렸다. 이것은 새 중국이 건립된 이후 중국 복장에 대하여 처음으로 진행된 자유적인 토론이었다.

몇 달 후인 1956년 1월, 중국 공산주의 청년단 중앙, 전국 부녀연합회에서는 공동으로 전형적인 정부의 공식적 통지를 내렸다.

> 아름다움을 추구하는 것은 사람들의 천성이다. 아름다움과 장식은 일종의 예술이다. 복장의 간결하고 아름다운 미는 문화수양이고 생활에 대한 열정의 표현이며 어린이들에게도 미에 대한 교육인 것이다.

이런 정부의 호소하에 "모두 꽃무늬 옷을 입는" 것으로 활기찬 사회주의 사회를 구현하였다. 2월에 중국 공산주의 청년단 중앙, 전국 부녀연합회에서는 공동으로 좌담회를 개최하였다. 회의에 참가한 사람들은 모두 아름다운 옷을 입으면 자본주의의 생활을 하는 것이 아니라고 하였다. 반대로 새 중국의 나날이 증가하는 물질적 요구와 정신적 요구가 높아지는 것으로 인민들의 옷차림도 풍부하고 다채로워져야 한다고 하였다. 인민은 모두 아름다움을 향수하고 아름다움을 추구할 권리가 있다. 3월 중순, 상하이시 부녀연합회, 미술가협회에서는 연합으로 새 중국에서 처음으로 패션쇼를 열었다. 패션쇼에 참가한 복장들은 모두 두 벌씩 제작되어 상하이와 베이징에서 전시되었다. 당시의 중소우호빌딩中蘇友好大厦 3층 전시장에는 수많은 전시품으로 꽉 차 있었고 보러온 사람들이 너무 많아서 연기하지 않을 수 없었다. 여러 기관의 여성 간부들은 '당의 말' 대로 아름다운 옷을 입고 파마머리를 하고 꽃무늬 옷을 입었다.……

50년대의 체크무늬
원피스. 저자 소장.

50년대에 베이징대학에 다녔던 대학생은 이렇게 회상하였다.

"1956년 이른 여름 베이징대학교 교정의 여러 곳에는 여학생들에게 꽃무늬 복장을 독려하는 내용의 대자보大字報가 가득 붙어 있었다. 만화, 단막극, 노래 등 형식으로도 홍보하였다. 완전히 같은 내용인 것으로 보아 위의 영도들의 지시였을 것이다. 소문에 의하면 구소련 모 영도자의 부인이 중국을 방문했을 때 중국 여성들의 복장이 사회주의 대국의 형상과 부합되지 않는다고 하였다고 한다. 많은 여성들은 소문을 듣고 여러 가지 꽃무늬 옷을 입었는데 이런 떠들썩하던 현상은 일주일 동안 계속되었다."

1956년 제4기 『신관차』에는 잡지 기자와 전국정협위원이며 화가인 화쥔우華君武, 예첸위叶淺予, 딩충丁聰을 모시고 복장문제에 대해 토론한 글과 함께 독자들의 편지도 등재하였다. 사회 각계 층 인사들은 단조로운 복장의 디자인에서 벗어나야 한다고 하였다. 당시 방직공업부 부부장이었던 장친추張琴秋는 단일한 디자인의 현실에서 빨리 벗어날 수 있는 방법은 "우리가 제창하고 여러 공공기관에서 일하는 여성들이 선두에서 실행하여 전체 사회에 영향을 주어야 한다."고 하였다.

잡지에는 만화가들이 단일화된 복장을 입는 현상을 비판하는 만화들을 등재하였다. 화가 리빈성李濱聲의 만화 〈청일색〉에서는 한 가족 남녀노소 모두 같은 모양의 간부복을 입은 것을 풍자 표현하였다. 만화 〈조무도跳舞圖〉에는 춤추는 두 사람의 하반신만 그려져 있고 옆에는 "조무도跳舞圖를 보시라. 볼수록 멍청해지는구나. 구두의 크기도 같고, 바짓가랑이의 넓이도 어쩌면 이리도 똑 같은가."라는 시가 옆에 씌어 있다. 이런 만화 작품은 복장개혁을 위하여 그려진 것이었다. 그해 가을 베이징에 있는 잡지사들은 패션쇼를 진행하였는데 치파오, 부라지布拉吉 등의 복장이 무대에 올랐다.

"부라지布拉吉"는 러시아어 Blazy의 음역인데 원피스를 뜻한다. 전해오는 말에 의하면 벼랑 끝에서 사랑의 노래를 부르던 러시아 처녀 카추사喀秋莎-Катюша가 입었던 모양의 치마라고 한다.

새 중국의 탄생을 환호하던 중국 인민들은 "큰형" 구소련을 만나게 된다.

돈강Don R. 강변의 집단 농장, 카프카스산 산기슭에서 춤추고 노래하는 러시아의 모습이 바로 중국 사람들이 동경하는 생활이었다. 때문에 구소련 인민들이 입던 복장도 따라하게 되었는데 그 시기 많이 입었던 구소련 복장의 하나가 부라지이다. 부라지는 여성화된 복장이었다. 치맛자락이 나부끼는 모습은 바람에 날리는 버드나무와 같아 여성의 우아한 자태를 보여 주었다. 부라지는 젊음의 생기를 상징했다. 긴 소매 혹은 짧은 소매도 있었다. 허리 부분에는 주름을 잡아 아래쪽 치마의 자락이 넓은 형식인데 이런 치마의 디자인은 중국 전통의 치마와 달리 하늘거려 더욱 매혹적이었다. 이런 디자인은 중국의 치파오와 같은 전통 옷차림을 변화시켰다.

부라지는 보통 꽃무늬 원단으로 만들었다. 그 당시 구소련과 동유럽의 원조물자인 꽃무늬 천들이 중국에 많이 들어왔었다. "중국의 목단은 봉건적인 것이고 소련의 꽃 천들은 혁명적인 것이었다."라고 해석하는 사람들도 있었다. 부라지, 꽃무늬 원피스, 꽃무늬 셔츠 정치적인 수요에 의하여 입으라고 외쳤다. "여 간부들이 솔선하여 꽃무늬 부라지를 입어야 한다."는 설도 있었다. 여 동지들은 당의 창의에 적극적으로 복종하였는데 미에 대한 갈망도 한몫을 하였을 것이다. 어떠한 원인에서든 소련의 무늬 있는 복장들은 여성들의 복장에 개성 있는 영향을 주었다.

부라지는 그 시대 여성들이 열정과 환상으로 만든 꿈의 패션이다. 왕멍王蒙의 소설 『청춘만세青春万歲』에 등장하는 여중학생들은 짧았던 패션 번영의 시기를 맞이했던 행운아들이다.

……옷차림에 신경을 전혀 쓰지 않던 리춘李春도 오늘은 살구색의 원피스를 입었다. 그녀가 입은 원피스는 옷깃이 없어 하얀 등과 긴 목의 살결이 드러났다. 만약 안경을 쓰지 않으면 얼마나 예쁠까? 정보鄭波의 옷차림은 더 말할 나위 없었다. 그녀는 처음으로 긴 머리를 두 갈래로 예쁘게 땋았다. 남색, 황색, 붉은 갈색으로 된 작은 꽃무늬가 있는 셔츠는 그녀와 잘 어울렸다. 쑤닝蘇宁……미황색의 셔츠에 남색 치마를 입었다. 저우샤오링周小玲은 무명으로 지은 짧은 바지를 입고 햇빛에 그을어서 까맣게 된 튼실한 다리

를 드러내놓았다.[11]

건국 초기에 유일하게 여성의 아름다움을 한껏 자랑할 수 있는 짧은 시간들이었다.

50년대 중국과 구소련의 황금시기에 레닌코트, 부라지, 우크라이나 셔츠, 카스케트casquette-당시 소련 노동자들의 모자, 소련 꽃무늬 천, 소련식 학생치마 등이 유행되었다. 1956년 여름 여유로운 정치 환경에서 6쪽의 흰 카키원단으로 만든 넓은 차양이 달린 모자가 유행되었는데 햇빛을 가릴 수 있었다. 모자의 차양이 연꽃잎처럼 물결모양을 이루고 있어 "허예마오荷叶帽"라고도 하였다. 영화 〈우리 함께 노를 저어라讓我們蕩起双槳〉는 그 시절의 아름다움을 표현하였다. 큰 차양의 모자를 쓴 소녀는 한 가지 디자인으로 통일된 복장에 생기를 가져다주었다.

소련식의 복장은 디자인만 다른 것에 의미가 있는 것이 아니라 소련식의 복장을 입는 것은 명확한 정치취향을 표현하기도 하였다. "도미소의 바지, 도미소의 옷, 체코의 가죽구두, 우크라이나의 시계, 입에는 먹다 남은 스펀지케이크"[12]라는 '순커우류順口熘'[13]가 있었다. 하지만 동유럽의 복장은 중국의 형세와 부합되지 않았고 당시의 중국 국민들의 수입이 상대적으로 적었기에 많은 사람들은 이런 정치적인 유행을 따를 형편이 안 되었다.

이 시기의 사람들은 옷장 깊은 곳에 있던 옷들을 꺼내 입기 시작하여 치파오도 짧은 시간이지만 자신의 자리를 찾은 듯하였다. 당시 여인들은 양복치마에 가죽구두나 굽이 있는 구두를 신었다. 일부 지역에서는 바지통이 좁은 "홍콩 식 바지" "홍콩 식 헤어스타일"인 파마머리가 유행이었다. "홍콩 구두는 굽이 높고 홍콩 옷은 허리가 잘록하며 홍콩 식 바짓가랑이는 소매보다 좁으며 홍콩 식 머리는 아수라장이다."라는 동요도 있었다고 한다.

---

11. 왕멍(王蒙), 『청춘만세(青春万歲)』, 304쪽, 인민문학출판사, 2004.
12. "도미소"는 음정을 뜻하는데 여기서는 한들한들 날리는 방직물원단을 말한다.
13. 순커우류(順口熘): 읽기에 매우 재미있고 감칠맛 나는 구어로 된 문구.

아름다운 옷을 입으라는 정치 호소에 처녀들은 들뜬 마음으로 부라지를 입어보기도 하였다. 하지만 그것은 어디까지나 짧았던 번영시기의 아름다운 추억일 뿐이었다. 수예(舒野) 촬영.

긴 머리채를 땋은 처녀들은 어쩌다 단장을 하게 되어 여간 흥분하지 않았지만 자연스럽지 못하였는데 소설 『청춘만세』에 나오는 여중학생들의 모습이었다. 훙커(洪克) 촬영.

1957년 연예인 대표대회에서 바이양(白楊), 우인(吳茵), 쏸징린(宣景琳), 상관윈주(上官云珠), 위란(于藍) 등 영화배우들은 선두에서 모던한 패션을 입고 50년대에 찾아온 짧은 복장의 번영시간을 즐겼다.

하지만 얼마 가지 않아서 '상급의 지시'가 하달되어 복장개혁은 중단되고 '간고소박'의 복장이 다시 돌아왔다. 짧고 짧았던 '번영'은 오간 데 없이 사라졌다. 아래와 같은 기록이 있다.

1956년 짧은 기간에 사람들은 복장의 패션 문화에 농후한 흥취를 가진다. 민주독일의 재단사는 베이징에 도착하여 새로운 재단 방법을 중국의 재단사들에게 전수한다. 베이징의 백화상점에서 패션쇼가 치러졌다. 베이징 라디오방송국에서는 "정말로 멋진 쇼였다. 짧은 재킷, 밍크코트, 신축성이 있는 원단의 복장"이라고 보도하였다. 상하이의 제조업체에서는 꽃무늬가 있는 프린트원단을 생산하기 시작하였다. 베이징 문화궁에서도 또 다른 한차례의 패션쇼가 진행되는데 여러 가지 치파오가 선보이고 주름을 넣은 형식으로 치맛자락이 트인 치파오의 형식을 대체하는 디자인의 원피스가 나타났다. 하지만 연말이 되자 사람들은 "우경"으로 몰릴까봐 이런 현상은 점차 사라진다.[14]

깁고 꿰매며 또 삼 년

중국의 첫 번째 '5개년 계획' 기간 복장산업은 신속한 발전을 가져오지 못하였다. 1956년 합작사와 합작공장에 대한 조정으로 인하여 대부분의 작업장 형식의 큰 규모의 양복점들은 '합작사'로 되거나 공장으로 개조되었다. 이후에 '공사합영公私合營'을 거쳐 작은 복장공장들은 그 규모를 확대했다. 일부는 국영복장공장으로 되었고, 일부는 단체소유의 민관합작 경영의 복장공장으로 되었다. 이런 변화를 거쳐 복장업은 생산규모, 생산공예, 기술설비 등 면에서 현대 복장업의 기본적인 모양을 가지게 되었다. 큰 규모의 복장생산라인을 보충하는 것은 전국 각지에 있는 개인 재봉점이었다. 재봉점에서는 고객들이 직접 가지고 온 원단으로 고객의 몸에 맞게 재

---

14. Valerie Steele and Johns. Major, China Chic, East Meets West, Yale University Press, p. 58.

단하고 복장을 만들어 주는 것으로 수많은 군중들에게 편의를 제공하였다.

오랜 기간 낙후한 경제는 의복에 대한 소비수준을 결정하였다. 많은 가정에서는 직접 옷을 만들어 입었는데 이런 형식은 대다수 가정이 복장의 생산지였다. 물론 제작 수준이 제한되어 있고 디자인이 간단하며 색상도 단조로웠다. "새 옷을 삼 년 입고 낡은 옷으로 삼 년 입고 그 옷을 다시 깁고 꿰매어서 삼 년 입는다."는 말은 장기적으로 물자가 결핍하고 정치의 개입 하에 복장을 형상적으로 표현하였다.

1949년 이후 비록 중국의 많은 도시에서 남루한 옷이 적어졌지만 여전히 초라한 모습의 옷을 입은 사람들이 많았다. 도시의 노동자들은 중식 홑옷을 입고 중식 바지를 입었는데 겨울이면 거의 모든 사람들이 중국식 솜옷을 입거나 솜옷 위에 레닌코트나 중산복을 입었다. 일상 노동 중에는 간단한 작업복을 입었다. 도시 남성들의 복장은 중산복, 인민복 외에도 학생복, 청년복 등이 있었는데 청년복은 작은 라펠이고 패치 포켓이었다. 하의는 서양식의 바지였는데 바짓가랑이에 커프스를 하였다. 여름이면 길거나 짧은 소매의 흰 셔츠를 입고 양식 반바지를 입었는데 장삼을 입는 사람들이 현저히 줄어들었다.

농촌의 복장 변화는 별로 없었는데 중식 윗옷과 중식 바지는 여전히 농민들의 일상 복장이었다. 해방을 맞이한 농민계급들도 영광스러운 신분이었다. 그들이 입은 옷이 혁명성을 띠고 있기에 고심하여 다른 옷을 입는 것으로 무언가를 증명할 필요는 없었다. 그들이 입는 옷은 해방 전의 옷과 다를 바가 없지만 새로운 의미를 가지게 되었다. 하지만 겨울이 되면 추위를 막으려는 목적으로 솜 장삼을 입었다.

이 시기 남여의 복장은 별 차이가 없었다. 도시의 여성 간부들은 레닌코트를 입거나 소박한 중산복을 입는 것이 보편적이었다. 치마는 바지로 바뀌게 되었는데 바지는 새 중국 여성들의 주요한 하의로 서양식 바지를 주로 입고 중국식 바지는 점차 사라지게 된다.

50년대 후기에 청년복이라는 봄과 가을에 입을 수 있는 셔츠가 유행되었

농촌 부녀들의 복장은 변화가 거의 없었다. 스탠딩 칼라에 큰 옷깃의 윗옷이 많았다.

다. 도시와 농촌을 불문하고 모든 여성들이 즐겨 입었다. 청년복이라고 하지만 중노년 부녀들도 즐겨 입었다. 서양식의 라펠, 네 개의 단추, 라펠은 양쪽으로 넘길 수도 있고 닫을 수도 있었다. 라펠을 닫으면 셔츠 모양이고 옷깃은 일자 혹은 팔자모양이었다. 옷의 앞면에는 패치 포켓이 두 개가 있었다. 이후에 나타난 청년복은 이 디자인에서 지퍼를 달거나 재킷 모양으로 디자인이 조금 변하였다.

가격이 저렴하고 입기 편안함은 이 시기 복장의 주요한 목적으로 아름다움은 그 다음의 문제였다. 예전 부유계층의 수요에 의하여 생산되고 전해오던 복장 제작 수공업 기술은 점차 사라져 자수공예는 천 조각을 댄 '장식'이 보편적이었다. 새로운 디자인의 개발은 점차 줄어들어 복장 디자인은 옷깃의 크기와 둥글거나 네모난 모양의 변화만 있었다. 겉에 댄 패치 포켓의 둥글거나 네모난 모서리 처리의 변화나 주머니의 봉제실의 변화만 있었다. 복장 원단은 단색의 카키 천, 평직, 능직 천이었고 작은 꽃무늬 혹은 여러 체크무늬의 도안이 있는 천을 사용하였다. 이로부터 중국의 밋밋한 여성 복장은 긴 기간 암담한 시절을 지냈다.

땋은 머리, 간부 모자와 '첸청디(千層底)'[15]

건국 이후 사람들의 복장과 함께 필요한 신, 양말, 장갑, 머플러 등은 실용적인 디자인 외에 다른 변화가 없었다. 장식을 목적으로 하는 브로치, 목걸이, 팔찌, 귀걸이 등 액세서리를 하지 않았다. 액세서리, 헤어스타일, 화장 등은 모두 간단하게 하였을 뿐만 아니라 속옷에도 신경을 쓰지 않았는데 낡은 셔츠가 속옷의 전부였다.

50년대 이래 간부들은 육각모를 쓰는 것으로 레닌코트, 간부복과 조합하

15. 첸청디(千層底): 수공으로 바닥을 아주 여러 겹 대어서 만든 신발.

였다. 후에는 해방모, 귀까지 덮을 수 있는 솜 군용모자, 군용모자, 팔각모 등이 있었다. 남색의 천으로 만든 납작하고 윗부분이 둥그렇게 만든 노동자 모자를 '해방모' '전진모'라고 하였다. 도시의 여성들은 손뜨개로 지은 '뤄송모羅宋帽'라고 하는 실용적이고 비교적 보기 좋은 모자를 썼다. 역사상의 낡은 디자인의 모자인 과피모자나 서양식의 예모 모두 시대와 어울리지 않아 철저하게 도태되었다.

하이힐도 자연스럽게 여성들의 생활에서 사라졌다. 사람들은 굽이 없는 헝겊신을 신었는데 구두로 된 신을 신는 사람들이 적었다. 헝겊신은 '첸청디'라고 하는 신이었다. 이런 신은 일반 가정에서 낡은 천으로 만드는데 천 한 벌 대고 위에 풀을 바른 후 다시 천을 대고 이렇게 여러 번 반복한 후 요구하는 크기에 따라 잘라낸 후 송곳, 삼실로 밑창을 박고 발부리와 뒤꿈치에 가죽을 붙이는 것이다. 발부리가 면으로 된 것이면 솜 신이 되는데 '멘워워棉窩窩' '바오즈구두包子鞋' '워터우구두窩頭鞋'라고도 하였다. 스냅단추를 단 여성 가죽구두나 헝겊신이 제일 보편적인 디자인이었다. 신의 앞부분이 둥글거나 네모난 헝겊신, 해방신, 리스신力士鞋, 흰 운동화, 고무신장화 등은 당시 즐겨

레닌코트를 입고 팔각모를 쓴 여성들은 남성들과 함께 혁명을 하였다. 양스치 제공.

군 간부 가족의 가족사진. 군복, 꽃무늬 옷과 리본으로부터 혁명 승리의 희열을 느낄 수 있다. 천스(陳實) 제공.

초등학생들은 넥타이를 하였는데 구소련
학생들의 복장을 따라 한 것이다.

신는 신으로 남녀의 구분이 별로 없었다.

50년대 헤어스타일은 점점 간단해져 이발소에서 하는 이발은 간단히 다듬거나 정결하게 해 주는 것뿐이었다. 여성들의 헤어스타일은 길이가 귀밑까지 오는 짧은 스타일이었는데 '해방머리' '장정머리'는 제일 유행되었던 헤어스타일이었다. 젊은 처녀들은 긴 머리를 귀 뒤쪽으로부터 두 갈래로 내리땋았고 앞머리를 내렸으며 땋은 머리의 끝에는 붉은 머리끈이나 리본을 달았는데 이렇게 꾸미는 것은 이미 사치였다.

도시의 기혼 여성들은 파마머리를 하였는데 작은 웨이브를 하고 정수리 부분은 곧게 하는 형식으로 머리를 풍성하게 볼륨을 주고 한쪽 혹은 양쪽에 머리핀을 꽂았다. 불에 달군 집게 같은 것을 사용하여 파마를 하였는데 파마에 쓰는 파마약은 직접 배합한 것이고 그 원료는 가성소다, 암모니아, 땅콩기름이었다.[16] 청년 남성들은 청년머리, 가르마 파마, 상고머리 등이 있었다. 대도시의 청년들은 올백머리를 하고 다녔는데 '비행기 머리'라고도 하는 당시 비교적 대담하게 앞서가는 현대적 헤어스타일이었다.

건국 이후 근검절약을 선도하고 소박한 생활을 지향하였고 물질이 풍족하지 않은 원인도 있었다. 여성들이 일상생활에서 화장하는 현상은 거의 사라지고 연예인들도 얼굴에 간단한 볼터치만 하였다. 화장품을 판매하는 곳도 많지 않은데 희극 용품을 판매하는 상점에서 간혹 볼 수 있었다. 화장품이라고 하여도 흰 분말, 성냥과 붉은 색종이였다. 흰 분말은 얼굴을 희게 하는 용도로 쓰였고, 성냥은 눈썹을 그리는 도구였다. 성냥을 그어 불을 지핀 후 바로 불을 끄고 그을어진 숯으로 눈썹을 그렸다. 붉은 색종이를 문질

---

16. 머리에 약을 바른 다음 집게를 불에 달구어 뜨겁게 만든 다음 파마를 한다. 온도의 조절과 시간의 조절이 중요한데 조금만 소홀하면 머리를 태울 수 있다. 파마를 한 번 하는 데 당시 돈으로 2위안이다. 돈이 없어 파마를 하지 못하지만 파마를 하고 싶은 사람들은 시장에서 나무나 쇠로 만든 한쪽에 고무줄이 달린 집게를 산 다음 저녁에 잠자리에 들기 전에 머리카락을 집게의 한 쪽에 돌돌 말아서 집게로 집은 다음 고무줄로 고정시킨다. 이튿날 머리를 풀면 웨이브 머리가 되는데 약물을 사용하여 한 파마처럼 오래가지 못한다. 보통 하루 정도면 다 풀리고 만다. 만약 비가 오는 날이거나 습한 날이면 반나절도 지나지 않아 다 풀리고 만다.(1999년 제10기 총34기. 『풍채(風采)』, 136쪽. 스롄(四連)미용원 고급 이발사 리여우친(李幼琴), 모나리자 미용이발 학교 고급 미용사 량훼이(梁輝)는 인터뷰에서 위에서와 같이 말하였다.)

러이런 종이는 색이 쉽게 난다 손에 붉은색을 묻힌 후 양 볼에 바르면 볼터치가 되었다. 입술을 촉촉하게 한 후 붉은 색종이를 붉은색이 밖으로 향하게 접은 후 입술에 대고 입을 오므리면 립스틱이 되었다. 이렇게 형편없는 화장 방법이라도 화장하는 사람들이 적었다. 60년대에 이르러서야 대도시의 큰 백화점에서만 소량의 립스틱, 볼터치, 아이브로펜슬 등 화장품을 판매하였으나 사는 사람들이 여전히 적었다.

일반 사람들은 피부 관리 개념이 없었다. 겨울이 되어 날씨가 건조하면 피부가 갈라지는 정도가 되어야만 조개기름 혹은 글리세린과 같은 것을 사용하였다. 조금 신경 쓰는 사람들만 '야쐉雅霜' '뎨쐉碟霜' '바이췌링百雀羚' '여우이友誼' 등 중국산 브랜드의 배니싱 크림을 사용하였다. 그 시절에 시장에는 향수가 없었다. 땀띠를 제거하고 간지러움을 억제하는 등의 효과를 가지고 있는 화루쉐이花露水를 향수대용으로 손수건에 뿌려 사용하였다.

새 중국의 어린이들은 '조국의 꽃봉오리'라고 불렸다. 그들은 "붉은 기 아래에서 태어나 햇빛 속에서 자라고 붉은 넥타이를 매고 아름다운 옷을 입었다." 그들은 그 시절 유일하게 해군복, 꽃무늬 치마, 소련식 멜빵바지를 입을 수 있는 세대였다.

새 중국의 소년선봉대의 복장은 전국적으로 통일되어 하나같이 정결한 모습이있고 소년아동들의 생기발랄한 모습을 보여 주었다. 남녀학생들 모두 하얀 셔츠에 진한 남색 혹은 연한 남색의 바지여름이면 짧은 바지를 입고 붉은색의 넥타이를 맸다. 후에는 여학생들은 무릎까지 오는 진한 색의 치마를 입었다. 1952년 이후에는 꽃무늬 치마를꽃무늬의 양식과 색상은 제한하지 않았다 입었다. 여학생들의 치마에는 주름을 주었으며 때로는 멜빵치마도 있었고 색상이 화려하였다. 하지만 5~60년대 물질이 결핍하여 아동복에서의 "조국의 꽃봉오리"들의 꿈을 실현하지는 못하였다. 당시 중국의 많은 가정에서는 여러 명의 자식들을 키우고 있었다.

"큰아이가 새 옷을 입고 둘째는 낡은 옷을 입었으며 셋째는 해진 옷을 입는다."

이런 말은 당시의 실생활을 그대로 보여 주었다.

1959년 청나라 정부의 마지막 황제 푸이溥儀는 특사를 받고 중산복을 입고 감옥에서 나왔다. 그와 함께 특사를 받고 나온 전쟁범들 모두 선택할 수 있는 옷은 중산복뿐이었다. 이러한 옷차림은 개조에 복종한다는 결심을 표명할 수 있는 특수 부호가 되었다. 그의 부인 리수셴李淑賢은 이렇게 기억하였다.

"정부에서는 괜찮은 제복 몇 벌을 발급하였다. 외국 손님을 회견할 때에만 입었다. 그 외에 남색 카키천으로 만든 제복은 특사 후에, 나라에서 발급한 제복 한 벌은 평소에 매일같이 입었고 검정색의 중산복은 푸수언撫順전쟁범관리소에서 발급한 것인데 이미 색이 바랬다."[17]

50년대 후기 정치적 분위기는 더욱 '좌'의 경향을 보여 주었다. 통일된 사상, 통일된 행동, 통일된 복장으로 전 중국은 통일되었다. 예전의 "봉건적이고, 자본주의적이고, 수정주의적인" 모든 복식들은 이후에 일어나는 정치적 운동에서 직접 혹은 간접적인 혁명대상이 되었다.

17. 창춘시(長春市)정협(政協) 역사문헌연구위원회 편, 『말대황제와 황비(末代皇帝和皇妃)』, 330쪽, 길린인민출판사(吉林人民出版社), 1984.

07

1960년대

1961–1970

‘아름다운 복장’보다 ‘군복’

철없이 순수한 아이들도 60년대
극'좌'의 정치노선을 따라야만 했다.

07

1960년대

1961–1970

60년대에 들어선 후 중국은 정치, 국제관계 면에서 심각한 국면에 처하게 되었다. 이와 동시에 정치상으로는 '좌'경사상이 더욱 엄중해지는데 중국 국내의 권위적인 잡지들에서 연속으로 '정치를 돌출'시키는 글을 발표했다. 사회적 분위기는 '계급투쟁' '노선투쟁' 등으로 정치적 분위기가 더 농후해졌다. "산속에 비가 내리기 전 바람이 온 집안 가득하다."고 전 중국을 휩쓰는 정치운동이 준비되어 가고 있었다.

1963년 4월, 국가 주석 류사오치劉少奇는 부인 왕광메이王光美와 함께 인도네시아 미얀마 등을 방문했다. 왕광메이는 치파오를 입고 목걸이를 걸었는데 눈부시게 아름다웠다. 치파오는 중국 국내에서 오랜만에 보는 것이었다. 일부 사람들은 "치파오에 목걸이를 하는 무산계급의 물건이 옳은가?" 하는 의혹을 가지게 되었다.

그해 송칭링은 중국복리회中國福利會 25주년 기념대회를 주최했다. 매번 치파오를 입던 국가 부주석이 여 간부복을 입었다는 것을 많은 사람들은 주시하였다.

1965년 7월, 베이징공항에서 전 국민정부의 대리 총통인 리종런李宗仁의 귀국 의식이 진행되었다. 비행기에서 내리는 리종런은 양복을 입고 부인 궈더제郭德洁는 간결한 치파오를 입었다. 마중 나온 간부들 모두 중산복 아니면 여 간부복을 입었는데 현명한 대조를 이루었다.

정치적으로 예민한 시절 정치색을 지닌 복장의 선택은 여간 중요한 일이 아니다.

1966년, 정치투쟁이 심각해지면서 중국 대지는 문화의 이름을 걸고 혁명 운동이 시작되었다. 홍위병紅衛兵들은 앞장서서 '파사구破四旧—낡은 사상, 낡은 문화, 낡은 풍속, 낡은 습관을 타파한다는 뜻'의 구호를 내세워서 거리에 나가 "봉건적이고, 자본주의적이고, 수정주의적인" 복식들을 없애는 운동을 시작했다. 복장은 이번 정치 운동의 제물이 되었다.

1966년 8월 18일, 베이징시의 둥청東城, 시청西城의 홍위병 규찰대의 대표들은 황색 군복, 황색 모자를 쓰고 붉은 팔띠를 하고 무장 허리띠를 매고 톈안먼 성루에 올랐다. 녹색 군복을 입은 마오쩌둥은 그들을 접견하였다. 홍위병 송빈빈宋彬彬은 마오쩌둥에게 홍위병 팔띠를 달아 주었다. 마오쩌둥은 학생인 송빈빈을 보면서 "야오우마要武嘛, 무장 복장이네!"라고 했다. 그 후 이 여 홍위병은 이름을 "송야오우宋要武"로 개명했다. 그 다음 날 홍위병들이 입었던 노란색의 군복은 문화대혁명을 대변하는 제일 혁명적인 복장이고 제일 유행된 복장으로 되고 붉은 팔띠와 마오쩌둥 초상의 배지도 유행되었다. 이런 정치종교성의 복장은 960만 평방미터의 대지에서 신속히 보급되었다.

정치의 판도라 상자는 열리고 황록색의 군복은 '야오우'의 홍색 폭풍과 함께 십여 년 크나큰 대지에서 휘몰아쳤다.

'숫자화(數字化) 생존'—배급증표의 년대

1954년, 정부에서는 계획적으로 구입하고 계획적으로 공급하며, 지역 도시 및 여러 가지 등급을 정한다고 하였다. 전국적으로 각종 배급증표 즉, 식량 배급표粮票, 천 배급표布票, 솜 배급표棉花票, 고기 배급표肉票,

톈안먼 앞에는 매일 참배하러 오는 사람들이 많았다. 그들은 거의 같은 옷을 입고 같은 자세로 같은 곳일지도 모르는 곳을 바라보았다. 주셴민(朱憲民) 촬영/fotoe 제공.

사탕 배급표糖票, 면실 배급표棉線票, 고무신 배급표膠鞋票 등 갖가지 배급표들이 나타났다. 이 시기를 겪어 온 모든 사람들은 증표의 숫자적 위력을 경험하였다. 소비를 제한하는 목적을 달성하기 위하여 발행하는 증표 역시 극히 작은 단위의 증표였다. 천 배급표의 최소 단위는 1밀리미터신장新疆에서 발행짜리 증표였고, 고기 배급표의 최소 단위는 3돈짜리의 증표화교 전용였다. 작가 장셴량張賢亮은 흑색 유머의 어조로 "숫자식 생존"이라고 하였다.

1957년 8월 16일, 공급이 부족한 상황에서 국무원에서는 상업부의 「천의 공급을 줄이는 데에 관한 보고」를 비준했다. 그 내용은 대체적으로 아래와 같다.

"도시에서는 많이 줄이고 농촌에서는 적게 줄인다. 직공, 간부, 학생들과 시민들의 차이를 없앤다. 공업용 천과 공용으로 사용하는 천에 대한 사용을 줄이고 1956년 개인당 매년 20.65치의 공급량으로부터 16치로 줄인다."

사실상으로 공급된 천은 더 적었다. 한 해에는 개인당 매년 3치 7촌의 천이 배분되었는데 반바지 하나도 만들지 못하는 길이였다. 톈진사범대학의 한 교수는 물자공급이 결핍되던 시기를 이렇게 기억하였다.

"한 교사는 배분받은 천으로 겨우 솜옷을 만들었는데 이불을 만들 천이 모자라서 저녁이면 솜을 덮고 잤다. 아침에 일어나면 온몸에 솜이 가득 묻

천 배급표는 입을 수 있는 가능성을 제공하는데 옷을 입는 요구를 최대한으로 제한하였다. 저자 소장.

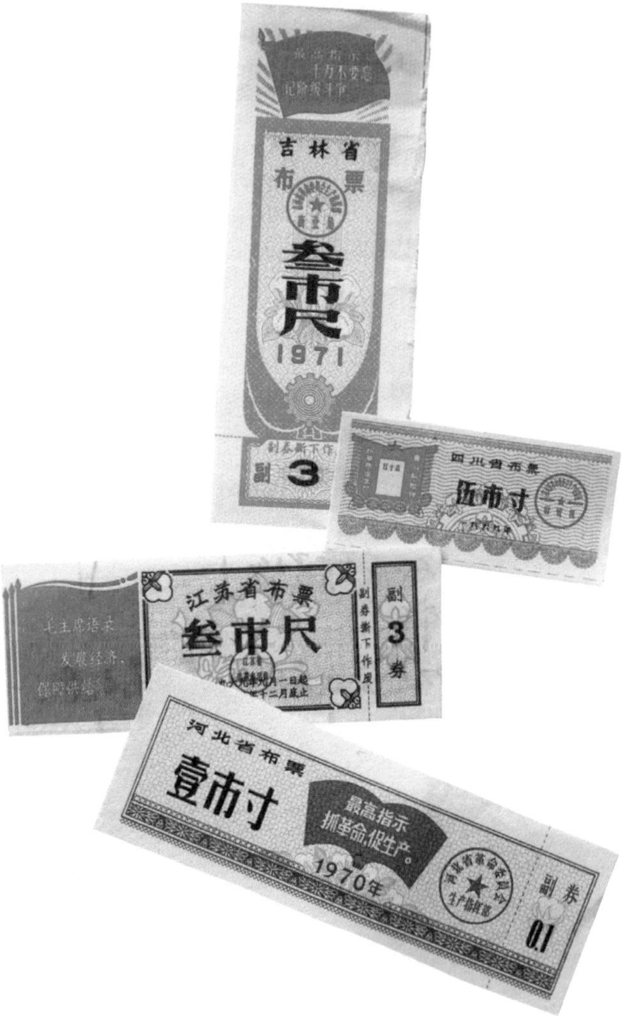

가장 아름다운 옷차림으로 사진관에서 기념사진을 찍는다. 당시의 사진 배경은 정치적 색채가 다분한 일상생활을 보여 준다. 딩빙제(丁兵杰) 제공.

소박한 복장은 그 시기 사회의 인정을 받았으며 사회적 귀속감을 가지게 하였다. 궈롄칭 제공.

남녀의 복장은 소박하였는데 당시의 부족한 물자 공급의 원인도 있었겠지만 더 큰 원인은 '좌'풍의 사회적 현상 때문인 것도 있었다. 더우리린 제공.

1960년 상하이의 거리에서 위생지식을 홍보하고 있는 붉은 넥타이들. 그들의 옷차림은 상하이의 도시적 멋을 찾아 볼 수가 없다.

농촌의 여성들은 보통 체크무늬의 솜옷을 입었다.

60년대 "사청(四淸, 네 가지 정돈. 정치·조직·경제·사상 정돈. 계급투쟁을 기본으로 하는 전제 하에 발동한 사회주의 교양운동을 가리킴–역자 주)"운동이 시작되고 "자본주의 꼬리를 잘라 버린다". 당시 거칠고 조잡하고 대충 만들어진(복장을 포함) 것들이 사회주의라고 하였다. 톈밍(田鳴) 제공.

'문화대혁명' 이전의 독일어 반의 졸업사진. 단일한 옷차림에서 화려한 서양의 멋을 찾아 볼 수가 없다. 궈롄칭 제공.

문화혁명시기 산시(山西) 린셴(臨縣)의 인민공사. 촌민들은 소박한 옷을 입고 무표정한 얼굴로 "붉은 책-마오쩌둥 어록"을 들고 있다. 구캉(顧棣) 촬영/fotoe 제공.

손츠시(孫慈溪)의 유화 〈톈안먼 앞에서〉(국부)는 농민들의 옷차림의 차이를 정확하게 보여 주고 있다.

단조로운 옷을 입고 있지만 국민들의 낙천적인 모습은 감추지 못했다. 황중장 제공.

"깁고 꿰매고 또 삼 년"을 형상적으로 표현한 사진. 더우리린 제공.

어 있어서 사람들은 '성탄노인'이라고 불렀다. 다른 한 교사는 키가 1미터 80이 되었는데 배분받은 천이 3치 7촌이었다. 엉덩이만 가리는 옷을 만들 수 있다고 우스개로 말하였는데 '문화혁명' 시기 이런 우스갯소리로 인하여 '악독하게 사회주의를 공격'하고 '현실에 불만'이라는 죄명을 얻어 투쟁을 받았다."[1]

당시 천 배급표는 아주 진귀하였다. 온 가족이 배분받은 표를 모아야 한 사람의 옷을 만들 수 있는 길이의 천을 살 수 있었다. 때문에 웬만한 상황에서는 새 옷을 만들지 않았다. 새 옷을 만들 수 있는 천 배급표가 적으니 사람들은 깁고 꿰매며 헌 옷, 낡은 옷을 입었는데 헌 옷을 수선할 때에도 천을 얼마나 사야 하는지도 큰 문제였다. 그 시기 길가의 재봉점과 집에 있는 재봉틀의 주요한 용도는 헌 옷들을 깁는 것이었다.

1. 탕지푸(湯吉夫), 「천 배급표의 이야기」, 『표증구사(票証故事)』, 46쪽, 백화문예출판사, 1999.

중국 공영채널 중앙방송국中央電視台의 아나운서 징이단敬一丹은 이런 글을 썼다.

> 남동생은 태어나서부터 누나와 형의 옷을 물려 입었는데 그런 옷마저 여기저기 구멍이 나고 해진 것들이었다. 내가 옷 수선을 하는 기술은 동생의 옷을 수선하면서 배운 것이다. 하지만 집에는 그렇다할 천 조각마저 없어 수선을 할 수가 없었다. 언니는 그때 군부대에 있었는데 "옷 수선할 때 쓸 천 조각을 보내다오"라는 편지를 자주 보내왔다. 때문에 동생의 바지를 수선할 때 보면 바짓가랑이 하나에도 대여섯 개의 어울리지 않는 천 조각들이 붙어 있었다. 한번은 어머니가 집에 오는 길에 한 치 길이의 천을 사가지고 왔는데 그 천으로 동생의 바지에 있는 여러 개의 천 조각을 덮어 버렸다. 오히려 나는 한 치의 천 조각을 살 수 있는 천 배급표가 아까웠다…….[2]

천 배급표, 솜 배급표 등의 배분은 객관적으로 사람들의 복식에 대한 요구를 억제하였다. 1960년 이후에 화학섬유공업의 발전으로 비닐론, 데이크론 등 옷감이 생산되지만 근본적으로 소요되는 옷감을 공급해 주지는 못하였다. 이렇게 심각하게 부족한 원단의 공급이 그 시기 복장의 단일성을 초래한 객관적 원인이었다.

1960년대 초, 자연재해로 인하여 사람들의 생활이 더욱 곤란하였으며 중소관계도 더욱 악화되었다. 이런 상황에서 국가에서는 '자력갱생自力更生' '간고창업艱苦創業'을 제기하였으며 "허리띠 졸라매고 빚을 갚자"는 구호도 만들어졌다. 다른 한 면으로 1959년에 '반우경反右傾운동' 이후 정치상 '좌'의 경향이 더 강해져 "자본주의 꼬리를 잘라내자" "수정주의를 비판하자"는 구호를 외쳤다. 그리하여 옷차림에 신경을 쓰면 자본주의계급의 생활방식과 같다고 하여 혁명의 대상이 되었다. 이 시기 복장은 '낡고' '헌 옷'이어야 했으며 특수한 연대의 제일 혁명적인 부호였는데 "수정주의를 반대하고 수정주의를

2. 징이단, 「내가 천 배급표를 관리할 때의 나날들」, 『표증구사』, 78쪽, 백화문예출판사, 1999.

막는다."는 정치적 수요인 것이었다. 복식의 표준은 악순환을 겪고 있었다. 비가 내리기 전에 물비린내를 맡을 수 있었다.

정치활동이 깊이 있게 진행되면서 사람들의 개성은 사라지고 개성화된 복장도 완전히 제거되었다. 당시의 정치적 사회에서 입을 수 있도록 허락된 옷들은 중산복, 인민복, 홍위병복, 양용 셔츠, 작업복 등이었다. 색상으로는 남색, 회색, 초록색, 갈색 등이 있지만 제일 많이 볼 수 있는 색상은 오직 남색, 남색, 남색뿐이었다. 어느 작가는 낭만적인 어구로 남색을 칭송하였다.

> 소박한 남색은 소년시절의 기억을 떠올리게 한다. 군복은 초록색 외에 남색이 제일 보편적이다. 나는 아직도 거울을 마주하고 남색 윗옷을 입으며 마직 단추를 매던 경건한 감정을 느낄 수가 있다. 초록색의 유행은 색상의 유행에 대한 의식적인 숭배였다. 남색에 대한 열정은 사람들이 옷차림에 대한 수줍고 신중한 태도이다. 더욱 중요한 것은 빈곤한 환경에서 그 시대의 사람들이 적당한 자존심을 지키려는 선택이었을 것이다. 붉은색은 위험하고, 흰색은 까다롭고, 황색은 가볍고, 자주색은 기괴하여 남색이 가지고 있는 중후하면서도 온화하고 함축성이 있으면서 친절한 남색이 제일 합당하였다. 쉽게 어지러워지지 않고 여러 가지 바지들과도 어울리는 특성을 가진 남색은 옷만 입을 수 있는 연대의 가치관과 어울린다. 남색은 산골짜기에 사는 평민처럼 묵묵히 많은 사람들의 희로애락을 받아 주었다.[3]

계획경제하에 국영 방직공장에서는 내마모성이 강한 천들인 남색 혹은 어두운 색상의 카키천, 노동천 등을 생산하였다. 50년대에 만들기 시작한 "코듀로이"는 그 시대의 최신 유행이었다. 누빈 것처럼 골이 지게 짠 것인데 광택이 조금 있었다. 베이징 사투리로 '탸오얼룽條儿絨'이라고 불렀다. 코듀로이는 두껍고 마모에 강하며 남색, 갈색, 검정색이 많았다. 당시 민간에서는

3. 주용(祝勇), 『남색 프린트원단』, 102쪽, 작가출판사(作家出版社), 2003.

"가짜 칼라(假領子)"의 발명으로부터 민중들이 역경 속에서의 재치와 능력을 충분히 구현한다.

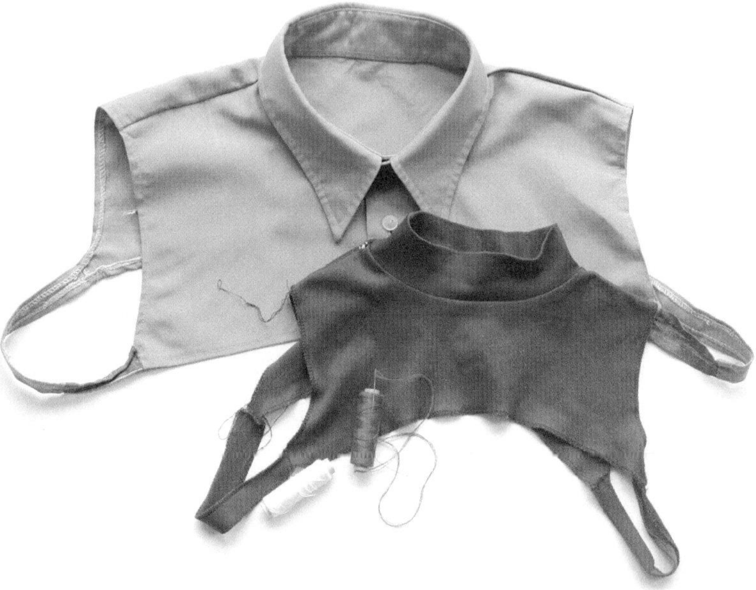

딸을 시집보낼 때 코듀로이로 바지를 만들어 혼수품으로 사용하였다. 남녀가 연애할 때 남자 측에서 코듀로이로 만든 바지를 선물하면 여성들의 환심을 사고 이런 바지를 약혼선물로도 하였다.

방직원료가 심각하게 부족하였기에 그 시기의 복장은 기이할 수밖에 없었다. 밀가루 포대로 속바지를 만들어 입고 농약 포장원단으로 밖에 입는 바지를 만들어 입기도 하였는데 이런 민간에서 나타난 현상들은 당시의 신문잡지에 사진보도로 실리기도 하였다. 상하이의 장아건蔣阿根이라고 부르는 재봉사는 재단 원단을 줄이는 재단 방법을 개발하였는데 이런 방법은 원단의 방향을 무시하는 재단 방법으로 과학적이지 못하였다.

내피, 외피 탈부착 가능한 옷들은 환영을 받았다. 모포나 담요 천은 배급표가 필요하지 않아서 이런 천을 사온 후 남색으로 염색을 한 후 겨울외투를 만들어 입었다. "낡은 옷을 새 옷으로 만드는" 현상이 다시 나타나기 시작하였는데 옷을 재단라인에 따라 뜯은 후 겉면과 안면을 뒤집어 다시 만드는 방법이었다. 예전의 낡은 양복을 중산복으로 만들어 입고 어른들의 옷을 뜯어 애들 옷으로 만들기도 하였다. 너무 낡았거나 해진 옷들은 다른 옷을 수선하는 데 사용하였다.

'가짜 칼라'는 특수시대에 산생된 특수한 복장이었다. '가짜 칼라'는 사실상 진짜 칼라에 가짜 셔츠로 칼라는 있지만 몸통이 없는 복장형식으로, 낡은 내의 위에 걸친 후 겉에 겉옷을 입어 칼라만 겉으로 보여 셔츠를 입은 것같이 보였다. 사람들은 새로운 셔츠를 살 능력은 없고 외관의 아름다움을 위하여 이런 특수한 복장을 만들어 복식의 미에 대한 추구를 만족시켜주고 빨래하기에도 편리하였다. 이런 중국 특색의 '복장'은 6~70년대에 유행하여 당시의 남녀노소를 불문하고 모두 입었다.

마오쩌둥은 "수정주의를 경계하자"고 경고하였는데 중앙에서는 '수정주의'에 대한 정확한 정의도 내려지지 않은 채 "수정주의를 반대하고 수정주의를 예방하자"는 운동이 전국적으로 시작되었다. 많은 사람들은 맹목적으로 아름다운 복장을 입고 아름다운 장신구들을 하면 자본주의이고 수정주의라고 여겼다. 그 세월에는 복장은 한 사람의 정치적 경향을 대표하고 정치적 생명과 연관이 되어 있었다. 이런 말들이 있었다.

"그는 옷차림에 너무 신경을 써서 사상교육을 받아야겠다."

"평소에 허름하고 기운 옷을 입으니 참 좋은 동지군요."

『레이펑일기雷鋒日記』는 1963년에 출판되었다. 마오쩌둥은 적절한 시기에 전 중국 인민들에게 그 시기의 사회우상을 선택하였다. 레이펑이 입은 깁고 또 기운 옷과 양말들은 그의 사적과 함께 레이펑 정신의 상징물이 되고 옷차림의 양식이 되었다.

'아름다운 복장(紅裝)'보다 '군복(武裝)'

1961년 2월, 마오쩌둥은 필을 들어 '칠언절구' 〈여 민병을 위한 시爲女民兵題照〉를 썼다. 그는 정치가의 낭만적인 정서로 소박한 옷차림을 하고 화장을 하지 않은 중국 여女 민병의 모습을 찬미하였다.

늠름한 자태에 다섯 자 길이의 총
동녘에서 떠오르는 햇빛은 연병징을 비춘다.
중화의 아들딸들은 고귀한 기품을 지니어
아름다운 복장보다 무장 군복을 즐겨 입는구나.

격정이 넘치던 이 시기에 이 시는 곡을 붙여 노래로 불려졌다. 전 중국의 젊은 여성은 지도자의 호소에 응하여 붉은 복장을 벗고 군복모양의 블루 그레이의 셔츠를 입었다. 블루 그레이의 제복이 여러 가지 아름다운 셔츠와 치마를 대체했다. 긴 머리를 짧은 단발로 하거나 양 갈래로 땋았다. 이것은 중화의 여성들이 새로운 풍모와 새로운 형상에 대한 이해였다.

'홍장' 아니면 '군복'을 선택하는 것은 어떤 옷을 선택하느냐 하는 문제가

사격 연습을 마치고 돌아오는 여 민병들—마오쩌둥이 "붉은 복장을 버리고 군복을 입는다"고 찬양한 모습.

아니라 혁명을 하는가 하는 문제에 대한 대답이었다. 다시 말하면 여성적인 '홍장'은 입으면 안 되는 것이었다.

건국 이후 '남녀 같은 복장'은 중국 복장 역사에서 나타난 특수한 현상이었다. 마오 주석은 "시대가 달라졌다. 남자와 여자는 모두 같은 것이다." "부녀자는 하늘의 반을 떠받칠 수 있다."고 하였다. 공산당은 여성해방을 사회주의 혁명의 일부분으로 여기고 여성들의 거대한 '절반 하늘' 작용을 발휘하게 하였다.

예전에는 남성들의 직업이라고 여기던 군인, 채광 직업, 운전 등 여러 일터에서 여성들의 모습을 볼 수 있었다. '절반 하늘' 형식의 여성해방은 절대적인 남녀평등의 무성별 원칙으로 남성과 여성을 절대적으로 동등하게 대하고 성별의 차이를 무시하는 것이었다. 건국 이후, 중국 부녀자들은 완전한 남성화의 표준으로 자신들이 진정으로 '절반 하늘'을 떠받칠 수 있도록 엄격

당시의 여론에서 선전하는 사진. 소박한 옷차림이지만 그들의 투지는 드높았다.

하게 요구하였다. '혁명여성'들은 일체 여성화의 요소들을 버리고 사상으로부터 겉모습까지, 언행으로부터 옷차림까지 자신들의 표준이 모든 것을 혁명적인 남성들과 나란히 하였다.

어느 절반의 하늘이든 사람들은 '절반 하늘'의 남성규범이 여성을 기이하게 한다는 점을 주의하지 않았다. 새로운 사회문화 규범에서 여성들은 계급성, 당성, 사회성, 인민성 등 특징이 있지만 유일하게 없는 것이 여성성이었다. 한 여성은 이렇게 그 시기를 회상하였다.

> …… 나는 어머니가 만들어 준 새 옷을 입지 않고 어머니와 오빠들이 입지 않는 헌 옷들만 입었다. 이런 옷들도 소박하지 않다고 여겨서 햇빛이 강한 날에 비누로 여러 번 씻어서 햇볕에 말렸다. 이렇게 여러 번 반복하여 색이 바랬다. 그 다음 짙은 색상의 천 조각으로 반듯하게 기웠다. 특히 칼라, 팔굽, 무릎과 엉덩이 부분에 신경을 썼다.[4]

공인, 농민, 군인 중의 여성들의 모습은 기타 남성들의 모습과 다를 바가 없었다. 여성들은 여성화의 특성을 포기하였다. 여성에게서만 볼 수 있는 우아함, 부드러움, 수줍음, 온화함, 세밀함, 심지어 정결한 특징마저 사라지고 군복을 즐겨 입는 여성의 형상이 당시의 본보기였다. '절대적인 평등'을 원칙으로 하는 문화심리는 '부녀해방' 개념과 함께 기이한 모습으로 변화되었다. 찬양을 하는 아름다움은 노동계급의 미, 호탕한 미, 소박한 미이고 여성의 미는 미의 범주에서 점점 멀어져 갔다. 아름다운 여성은 '톄구냥鐵姑娘-여장부' '냥즈쥔娘子軍-낭자군, 여군'이라는 단어로 대체되었다. '꾸냥姑娘-처녀'이라는 호칭이 있지만 그녀들은 이미 "단단한 어깨에 두 손, 하나의 멜대에 두 다리, 대지의 새로운 모습을 바꾸자"는 의지로 기세등등하고, 거칠고, 건성건성한 '꾸냥'이 되었다. 여성들이 입는 옷도 남성들과 같이 남색, 녹색 혹은 회색으로

4. 화메이(華梅), 「차마 돌이킬 수 없는 보정(不堪回首說補丁-보정, 옷의 구멍 난 자리에 대는 천, 혹은 천을 댄 자리)」, 『복식정회(服飾情怀)』, 31쪽, 톈진인민출판사, 2003.

된 레닌코트, 인민복 등으로 명절이 되어야 프린트원단으로 된 중식 솜옷을 입었다. 오히려 농촌의 여성들은 여전히 프린트원단으로 된 중식 윗옷을 입었는데 이런 복장들은 디자인이 간단하고 재단도 간단하여 모두 비슷비슷한 양식이었다.

짧은 머리칼은 생머리로 머리를 땋고 화장을 하지 않았으며 헝겊신을 신고 면으로 된 셔츠를 입었다. 복장은 넓었으며 웨이스트 다트로 허리 부분을 좁게 만들기도 하지만 보통은 웨이스트 다트를 하지 않는 직통이었다.

이런 개변은 사회정치혁명으로 인한 것으로 유럽과 아메리카에서 시작된 19세기 중엽의 자각적이 자신의 권익을 쟁취하는 여권운동과 다르게 '혁명공리주의' 색채가 다분한 무산계급부녀해방운동으로 새로운 습관과 세력하의 심리적으로 정해진 성향이었다. 이런 부녀해방은 사람들의 생리적 현실에서 이탈하여 극단적이며 과도하고 과장적으로 남녀평등을 강조하여 중국 인성의식이 평형을 잃어가는 후과를 초래하였다. "홍장을 버리고 군복을 입는다"는 것은 이런 비정상적인 형태의 표현이었다.

거센 저항과 '홍위병복'

1966년 6월, 칭화푸중清華附中의 한 무리의 과격한 젊은이들은 앞장서서 '홍위병'이라고 서명한 "조반은 도리가 있다"는 내용의 대자보大字報를 붙였다.

'홍위병'들이 지도자의 지지를 얻자 전 중국의 청년들은 홍위병의 기치를 내건다. 이런 현상은 재빠르게 전국 각지로 퍼지고 홍위병이라는 칭호는 많은 사람들에게 선망의 대상이 되었다. 1966년 이후의 2년간은 '홍위병'운동의 전성기였다. '홍위병'들은 '사구四旧, 없어져야 할 낡은 것 네 가지'를 없애고, '우귀사신牛鬼蛇神, 잡귀신'들을 소탕하고, '다촨롄大串聯, 문화대혁명시기 베이징의 학생들이 지방으로 가거나 각지의 청년들이 서로 다른 지방으로 가서 혁명 경험을 교류하는 활동' 활동을 하고, "자본주의자들을 잡아내고" "관리를 파면시키고 권력을 빼앗는" 등 그들의 역량은 막강하였고 '전과'도 많았다.

'홍위병'운동은 극좌사상 하에 무산계급 독재정권을 공고히 하기 위하여 전국적인 청년학생운동을 시작하였다. '조반造反'의 뜻을 가진 홍위병 조직은 중국 대지에서 나타났다. 그들은 맹목적인 열정을 시작으로 황당하고 발광적으로 진행되고 돌연적으로 결속되었다. 하지만 홍색의 조반운동은 강렬하게 중국사회를 흔들어 놓았다.

처음으로 홍위병복을 입은 청년들은 처음 톈안먼 성루에 오른 몇 명의 중학생들이었다. 그들은 홍위병복장을 한 사람들이었다. 홍위병복은 사실상 황록색의 낡은 군복이었다. 최초로 입은 청년들 대부분은 군부대 간부들의 자제로 그들이 입은 옷은 군대의 계급이 있던 시기에 입었던 낡은 군복이었다. 당시 사회에는 "아버지가 영웅이면 자식들도 대장부이다."라는 '혈통론'의 영향 하에 그들은 윗세대의 낡은 군복을 입고 좌측 팔에 '홍위병'

문화대혁명의 성지 톈안먼 앞에서 홍위병들의 옷차림으로 기념사진을 남겼다. 푸찡(傅靓) 제공.

홍위병복은 문화대혁명시기의 준군사복장이었다.

팔띠를 하였다. 이런 것으로 자신이 혁명세대의 후대라는 것을 표시하고 당연한 "혁명의 후계자"라는 것을 표명하는 의미도 있었다. 이런 홍위병복은 처음부터 농후한 정치적 경향을 지니고 있고 혈통우월성을 지닌 '계급'을 의미하고 준군사의 색채를 지니고 있었다.

홍위병복과 '홍위병'운동은 짧은 시간에 고조에 도달하여 이런 복장이 제일 혁명적이고 제일 조반적인 복장으로 위대한 지도자의 뒤를 잇는 표시로 되었다. 짧은 시간 내에 전 중국은 황록색의 물결이 넘실댔다. 밀리터리 그린은 중국 '문화대혁명' 조기와 중기에 유행한 '유행컬러'였다.

전형적인 홍위병복의 기본적인 요소는 낡은 군복, 낡은 군모, 무장벨트, 해방신, 붉은 팔띠, "인민을 위하여 복무하자爲人民服務"라는 선홍색의 글이 새겨진 군용 잡낭, 앞가슴에는 마오쩌둥 휘장 등이 있었다. 이런 차림은 청년들이 제일 좋아하는 '패션'이었다. 당시 큰 애들은 어린 애들의 군모를 빼앗고 마당에 말리던 군복을 훔치는 일들이 종종 발생했다고 했다. 군인 배경이 없는 아이들은 다른 사람들의 황록색을 부러워하였다. 샹성相聲, 중국 설창 문예의 일종. 재담 표현예술가 펑궁馮鞏은 자신의 밀리터리 그린 복장에 대한 열망을 이렇게 기술하였다.

> 제일 인상 깊은 것은 밀리터리 그린 군복이다. '문화대혁명'시기, 군복은 '혁명'의 상징이었다. 어느 해의 춘절, 어머니는 나에게 밀리터리 그린 복장을 해 주기 위하여 집에 있는 이불의 안감을 뜯어냈다. 나는 뜨거운 물을 끓이고 밀리터리 그린 물감을 넣은 다음 흰색의 이불 안감을 밀리터리 그린으로 염색하였다. 어머니는 고모에게 부탁하여 나에게 군복을 만들어 주었다. 바지는 내가 만들었다. 나는 낡은 바지를 뜯은 다음 얼마 안 되는 미술 기초로 대충 모방하여 바지를 만들었다. 그 시절 나는 이런 복장을 입고 한동안 기분이 들떠 있었다.[5]

---

5. 펑궁, 「참 좋았던 동년시절(童年眞好)」, 『표증구사(票証旧事)』, 12쪽, 백화문예출판사(百花文藝出版社), 1999.

1966년 홍위병들은 기세 드높게 "파사구(낡은 습관 네 가지를 타파하자)"라는 열조를 일으켰다.

밀리터리 그린과 붉은 책이 대표하는 문화대혁명은 광풍처럼 전 중국에서 휘몰아쳤다.

홍위병 팔띠는 당시 제일 혁명적이고
제일 멋진 장신구였다.

유화 〈누나(언니)의 초상(姐姐的肖像)〉의 국부 우샤오순(吳曉潯) 작품. 이것은 전형적인 홍위복장의 기본조합이었다.

홍위병들은 자신들이 "낡은 세계의 비판자"라고 칭하였다.

중학교, 대학교 청년 학생들이 선두로 홍위병 조직을 성립하고 여러 지방으로 교환하여 내려가기 시작하자 도시의 젊은 노동자들도 참가하였다. 홍위병들과 청년들은 모두 녹색의 군복을 입고 손에는『홍보서紅宝書』[6]를 들고 "북상, 남하, 서진, 동정"의 '혁명다촨롄'운동을 진행하였다. 그들이 도착한 곳마다 소위 "봉건주의, 자본주의, 수정주의"에 관한 물건들을 모두 부수고 "자본주의 경향이 있는 사람"들을 잡아내어 크고 작은 비판대회를 열어 무수한 가정을 파괴하였다. 문화대혁명은 빠른 시일에 전국의 도시와 농촌에서 진행되었다. 혁명성을 띤 홍위병복도 전국적으로 유행되었다. 점차 혁명은 '파사구'로부터 점차 혼란스러워지고 파벌이 형성되고 폭력과 무정부 상태가 되었다. 마지막에는 밀리터리 그린 군복을 입은 사람들은 산으로 들어가고 농촌으로 내려가 빈하중농 재교육을 받으라는 새로운 최고 지시가 하달되었다.

새 중국에서 붉은 기 아래에서 탄생된 홍위병들이 받은 최초의 계몽교육은 "당의 말을 듣고 당을 따라간다."는 것이었다. 이것은 그들이 진심으로 믿고 받드는 인생 원칙이 되었다. 하지만 맹목적인 정치열정은 그들을 '좌'경 사상과 마오쩌둥의 지시를 행동준칙으로 삼고 "조반은 도리가 있다."는 기치 하에 전국을 영원히 돌이킬 수 없는 혼돈에 빠지게 했다. 홍위병들의 맹목적이고 유치한 최초의 소망은 나쁜 뜻이 없었으나 유감스러운 것은 그들은 잘못된 공상의 제물이 되어 버린 것이었다.[7]

홍위병 운동은 홍위병복이 문화대혁명의 제일 전형적인 복식으로 강한 정치적 색채를 띠어 정치의 상징적 의미를 대변하는 복장이 되었다. 이런 복장은 두렵고 공포스럽고 비탄에 잠겼던 시절을 상징했다. 수십 년이 지난 오늘에도 그 고단했던 시절을 겪어온 노인들은 아직도 그 시절의 복장을 보는 것조차 싫어한다.

6.『홍보서(紅宝書)』:『마오쩌둥선집』을 뜻하는데 책 표지가 붉은색이어서 붉은 보물책이라는 뜻으로『홍보서』라고 한다.

7. 장페이(江沛),『홍위병광풍(紅衛兵狂飆)』, 허난인민출판사(河南人民出版社), 1994.

'사구(四舊)'가 휩쓸고 간 복식의 잔영

'파사구'라는 단어는 1966년 6월 1일 『인민일보人民日報』의 사평 「모든 잡귀신들을 소탕하자」라는 글에서 명확히 제기되었다. 중국공산당 제8기 11차 전국회의에서 통과된 〈16조〉에는 "착취계급의 낡은 사상, 낡은 문화, 낡은 풍속, 낡은 습관들을 모조리 타파하자"라는 글로 긍정을 받았다. 열광적인 홍위병 젊은이들은 한시의 지체도 없이 혁명의 명의로 "마오쩌둥 사상이 모든 곳을 비추게" 하는 '파사구'운동을 개시하였다.

이번 운동은 사회문화의 모든 방면과 관련되었다. 의식형태의 '파사구'는 역사적 유물과 무형문화재에 대하여 돌이킬 수 없는 파괴를 진행하였다. 이는 문명사상 절대로 용서될 수 없는 야만적이고 무지한 행위였다. 상점, 거리, 공원, 병원, 학교 등은 모두 정치적 색채를 지닌 명칭으로 바뀌었다.[8] 이어서 전국 각지에서는 예술적 가치가 높은 명승고적은 때려 부서지고 무수한 정교로운 조각과 불상들이 산산조각 나고 귀중한 명인들의 서화와 장서들이 불타 버렸다.[9]

사람들의 옷차림도 혁명의 세례를 겪어야 했다. 소위 말하는 "봉건적이고 자본주의적이며 수정주의적인" 것은 '무산계급의 구미'에 걸맞지 않는 헤어스타일, 복장, 장신구 등을 밀했다. 양복, 치파오, 하이힐, 화사하고 특수한 디자인의 옷과 장식품들은 타도되는 운명을 피할 수가 없었다. 1966년 8월 20일, 베이징 제2중학교의 홍위병들은 베이징시의 주요 거리에 〈낡은 사회에 대한 선전포고向旧世界宣戰〉라는 대자보를 붙였다. 젊은이들은 흥분된 목소리로 소리높이 주장했다.

---

8. 베이징에 70여 년간 걸려 있던 '뤠이푸샹(瑞蚨祥)'의 간판은 '리신비단가게(立新綢布店)'라는 이름으로 변경된다. 50여 년간 운영된 상하이 최대의 놀이동산인 '다스제(大世界)'의 수 미터 크기의 간판은 다스제 직원들과 홍위병들의 환호 속에서 철거된다. 톈진시에서 제일 큰 백화점인 '촨예창(勸業場)'의 간판도 촨예창 직원들의 망치에 의하여 가루가 되어 버린다.

9. 통계에 의하면 1958년 베이징시 제1차 문물 일제조사에 의하면 6,843곳의 문물고적이 기록되어 있었는데 문화대혁명시기에 훼손된 것은 4,922곳에 달하며 그 대부분은 1966년 8–9월에 훼손되었다.

지도자의 초상마크는 모든 사람들이 반드시 갖추어야 할 장식품이었다. 장루(張茹) 제공.

우리는 낡은 세계의 비판자이다. 우리는 낡은 사상, 낡은 문화, 낡은 풍속, 낡은 습관을 비판하고 깨뜨려야 한다. 자산계급을 위한 서비스업이었던 이발소, 양복점, 사진관, 낡은 서점……등도 모두 예외가 될 수 없다. 우리는 낡은 세계를 뒤엎으려 한다!……'리젠트펌' '보탑형' 등 기괴한 헤어스타일, '청바지' '데님 셔츠'와 여러 가지 홍콩식 치마, 성인사진 등은 엄중한 비판을 받아야 한다. 우리는 이런 작은 문제라도 소홀히 하지 말고 자산계급의 사물들이 다시 머리를 들지 않도록 하여야 한다. 우리는 단기간 내에 홍콩식 옷차림을 개변하고 괴상한 헤어스타일을 버리고 성인서적들과 사진들을 태워버려야 한다. '청바지'는 반바지로 만들 수 있고, 남은 천은 다른 옷들을 수선할 때 사용하면 된다. '부츠'는 신의 목을 잘라 신고 하이힐은 굽을 잘라 신는다.[10]

'파사구'의 구호 속에 홍위병들은 전국 각지의 주요 거리에 홍위병 '파구입신전破旧立新站'을 설립했다. 그들은 골목골목에서 행인들의 헤어스타일이며 옷차림새를 검사하고 알맞지 않는 헤어스타일은 가위로 잘라주고 불합격인 옷들은 가위로 잘랐다. 처음에는 양복, 치파오와 홍콩식 복장인 하이힐, 스키니진, 브로치, 목걸이, 파마머리, '리젠트펌' 등을 단속하였다. 하지만 후기에 이르러서는 일반적인 치마, 간단한 펌도 단속의 대상이 되었다. 심지어 처녀들이 길게 땋은 머리도 그들의 가위에 잘려나갔다. 한 회고록에는 이렇게 기록하였다.

"1967년 톈안먼 앞에서 몇 명의 홍위병들은 위구르족 여성의 긴 머리채를 자르려고 하였다. 위구르족 동포들이 이건 신장新疆의 풍속이라고 해석하였지만 손에 가위를 든 홍위병들은 '긴 머리는 바로 싼자춘三家村[11]과 같은 사람들이다. 마오쩌둥은 〈적들이 반대하는 것에 대하여 우리는 옹호하여야 하고, 적들이 보호하는 것은 우리가 반대하여야 한다〉고 하였다. 적들이 긴

---

10. 「'홍위병'들은 자산계급의 풍속 습관들을 맹렬히 충격한다」, 『인민일보』, 1면, 1966년 8월 23일.
11. 싼자춘(三家村): 1965에 일어난 문자옥, 문자로 일어난 재난인데 작가들인 덩퉈(鄧拓)·우한(吳晗)·랴오모사(廖沫沙)에 대한 오판이고 무함이었다.

머리를 좋아하니 응당 긴 머리채를 잘라 버려야 한다. 머리를 기르면 혁명을 하지 않는 것이다'는 황당한 말들을 해댔다."[12]

1966년 8월 23일, 베이징의 일부 홍위병들은 베이징시 문화국에서 보존하고 있던 무대복장, 도구들을 '봉건 잔여물'이라고 하며 국자감國子監 마당에서 불살라 버렸다.[13] 바로 그날, 극작가 라오서老舍는 바로 그곳에서 홍위병들에게 투쟁을 받고 모욕侮辱을 당했다. 다음 날 우리의 문학대사는 타이핑후太平湖에 몸을 던져 황당하고 어지러운 그 시대를 등지고 생을 마감했다. 그는 자신의 존엄과 인격을 가지고 갔으며 몸에 입은 소박한 셔츠와 허름한 바지, 첸청디 헝겊신을 가지고 갔다.

톈진 홍위병 조직은 "자산계급의 생활방식"의 특징을 가지고 있는 모든 상품에 대한 판매를 금하는 데 관한 "통첩"을 발표했다. 톈진 한 곳에만 판매 중지된 상품은 582가지 종류에 달하며, 화장품, 여러 가지 구두기름, 여성장갑, 각종 꽃 모양의 단추, 비닐로 만들어진 머리핀 등 상품이 판매 중지되었다. 톈진탕구天津塘沽해관의 직원들은 해관모, 해관 휘장, 해관 견장臂章 등을 모두 제국주의 낡은 해관의 표지라고 하고 "봉건주의, 자본주의, 수정주의"의 물건이라고 하여 모두 사용하지 않았다. 상하이시 이발관의 직원들은 홍위병들의 선동 하에 '혁명성' 조치를 취하는 데 손톱을 깎아주고, 미용을 해 주고, 얼굴을 다듬어 주는 등 서비스 항목을 취소해 버렸다. 병원의 구강과에서는 이빨을 깨끗하게 해 주는 서비스를 없애 버렸다. 일부 복장점에서는 이름을 변경하고 "혁명복장을 빨리, 특별히 만든다. 기이한 복장을 빨리, 특별히 없애자"라는 대련對聯에 '흥무멸자興无滅資'라고 횡서한 것을 붙였다. 일부 재단재봉 서적에는 "혁명성" 머리말을 적었다.

같은 복장이라고 하여도 무산계급은 "기이하다"고 하고 자산계급은 "아름답다"고

12. 마치중(馬啓忠), 「머리채를 자르던 이야기」, 『톈안먼 앞에서』, 84쪽, 해방군문예출판사(解放軍文藝出版社), 1999.
13. 「함께 '조반'하자」, 『인민일보』, 2면, 1966년 8월 25일.

문화대혁명시대 사진관에서 기념사진을 찍는 할아버지와 손자 두 사람의 옷차림으로부터 시작하여 자태까지 그 시기의 정치 환경과 어울려야만 하였다. 위진편 제공.

마오쩌둥 화상의 배지와 어록은 사진관에서 사진을 찍을 때 필요한 소품이었다. 위진편 제공.

한다. 이것은 두 계급이 서로 다른 표준을 가지고 있기 때문이다.……무산계급은 견결히 자산계급의 기이한 복장을 억제하여야 한다. 이렇게 하는 것은 생활에 침투되는 자산계급의 진공을 타도하고 무산계급이 전적으로 하는 통치를 공고히 하려는 것이다.[14]

'좌'풍이 기세 드높게 일고 격진분자들은 복장의 스타일, 헤어스타일에도 계급투쟁, 두 갈래 노선의 투쟁이 존재한다고 하였다. 심지어 당시 국가 주석인 류사오치劉少奇의 부인 왕광메이王光美도 피해가지 못하였다. 인도네시아를 방문하던 기간 입었던 치파오가 문제가 되어 격진분자들은 "썩어가는 자

14. 톈진시 홍성복장공장(天津市紅星服裝厂) 편찬, 『남성 제복의 재단(男制服裁剪)』, 1967년.

마오쩌둥이 입었던 중산복. 서방 국가들에서는 '마오복'이라고 불렀다.

군 평복은 백성들의 신분과 어울렸는데 회색, 남색의 군 평복을 민간에서 많이 입었다. 저자 소장.

산계급의 작품"이라고 비판하고 치욕을 주었다. 한 조반조직은 국가 부주석인 송칭링宋慶齡에게 "봉건시대의 잔여물"인 비녀를 하지 말라고 금지령을 내렸다. 후에 저우언라이周恩來 총리가 나서서 겨우 불행을 모면하였다. 일부 '암흑분자'들은 여러 번 '음양두陰陽頭'를 깎았다. 투쟁을 하고 시위하는 현장에서 많은 '분자'들은 종이로 만든 높은 고깔모자를 써야만 했다. 학자 지셴린季羨林은 그의 『우붕잡억牛棚雜憶』에 이렇게 적었다.

> 나는 자산계급의 길을 간다고 투쟁을 하는 현장을 목격하였다.……양복혹은 고급 원단으로 지은 제복을 입은 필정筆挺한 주자파走資派, 국장 직함을 가진 듯한 사람이 차에서 내린다. 그는 조심스레 차 뒤에서 종이로 만든 여러 가지 색상에 기괴한 모양을 한 모자를 꺼내 쓴다. 모자 위에는 작은 물건들이 가득 달려 있었는데 눈에 띄는 것은 小王八였는데 주인이 움직임에 따라 좌우로 흔들거린다.[15]

'파사구'운동은 오랜 기간 축적된 귀중한 중국 전통문화를 파멸시켰을 뿐만 아니라 중국 사람들의 의식관념, 사유방식을 바르지 못한 길로 이끌었다. 홍위병들은 "무산계급"의 감정과 "마오 주석에 대한 무한한 충성"으로 도처에서 "문공무위文攻武衛, 문화대혁명시기에 장칭江青이 전면적인 내전을 일으키려고 제기한 구호"를 외쳐댔다. 그들은 "비 무산계급"의 모든 물건들을 부셔놓으면 "수정처럼 순결한" 새로운 세상이 올 것으로 여겼다. 그 시기에는 민주적 논쟁과 과학적 분석이 없는 시대였고 절대적이고 독단적인 복종만 있었다. 때문에 '파사구'운동을 어떠한 의미에서도 사회주의 개량 혹은 사회혁명이라고 말할 수 없었다.

---

15. 지셴린, 『우붕잡억(牛棚雜憶, 마구간의 잡다한 추억)』, 39쪽, 중공중앙당교출판사(中共中央党校出版社), 1998.

복식의 안전계수

복식은 문화의 외적인 표현이고 사회인들의 문화적 기호이다. 복식은 사회관계에서 귀속과 인정의 느낌을 부여해 주었다. 기호화된 사유와 기호화된 행위는 인류생활의 제일 대표적인 특징이었다. 어떠한 물건도 복장처럼 구체적이고 적절하게 개인의 귀속감을 표방하지 못했다. 동시에 복식은 일상생활에서 불가피한 요구였다.

정치적 요구는 복식의 변화 중에서 소홀히 대할 수 없는 중요한 요소이다. 하지만 1960년대의 중국처럼 철저하고 단호한 복식혁명은 세계 역사를 통틀어 유일했다. 건국 후 17년간 정치운동으로 복장은 이미 기이하게 발전하였다. 정치운동의 열이 더해지면서 17년간 형성된 잘못된 복장관념은 문화대혁명시기에 이르러 더욱 악성적으로 팽창되어 그릇된 복장관념은 더욱 심각해졌다.

복장을 이용하는 것은 "정치를 선봉으로", '계급투쟁'을 진행하는 사회환경에서 개인이 자신을 무산계급 독재정치 사회에 융합될 수 있는 좋은 방법의 하나였다. 작가 펑지차이馮驥才의 『백인의 십년一百个人的十年』에는 아래와 같은 진실한 이야기가 기록되어 있다.

> 나에게는 연한 남색의 양복이 네 벌 있는데 딱 한 번 입었다. 정월 대보름날, 많은 친척과 친우들이 집에 모였다. 나는 양복을 입고 거울에 비춰보았다. 내가 보기에 너무 멋있었다. 하지만 후에 나는 양복이 멋있다는 생각이 참 어리석어 보이고 잘못된 것이라는 생각이 들었다. 이런 생각은 나의 무의식 속에 잠재되어 있는 자산계급의 의식이라 여겼다. 나는 이런 그릇된 생각이 싹이 트게 할 수 없다는 생각으로 모든 양복을 옷장 깊이 걸어 놓고 다시는 찾지 않았다. 문화대혁명시기에 이르러 양복들은 모조리 빼앗겨 사라졌다.
>
> 나는 나의 생활과 적합한 방식을 찾았다.

단위에서 적극적으로 일을 하여 영도들의 표양을 받는다+되도록 보편적인 옷차림을 한다+말을 적게 하고 행동도 조심히 한다=안전계수[16]

'안전계수'의 계산에서 복장은 절대적으로 필요한 요소였다. 복장은 보호색의 역할로써 매우 중요할 뿐만 아니라 필요한 것이었다.

소위 문화대혁명은 복장으로부터 시작된 혁명이었다. 홍위병은 '파사구'의 구호를 앞세우고 먼저 기이한 복장에 대하여 소탕을 진행하였다. 여성의 복장에 대하여 특별히 엄격하였는데 치마도 입지 못하고 일부 격진적인 여성 홍위병들은 긴 머리를 모두 자를 것을 호소하였다. 그 시기 산둥山東의 일부 홍위병 전사들은 모두 남성들처럼 고수머리를 하고 홍위병복을 입었다. 멀리서 보면 성별을 알 수 없을 정도여서 소위 말하는 혁명을 철저히 했다는 뜻이었다.

정신없이 미쳐있던 세월에 복식은 혁명의 척도였다. 이 표준에 맞추기 위하여 중국 사람들은 신속하게 자신의 옷차림을 변화시켰다. 남녀노소를 불문하고, 계급신분이 어떠하든 모두 같은 유형의 복장을 선택하고 색상도 남색으로 통일했다. 외국의 통신에서는 이런 현상을 '남색개미'라고 부르기도 했다.

복식이 가지고 있는 미의 속성은 복식의 파생적 의미인 정지성에 제압당하여 복장의 제복화, 조직화는 극치에 달하였다. 대통일의 옷차림은 고도로 통일된 민중들의 사상을 표명하는데 이런 의미에서의 "복장혁명"은 절대적으로 성공한 것이었다.

16. 펑지차이, 『백인의 십년』, 178쪽, 스다이문예출판사(時代文藝出版社), 2003.

‘마오복(毛服)’으로부터 ‘일군이간삼공(一軍二干三工)’[17]

1960년대 제일 유행한 복장은 중산복이었다.

중산복은 20세기 중국의 제일 대표적인 복장이었다. 중산복은 중국 현대정치의 역사를 대변했다. 해방 이후 중산복과 민국시기의 디자인을 비교해 보면 일부 변화들을 찾아 볼 수 있었다. 해방 이후의 중산복은 센터 벤트를 취소하고 윗 호주머니의 주름을 없애 더욱 간단하게 만들었다. 베이징 ‘홍두紅都’ 복장회사의 복장설계사인 톈아퉁田阿桐은 마오쩌둥의 중산복을 제작할 때 그의 신체적 특성에 맞게 디자인하였다. 칼라가 넓고 뾰족하며 앞판과 뒤판을 모두 넓게 하고 허리를 조금 줄인 중산복이 바로 서방에서 ‘마오복’이라고 하는 중산복이었다. ‘마오복’ 역시 중산복이지만 정신은 손중산孫中山의 초창기의 정신과 달랐다. 손 선생의 중산복은 민주혁명의 이념을 체현하려는 데 있다면 마오복은 정통권력의 의미가 있었다.

국가영도자들 거의 모두 남색, 회색의 중산복을 선택하였다. 이 시기는 중국 복장 역사상 색상이 제일 단조로운 시기였다.

17. 일군이간삼공(一軍二干三工): 특정한 시대에 처녀들의 배우자 선택 등에서, 군대 일을 첫째로 치고, 간부를 둘째로 치고, 노동자를 셋째로 치던 것을 의미함.

중산복은 신 중국 영도자들의 통일 복장이 되었다. 정치 지도자들의 선택은 자연적으로 많은 사람들이 따라 입게 되어 보편적인 복장이 되었다. 민간의 중산복 제작은 당연히 더 간단하고 더 허술하였다. 보통 중산복은 면 아니면 데이크론 소재의 원단을 사용하였다.

문화대혁명시기의 중산복 제작은 더욱 허술하고 더 넓어져 입으면 완전 헐렁했다. 도시나 농촌, 노동자나 간부, 노인, 청년 모두 남색이나 회색의 중산복을 입었다. 이 시기는 중국 복식 역사상 제일 단조로운 시기였다. 민주와 자유의 상징인 복장이 극단적인 정치운동의 부호가 된 것은 한탄할 일이 아닐 수 없었다.

1960년대 군복은 문화대혁명시기의 패션이었다. 마오쩌둥이 먼저 이런 복장을 입고 전국 군 선전대, 군 관리위원회 등 '군' 자가 들어간 것은 모두 인기가 있었다. 군복, 군용바지, 군용외투 등은 모두 인기 상품들이었다. 심지어 시집을 갈 때 여성들은 "일군이간삼공첫째로 군인, 둘째로 간부, 셋째로 공업인"이라고 하여 남성의 직업에 대한 선호도를 알 수 있었다.

1960년대 군복의 양식은 중산복을 기초로 하여 설계하였는데 입술주머니 형식의 호주머니에는 덮개가 있는데 단추는 달지 않았다. 여름에는 면으로, 겨울에는 기기친으로 만들었다. 육, 해, 공 삼군의 복상은 색상의 차이가 있었지만 디자인과 복장의 원단은 거의 비슷했다. 군관들의 복장 디자인도 비슷했는데 네 개의 호주머니 중 위의 두 개의 호주머니에는 뚜껑이 있고 속단추이고, 뚜껑에는 단춧고리가 달려 있었다. 사병들은 두 개의 입술주머니만 있고 셔츠 단추가 달려 있었다. 모두 붉은 별 모양의 모자 배지가 달린 해방모를 쓰고 칼라 양쪽에도 작은 배지를 달았다. 즉 "붉은 별을 머리에 달고 혁명의 붉은 기를 어깨에 달았다."

군평복軍便裝[18] 역시 문화대혁명시기에 유행하기 시작하였다. 군평복과 군

---

18. 군평복(軍便裝): 군복을 모방하여 만든 당시 특유의 평복.

1968년 말, 홍위병들은 새로운 "최고지시"를 받고 녹색의 군복을 입고 산으로 농촌으로 내려가 "빈하중농재교육"을 받았다. 리전성(李振盛) 촬영.

손에 "홍보서(紅宝書)"를 든 청년들이 일으킨 "혁명"의 옷차림과 "조반"의 명의의 운동은 중국 대지를 뒤흔들어 놓았다.

복의 디자인은 같았고 색상도 밀리터리 그린과 황록색이 위주였다. 군복과 다른 것은 단추인데 군평복의 단추는 모두 비닐로 만들어진 것이었다. 군평복을 입는 데 다섯 가지를 구분하지 않았다. 첫째로 성별을 구분하지 않는다. 남성, 여성 모두 통일된 디자인이고 너른 옷이다. 둘째는 연령을 따지지 않는다. 노인, 중년, 청년 모두 같은 모양의 옷이다. 셋째로는 계층, 직업, 직위를 불문한다. 위로는 수장으로부터 보통 직원들까지 모두 입는다. 넷째는 계절의 변화를 무시하는 것이다. 여름에는 한 겹으로 된 옷을 입고 겨울이면 솜옷 위에 입었다. 다섯째는 장소를 가리지 않은 것이다. 평소에 입기도 하고 정식 장소에서도 입어 같은 디자인으로 통용되는 것이다.

군 외투도 유행되었다. 밀리터리 그린 외투는 두 줄의 단추가 달려있고 넓은 옷섶이며 라펠칼라이고 칼라의 원단은 플록 직물이고 앞에는 두 개의 넓은 입술 옆 주머니가 달려 있으며, 뒤의 장식용 벨트에는 단추가 달려 있으며 아래는 벨트를 댔다. 해군모직물 외투는 당시 최고의 복장이었다. 이런 해군 모직물 외투는 남회색이고 모직물로 만들어지고 육군의 외투와 비슷했지만, 이런 해군모직물 외투는 군인과 모델그룹 등 문예종사자들에게만 배급되어 이런 외투를 입은 사람들은 선망의 대상이 되었다.

노동자 형제들이 입은 작업복은
당시의 패션이었다.

공장의 작업복 역시 패션이었다. 최고의 지시에는 "공인계급이 모든 것을 영도한다."고 하였다. 작업복은 비교적 헐렁하고 남색의 돛천, 면, 재생포 등으로 만들어졌다. 그 시절에 사람들은 일상생활에서 작업복을 입는 것을 영광으로 여기고 남의 집을 방문하거나 나들이 할 때에도 모두 작업복을 입었다.

북방의 농촌에서는 주로 천융궤이陳永貴 스타일의 중식 면 솜옷을 입었다. 농촌의 수많은 농민들은 여전히 중식 옷들을 습관적으로 입었는데 겨울이면 도시와 농촌 모두 중식 솜옷을 입고 그 위에 군평복, 중산복 등을 입었다.

이 시기의 여성들은 여성의 특징을 약화시키는 직선으로 재단된 단조로운 옷을 입었다. 홍위병복 외에 여성복은 대체로 봄과 가을에 입는 춘추 셔츠와 중식 외투가 전부였다.

5~60년대는 봄과 가을에 입는 춘추 셔츠가 유행하였다. 칼라는 라펠이고 일자 혹은 날개 모양이고 네 개의 단추가 달려 있었으며 칼라는 여닫을 수 있게 되고 두 개의 커다란 붙임주머니가 있었다. 허리는 곧게 내려가 허리의 웨이브를 감추고 어깨와 겨드랑이 쪽에는 다트를 넣어 가슴의 볼륨을 조금이나마 고려하였다. 이런 셔츠를 양용 셔츠라고 했다. 사실상 이렇게 봄과 가을에 입을 수 있는 양용 셔츠는 만능 셔츠로 여름에는 겉옷으로 겉에 입고, 봄 가을 겨울에는 안에 입고 겉에 겉옷을 따로 입었다. 오늘날 패션에 관심이 있는 중년여성들은 예전의 일자형 칼라를 그리워하기도 했다.

"이십여 년 전 모든 사람들은 같은 옷을 입었으므로 매일 옷 선택에 고민할 필요가 없었다. 오랜 시간 동안에 '일자형 칼라'의 셔츠는 제일 여성스러운 복장이었다. 대다수의 여성들은 이런 '외출복'이 한두 벌 있으면 되었다."[19]

---

19. 리칭시(李慶西), 『남색(藍色)』, 우량(吳亮)·가오윈(高云) 편저, 『일상 중국, 80년대』, 119쪽, 장쑤미술출판사(江蘇美術出版社), 1999.

중식 겉옷은 중식 스탠딩 칼라, 프렌치 프런트 혹은 박스 프런트인데 양복의 제작 기법을 사용하여 소매와 몸통을 따로 재단하여 소매를 달았다. 이것은 중식 전통복장과 서양식 복장의 재단 제작방법을 모두 가지고 있었다. 카키천, 평직천, 능직천을 많이 사용하였다.

헝겊신, 비닐신, 고무신, 가죽신 등은 이 시기의 주요 신발들이었다. 1965년부터 1968년 사이 전국적으로 '사혜四鞋, 네 가지 신'에 대한 조사를 진행하였다. 3만여 명의 발에 대한 측량을 통하여 통일된 사이즈와 신골을 제정하여 신발을 표준화, 규범화하였다. 헝겊신은 '사혜' 중에서 제일 많이 신는 신발이었다. 검정 벨벳, 코르덴, 돛천 등으로 신을 만들었다. 헝겊신의 종류로는 로퍼천으로 만든 첸청디千層低 혹은 비닐로 된 신바닥이고 신의 목 부분을 탄력있게 만들었다. 때문에 고무줄 신발이라고 함, 라오터우러老頭樂, 헝겊신, 보통 신등에 한 개의 들보작용을 하는 줄이 있어서 단량신이라고도 함 등이 있다. 문화대혁명시기에 이런 헝겊신을 생산하는 가게들인 네이롄성內聯升, 퉁비허同陞和, 부잉자이步瀛齋에서 생산하는 헝겊신들은 무산계급의 구미에 알맞다는 이유로 화를 면했다.

군부대에서 신던 고무신인 "해방신"은 비 오는 날에도 신고 맑은 날에도 신을 수 있으며 편하고 가격이 싸 군용으로 뿐만 아니라 민간에서 많이 신었다. "비이왕白网"은 플랫슈즈를 말하는데 처음에는 문예선전대원들이 연출시 신는 신이었다. 당시 "바이왕"을 신은 젊은이들은 무척이나 신나는 일이었다. 이 시기의 가죽구두의 모양은 모두 군 부대의 군관들이 신는 양식이었다. 신발 끈의 구멍이 양쪽에 다섯 개씩 있고 스웨이드 웰트화로 노동자와 군인이 좋아하던 신발이었다. 신발을 신을 때 "딱딱한 것을 신지 않고 부드러운 것을 신으며, 신기 어려운 신발보다 쉽게 신을 수 있는 신발을 신는다."는 말이 있다. 딱딱한 것은 가죽구두를 말하며, 부드러운 것은 헝겊신을 말하고, 신기 어려운 것은 끈이 달린 신발이고, 신기 쉬운 신발은 로퍼를 말한다.

그 후 장쑤江蘇인민미술출판사에서는 『중국유화백년中國油畫百年』을 출판했다. 책의 편자는 이렇게 회상하였다.

"'문화대혁명'시기의 유화에 관하여 편집할 때, 그 시기의 유화들의 화폭의 크기는 부동하지만 정치적 방향이 통일된 수준 높은 유화들을 보면서 당시 중국 일반 민중들의 단순함과 순진한 성격에 감동을 받았다. 유화들에서 화가들의 진심어린 마음을 엿볼 수 있었다. 그 시대는 특수한 시대이고 괴상한 세월이었다. 우쭈광吳祖光의 아들인 우환吳歡은 봉황TV鳳凰衛視, 홍콩의 TV채널의 인터뷰에서 정확하게 '문화대혁명'시기를 '장엄한 속에 우스꽝스러움이 있고 심오하게 천박함을 내포하고 있으며 정색해서 허튼소리들을 했다'고 평가하였다."

오랜 시간 동안 전 중국은 하나 또 하나의 정치적 공론과 거짓말들을 믿고 따랐으며 좌경정치에 존재할 수 있는 토양을 마련하여 주었다. 이런 공론들과 거짓말들은 보통 백성들의 생활에 영향을 주었으며 인민들의 생활수준과 생활의 질을 엄중히 낮추어 버렸다. 60년대의 옷차림은 이런 현상들을 증명해 주고 있었다.

08

1970년대

1971–1980

배회하는 복장산업

난징 창장대교(南京長江大橋) 위에서의 기념촬영은 70년대 정치 여건과 사람들의 옷차림을 특징지어 주고 있다. 위진펀(余金芬) 제공.

08

1970년대

1971–1980

갓 70년대에 들어선 중국 대지는 아직도 짙은 '혁명적 화약 냄새'를 풍기고 있었다. 옷차림에서의 '혁명법령'은 아직 제거되지 않았고 백성들의 옷차림은 극히 단조롭고 무미건조했는데, "천 사람이 같은 얼굴을 하고, 만 사람이 같은 차림을 하고 있었다." 이탈리아의 저명한 영화감독 미켈란젤로 안토니오니Michelangelo Antonioni는 1972년에 다큐멘터리 〈중국〉을 찍고 나서 감탄조로 말했다.

"중국에서는 매일 아침부터 저녁까지 남색 물결이 거리를 물들이고 있다. 남색 복색을 한 수천 수만의 사람들이 쉴 새 없이 오가며 거리를 메우고 도시를 채우고 있는데, 그 느낌은 마치 남색 복색을 한 8억의 중국인들이 한꺼번에 눈앞을 지나는 것만 같다."

한창 치장에 신경 쓸 열서너 살 되는 처녀들이 가장 괴로웠다. 아름다움을 갈구하나 딱히 방법이 없었던 그들은 낡고 닳은 중외의 문학금서와 수사본 소설, 외국 민요집들을 몰래 돌려가면서 읽었다. 점차 '자본주의' '수정주의' 사상들이 머리를 들기 시작했고, 마음속 깊은 곳으로부터 토냐[1]의 원피

1. '토냐'는 니꼴라이 오스뜨로프스끼의 저서 『강철은 어떻게 단련되었는가』에 등장하는 인물임-역자 주.

중산복은 '문화대혁명기간'의 단일한 복색이었는데, 모종 극'좌'적인 정치적 의미가 부여되어 있었다. 이 조각 작품은 의발(衣鉢)이라는 의미심장한 제목을 갖고 있다. 수이잰궈(隋建國) 작.

스와 린다오징林道静[2]의 치파오를 갈구하게 되었다…….

1970년대 초에는 중국 외교정책의 연유로 말미암아 중국인들은 뉴스와 영화 스크린을 통해 중국 밖의 '기괴한 차림새'를 접할 수 있게 되었다. 캄보디아의 아름다운 시아누크친왕 부인은 매번 남편을 따라 중국을 방문할 때마다 빼놓지 않고 뉴스영화에 등장했는데, 수시로 바뀌는 그녀의 화려한 옷차림은 오랜 세월 억눌렸던 국민들의 미적 감각을 자극했다. 이 밖에도 알바니아 극영화 속 여인들이 몸에 걸친 각양각색 치마들은 중국 관중들로 하여금 성별에 따른 옷차림의 차이를 구별할 수 있는 판난력을 얼마간이라도 되찾게 했다.

1971년 4월 중국정부가 갑자기 한 패의 미국인들을 베이징에 요청했는데, 이는 정말이지 수많은 사람들이 깜짝 놀랄만한 일이었다. 당시 일본 나고야 탁구 세계선수권대회에 참가했던 중국 탁구팀이 미국 탁구팀의 방중을 요청했었는데 이것이 바로 그 유명한 '탁구외교'였다. 그 시절에 미국인이 중국에 온다는 것은 달에 오르는 것에 맞먹는 불가사의한 일이었다. 마찬가지로 오랫동안 문을 닫아걸고 있던 중국 사람들이 '제1호 제국주의'였던 미

2. '린다오징(林道靜)'은 양머(楊沫)의 장편소설 『청춘의 노래』의 여주인공–역자 주.

국인을 본다는 것은 외계인을 보는 것과 마찬가지였다. 미국인들의 옷차림은 각양각색이었고 기괴하기 짝이 없었다. 당시 미국 팀 가운데 코헨이라는 젊은이가 장발을 하고 있었는데 중국인들은 도저히 이해할 수 없었다.…… 실제로 당시 구미 젊은이들 사이에서는 한창 히피문화가 유행되고 있었다.

중화의 대지는 세계 패션계와 너무나도 많이 떨어져 있었다.

황당한 연대의 기형적인 심미관

1970년대의 초기와 중기는 여전히 '문화대혁명'이라는 정치역사가 계속되었고 '정치학습'은 여전히 사회생활의 최우선 과제였다. 노동자들은 출근하지 않아도 되었고, 농민들은 밭에 나가지 않아도 되었으며, 학생들은 등교하지 않아도 되었지만, 유독 『마오쩌둥선집』과 "자본주의 사유화와 수정주의를 비판하자斗私批修", "린뱌오를 비판하고 공자를 비판하자批林批孔", "우경 번안풍을 반격하자反擊右傾翻案風", "수호전을 논하고 송강을 비판하자評水滸批宋江" 등에 대한 학습은 미루면 안 되었다. 정치운동의 물결은 여전히 계속되었지만, 타도할 대상들은 이미 다 타도했고, 하향시킬 대상들은 다 하향시켰을뿐더러, 정치학습으로는 물자의 부족을 해결할 수 없었다. 따라서 이 무렵 극'좌'적인 정치 트라우마는 여전히 남아 있었지만 그 빛깔은 점차 퇴색되어 갔다.

많은 민중들의 옷차림은 여전히 60년대 '좌'풍격의 계속이었고, 옷차림에 신경 쓰는 일은 모든 사람들의 지탄의 대상이 되어 종적조차 찾아볼 수 없었다. 온통 색채도, 미적 감각도, 성별 구분도 없는 복장뿐이었고, 소박한 옷차림으로부터 초라한 옷차림으로 바뀌었으며 천 년이 넘는 의관왕국의 풍치를 찾아볼 수가 없었다.

건국 이후 중산복과 인민복 등 양식의 옷들이 보급되었는데 특히 '문화대혁명' 기간에는 극'좌'사조의 영향으로 중국 복장의 자연적인 진화는 정지

되었다. 한 방면으로, '문화대혁명'에서 "네 가지 낡은 것을 타파하자"는 중국 전통복장문화를 부정했다. 스타일, 예의, 장식, 전통복색문화는 일괄적으로 비판의 대상이 되었고, 민족문화의 전통과 역사를 잘라놓았다. 다른 한 방면으로는 중국과 소련의 사이가 벌어졌고 정치적으로 제국주의와 수정주의를 반대했기에, 소련식 복장은 물론 다른 어떤 외래 복장스타일도 접할 수가 없었다. 복장영역에서 역사적인 전통도 없었고, '가져오는 것'도 없었는바, 그 원源과 류流를 상실한 복장은 필연적으로 창백하고 기형적일 수밖에 없었다.

기형 1 : 소박하고 허름한 미

간고소박하고 근검절약하는 것은 중화민족의 우량한 전통인데, 이는 타인이나 자기 자신, 세상 모두에게 유리한 사상행위였다. 하지만 '문화대혁명' 시기의 극'좌'사조는 간고소박이라는 개념을 모종 정치적 태도로 바꿔버리고, '혁명'이나 '정치'와 동일시하면서 그 본래의 의의를 왜곡했다. 작가 아청阿城은 문학적인 언어로 당년의 '기운 것'의 '아름다움'을 묘사했다.

> 바지의 무릎 부분, 소매의 팔꿈치 부분이 닳았으나 아직 해어지지 않았을 경우에는 겉으로는 드러나지 않도록 패치를 옷의 안쪽에 대고 기웠는데 이를 숨은 보성暗補」이라 한다. 그러다가 해어지면 안쪽에 대었던 패치를 뜯어내어 바깥쪽에 대고 실땀이 드러나지 않도록 공그르기 기법으로 기웠다. 이 밖에도 '도려내고 깁기'나 '이어서 깁기' '짜깁기' 따위가 있다.
>
> 짜깁기가 가장 정교했다. 패치를 댈 필요가 없을 정도로 작은 구멍이 났을 경우에는 섬유의 방향으로 꿰매나가면서 한편으로는 또 교차되는 선을 엮었다. 대부분이 평직平織이었고 실만으로 카키khaki 모양을 만들어냈는데 보지 못한 사람들은 믿기 어려울 정도였고 정교하다는 생각이 들지 않을 수 없었다.[3]

---

3. 『보정』, 우량(吳亮), 가오윈(高云) 편, 『일상의 중국, 60년대』, 67쪽, 장쑤미술출판사, 1999.

특수 연대에 찍은 가족사진이다. 사람들은 당시 시대적 배경에 가장 어울리고 가장 보기 좋은 복색을 하고 있다. 리우창(劉暢) 제공.

멀리서 보면 한데 어우러져 무리를 이루고 가까이에서 보면 남색, 녹색, 회색뿐이다. 정치화한 패션은 놀랄 만큼 일치성을 보이고 있다. 후우꿍(胡武功) 촬영/fotoe 제공.

당에서는 "농업은 대채(大寨)를 따라 배우라"고 호소하고 있다. 대채(大寨) 처녀들의 소박한 옷차림은 자연스레 전국 인민들의 귀감이 되었다. 판잉(潘英) 촬영.

문화대혁명시기의 사람들은 성별 구별이 없는 옷차림을 하고 있는데, 실상은 뿌리 깊은 봉건의식의 발로라고 할 수 있다.

혁명 성지 찡깡싼(井岡山) 참관자들은 모두 그들의 선배들과 마찬가지로 소박하고 빈곤했는데 당년에는 혁명을 계승하는 전통으로 간주되었다. 푸찡(傅靓) 제공.

당시에 선택 가능한 복장은 "세 가지 스타일"과 "세 가지 컬러"뿐이었다. 1977년 난징(南京)에서 촬영.

현실생활에서 "기워 입는 것"이 이루어낸 것은 단순히 "혁명적 아름다움" 뿐이 아니었고, 거기에는 말할 수 없는 부득이함이 있었다. 당년의 노 홍위병紅衛兵은 '대연계大串聯'[4] 시기의 상황을 다음과 같이 기억하고 있었다.

몇몇 북방도시의 중학생들이 천리 길을 마다하지 않고 '대연계'하여 마오쩌둥毛澤東의 고향인 후난湖南 사오산韶山에 왔다. 이들은 당지 백성들에게 스스로 대본을 쓰고 연출한 문예공연을 선보였다. 아무래도 여정의 험난함 때문이었겠지만, 그 중 두 학생의 바지에 대고 꿰맨 패치가 바지와 제대로 붙어 있지 않았는데, 그렇다고 완전히 떨어지지도 않고 어정쩡하게 붙어 있었다. 하지만 이는 그들의 끓어오르는 열정에 조금도 영향을 미치지 않았다. 그들은 이 "혁명적인 형상"을 잊지 않고 촬영해서 멀리 떨어진 가족들에게 붙여 보냄으로써 형제자매들의 혁명적 투지를 고무했다.[5]

이른바 "소박할수록 혁명적이다."라는 사상의 영향으로 "소박하지 않고 혁명적이지 않다."는 지탄을 피하기 위해 사람들은 감히 새 옷이나 색채가 조금이라도 화려한 옷은 입지 못했다. 심지어는 새 옷이라면 남색이나 회색 옷도 새 것처럼 보이지 않도록 반복적으로 비벼 빨아서 퇴색시켰다. 또 한동안은 "힘들지만 소박하게 지내자"라는 구호가 여지없이 발휘되었다. 기운 옷일수록 혁명적으로 여겨졌고, 많이 기운 옷일수록 더 혁명적으로 간주되었는데, 기워 입는 것이 가장 좋은 혁명적 선언이 되었다. '문화대혁명'의 모범극樣板戲에 등장하는 "높고, 크고, 전면적인" 긍정 인물형상을 보면 바이모오뉘白毛女는 말할 것도 없고, 리위허李玉和, 샤오창바오小常宝, 궈졘광郭建光 등의 옷차림은 모두 소박하다 못해 해어지거나 기운 것이었지만 중국 6~70년대의 패션의 기치로 간주되었다.

비슷한 사례가 없는 것은 아니었다. 70년대에 서방 나라들에서도 '허름

4. 대연계(大串聯): 중국의 문화대혁명시기 전국 각지의 홍위병들이 자유로이 이동하며 '혁명경험'을 교류했던 운동으로, 당시 홍위병들에게는 무료 교통편과 무료 숙식이 제공되었음.
5. 허우제(候杰), 『주류생활(主流生活)』, 134쪽, 톈진(天津)인민출판사, 2000.

문화대혁명시기의 "소박하자"라는 구호는 사람들의 옷차림에서 남김없이 체현되었으며, 소박하고 화려하지 않은 농민복과 기운 옷들은 혁명의 표지(標識)가 되었다. 류펑(劉蓬) 작.

그것은 정치운동에 열중하느라 의상에 대해서는 특별한 요구가 없던 시대였다.

이런 '뉴스' 사진은 가식적인 보여 주기에 불과하지만 그 시대 지식청년의 면모를 대체적으로 기록하고 있다. 후우꿍(胡武功) 촬영/fotoe 제공.

"충(忠)자 노래"를 부르고 "충(忠)자 춤"을 추고, 혁명복장을 입고 혁명의 길을 가다. 푸찡(傅靚) 제공.

함'을 아름다움으로 간주하면서 "경제의 발전과정에서 현실세계에 대한 소극적이고 염세적인 반항정서를 반영"하는 '거지옷'이 있었다. 하지만 그 '허름함'은 이 '허름함'과 같은 것이 아니었다. 이 '허름함'은 궁핍한 경제 여건과 정치에 대한 맹목성과 무지에서 비롯된 것이었다. 네가 허름하면 걔도 허름하고 나는 더 허름해지면서, '허름함'이야말로 사람을 평가하는 정치적 잣대가 되어 버렸고, 모든 사람들이 '허름함'이라는 기준으로 평가되었고, 모든 사람들이 '허름함'이라는 기준으로 상대를 평가해 버렸다.

기형 2 : 성별 차별이 없는 아름다움

'문화대혁명'시기에 특유한 "성별 차별이 없는" 옷차림은 사회 깊이 뿌리내리고 있던 봉건의식이라는 나무에 열린 '못생긴 과일'이었다.

사람의 성별에 따른 생리적 차이는 선천적이고 유전되는 것이고 자연스러운 것으로, 이로 하여 생기는 심리의식이나 행위의 차이 역시 지극히 정상적인 것이었다. 하지만 중국의 봉건시대 의상문화의 일부에서는 여성들에 대한 성차별과 압박을 찌꺼기처럼 내포하고 있었다. 중국 전통의상은 삼강오상이라는 봉건윤리의 속박으로 인하여 인체에 대해 가리는 데에만 치중되었고, 성별을 드러내지 않고 은폐하는 것만 강조되었다. 극'좌'사상은 봉건적인 의상관념의 일종의 변종이었던 셈이다. '문화대혁명'시기의 의상요구는 봉건적인 찌꺼기 문화와 서로 들어맞았고 여과 없이 발휘되었다. 인체를 '가리는 것'과 육체를 '감싸는' 등으로 성별 특징을 약화시키고 결국 그 차별을 무시할만한 결과에 도달한 것이었다.

복장의 여성 성별 특징은 의식적으로 약화되었는데, 그렇지 않으면 사상이 불순하고 작풍이 바르지 못한 것으로 간주되기 때문이었다. 작가 쑤퉁蘇童은 아래와 같이 쓰고 있다.

> 70년대의 여성들은 남색, 회색, 국방색이나 잔꽃무늬 저고리와 남색, 회색, 국방색이나 검은색으로 만들어진 헐렁한 바지를 입었다. 여름에는 더러 치마를 입기도 했지만

학령 전 여자애들만 꽃무늬치마를 입었고, 성인 부녀자들은 남색이나 회색, 검은색 치마를 입었다. 치마에 조심스레 주름을 주기도 했는데, 가장 유행을 따르고 멋 부리기 좋아하는 처녀들도 기껏해야 하얀 치마를 입었다. 재질은 흰 테릴렌이었는데 옷감에 따라 가끔씩 치맛속에 입은 팬티의 색깔이 슬쩍 비치기도 했다. 이런 종류의 흰 치마들은 나이 든 부녀자들과 남성들의 아니꼬운 눈총을 받았다. 우리가 살았던 그 거리에서는 흰 치마를 입은 처녀들이 "나쁜 물을 먹은" 방탕한 여자로 치부되기 일쑤였다.[6]

패션 학자 줄리안 로빈슨Julian Robinson이 얘기했다.

"일부 정부는 특정된 시기에 흔히 복장이라는 수단을 이용한다. 통일복장으로 사상통일의 목적을 달성하려 하는 것이다. 그들은 부단히 민중들에게 경제적이고, 실용적이고, 소박하며 체형이 드러나지 않는 복장이야말로 사회 도덕적 표준에 부합된다고 계시하고 있다. 정치적 의의를 갖고 있는 복장이 실제 일부 나라에서 나타난 적이 있었다. 당시의 상황에서 통일복장은 단결하고 분발해서 앞으로 나아가는 상징이라기보다는 단조롭고 억압되고 개성이 없는 산물이라고 하는 게 더 어울릴 것이다."[7]

여기에서 봉건적인 전통 관념이 '좌'경사상과 놀라운 일치함을 보이고 있는데, 이로써 나타난 복식은 이미 심미적인 가치를 완전히 상실하고 있다. "성별 차별이 없는" 복식은 중국 봉건의식 가운데 추악한 의식의 연상선에 있는데, 하나의 커다란 칼처럼 기본적인 인성마저 잔인하게 잘라 버렸다.

기형 3 : 정치유행의 아름다움

1970년 12월, 마오쩌둥은 미국의 저명한 신문기자 에드거 스노Edgar Snow를 접견하는 자리에서 중국에 '개인숭배'가 있다는 것을 인정했으며 이는 당

---

6. 쑤퉁(蘇童), 『여장(女裝)』, 우량(吳亮)·가오윈(高云) 편, 『일상의 중국, 70년대』, 36쪽, 장쑤미술출판사, 1999.
7. [오스트레일리아] 줄리안 로빈슨(Julian Robinson) 저, 후웨(胡月)·위앤취앤(袁泉)·쑤푸(蘇步) 역, 『인체포장예술』, 146쪽, 중국방직(紡織)출판사, 2001.

시의 사회적 수요에 의한 것이라고 말했다.

당시 사회생산이나 사회생활 등 민생대계와 관계되는 방면은 모두 일종의 무정부상태에 처해 있었다. 사람들의 노동적극성은 빈번한 정치적 거짓말을 겪고 나서 점차 사라졌다. 공농업 생산은 기본상 방치되거나 태만한 상태에 이르렀고 인민들의 물질 생활수준은 점점 더 악화되었다.

이에 비해 지도자에 대한 개인숭배 열기만은 조금도 사그라지지 않았다. '문화대혁명' 초기에 위로부터 아래에 이르는 인도아래, 홍위병들은 "만수무강" "만세 만세 만만세" "영원히 지지 않는 붉은 태양" 따위의 경건한 축복의 구호를 외쳤다. 그 뒤로 숭배의 방식은 점차 규범화되었고 사회 각 구석과 사람들의 생활 속에 스며들었다. 세상의 위인이 전국 인민이 앞다투어 숭배하는 '신'으로 변했고, 전국 인민들은 "충忠 자 노래"를 부르고 "충忠 자 춤"을 췄다. 『마오주석어록』에는 곡이 덧붙여져서 "어록노래"가 만들어졌고, 출근 전과 퇴근 후에는 주석의 초상을 마주하고 "아침에는 지시를 바라고, 저녁에는 회보했다." 집집마다 지도자의 초상화를 걸었고, 『마오주석어록』과 『마오쩌둥선집』은 다들 하나씩 갖고 있는 경전이었다.

개인숭배가 극에 달한 환경 속에서 절대 대부분의 사람들은 명석한 판단을 할 수 없었고, 세속에 구애받지 않고 초연해질 수 없었다. 지도자에 대한 숭배는 지도자의 복식에 대한 숭배로 이어졌다. 지도자의 외적인 형상은 사회 민중을 감동시키고 영향을 줬고, 추종하고 모방하는 열기를 형성하였다. 녹색 군복의 유행은 사람들이 지도자 숭배에서 비롯된 맹목적인 추종 행위를 잘 보여 주고 있다. "혁명적인 정치사상"은 하나의 큰 그물처럼 "세 가지 스타일"과 "세 가지 컬러"만 건져 올렸다. "세 가지 스타일"은 당시에 선택 가능했던 중산복이거나 군평복, 인민복人民服이었다. 물론 중국식 두루마기나 청년복青年服 따위도 있기는 했지만 "세 가지 스타일"은 절대적으로 우선순위에 있었다. 컬러의 선택 범위는 더 좁았다. "세 가지 컬러"는 남색, 녹색, 회색을 뜻하는데 이 세 가지 컬러는 이 시기 거의 전부의 복색이라고 할 수 있었다. "세 가지 컬러"는 옹근 10년 간 중국 대지를 지배했다. 액세서리라고 해 봐야 이런저런 홍보서紅宝書[8] 붉은색 휘장 따위뿐이었다. 이 두 가지는 당시 사람들의 필수적인 '액세서리'인 셈이었다.

'문화대혁명' 기간에는 또 한껏 추어올리던 특수한 여성 복장이 있었다. "화사한 화장을 좋아하지 않는"[9] 여성 민병 복색이었다. 여성 민병의 기본 형상은 소박한 중국식 무지 저고리를 입고 앞가슴에 마오 주석의 배지를 달고, 허리에는 탄띠를 두르고 손에는 소총을 든 것이었다. 당시 유명했던 "바위섬의 여 민병海島女民兵" "강철의 처녀 분대鐵姑娘班" "리우후란 중대劉胡蘭連" 등은 모두 이런 차림새였는데, 여기에 일치하게 자른 단발머리가 어우러지면 그야말로 사람들이 흠모해 마지않는 '아름다움'이었다.

심지어는 결혼식의 예절 역시 지나치게 정치화되었다. 결혼의상은 꿈도 못 꿀 일이었다. 당시 『광명일보』의 뉴스 하나가 이를 잘 보여 주고 있다.

> 구정 전의 어느 저녁, 후난성湖南省 위안장현沅江縣 신화공사新華公社 푸안다福安達대대의 제13생산대 사원들이 개량형 결혼시회賽詩會에 참가했다. 이날 오전 신부는 예전대로 부녀들을 이끌고 밭에 나가 일을 했다. 점심에 일을 마치고 나서는 몸의 먼지를 털어내고 머리를 다듬고 깨끗한 신을 바꿔 신고는 부모님께 인사드리고 즐거운 마음으로 시댁으로 찾아갔다. 시댁에서는 모든 사람들이 문 앞까지 마중을 나와 환영했다. 시회에서는 신랑 신부와 시아버지, 대대의 간부와 사원들이 분분히 새로 지은 시를 낭송했다. 결혼연회가 고조에 달했을 때, 지부서기가 대대의 당지부를 대표해서 여섯 권의 마르크스-레닌 저서와 두 질의 『마오쩌둥선집』, 호미와 쇠스랑을 한 자루씩 신랑 신부에게 선물했다.[10]

이러한 보도는 전혀 허위적인 것이 아니었다.

---

8. 홍보서(紅宝書): 당시 붉은 색 책표지를 한 마오쩌둥의 저서들을 두루 이르던 말.
9. 마오쩌둥이 당시 시중을 드는 여성 민병에게 즉흥적으로 지어준 시의 한 구절인데, "화사한 화장을 좋아하지 않고, 무장을 좋아하네(不愛紅裝愛武裝)"라는 시구는 당시 여성 민병복색의 유행을 야기했다.
10. 「어느 개량형 결혼시회(賽詩會)」, 『광명일보』, 1969년 2월 13일.

혁명결혼에서 결혼 의상은 깨끗한 평상복이었고, 신랑신부에게 주는 예물은 쇠스랑과 호미, 홍보서(紅宝書)였다. 산둥화보출판사(山東畵報社)에서 펴낸 『옛사진』 제37집에서 인용함.

자유와 민주가 결여되었던 환경 속에서 대다수 사람들은 부득불 정치태세와 자세를 같이할 수밖에 없었다. 개인 옷차림의 일탈로 정치적인 지적과 비판을 받고 고립되기를 원하지 않은 것이었다. '문화대혁명'시기 "천 사람이 같은 복색을 하고 있는" 상황은 정치가 옷차림에 간섭한 결과였고, 결국 단조로운 컬러에 아무런 개성도 찾아볼 수 없는 복장의 시대를 만들어냈다.

배회하는 복장산업

이와 같은 비상시기에 중국인들의 복장면모는 쇠락해서 볼품이 없었고 복장산업은 억지로 유지되고 있었다.

60년대 중기에 수공업 합작화의 기초에서 근대화한 집체소유제 복장기업들이 일어섰다. 이를테면 '베이징 셔츠 공장' '톈진天津 제7복장공장' '상하이 제일 셔츠 공장' '스좌장石家庄 신화복장공장' 등으로, 복장공업은 초보적인 톈안먼(天安門) 광장은 젊은이들의 성지였다. 그들은 소박한 옷차림에 경건한 표정을 하고 있다.

발전을 이루었다.

그 시기 자제自制 복장과 수공제작소에서 만든 복장들이 큰 비중을 차지했지만 8억 인구의 수요를 다 만족시킬 수는 없었기에 대량생산이 점점 더 시급해졌다. 1965년부터 1975년까지 복장 생산량은 3.85벌에서 6.73벌로 증가했고, 생산액은 30.5억 위안에서 59.2억 위안으로 늘어났다.[11]

'문화대혁명'의 변고로 많은 복장공장들이 분분히 이름을 바꿨다. 베이징을 예로 들면, 1966년 8월 후, 베이징유렌패션공장北京友聯時裝厂은 '인민'으로 바뀌었고, 베이징보워이복장점北京波緯服裝店은 '동풍' '반제反帝'로 바뀌었다가 후에 또 '홍도紅都'로 바뀌었다. 란톈패션점藍天時裝店은 '웨이둥衛東' '융홍永紅' '신신新新' '인민복장공장 판매부'로 바뀌었고, 레이멍雷蒙복장점은 '전진' '신레이멍新雷蒙' '홍웨이紅衛' '인민복장 가공부'로 바뀌었고, 베이징자오춘造寸패션점은 '붉은 기'로 바뀌었다.……이와 같은 반자급성 소비모식이 만들어낸 공업체계는 이름을 바꾸는 것만으로는 낡은 수공업모식을 탈피하고 현대적인 생산 행렬에 들어서게 할 수 없었다. 이 시기의 복장기업들은 중산복과 군평복, 인민복人民服 위주의 "세 가지 스타일"로 생산했다. 이러한 복장들은 생산량이 많으나 스타일은 적었으며 수십 년 동안 한결 같았다. "세 가지 스타일"의 복장은 많이 팔리든 적게 팔리든 개의치 않았는데, 이는 "황제의 따님은 시집 못갈까 봐 걱정하지 않는다."는 계획경제의 전형이 되었다.

따뜻하고 배만 부르면 되는 생존형 소비모식과 억압형 생산모식의 상호작용으로 말미암아, 기성옷 가공업과 소비시장 사이에 아주 깊은 '단층'이 만들어졌고, 복장산업은 오랫동안 침체되고 초급단계에 머물렀다.

반 자급경제를 기초로 하는 복장산업모식은 처음부터 위쪽 라인에 있는 방직, 보조재료, 설비 등과 유기적인 경제연계를 이루지 못했으며, 아래쪽 라인에 있는 시장 판매 역시 엄중하게 이탈했다. 과학 연구, 교육, 업계

11. 위중야오(于宗堯), 「복장공업의 현황과 발전」, 『복장문화』(전국 복장항업 과학기술인원 계속교육 TV강좌 교과서, 방직공업부 교육사(紡織工業部教育司) 편찬), 1992.

그 십 년은 꽃다운 나이의 선남선녀들을 괴롭혔을 뿐만 아니라, 모든 사람들에게서 생활의 아름다움을 박탈했다. 위진펀(余金芬) 제공.

조직 등은 모두 상응한 발전을 이루지 못했고 전체 산업은 "선천적인 부족과 후천적인 조절 실패"라는 빈혈증을 앓고 있었다. 이러한 상호 이탈은 전체 업계의 악성순환과 불량발전을 만들어냈으며, 이 시기의 복장산업은 겨우 명맥이나 유지하고 있었고 조금도 생기를 찾아볼 수 없었다.

방직과 날염 업체들은 온통 단조롭기 그지없는 남색, 회색, 검은색, 갈색으로 뒤덮였고, 젊은 처녀와 어린애들만이 소량이나마 조잡한 잔꽃무늬 천이나 컬러 천을 접할 수 있었다.

전에는 여러 사람들의 환영을 받았던 문양이나 스타일의 천들이 "네 가지 낡은 것"으로 분류되었다. 이를테면 매난죽국梅蘭竹菊이나 복녹수희福祿壽禧, 봉천목단鳳穿牡丹 등 문양이었다. 정치 형세의 발전에 발맞추고 '시대'의 특성을 체현하기 위해 꽃무늬 천 설계에 '노삼편老三篇'[12] '톈안먼天安門' '모범극樣

12. 노삼편(老三篇): 마오쩌둥이 지은 「베쥰을 기념하여(紀念白求恩)」와 「우공이산(愚公移山)」, 「인민을 위하여 복무하자(爲人民服務)」 등 세 편의 글.

데이크론(dacron) 옷감이 한때 유행했는데, 스타일이나 입는 방법이 단일했다. 장워이칭(蔣慰曾) 제공.

板戲' '장정長征' '트랙터拖拉机' '수압기水壓机' '낫鐮刀' '붉은 태양紅太陽' 등 정치적 색채를 띤 도안들을 추가했다. 당시 셔츠용 무지체크 원단 하나가 혁명가극 〈차오양거우朝陽溝〉에 등장하는 여주인공이 입음으로써 '차오양체크'로 유명세를 타기도 했다. 이런 천들은 조금이나마 변화와 미감을 갖고 있었는데, 그 시절 여성들이 봄 여름에 사용하는 면이나 면 테릴렌 재질의 평직옷감으로 사용되었다.

궁핍한 경제는 사람들이 옷 선택의 공간을 제한했고, 낮은 수입과 낮은 배급 수준의 제한으로 인하여 사람들은 자기가 원하는 옷이나 옷감을 선택할 방법이 없었다. 60년대 말부터 70년대까지 국가적으로 화학섬유공업을 발전시키기 시작했다. 새로운 화학섬유원단 가운데 데이크론dacron, 나일론nylon, 비닐론vinylon 등이 있었는데 주로 셔츠에 쓰이는 데이크론dacron은 흰색과 남색이 위주였는데, 탄탄하고 빳빳한데다 빨기 쉽고 빠르게 마르는 등의 이유로 그 시대의 유행옷감으로 자리 잡았다.

문화대혁명시기 꽃무늬 천들에는 '붉은 태양' '톈안먼' '장정' 등 정치 도안들이 반드시 들어가야 했다. 작가 소장.

서양식으로 가공한 중국식 솜 덧저고리가 유행했는데 호주머니나 단추, 옷깃 쪽으로 꺼내놓은 꽃무늬 셔츠에만 조금이나마 여성스러운 장식이 가능했다.

치마를 입은 꽃다운 나이의 여자애들이
지붕 위에서 은근한 미소를 짓고 있다.

어두운 사조가 용솟음치다

'문화대혁명' 중기에 도시의 사람들이 법석을 떨며 지식청년들을 배웅하고 난 뒤, "온갖 잡귀신들을 쓸어버리고" "네 가지 낡은 것을 타파하는" 풍조가 점차 가라앉았다. 기세 드높은 문화혁명이 끝나지는 않았지만 사람들은 점차 정치운동에 대해 무감각해지고 싫증을 내기 시작했다. 백성들의 생활도 점차적으로 평정을 되찾았다. 사람들은 의문의 눈길로 과거와 현실을 되살피기 시작했고, 억눌린 생활의 스트레스를 발산할 뭔가를 찾기 시작했다. 망망한 문화의 사막에서 『두 번째 악수』나 『한 켤레의 자수 신발』과 같은 수사본 소설들이 은밀하게 나돌기 시작했고, 『외국 명곡 200수』와 같은 국내외의 시가나 산문, 사랑노래들이 나돌았다. 사람들은 갖은 루트를 다 동원해서 요행히 살아남은 문학작품들을 찾았다. 나중에는 '견학이나 비판용'의 '내부 영화'도 나돌았다.……시들어 버리다시피 된 심령들은 이런 보잘 것 없는 문자와 형상 중에서 애써 아름다움에 대한 위안을 찾았다.

전례가 없었던 '문화대혁명'은 중국 복장 역사에서 전례가 없는 빙하기를 만들어냈지만, 아름다움을 추구하는 민족심리는 말살할 수 없었다.

젊은이들은 아예 자기 몸에 걸치는 옷들을 조금씩 개조하기 시작했다. 표면적으로 "화사한 화장을 좋아하지 않고, 무장을 좋아하는 처녀들"은 '화사한 화장'을 꿈꾸기 시작했고, 복장을 사소하게 뜯어고치는 것을 통해 아름다움에 대한 마음속 갈구를 표현했다. 그녀들은 저녁에 앞머리와 머리끝을 머리핀으로 말아 올려놓는 방법으로 다음 날 잠시나마 곱슬곱슬하게 파도치는 머리를 가질 수 있었다. 어두운 색상의 겉옷 속에 연청색이나 연두색 셔츠를 입고는 옷깃이나 소맷부리를 일부러 조금 노출하기도 했다. 이런 사소한 꾸밈은 색채가 단조롭고 스타일이 무미건조한 복장세계에 조금이나마 익살스러움과 활력을 더했다.

도시 청년들은 옷을 뜯어고치는 바람이 불었다. 재봉사를 찾아서 헐렁한 작업복이나 군복을 맵시 있고 몸에 맞게 뜯어고쳤는데, 이러한 바람은 군 문공단의 젊은 여병들에게까지 영향을 미쳤다. 난징南京군구 전 화극단의 여배우는 다음과 같이 기억하고 있었다. 그 시대의 군복바지는 가랑이가 깊고 다리가 헐렁했는데, 너무 헐렁해서 날씬한 여배우 두 명이 한꺼번에 들어갈 수 있었다. 여배우들은 줄줄이 극단의 재봉사를 찾아 군복바지를 뜯어고쳤는데, 몸에 맞는 바지를 입은 그녀들은 흥분해서 어쩔 줄 몰라했다. 하지만 좋은 날은 오래가지 못했다. 이처럼 '멋 부리기 좋아하는' 경향은 바로 지도자들의 눈에 띄었고, 여배우들은 엄숙한 비판을 받고 다시 헐렁한 군복바지를 발급받아야 했다.

여성치마가 다시 등장한 것은 '문화대혁명' 후기 여성 복장의 현저한 변화였다. 일부 대도시의 처녀들은 조심스레 간단한 스타일의 치마차림을 하기 시작했다. 심지어는 무릎까지 오는 치마를 입기도 했는데, 당시 서방에서 한창 유행되던 미니스커트의 영향인지는 알 수 없었다. 하지만 인차 관련 부문의 주의를 야기했고 일부 상가들에서는 "무릎 위까지 오는 치마를 입으면 안 됩니다."라는 경고문까지 내걸었다. 하지만 이러한 기미들은 이미 '문화대혁명' 복색의 쇠퇴 시일이 가까워오고 있음을 보여 주고 있었다. 『우리들의 70년대』라는 책에서는 아래와 같은 세절을 기록하고 있었다.

> 고난의 시기에도 그녀들은 아름다움에 대한 길구를 굽히지 않았다. 중국의 서녀들는 머리를 정성스럽게 땋아 가늘고 하얀 목덜미를 드러내거나 옷자락에 잔꽃무늬 주름을 잡기도 했으며, 이불을 만들 때 나오는 붉은 자투리 천을 바느질로 한데 꿰매어 모으기도 했다. 이러한 까다로운 요구와 정교함은 생각할수록 눈물겨운 일이 아닐 수 없었다.
>
> ……
>
> 그때 아이들 가운데 가장 유행되는 것은 하얀 운동화였다. 문을 나서기 전에 우리는 늘 신발파우더鞋粉[13]로 운동화를 하얗게 닦았는데, 아예 분필가루를 그대로 바르기도 했다. 일부 현대적인 여성청년들은 스타킹을 신기도 했는데, 사람들의 애매한 시선이 두려

13. 신발파우더(鞋粉): 누렇게 퇴색하기 쉬운 흰 헝겊신 따위에 발라서 하얗게 만들던 당시 특유의 제품.

워 롱스커트로 애써 가렸다. 드러내 보이고 싶어 하면서도 한편으로는 또 남들이 볼까 봐 두려워했는데 그 표정은 마치도 "나는 아름답습니다. 그러나 나는 여전히 순결하답니다."[14]라고 선포하는 것만 같았다.

사람들은 소소한 옷차림의 변화로 알게 모르게 반항을 시작했는데, 이러한 행위는 혼란스럽기만 하던 당시 사회 환경 속에서 그렇듯 사랑스럽고 찬양받을 만한 일이었다.

서러운 여성들

'문화대혁명' 기간이든 '문화대혁명'이 끝난 70년대 말이든 이 두 시기의 옷차림은 큰 변화가 없었다. 남성복은 여전히 "세 가지 스타일"이었고 중산복은 여전히 그 시기의 주류 복장이었다. 컬러는 여전히 "멀리서 보면 한데 어우러져 무지를 이루고, 가까이에서 보면 남색, 녹색, 회색뿐이었다."

그 세월의 사진들을 통해서 그 시대의 남성복과 여성복을 회상해 볼 수 있었다. 남자들은 일반적으로 헐렁한 남색이나 회색의 중산복을 입었고 머리는 7:3 가르마 파마를 하고 있었다. 여성 청년들은 무지나 체크무늬 천으로 된 셔츠나 겸용 셔츠를 입고, 머리는 자르거나 양쪽으로 길게 땋아서 갈래머리를 했다. 갈래머리 처녀들은 사람들 앞에서 두껍고 길게 땋은 머리를 가슴 앞쪽으로 가져와서 만지작거리곤 했는데 소박하고 순진해 보였다.

여성들에게는 너무나도 서러운 시대였다. 모든 아름다운 사물과 개인의 지가 무자비하게 짓밟혔던 시대가 가져다주는 서러움이었다. 부동한 연령층의 그녀들은 십여 년 동안 아름다움을 잃어버렸고 핍박으로 고유의 여성

14. 광천(曠晨) 편찬, 『우리들의 70년대』, 259쪽, 265쪽, 광시(广西)인민출판사, 2004.

꽃다움과 연이 없던
꽃 같은 소녀들.

심미를 포기하고 초라하고 중성화된 복장만을 마주해야 했다. 나중에 어느 여성이 그녀의 어머니와 그녀가 '혁명'에 대한 반감을 글로 적은 것이 있다.

> 한 여인의 청춘은 여름 한 철처럼 짧다. 어머니는 그 원피스를 거의 입지 못하고 걸어두기만 했다. '문화대혁명'이 시작된 뒤에는 혁명과는 무관한 이런 옷들이 옷궤의 맨 밑에 고분고분 엎드려 있어야 했다. 매년 여름에 한 번씩 꺼내어 털털 때에야 비로소 오랫동안 보지 못했던 하늘을 구경할 수 있었다. 당시 나는 아주 의아했었다. 옷궤에 예쁜 옷들이 그렇게 많은데 엄마는 왜 아무런 스타일도 없는 회색이나 남색의 옷만 입을까? 왜 혁명은 예쁜 옷을 입지 못한다는 내용을 포함시켜야만 했을까? 그때 아직 어린애였지만 옷을 입는 한 가지에서만도 나는 이처럼 딱딱한 '혁명'에 조금씩 반감을 가지기 시작했다.[15]

---

15. 리치(李綺), 「그 시절의 원피스(從前的布拉吉)」, 『입는 것을 말하다(講穿)』, 267-268쪽, 하이난(海南)출판사, 2000.

1970년대에 여인들의 전용복장은 기본상 봄 셔츠나 중국식 저고리·셔츠 따위였다. '문화대혁명'의 후기에 와서 사람들은 복장의 세절적인 부분들을 조금씩 개조하기 시작했다. 옷깃이 커지거나 작아지기도 하고, 옷깃 모양이 각지거나 둥글게 변하기도 했다. 호주머니는 속주머니에서 붙임주머니로 바뀌었고, 겉주머니 안에는 갯솜이나 끈을 대고 눌러서 올록볼록하게 모양을 내기도 했다. 방직업종에도 더러 아트디자인이 적용되기 시작했다. 옷감 컬러가 조금씩 변화를 보였고, 원단의 종류 역시 다양한 컬러의 코르덴이나 깅엄gingham 따위가 추가되었다.

1970년대 후기에는 서양식으로 가공한 중국식 솜 덧저고리가 유행하였다. 서양식으로 디자인된 소매에 중국식 스탠딩 칼라가 어우러진 덧저고리는 여성복 변화의 가장 대표적인 예였다. 다른 변화는 호주머니와 단추에서 이루어졌다. 안주머니, 입술 옆 주머니, 겉주머니, 속주머니 등이 있었고, 단추도 단일한 "주판단추"로부터 유기유리 단추, 천으로 싼 단추, 비파모양 매듭단추 등등이 추가되었다. 원단 역시 단일 컬러와 평직무늬로부터 체크무늬, 꽃무늬 데이크론dacron 등으로 다양해졌다.

이 기간의 여성 셔츠가 아무런 특색도 없는 것은 아니었다. 옷깃은 일一자형과 팔八자형이 있었고, 원단은 촘촘하고 얇게 짠 부드러운 무명천이나 포플린poplin, 데이크론dacron을 사용했으며, 긴팔 셔츠와 T셔츠로 구분이 되었다. 긴팔 셔츠는 일반적으로 네크라인이나 스퀘어 칼라, 프렌치 소맷부리French cuff 따위의 스타일이 있었고, 컬러는 흰색 위주에, 연청색이나 회색도 있었다. T셔츠는 긴팔 셔츠와 달랐다. 일반적으로 약간의 어깨다트나 암홀다트를 적용했는데 이는 당시로 말하면 아주 스타일리시한 일이었다.

'문화대혁명' 후기에 나타난 적이 있는 이른바 '장칭[16]치마江青裙'에 대해서 언급할 필요가 있다. 이 '문화대혁명'의 '기수旗手'는 어느 날 갑자기 기발한 생각이 떠올라서 원피스 모양의 치마를 설계했는데, 민족적 특색을 보존하

16. 장칭(江青): 마오쩌둥의 부인으로, 문화대혁명시기 '4인방'의 핵심인물로 위세를 누리다가 1976년에 숙청됨.

면서도 '혁명'적 색채를 더했다고 자찬했다. 이 치마의 상반신은 V자형 옷깃의 명나라 식 꽃무늬 셔츠 모양인데, 하반신의 꽃무늬 주름치마와 이어졌으며, 허리 부분에는 동일한 컬러와 재질로 된 꽃무늬 허리띠가 자리하고 있었다. 이런 치마와 세트로 맞추기 위해 장칭은 또 사람들에게 일러 풍격이 판이한 두 가지 모조신발을 만들도록 했다. 하나는 전통극 중의 '푸즈뤼福字履'[17]이고, 다른 하나는 탕융唐俑[18]의 발에 신은 목이 낮은 신발로, 겹겹의 천으로 바닥을 대었으며 신발 뒤꿈치는 고무 재질로 되었고, 앞부분은 부채 모양으로 펴진 검은 헝겊신인데 사람들은 '장칭신발江青鞋'이라고 불렀다. 이러한 복장은 정식으로 명명한 게 아니고 장칭 본인도 명확한 이름을 지어주지 않았기에, 어떤 사람들은 장칭식의 '원피스'라고도 했는데, 대부분 사람들은 그냥 '장칭치마'라고 불렀다.

재미있는 것은 이런 치마스타일도 정치운동과 마찬가지로 위에서부터 아래로 추진되었다. 우선 부녀연합회와 혁명위원회의 여성간부들이 앞장서서 입도록 했는데, 심지어 일부 단위單位에서는 이런 치마를 입느냐 안 입느냐를 개인의 정치태도를 평가하는 기준으로 삼기도 했다. 하지만 '문화대혁명'의 대세가 저물어가면서 이러한 강제적인 방법은 맥을 추지 못했고, 사람들을 두렵게 만드는 위세도 없어졌다. 결국 '장칭치마'는 아무도 호응하지 않는 상황에서 흐지부지해지고 말았다.

---

17. 푸즈뤼(福字履): 정통연극에서 배우가 무대 위에서 신는 신발로, 구름무늬를 수놓은 실크 재질로 되었고, 바닥이 두툼하다.
18. 탕융(唐俑): 당나라 때 사람 대신 순장품으로 삼던 흙이나 나무로 만든 인형.

'항아리'는 이미 깨졌다

1976년, 중국 대지는 '4인방四人帮'을 제거하는 투쟁의 승리를 기점으로 마침내 장장 10년에 이르는 재앙에 종말을 고했고, 중국 인민들은 봄날의 따스함을 느끼기 시작했다. 덩샤오핑鄧小平의 복귀, 당의 11기3중전회十一届三中全會의 개최, 경제건설을 첫 자리에 놓은 것, 개혁개방, 대학입학시험 회복 등등은 사람들로 하여금 또다시 미래와 새로운 삶에 대해 열망하게 했다.

동란이 끝나자 혼란한 국면이 수습되고 정상적인 질서를 회복했다. 개혁개방의 중국인들은 무엇을 입을까?

당시 "진리의 기준眞理標准"에 대한 토론은 복장의 영역에까지는 아직 미치지 못했다. 만화가 랴오빙슝廖冰兄의 작품 하나가 이를 잘 보여 주고 있다. 항아리의 속박에서 벗어난 남자는 단지가 이미 깨트려졌음에도 불구하고 아

대학 입학시험 회복으로 입학한 수많은 학생들이 너무 소박해서 촌스러움까지 풍기는 옷을 입고 고등학부에 발을 들여놓고 있다.

직도 단지 모양으로 움츠린 채로 있고, 여전히 중산복 차림이었다. 오랫동안 속박을 받아온 중국인들은 아직 '문화대혁명'의 트라우마를 떨쳐버리지 못했다. 당시의 사람들은 봄날의 기운을 막 느끼기 시작했지만 아직 진정으로 봄날을 누리지는 못하고 있었던 것이다.

따라서 70년대의 마지막 몇 년간 중국의 많은 백성들의 옷차림은 큰 변화를 보이지 못했다. 1977년, 대학입학시험을 회복한 첫 해에 수많은 학생들이 소박하고 촌스럽기 그지없는 옷차림을 한 채로 농촌이나 공장에서 흥에 겨워 고등학부로 달려갔다.

'문화대혁명'이 끝난 뒤 군대식 복장은 점차 자취를 감춰버렸지만 회색의 중산복은 여전히 주요한 예의礼儀복장이었다. 이 시기의 주요한 정치지도자 덩샤오핑鄧小平은 미국방문 때나 전국 과학기술대회, 십일기삼중전회 등 행사에서 모두 중산복을 입었는데, 이는 중산복이 개방 초기 한동안 여전히 흥행하게 하는 효과를 일으켰다. 갓 국호를 열고 국제무대에 등장한 중국은 중산복으로 행세했다. 중산복은 '마오좡毛裝'[19]으로도 불렸는데, 중국에서 새로운 시기의 상징적인 형상으로 세계의 주목을 받았고, 계속해서 중국 정치복장의 역할을 담당했다.

정치 영역에 비해 복장에서의 변모는 많이 뒤떨어졌다.

70년대 말의 "궁핍한 경제短缺經濟" 상황은 아직 개선되지 못했는데, 이는 중요한 객관원인이었다. 더 주요한 원인은 극'좌'사조가 몰아왔던 관성과 사상의 경직이나 속박은 아직 사람들의 머릿속에 잔류하고 있었기 때문이었다. 옷차림의 해방은 관념의 해방에 의거해야 하고, 또 반드시 경제의 해방에 의거해야 했다.

아름다움에 대한 사람들의 갈구는 신속하게 싹이 텄고, 자기와 생활을 아름답게 꾸미려는 갈망이 꿈틀거렸다. 헌데 어떻게 꾸미고 어떻게 입어야

19. 마오좡(毛裝): 마오쩌둥(毛澤東)이 중산복을 즐겨 입었기에 서양 사람들이 중산복을 마오좡(毛裝)이라고 불렀던 데서 유래함.

예쁜지에 대해 이 시기 사람들은 이미 그 기준이나 표본을 잃어 버렸다. 필경 스스로 폐쇄되었던 시간이 너무 길었던 것이다. 입고 싶은 마음을 감히 입을 수 있는 용기로 바꾸고, 감히 입을 수 있는 용기를 입을 줄 아는 것으로 바꾸는 데는 시간이 필요했다. 돌이켜보면 그 시기 사람들이 감히 입을 수 있는 용기란 실은 닥치는 대로 마구 입는 것이었다. 일부 청년들이 우선적으로 당시 광둥广東에서 구입해 온 이른바 유행복장을 입기 시작했다. 확실히 "세 가지 스타일"과는 스타일이 달랐고, "세 가지 컬러"와는 컬러가 달랐다. 사람들은 십 년 동안으로 잃어 버린 청춘을 되찾아오려 했고, 잃어버린 차림새를 되찾으려 했다.

필경 추운 겨울이 지나간 것이었다. 패션에 씌었던 두꺼운 얼음도 바야흐로 녹고 있었다.

1978년, 피에르 가르뎅pierre cardin이라는 프랑스의 패션 디자이너가 신바람이 나서 중국 대륙에 발을 들였다. 그는 패션 전도사인양 현대 패션의 개념과 패션쇼를 중국에 가져왔다. 이듬해 그는 또다시 프랑스 모델 여덟 명과 일본 모델 네 명을 거느리고 베이징, 상하이에서 패션쇼를 열었다. 그는 T자형 무대에서 패션쇼를 열고 자기의 작품을 선보였는데, 이는 중국인들이 그동안 보지 못했던 예술형식이었다. 패션쇼의 입장은 엄격하게 통제했는데 관중은 무역업계와 패션계의 관리와 기술 인력으로 한정되었다. 대부분의 중국인들은 그가 벌이는 '떠들썩함'에 덩달아 즐거워했지만 이러한 패션쇼의 진정한 가치는 이해하지 못했고, 이해할 수도 없었다. 피에르 가르뎅의 패션쇼를 보고난 관중들은 입을 벌린 채 숨을 몰아쉬더니 반나절이 지나서야 한 마디를 내뱉었다.

"세상에 정말 이런 옷도 있단 말인가?!"

뒤이어 또 의혹을 떨쳐버리지 못한 표정으로 한 마디 보충했다.

"이런 옷은 도저히 입을 수 없단 말이야."

그랬다. 70년대 말의 중국인들은 프랑스의 패션을 받아들일 수도 소화할 수도 없었다. 하지만 피에르 가르뎅이 중국 패션에 준 영향은 지대했다. 그

개방한 지 얼마 안 된 1979년, 경공업부와 교육부에서 대중소학교의 학생복 전시를 하고 있다. 사람들은 아름다움에 대한 갈망을 우선적으로 젊은이들에게 적용하고 있다. 왕허우린(王厚林) 촬영.

가 중국 패션 업계가 세계를 인식하고 세계로 나아가는 데 지워버릴 수 없는 공헌을 한 것은 부정할 수 없는 일이었다. 그해 4월, 세계적으로 저명한 지휘자 오자와 세이지가 미국 보스턴교향악단을 이끌고 중국을 방문했을 때, 그의 장발이 또 사람들을 놀라게 했다.

"남자들도 장발이 가능하단 말인가?"

나라의 문이 급작스레 열렸다. 태양빛은 너무 강렬했고 너무 자극적이었다…… 중국의 거리와 골목마다 나팔바지와 꽃무늬 셔츠가 나타났고, 장발도 보이기 시작했다.……옷차림에서 멋대로 모방하고 멋대로 입는 것은 당시의 특색이었다. 이는 중국 패션이 맹목적으로 모방하던 단계였으며, 국민들이 그동안 억눌렸던 개성을 풀어내고 복장의 단일화에 반기를 든 것이기도 했다.

나팔바지가 은연중에 들어왔다. 물론 아직 국내에서 큰 반향을 일으키지는 못했지만 대학교의 캠퍼스에서는 조심스레 유행되기 시작했다. 당시 대학교에서는 "여학생은 어깨를 넘는 머리를 하지 못하고, 남학생은 타이트한 바지를 입지 못한다."고 명확하게 규정하고 있었는데 나팔바지는 예외였다. 학교의 정치사상 지도간부가 의아해서 학생들에게 물었다.

"너희들은 왜 하필 나팔바지를 입는 거냐?"

"발을 씻을 때 편하니까요."

학생이 익살스레 대꾸했다.

정치사상 지도간부는 그만 아연해지고 말았다.

사상적인 금지는 '풀렸지만' 물자의 공급은 아직 역부족이었다. 당시 한 인민대표대회 대표가 이런 건의를 내놓았다.

"나사외투 하나에 단추를 두 벌씩 답시다.……두 벌의 단추는 두 가지 효과를 낼 수 있습니다. 목전 국내의 소비 수준으로 보면 옷차림에 대한 사람들의 다양한 수요를 만족시킬 수 있는 효과적인 방법입니다."[20]

하지만 사람들은 전혀 이렇게 할 필요가 없음을 차츰 알게 되었다.

옷차림에 대한 사람들의 수요에 부응하기 위해 공업부문에서는 꽃무늬 품종을 대폭 증가하기로 결정했다. 여러 지구와 부문에서는 분분히 "새 품종 전시판매회"를 열어 소비수요를 만족시켰다.

아름다움에 대한 추구, 이는 인류의 본능에서 비롯되는 자연적인 마음으로, 예로부터 지금에 이르기까지 아무리 열악한 환경 속에서도 사라진 적이 없었다. 아름다움을 좋아하고 즐기는 것은 홀가분하고 자유롭고 명쾌한 것이어야 마땅하다. 그 시기 데이크론이나 코르덴은 여자들이 바라마지 않던 고급 물품이었다. 70년대 말에 이르러서 벌키 얀bulky yarn이나 얇은 스타킹, 견사공단 이불감眞絲軟緞被面 등 신구스타일의 방직제품들은 또다시 아름다움을 추구하는 사람들의 주목을 받았다. 물론 당시까지만 해도 남녀의 패션은 큰 변화를 이루지는 못했지만, 패션의 아름다움을 추구하는 강렬한 욕구가 사회의 깊은 곳으로부터 축적되고 있었다……

1979년 1월, 중국 경공업출판사에서 선충원沈從文의 『중국고대패션연구』에 대한 원고를 받았다. 이는 중국 패션 학술연구의 중요한 성과였다.[21] 선충원은 후반생의 온갖 심혈과 지혜를 모두 쏟아 부어 내당의 사료와 문물을 고증하고 나서, 학술 관점이나 연구의 질과 기본 소재 방면에서 모두 최고의 수준으로 평가받는 이 거작을 완성했다. 이 거작은 새로운 역사시기 중국 패션 사업의 기석이 되었으며, 번영 발전의 길로 나아가는 나침판이 되었다. 중국 패션 역사에 대한 연구는 오천 년 의관왕국의 패션 역사가 계속 이어지고 있고, 중국의 패션 사업이 궐기하고 세계에 영향을 미치고 있음을 의

---

20. 두안(都安), 「인민대표대회 대표 예방, 스훼이(石彗)가 옷차림에 대해 얘기하다」, 『중국패션』, 제12기, 1986.

21. 선충원(沈從文)이 17년이란 시간을 할애한 『중국고대패션연구』가 완성된 뒤 출판에 적지 않은 애를 먹었다. 그림에 대한 인쇄 요구가 아주 높았기에 당시 국내의 출판사들은 독자적으로 출판할 수준이 못 되었고, 결국 홍콩의 상무인서관(商務印書館)에서 출판하게 되었다.

미했다.

같은 해에 베이징의 수도 공항 여객터미널의 벽화 여러 폭이 완성되었는데, 미술계에서는 다들 찬탄해 마지않으면서 분분히 소식을 전했다. 그 가운데 화가 위안윈성袁運生이 그린 〈발수절潑水節-생명에 대한 찬가〉라는 그림에는 물가에서 목욕하는 나체의 다이족傣族 부녀자들이 등장하는데 이로 하여 사회적으로 큰 반향을 일으켰다. 당연히 옷을 입지 않은 것이 문제가 되었고, 당시의 주류 의견은 나체를 반대하고 인체를 부정하는 것이었다. 따라서 그로부터 수년간 이 그림의 인체 부분은 줄곧 가려졌다. 하지만 같은 세기에 예술나체가 또다시 화제로 등장한 것은 사람들을 울지도 웃지도 못하게 하는 일이 아닐 수 없었다. 물은 역류하지 못하지만 문명은 정말로 역류할 수 있단 말인가?

중국의 민중들은 새로운 계몽이 필요했다.……

09

1980년대

1981–1990

국제적 유행에 보조를 맞추다

아름다움을 추구하는 처녀들이 맨 먼저
개방의 새날이 밝아왔음을 알리고 있다.
융허(雍和) 촬영.

09

1980년대

1981–1990

1983년 12월 1일, 국가 상업부에서 통고를 내고 당일부터 전국적 범위에서 일시적으로 천 배급표布票와 솜 배급표絮棉票를 면제하고, 천과 솜의 공급을 개방한다고 발표함으로써, 1954년 이래 전국적으로 실시했던 공급제한과 '천 배급표' 제도의 종말을 선고했다.

소식이 막 전해졌을 때에는 희열보다는 공황과 혼란을 야기했다. 원 상하이시 제일상업국 업무처장 천춘팡陳春舫은 개방 초년의 기아형소비 정황에 대해 다음과 같이 기록하고 있다.

> 1983년 11월 23일 상업부에서는 12월 1일부터 면직물 구매 시 천 배급표를 면제한다고 선포했다. 이는 원래 좋은 일이지만 뉴스를 접한 소비자들은 천 배급표를 무더기로 들고 와서 다투어 이불감 천을 구입했다. 구매 행렬은 눈 깜짝할 사이에 면직물점과 백화점의 문 앞에 안팎으로 겹겹이 긴 줄을 만들어냈다. 사람마다 수 년 동안 모아두었던 천 배급표를 모두 꺼내들고 이불감 천을 구입했는데 하루의 판매량이 평시 반 년 동안의 판매량과 맞먹었다. 이튿날 구매 행렬은 더욱 늘어났는데 상업1국에서 면직물점과 백화점에 간부들을 파견해서 12월 1일부터 전면 개방해서 공급할 것이고, 가격인상도 하지 않는다고 선전하고 설명했지만 소비자들은 믿지 않았고 앞다투어 줄을 서서 구매

했다.……제일백화점과 제10백화점은 당일 폐점할 수 없었다.[1]

1984년의 중공12기삼중전회中共十二届三中全會에서는 중국 경제체제개혁의 강령성 문건을 제정했다. 〈경제체제개혁에 대한 중공중앙의 결정〉에서는 "사회주의경제는 공유제를 기초로 한 계획적인 상품경제이다."라고 제기함으로써 개혁의 방향과 성질, 임무를 명확히 하고 초보적으로 부유한 생활수준의 달성목표를 제시했다.

개혁개방의 바람은 점차 물질생활에 대한 국민들의 염원을 일깨웠고 중국인들은 패션 영역에서 천지개벽의 변화를 맞이했다.……

분출되는 욕망

1986년 베이징에서 "국제 평화의 해"를 기념하여 진행된 콘서트에 특이한 가수 한 명이 참여했다. 주글주글한 군평복차림에 바짓가랑이를 걷어 올리고, 기타를 엇메고 나섰는데 그야말로 구질구질한 차림새였다. 그는 시건방지게 "너에게 끊임없이 물었었지, 언제 나와 함께 갈 거냐고……"를 외쳐냈다. 〈아무것도 가진 게 없다一无所有〉라는 이 노래는 빠른 속도로 전국의 곳곳에 전해졌다. 췌이젠崔健이라는 이 젊은이는 60년대식 옷차림에 80년대의 노래를 불렀는데, 그는 이러한 방식으로 이 시대의 망연함과 혼란을 해석했다.

80년대 초기의 유행은 홍콩에서 광둥广東으로, 다시 전국으로 퍼져나갔다. 홍콩식 패션과 홍콩과 대만의 노래, 광둥어, 광둥요리는 함께 창장長江을 넘고 황허黃河를 지났다. 당시 파워숄더 여성복이 한창 구미에서 유행되

---

1. 천춘팡(陳春舫), 「배급표하의 소비심리(票証下的消費心里)」, 『배급표의 옛 일화들(票証旧事)』, 56쪽, 백화문예출판사, 1999.

췌이젠(崔健)의 〈아무것도 가진 게 없다(一无所有)〉는 80년대에 전 중국에서 인기를 얻었다. 그는 이 시대의 망연함과 기대를 담아 고함치듯 노래를 불렀다. 공연 복장은 군평복(軍便裝)을 선택했는데 상당히 의미심장하다. 샤오촨(肖全) 촬영/fotoe 제공.

갓 개방을 맞이한 사람들은 아직도 "세 가지 스타일"을 입고 군인모자(解放帽)를 쓰고 있다. 1981년 류저우(柳州)에서 촬영. 량루슝(梁汝雄)/fotoe 제공.

개혁개방 초기 의류상점 진열장 안팎. 첸위(錢瑜) 촬영.

개혁개방 초기 거리의 청년들은 녹음기를 들고 덩리쥔(鄧麗君)의 노래를 들으며 한편으로는 좌우를 두리번거리며 유행 정보를 캐고 있다. 첸위(錢瑜) 촬영.

온통 문화대혁명 복색을 하고 있다. 하지만 이미 3전1향(三轉一響, 돌 수 있는 세 가지와 소리를 내는 한 가지라는 뜻으로, 자전거·시계·재봉틀과 라디오를 이름. 20세기 50년대부터 80년대에 이르기까지 중국의 대표적인 혼수품이었음)을 지향하고 있다. 마훙제(馬宏杰)/fotoe 제공.

1982년 광저우 가오디제(高第街)의 패션 가게. 이는 당년 중국 패션의 중요한 발원지의 하나이다. 안거(安哥) 촬영/fotoe 제공.

치마는 영원히 여인들이 가장 바라는 옷이다. 오래 기다렸다. 안거(安哥) 촬영/fotoe 제공.

처녀들의 옷과 치마는 봄날의 꽃송이처럼 맨 먼저 개혁이라는 햇빛의 세례를 받았고, 또 맨 먼저 패션의 동향을 예시하고 있다. 첸위(錢瑜) 촬영.

소규모 개체양복점에서 시민들에게 유행의 편의와 가능성을 제공하고 있다. 예젠창(叶健强) 촬영/fotoe 제공.

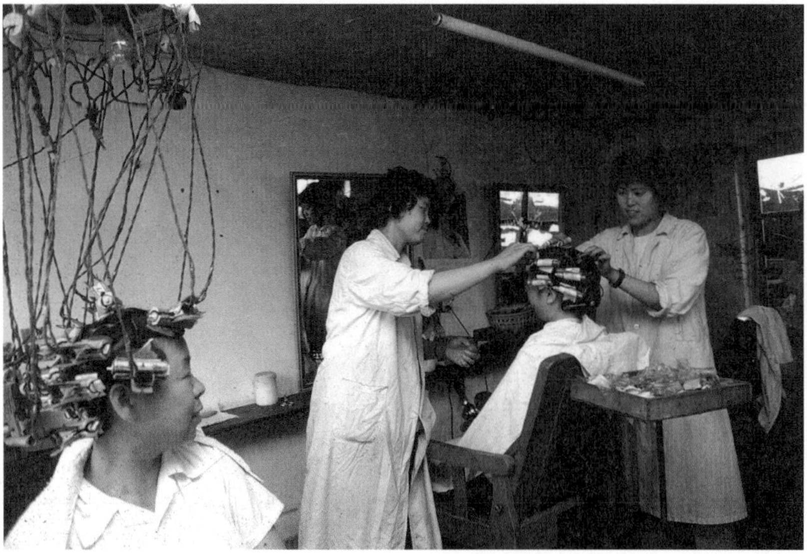

유행에 대한 추구는 우선 머리로부터 시작된다. 파마가 조용히 유행하고 있다. 리장수(李江樹) 촬영/fotoe 제공.

고 있었는데, 이 루트를 통해 재빨리 전국 각지에 전파되었다. 광저우广州의 가오디제高第街, 선전深圳 사터우자오沙頭角의 중잉제中英街 등은 당시 유행을 따르는 사람들의 성지였다. 일부 옷들은 지나치게 화려하고 저속해서 중국의 전통적인 심미와는 차이가 많이 났지만 “찬밥 더운밥 가릴 신세가 안 되었던” 시대에 “바구니에 집어 담으면 모두 채소로 여겼다.” 지나치게 화려하고 저속한 옷 역시 사람들에게 입혀져서 대놓고 거리를 활보했다. 심지어는 외국에서 유입된 형광작업복이나 “Kiss me”라는 문구가 새겨진 매춘산업용 옷들까지 유행복으로 간주되었다. 장사머리가 있는 사람들은 이 기회를 잡고 홍콩이나 일본에서 공장의 이월상품이나 중고시장의 중고옷가지, 각종 떨이 방직제품들을 대량으로 국내에 가져와서 복장과 방직제품에 대한 수요를 메웠다.

그 시절 연해 지역에서 내지에 이르기까지, 도시에서 농촌에 이르기까지, 패션 시장은 전례 없는 호황을 이루었다. 업계를 불문하고 다들 옷을 파는 일에 떨쳐나섰는데, 노동자, 농민, 군인, 학생, 상인 누구라 할 것 없이 모두 옷을 팔았다. 심지어는 조그마한 간장가게에도 옷 몇 벌씩 걸어두고 팔았다. 오랜 억압에서 해방된 사람들이 옷을 구입하고 치장하려는 욕구도 여지없이 분출되었다……

> 오늘날 중국의 여성 복장은 혼란스럽기 그지없다. 거리에 나가보면 별의별 것이 다 있다. 초미니와 길게 늘인 것, 타이트한 것과 헐렁한 것, 무늬 있는 것과 가두리를 두른 것, 고전적인 것과 전위적인 것, 등이나 어깨·배꼽을 드러낸 것, 가릴 듯 말 듯 반투명한 것……그야말로 “백 가지 아름다운 꽃들이 다투어 피어나서, 이루 다 즐길 수 없는 지경이다.”[2]

---

2. 리칭시(李慶西), 『남색(藍色)』, 우량(吳亮)·가오윈(高云) 편, 『일상의 중국, 80년대』, 117쪽, 장쑤미술출판사, 1999.

“백 가지 아름다운 꽃들이 다투어 피어나는 것”은 사실이지만, “이루 다 즐길 수 없는 지경”이라고는 말하기 어렵다. 다만 국민들의 미의식이 소생하기 시작한 것은 틀림없는 사실이었다.

아름다움에 대한 강렬한 욕망은 이상야릇한 차림새를 만들어내기도 했다. 위에는 짙은 색의 서양식 모직 예복, 아래에는 나팔바지에 꽃무늬 양말과 캐주얼 신발을 신었는가 하면, 가을과 겨울에 여성들이 치마 안쪽에 메리야스 속바지를 입고 그 위에 또 스타킹을 덮어 신기도 했다.……이처럼 어울리지 않는 차림들이 비일비재했다.

전국적인 범위에서 보면 아직 회색, 검은색, 녹색이라는 제한된 컬러와 양식의 단일함을 벗어나지 못했다. 속박에서 벗어난 두 손은 어찌해야 좋을지 몰랐고, 악몽에서 갓 깨어난 머리는 뭘 생각해야 할지를 몰랐으며, “세 가지 스타일”을 벗어버린 몸은 뭘 입어야 할지를 몰랐다. ‘문화대혁명’ 이후의 복장은 어떠해야 하는지에 대해서 누구도 답을 내놓지 못했다. 따라서 옷차림은 여전히 간단하고 엉성하고 제멋대로였다.

당시 영화나 TV에서 접하는 복장들은 가장 중요한 참조표준이었고 모방의 근거였는데, 특히 외래 영상물들이 그랬다. 미국의 공상과학드라마 〈아틀란티스에서 온 사나이〉에서 선글라스를 낀 주인공 마크 해리스의 모습은 사람들의 흠모를 자아냈다. 이처럼 안경테가 큰 선글라스는 우스개로 ‘개구리안경蛤蟆鏡’으로 불리기도 했지만, 더욱 많은 사람들이 ‘마크안경’으로 불렀고, 당시 사람들이 앞다투어 구매하던 유행품이었다. 어떤 사람들은 이 선글라스를 착용하면서 정통 ‘수입제품’임을 나타내는 종이라벨을 떼어버리기 아까워했다.

화교 소녀와 중국 청년의 연애이야기를 다룬 국산영화 〈루산廬山의 연애〉는 사랑이야기 외에, 관중들이 가장 흥취를 가지는 것은 여주인공이 수시로 바꿔 입는 예쁜 유행복들이었다. 여주인공 역을 맡았던 장위張瑜는 다음과 같이 기억하고 있었다.

옷차림이 그다지 어울리는 것은 아니지만 예쁘게 치장하려는 강렬한 욕망은 흔히 이것저것 따지지 않았다. 첸위(錢瑜) 촬영.

까놓고 말해서 당시에 도대체 옷을 몇 벌이나 바꿔 입었는지는 나도 몰랐지만, 제작진에서 복장을 맡아 관리하던 분마저도 제대로 파악하지 못했다. 지금 당신에게 알려주는데, 정확히 말하면 68벌이었다! 이러한 옷들은 태반은 개인들한테서 빌려왔던 것으로 기억하는데, 아무튼 화교 여자들이 입을 것이라고 생각되는 것들과, 당시 영화제작소 영상자료에서 볼 수 있었던 외국인들의 옷차림 등 가능한 모든 것을 한데 모았었다. 지금 돌이켜보면 모델을 주인공으로 하는 영화라고 해도 이렇게 많은 복장을 필요로 하지는 않을 것이다.[3]

세절적인 것을 전혀 따지지 않는 합리성, 여주인공이 매번 등장할 때마다 옷을 바꿔 입는 것이나, 굽 높이가 두 치나 되는 하이힐을 신고 자갈길을

3. 덩이(鄧圯), 「그것은 영광의 시대였다—영화배우 장위(張瑜)를 탐방하다」, 『1978년을 찾아서, 중국 개혁개방 시대 탐방기』, 150쪽, 푸젠(福建)교육출판사, 1988.

달리는 장면은 요즘 관중들이 보면 실소를 금할 수 없는 일이다. 하지만 혁명화 복장의 잔류가 아직도 천하를 지배하던 그 시대에 화교소녀 저우쥔周筠이 입은 한 벌 한 벌의 옷들은 사람들을 격동시켰고 고무시켰다. 많은 여인들이 저우쥔의 옷을 모방하고 싶어 했는데, 심지어 어떤 사람들은 재봉사를 대동하고 영화관에 들어가 함께 영화를 관람하면서, 똑같이 만들어달라고 주문하기도 했다.

유고슬라비아 영화 〈월터가 사라예보를 보위하다Walter defends Sarajevo〉와 〈모스트Most〉도 중국에 많은 영향을 주었다. 젊은이들은 영화를 보고 난 뒤에 다들 "아, 친구여 안녕!"이라는 삽입곡을 흥얼거렸으며, 유고슬라비아 유격대원식의 재킷을 입고 '월터복瓦爾特衫'이라는 타이틀을 붙이기도 했다.

70년대 말부터 80년대 초까지 일본의 〈붉은 의혹〉과 홍콩의 〈상하이탄上海灘〉을 비롯한 드라마 몇 편이 인기를 끌었다. 드라마 방영과 더불어 도시의 거리에는 재빨리 '오오시마 시게루 코트〈붉은 의혹〉에서 남주인공이 입은 옷'와 '파즈푸發仔服, 저우룬파周潤發가 〈상하이탄上海灘〉에서 입은 옷'가 유행되기 시작했다. 영상물에 나오는 복장을 모방하는 것은 개혁개방 초년의 광범위한 집단행위였다. 강제로 전통복장과 분리된 민중, 세계 패션을 이제 막 접한 민족이 옷차림의 변화를 추구하는 유일한 방법은 눈으로 직접 접할 수 있는 것들을 모방하는 것뿐이었다. 설령 살봇 모방했다고 할지라도 전혀 아쉬울 것 없었다. 더군다나 옳고 그름을 아무도 몰랐으니.

최신식 바지들

선제적인 공격대상은 나팔바지였다. 나팔바지는 개혁개방 초기 맨 먼저 중국에 유입된 국제적 유행바지로, 다른 패션들의 유입을 위해 길을 트는 역할을 했다.

나팔바지의 구조적 특징은 허리와 엉덩이, 넓적다리 부분은 타이트하고,

나팔바지는 개혁개방 초기 맨 먼저 중국에 유입된 국제적 유행바지로, 다른 패션들의 유입을 위해 길을 트는 역할을 했다. 당시 나팔바지를 입고 장발머리에 개구리안경을 쓰고 손에는 녹음기를 든 형상은 흔히 "정신적 오염"으로 간주되었다. 류펑(劉蓬) 작.

구제청바지의 유행은 당시 중국인들에게 있어서 다소 기가 막힌 일이 아닐 수 없었다.

무릎부터 내려가면서 나팔 모양으로 펼쳐진 것이다. 초기에 사회적으로 나팔바지를 입는 것을 곤혹스럽게 여겼다. 제멋대로 행동하고 멋 부리기 좋아하는 젊은 남자들만이 감히 입을 수 있었다. 체크무늬 셔츠와 엉덩이가 타이트한 나팔바지, "개구리안경", 장발, 늘어진 귀밑머리大鬢角, 손에 든 녹음기에서 크게 울려 퍼지는 덩리쥔의 노래, 당시 이러한 현상을 여론은 '정신적 오염'[4]으로 간주했다. '문화대혁명'이 만들어낸 관성 때문에, '정신적 오염'을 반대하는 운동이 지방에서 확대되었다. 나팔바지와 남성의 장발은 물론 오리털 패딩까지도 '정신적 오염'으로 비춰졌다. 일부 중고등학교 교장은 아침에 아예 큰 가위를 들고 학교 대문 앞에 지켜 서서, 위로는 장발을 잘라버리고, 밑으로는 바짓단을 잘랐다.

하지만 그해에 장발머리에 나팔바지 차림의 청년이 물에 빠진 어린애를 구한 감동적인 사건이 있었고, 이는 사회적인 논의를 일으켰다.

"장발머리에 나팔바지를 입으면 좋은 청년이라고 할 수 있는가?"

당연히 갑론을박이 벌어졌지만 결론에 도달하지는 못했다. 하지만 나팔바지는 결론을 기다리지 않고 선풍처럼 빠르게 중국을 뒤덮어버렸다. 80년대 후기에도 더러 바짓단을 넓혔는데 심지어 60센티미터로 넓힌 경우도 있었다.

나팔바지가 유행한 시간은 그리 길지 않았다. 뒤이어 일자바지, 테이퍼드바지, 보스바지老板裤 등 다양한 스타일의 바지들이 나왔다.

80년대에 국제적으로 구제청바지가 유행하기 시작했다. 스톤 워싱Stone Washing이나 반복적인 물세탁 기법으로 빈티지하게 가공한 청바지가 패션 트렌드로 인정되었다. 이와 같은 엉클 샘Uncle Sam 아저씨의 물건들에 대해 사람들은 일종의 경계심을 갖고 있었다. 따라서 오랜 시간 동안 대다수 사람들은 청바지와는 일정한 거리를 두었다. 신중하고 보수적인 성인들은 무의

---

4. 정신적 오염: 1983년 중공12기이중전회(中共十二届二中全會)에서 다음과 같이 제기했다. 사상전선은 "정신적 오염"을 배제해야 하는데, 이는 개혁개방이래 나타난 각종 자산계급과 착취계급의 부패한 사상을 억제하는 것을 그 목적으로 한다.

식적으로 청바지를 입은 청년들에 대해 단정하지 못하다고 여겼다. 한번은 청바지를 입은 대학생이 어느 공장의 인사과에 가서 등록할 때, 현장에 있던 사람들의 눈총을 받은 적도 있었는데, 지도간부 한 명이 그 자리에서 지적했다.

"모모군, 대학교에서 서양멋만 들었나? 4년이라는 시간이 긴 것도 아닌데 자네는 이미 외국 영상물 속의 '부랑아'랑 비슷하게 변했군."[5]

이러한 관점은 당시 사회의 주류사상을 잘 대변하고 있었다.

청바지가 제대로 유행된 것은 90년대 후의 일이었다. 데님룩 스타일이 중국인들의 옷차림 관념이나 방식에 미친 잠재적인 영향은 거대했다. 그 영향의 깊이나 넓이는 나팔바지보다 훨씬 강렬했는데, 이는 청바지의 국제상의 영향력과도 일치한 것이었다. 나팔바지와 청바지가 유행되면서 앞트임 바지도 점차적으로 중국 여성들에 의해 받아들여지게 되었다.[6]

80년대 말기, 바짓단에 발디딤 고리가 달린 검은색 스판바지가 '헬스바지健美裤'라는 이름으로 신속하게 전국의 도시와 농촌으로 퍼져나갔다. 흔히 '발디딤바지踏脚裤'로 불렸던 이 바지는 많은 여성들의 사랑을 받았는데, 유치원의 어린 여자애부터 공원에서 아침 단련을 하는 할머니까지도 예외가 아니었고, 한동안 유행 태세가 상상을 초월할 정도였다.

이는 80년대 후에 가장 광범위하게 보급되었던 여성바지 스타일이었는데, 놀랄만한 유행 태세를 보이다가 90년대 중기에 들어서서야 차츰 시들해졌다. '발디딤바지'의 유행은 가격이 싸고 실용적인 데다 다리와 엉덩이라인을 살려줄 수 있다는 데서 그 이유를 찾을 수 있다. '발디딤바지'는 봉건전통의 가리고 숨기던 것에서부터 개혁개방 기간의 보여 주고 과시하는 것으로 넘어오는, 전환기 중국인들의 의식형태의 변화를 분명하게 보여 주고 있으며

---

5. 다이핑(戴平), 『"제2의 피부"의 매력』, 32쪽, 베이징출판사, 1992.
6. 전통적인 복장문화의 영향으로 중국과 일본 여성들은 현대식 바지를 받아들이면서도, 한동안은 여성바지의 옆트임 방식을 고수했다.

헬스바지는 80년대 중국 대지에서 하나의 진풍경을 이루었는데, 어린 소녀부터 할머니에 이르기까지 몇 벌씩 가지고 있었다. 장쭤(張左) 촬영.

스판바지는 타이트하고 쾌적하고 값이 싸서 헬스바지라는 명성까지 갖고 있었는데, 바짓단 부분에 발디딤 고리가 달려있어 "발디딤바지"라고도 했다.

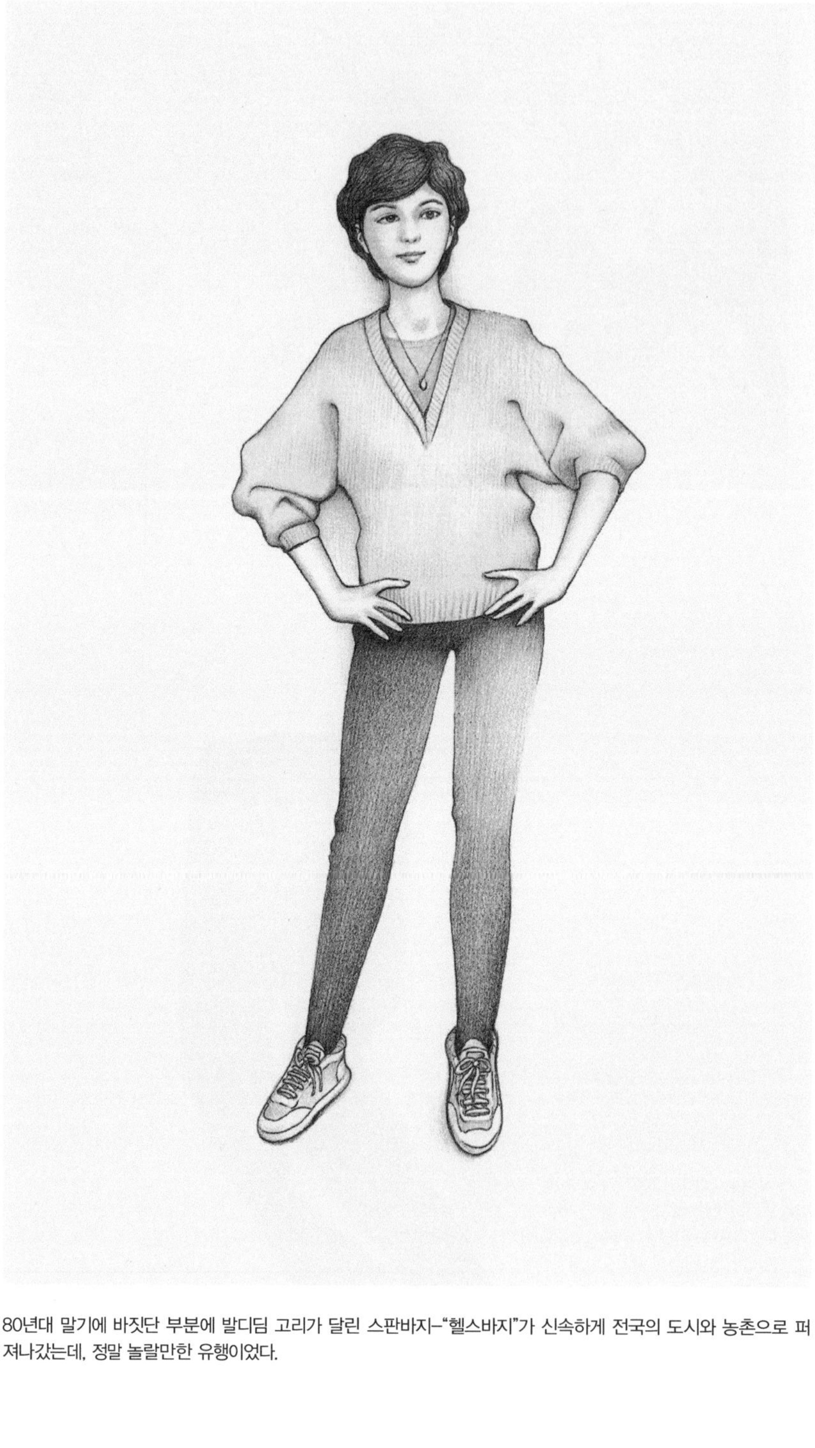

80년대 말기에 바짓단 부분에 발디딤 고리가 달린 스판바지—"헬스바지"가 신속하게 전국의 도시와 농촌으로 퍼져나갔는데, 정말 놀랄만한 유행이었다.

특히 옷차림을 통해 성별 특징을 드러내고 과시하려는 경향을 잘 보여 주고 있다.

예로부터 지금에 이르기까지 중국인들은 성性에 대해서 꽁꽁 숨겨왔는데, 공공장소에서 신체라인을 드러내는 옷은 도덕에 저촉되는 것으로 간주했다. 해방 후, 이러한 위선적인 도덕은 더욱 엄격해졌다. 모든 남녀들은 헐렁하고 허름한 옷을 입음으로써 신체의 성별 특징을 감춰버렸다. 패션 심리학은 '발디딤바지'의 성행은 이러한 속박에서 벗어난 뒤의 깜짝 반등이며, 사람들의 성性의식이 정상으로 회복된 뒤 패션에서 반영된 결과라고 인정했다.

복장을 선두로 하다

1986년 9월, 국무원 지도간부는 "복장을 선두로 하라"고 명확하게 제기했다. 그해 연말, 국무원에서는 복장항업을 경공업부에서 방직공업부로 옮겨서 관리하도록 결정했다. 이 결정은 방직공업의 기초 위에서 복장산업을 힘써 발전시키고 고부가가치의 산품을 만들어내려는 국가의 결심을 보여 주고 있다.

1987년 10월, 중공십삼대中共十三大가 베이징에서 열렸다. 양복을 입은 총서기 자오쯔양趙紫陽이 중외의 기자들을 회견할 때, 한 기자가 복장에 대한 개인적인 문제를 물었다.

"총서기께서 입으신 양복은 어떤 브랜드입니까?"

자오는 양복의 앞섶을 열어서 라벨을 보여 주며 자랑스럽게 말했다.

"베이징, '홍두紅都'입니다."

개혁개방이 시작되었다. 예쁜 옷차림에 대한 사람들의 추구와 욕망은 오랫동안 억압을 받아왔다. 그러다가 문득 억압에서 해방되니 그 기세는 막을 길이 없었다. 80년대 초부터 전국적으로 복장전시판매회가 유행하기 시작했다. 1983년 5월 경공업부가 전국농업전시관全國農業展覽館에서 진행한 "경진호

요서京津滬遼蘇[7] 5개 성 패션 전시판매회"는 매일매일 인산인해를 이루었는데, 붐비는 인파 때문에 판매대가 내려앉았고 철제 난간은 눌려서 휘어지기도 했다. 80년대 후기부터 전국 각지에서 잇따라 패션 박람회와 패션 축제를 개최했다. 다롄大連 국제 패션 축제는 1988년에 막을 올렸는데 중국 패션 축제의 서막을 열었다. 뒤이어 각지에서 패션 전시나 축제를 개최하는 붐이 일었다. 이러한 행사들은 복장에 대한 사람들의 수요를 만족시켰고 더욱이는 신속하게 발전하는 중국 패션 사업을 이끌고 추진하는 역할을 했다.

시장경제의 추진과 사람들의 생활수준 향상, 강렬한 내수수요로 말미암아 80년대 첫 5년 간 복장공업은 연간 12%의 급속한 성장세를 보였다. 더불어 광둥广東, 저장浙江, 장쑤江蘇, 상하이上海, 산둥山東 등 연해지역과 도시의 패션 산업은 빠르게 발전했는데, 국내시장에 공급했을 뿐만 아니라, 다른 나라와 지역을 상대로도 대량의 가공수출을 담당했다.

중국 패션 디자이너 직업의 규모화는 80년대 후에 형성되었다. 패션의 사회 경제적 작용과 문화작용도 발굴되었다. 지난날의 '재봉사'라는 이름도 좀 더 체면이 있는 디자이너로 바뀌었고, 이 직업 역시 예사롭지 않은 매력과 인기를 보여 주었다.

『중국패션』 잡지는 1988년에 「패션 디자인도 생산력이다」라는 사론社論을 발표하고 패션 디자인에 높은 점수를 줬다.

> 과학 기술은 생산력이다. 예술 역시 생산력이다. 패션 디자인은 과학 기술적인 요소도 내포하고 있고, 문화예술적인 요소도 갖고 있다. 따라서 패션 디자인은 생산력일 뿐만 아니라, 특수성을 갖고 있는 생산력이다.[8]

1983년 7월, 베이징에서 개혁개방 이후 첫 대형 패션 디자인 시합을 개최

---

7. 베이징(北京)·톈진(天津)·상하이(上海)·랴오닝(遼宁)·장쑤(江蘇) 등 5개의 성과 직할시를 이름–역자주.
8. 『중국패션』, 1쪽, 1988년 제1호.

했는데, "중국 패션 문화상"이라는 타이틀을 내걸었다. 1985년 11월, 제1회 전국 패션 디자인 "금가위상金剪獎" 시상식이 전국정협政協 강당에서 진행되었다. 전국 21개 성·시·자치구에서 선발된 67명의 선수가 268벌의 작품을 들고 수도에 들어와서 시험에 응시했다. 언론에서는 반가워하며 금상 수상자를 '패션 장원服裝狀元'이라고 치켜세웠다.

양복 붐

패션에서 보이는 개혁개방의 상징을 들라면 당연히 '양복 붐'이라고 해야 할 것이다.

1983년 6월 2일, 중앙서기처中央書記處 서기 하오젠슈郝建秀는 경공업부 부장 양보楊波에게 편지를 써서 "양복과 겸용 셔츠, 치마, 치파오旗袍를 입을 것을 제창하라."고 제기했다.

같은 해 중공중앙총서기中共中央總書記 후야오방胡耀邦은 "복장문제를 틀어쥐어야 합니다. 도시와 농촌 인민들이 깨끗하게 입고, 단정하게 입고, 예쁘게 입도록 해야 합니다."[9]라고 회의 때마다 누차 강조했다. 총서기는 앞장서서 양복을 입는 등 몸소 실천으로 보여줬다.

중국 지도자가 앞장서서 최신식 더블버튼 양복을 입자 국내외에서 상당한 주목을 받았다. 정치적 동향으로 사회 발전을 추측하는 데 습관이 된 중국의 민중들은 양복이 정치개혁과 관련이 있고, 양복을 입는 것은 개혁의 정치적 신호라고 예측했다. 윗사람이 모범을 보이면 아랫사람이 본을 받았다. 각급 지도간부들은 분분히 양복을 맞추기 시작했고, 백성들도 추종하고 모방했다. 뒤이어 전국적인 범위에서 '양복 붐'이 일었는데, 1984년 양

9. 『중국백과연감(中國百科年鑒)』 편집부, 상하이패션연구소, 『상하이패션연감(上海服裝年鑒)』, 1쪽, 지식출판사, 1985.

양복과 양복치마를 입은 청춘남녀가 유행 패션이 그려진 간판 앞을 활보하고 있다. 장쭤(張左) 촬영.

80년대 베이징 다산란(大柵欄) 보행거리에서는 행인들이 입은 양복과 파워숄더 여성복이 개방 느낌을 물씬 풍기고 있다. 장쭤(張左) 촬영.

복 시장에서는 공급이 수요를 따라가지 못하는 현상이 벌어지기도 했다.

80년대 양복의 보급은 표면적으로는 오랫동안 성행했던 "세 가지 스타일"에 대한 반역이지만, 심층적으로 보면 정치개혁에 대한 갈망의 표출을 그 원인으로 들 수 있다. 이번 '양복 붐'의 대표 주자는 정치지도자였는데, 적극적으로 개혁을 주장하는 정치가들은 모두 약속이나 한 듯 양복을 입기 시작했는데, 그야말로 "양복이 또 강남안을 푸르게 물들이네西服又綠江南岸"[10]라는 시를 인용한 말이 나올 정도였다. 이번 '양복 붐'은 그 깊이와 넓이에서 민국시기를 훨씬 초과했는데, 이 점은 정치지도자들이 예상하지 못했을 것이다. 고위급 지도간부로부터 방송국의 앵커, 일반인에 이르기까지 저마다 분분히 양복을 선택했는데, 이는 중국 특색의 양복 보급이라고 할 수밖에 없는 일이었다.

양복은 세기말의 중국에 휘황찬란한 봄날을 안겨줬고, 중국 개혁개방을 대표하는 하나의 부호가 되었다.

이 시기의 양복 유행은 반세기 전과 명확하게 달랐다. 민국시기의 양복 유행은 대도시의 중상층 계급에 국한되었지만, 이번에는 모든 연령대와 같은 사회계층 사이에 모두 유행되었고, 가장 광범한 소비영역에까지 영향을 미쳤다. 80년대 중후기에 이르러서는 농촌에까지 양복이 보급되었다.

문호가 일단 열리자 사람들은 오랫동안 보지 못했던 양복에 대해 큰 흥미를 보였고, 잠시라도 지체할세라 "세 가지 스타일"을 벗어버리고 조잡하게 만들어진 최초의 양복을 떨쳐입었는데, 이처럼 엉터리로 양복을 입는 현상은 비일비재했다. 헐렁한 양복을 입고, 발에는 운동화를 신고 커다란 넥타이에 팔소매의 상표는 떼지 않았고, 호주머니에는 물건을 가득 집어넣는 경우도 있었다. 농민 친구들이 양복을 바꿔 입고 밭에 나가 일을 하는가 하면, 도시에 들어가 삯벌이하는 농민들은 양복을 입은 채 시멘트를 이기고 벽을 발랐다. 농민들이 양복을 입은 것은 중국 개혁건설에서 특유의 풍경

10. 왕안석(王安石)의 시구 "봄바람은 또 다시 강남안을 푸르게 물들이네(春風又綠江南岸)"를 패러디한 말.

이 되었고, 한동안 신문잡지마다 양복을 어떻게 입고 넥타이를 어떻게 매는가 하는 계몽성 글들을 쉽사리 찾아볼 수 있게 되었다.

하지만 양복의 유행이 쉽사리 대중들에게 받아들여진 것은 아니었다. 극'좌'사조의 여파가 아직도 일부 사람들의 사상을 옥죄이고 있었는데, 어느 기관의 여성간부는 간행물에 그 우려를 표하고 있다.

> 다른 업종 사람들이 스타일이 새롭고 컬러가 산뜻한 옷을 입는 것은 반대하지 않는다. 하지만 국가간부는 단정하고 대범하며 깨끗한 차림이면 충분하다. 애아버지는 전에 늘 군복을 입었는데, 사회적으로 '양복 붐'이 일고 나서는 쩍하면 양복을 맞추겠다고 징징대는 바람에 할 수 없이 한 벌 맞춰줬다. 연회색의 양복에 흰 셔츠와 넥타이를 맞추니 시원스럽고 멋지긴 했다. 하지만 마음속으로는 상사와 동료들이 이런 차림을 어떻게 생각할까 하는 우려가 늘 떠나지 않았다.[11]

'문화대혁명'이 만들어낸 이런 트라우마는 당시에는 아주 보편적이었다.

1987년 11월, 국내의 여러 언론매체들에서는 당의 13기일중전회十三屆一中全會에서 정치국 상임위원 전원이 양복을 입은 사진을 일제히 내보냈다. 그 후로 양복은 불문율처럼 개혁에서의 예복과 평상복으로 되었다. 제작 기술이 정교한 양복은 점잖고 단정한 느낌을 주는데, 체형을 보정하고 꾸며주는 역할을 했다. 따라서 신속하게 사회 각 계층과 업종의 남성들이 선호하는 옷이 되었다.

이 시기 중국에서 유행하는 양복스타일은 싱글버튼 노치라펠 칼라에서, 듀얼버튼 피크라펠 칼라로 바뀌었다. 흔히 보이는 스타일은 라펠 칼라에 투버튼이나 혹은 표준적인 피크라펠 칼라에 듀얼버튼이었다. 컬러는 짙은 남색이나 검은색, 회색 위주였다.

---

11. 루자오캉(呂兆康), 「그녀는 왜 간부로 일하는 남편이 유행을 따르는 것을 반대할까?」, 『옷차림 심리에 대한 재미있는 일화』, 86쪽, 상하이과학기술출판사, 1993.

양복 붐이 중국 대지를 휩쓸면서 남녀 모두 선호하는 유행복이 되었는데 캐주얼 양복이 가장 많았다. 첸위(錢瑜) 촬영.

조잡하게 만들어진 양복조차 공급이 딸렸고, 여성 양복바지는 아직 옆트임을 고수하고 있다.

온 나라에 불어 닥친 양복 붐은 중국 양복업의 발전을 이끌었다. 80년대 중기에 대량의 양복공장이 일어섰고 국외에서 백여 개에 달하는 양복 생산라인을 수입하였는데, 이는 양복 생산능력을 대대적으로 제고시켰다. 컨베이어 시스템과 전용 설비를 도입하여 질과 작업효율을 제고함으로써 생산능력도 신속하게 늘어났다. 또한 양복산업은 향진기업鄉鎭企業 복장공장의 발전을 이끌었다. 80년대의 내수 수요 충족과 가공 수출로부터 90년대에 이르러 자체 브랜드를 제작하기까지 중국 양복기업들은 빠른 시간 내에 브랜드화 생산의 궤도에 올라섰다. 1986년 중국 패션 디자인센터에서 〈우리나라 농민들이 양복을 입은 것은 개혁개방에서 하나의 진풍경을 이루었다. 〈도시의 농민〉 조각 계열 작품. 량숴(梁碩) 제작.

양복 구조 연구〉라는 연구 과제를 제정하고, 중국인 신체에 맞는 양복 구조 문제를 연구하기 시작했다. 피에르 가르뎅은 "아시아의 기타 30여 개 대표단에 비해 중국 남자 운동원들의 양복이 가장 훌륭했다."라고 평가했다.

남자들의 양복과 마찬가지로 80년대 여자들도 투피스 정장을 입었다. 구미에서 반세기 넘게 유행된 직업여성 복장이 마침내 중국 화이트컬러 여성들이 선호하는 패션으로 자리매김한 것이었다. 투피스 정장은 점차적으로 직업여성들의 전형적인 패션으로 자리매김해 갔고, "직업여성복職業女裝"이라고 불리기도 했다.

문화 셔츠(文化衫)와 색다른 문화

양복 붐이 일어남과 동시에 라운드 넥 티셔츠를 주인공으로 하는 붐이 함께 일었다. 사람들은 이런 티셔츠를 "라운드 넥 속적삼圓領汗衫" "영감님 셔츠老頭衫"라고 부르기도 했다. 이는 오래전에 벌써 국외로부터 수입되었는데, 톈진天津, 상하이上海, 칭다오青島 등 대도시에는 모두 관련 복장 공장이 있었다. 이처럼 얇고 부드러우며 흡습성이 강한 옷은 대다수 남자들이 여름철에 즐겨 입었는데, 가을과 겨울에는 내의로 입기도 했다. '문화대혁명' 전과 '문화대혁명' 기간에는 기본적으로 흰색이고 스타일도 단일했다. 원래는 저렴하고 디자인이라 할 것도 없던 대중소비품 복장에 개성을 띤 도안이나 문자를 추가하면서, 80년대 말부터 90년대 초까지 대대적으로 유행되었고, '문화 셔츠'라는 이름도 얻게 되었다.

물론 현대 티셔츠 문화형식 역시 국외에서 전래된 것이었다. 초기에 어떤 사람들은 이 셔츠의 인기를 도무지 이해할 수 없어 했다.

> 이처럼 라인이 살아 있지도 않고 별다른 스타일도 없으며 심지어 칼라도 없는 "영감님 셔츠"에 빨강, 파랑, 노랑 등 여러 가지 컬러로 ABC를 크게 새기거나, 사람 머리, 개 머리, 고양이 머리, 곰 머리 도안을 새겨 넣으니 대단한 물건으로 탈바꿈해서 한 벌에 30위안씩이나 받고 있다. 흥이 난 개체 노점상들이 거리낌 없이 거기에다 "수입제 홍콩식 컬러인쇄 셔츠" "최신유행 홍콩 셔츠" "90년대 제일 셔츠" 등등 라벨을 붙였다.[12]

'문화 셔츠'는 다른 옷들이 가지지 못한 특수한 기능을 갖고 있었다. 스타일은 간단하지만 가격이 저렴하고 대규모 생산이 쉬우며 소비층이 광범위하고 유행성이 강했다. 여기에다 현대적인 날염 기술로 개성적인 도안을 적용

12. 시훼이쩌(習慧澤), 「여름의 해와 가을의 바람에 대해 알려주세요(請告訴我夏日和秋風)」, 『상하이 패션』, 8쪽, 1990년 제3기.

도안이나 문자를 인쇄한 티셔츠가
80년대 말부터 널리 유행하였다.
장하이얼(張海兒) 촬영.

할 수 있었기에 단일한 스타일임에도 얼마든지 차별화가 가능했다. 도안과 문자의 선택 가능한 범위는 아주 넓었고, 전위적인 색채가 짙어 젊은이들의 광범한 사랑을 받았다. 당시 구미 유행 패션에 대한 추종 때문에 외국의 문자나 도안을 새긴 '문화 셔츠'를 더욱 선호했다. '문화 셔츠'의 인기는 패션 컨슈머리즘의 도래를 예시하는 것만 같았다. 컨슈머리즘 시대에서만 문화표지가 토템에 맞먹는 매력을 가지는 것이 가능했으며, 입는 사람들에게 희열을 안겨줄 수 있는 것이었다. 이러한 문화표지들을 몸에 걸쳤을 때, "당신은 자기의 개인 신분과 외부의 상업적 성공을 일치시킬 수 있고, 자신의 하찮은 지위에서 오는 상실감을 커버할 수 있으며, 그 순간 뛰어난 인물로 거듭날 수 있는 것이다."[13]

외국 문자와 각종 도안·두상 말고도 문화 셔츠는 이름 그대로 이른바 '문화 셔츠'에 어울리는 문화를 나타낼만한 형형색색의 다양한 문구들을 인쇄했다. 조롱하는 말, 시시껄렁한 말, 교묘한 말장난, 노래 가사 따위의 장난스런 문구들을 인쇄했는데 농후한 시대적 색채를 띠고 있었다. 가장 대표적인 것은 "건드리지 마, 귀찮아"였는데 거리에는 온통 "귀찮아" 뿐이었다.

한번은 문화 셔츠를 입은 사람이 자전거를 타고 가고 있었다. 셔츠 뒷면에 "한 조각의 붉은 천이……"라고 인쇄되어 있었는데 그 아래 문구는 너무 작아서 잘 보이지 않았다. 시력이 안 좋은 뒷사람은 그 아래 문구를 마저 보려고 자전거 페달을 열심히 밟아서 쫓아갔는데, 두 정거장이나 쫓아가서야 "내 두 눈을 가리고, 하늘도 가려버렸네, 나보고 뭘 봤냐고 물으면 나는 행복을 보았노라 대답할 거야."췌이젠의 노래 가사임라는 그 아래 문구를 확인할 수 있었다. 뒷사람은 갑자기 크게 깨우친 듯, "정말 대단해!"라고 말했는데, 이때로부터 췌이젠과 그의 노래를 좋아하게 되었다.

문화 셔츠에 익살스럽거나 노골적인 문구나 도안을 인쇄하는 것은 사람

---

13. [미국] 폴 푸셀(Paul Fussell) 저, 량리전(梁麗眞)·러타오(樂濤)·스타오(石濤) 역, 『클래스(Class)』, 71쪽, 중국사회과학출판사, 1998.

들의 시선을 끄는 가장 좋은 방법이었다. 디자이너는 이를 통해 각종 문화예술 내용과 사회현상의 희로애락을 표현하기도 했다. 문화 셔츠는 중국에서 빠르게 발전했는데, 이는 당시 유행하던 건달문학痞子文學, TV드라마, 록음악, 마오쩌둥 붐 등 형형색색의 문화현상들과 더불어서 기기괴괴한 포스트모더니즘문화의 퍼즐을 이루었다.

80년대부터 90년대에 이르기까지, 정신적인 자유의 갈망으로부터 물질적인 욕구의 실현에 이르기까지 중국 사회는 '개인'의 '발달'에 대한 관심이 점차 '국가'의 '강성'에 대한 염원을 따라잡았다. 이런 사회 환경 속에서 사람들은 정신적으로나 물질적으로나 모두 자아와 개체의 개념에 대해 강조하기 시작했다. 따라서 문화적인 느낌, 유행적인 느낌이 강한 패션 상품들은 흔히 개인이나 집단 두 방면의 정감이나 이익을 표현하는 쪽으로 치우쳤고, 표현 형식은 강렬하고 직설적이었다.

문화 셔츠에서 형형색색의 장난문구들은 전환기 중국인들이 신생사물에 대한 막연함의 발산이며, 또한 급속도로 변화하는 현실에 적응하기 힘든 곤혹을 자아내 풍자의 형식으로 표현한 것이기도 했다. 과거에는 엄숙하고 정통적인 형식으로 표현하던 여러 가지 정서와 사상들을 지금에 와서 가볍고, 참신하고 상품화한 캐리어를 통해 표현하고 있는데 이는 의심할 나위 없이 시장경제가 발전한 결과이다. 사람들이 문화 셔츠를 통해 드러낸 주동적이고 발랄한 마음가짐은 컨슈머리즘이 도래하기 전 일종의 징조라고 할 수 있었다.

1991년 여름, 일부 시민들이 신문잡지를 통해 아래와 같이 호소하고 있었다.

> 우리의 생활을 위해, 우리의 사업을 위해, 우리의 미래를 위해 "세상을 하찮게 대하는 태도"를 버려 주세요. 이따위 블랙유머를 버려 주세요![14]

14. 우리핑(武力平), 『유행패션, 당대 청년들의 표정』, 51쪽, 화샤(華夏)출판사, 1993.

뒤이어 베이징시 공상 부문에서는 시 인민정부의 재가를 받아 〈불건전한 도안이나 문자를 포함한 상품 판매를 금지하는 것에 관한 공지〉를 내고 불건전한 문화 셔츠 단속에 나섰다. 정부가 간섭에 나서면서 문화 셔츠의 붐은 점차 평정을 찾았다. 하지만 문화 셔츠 현상은 대중문화 소비의 새로운 동향을 보여줬으며, 개혁개방 이후 패션에서 표현되는 특유의 역사현상이 되었다. 컨슈머리즘 시대에 인류의 모든 사유와 행위는 다 이윤으로 전환이 가능한데, 소비문화 자체에 대한 비판마저도 예외가 아니었다. 대량생산으로 말미암아, 엄숙의 의미는 희석되어 사회 대중들이 기꺼이 복종하고 받아들이는, 해학이나 조롱의 형식으로 변해 버렸고 또한 널리 받아들이는 소비품으로 되어 버렸다.

개혁개방 초기의 중국 문화 셔츠는 동시에 이 두 가지를 실현했다.

국제적 유행에 보조를 맞추다

80년대 초에 상하이 패션 회사는 국제무역을 개척한다는 이유로 패션모델 팀을 소식했다. 키가 늘씬한 이 처녀들은 전문 훈련을 받아보지 못했는데, 그중 태반은 하이힐을 신어보지 못했고, 현대적인 여성 속옷을 입어보지 못했으며, 화려한 유행 패션은 더욱 입어보지 못했다. 사회적으로 모델이라는 직업에 대한 인식의 부재에서 기인된 것이겠지만, 당시 언론보도에서는 '모델'이라는 단어를 사용하지 못하고 "복장공연원服裝表演員"이라고 표현했다.

1981년 2월, 이 복장공연원들은 상하이의 유이友誼영화관에서 첫 공연을 선보였는데, 이는 개방 이래 처음이 되는 진정한 의미의 패션쇼였다. 그해 11월 이들은 프랑스의 모델들과 연대해서 피에르 가르뎅의 개인 작품 발표회 무대에 섰다.

패션쇼는 성씨가 '자(資)'일까, '사(社)'일까? 관중들은 복잡한 심정과 의혹을 감추지 못했다. 1986년 광저우에서 촬영. 안거(安哥) 촬영/fotoe 제공.

그럼에도 불구하고 모델이라는 직업의 사회적 성질이나 합법적인 지위는 아직 확립되지 못했다. 당년의 경공업부輕工業部 부장 양보楊波는 나중에 이렇게 말했다.

> 그리고 패션쇼는 그 당시 감히 열지 못했다. 상하이에서 한 번 열었지만 베이징 패션 전시회에서는 두려워서 열지 못했다. 그들은 중난하이中南海에 가서 공연하고 싶어 했는데, 이곳에서 비준을 받으면 '합법'이 된다고 생각한 것이다. 그래서 나는 덩잉차오鄧穎超 누님에게 중난하이의 소강당에서 공연할 수 있게 해달라고 신청했는데 덩 누님은 이내 동의했다. 덩 누님과 캉커칭康克淸 누님 등 몇몇 "큰 누님"들이 모두 구경했는데 다들 "이거 괜찮다"고 했다. 이때부터 중국에서도 패션쇼를 벌일 수 있게 되었다.[15]

CCTV중앙텔레비전방송국中央電視台에서 맨 먼저 미디어 선전의 금기를 깨고 〈당신을 위해 복무합니다〉라는 프로그램에서 패션쇼를 선보였다. 뒤이어 신화사

15. 수위안(徐瑗), 「보지 않으면 모른다—원 국가 경공업부 부장 양보를 탐방하다」, 『1978년을 찾아서, 중국 개혁개방 기원 탐방기』, 551쪽, 푸젠(福建)교육출판사, 1988.

新華社, 『인민일보』, 『중국일보』, 중앙인민방송국中央人民广播電台 등 이십여 개 언론매체에서 보도했다. 프랑스통신사, 미국연합통신사, 캐나다방송협회, 노르웨이방송공사 등 국제 언론기구에서도 분분히 찾아와서 취재하고 특집보도로 내보냈다.

1983년 상하이실크회사는 유행컬러에 관한 세미나에서 전업적인 패션쇼를 선보였다. 뒤이어 중국 대지에서 패션쇼는 우후죽순처럼 빠르게 발전했는데, 아름다움에 대한 갈구로 목말라 있던 당시 중국 대중들에 의해서 흥미진진한 공연이 벌어졌다. 공장, 거리, 농촌 등 단위에서는 분분히 자체로 패션 공연팀을 조직했는데 정치운동을 크게 벌이던 과거의 시절로 돌아가기라도 한 듯 열정이 충만하고 적극적이었다. 백성들이 수요로 하는 것은 모델의 아름다움과 공연의 오락성이었다. 패션쇼는 식후 한때의 여흥 프로그램이 되었고 모델은 연기자가 되었다. 각양각색의 "유행 패션"은 "공연 복장"으로 탈바꿈했는데 백여 차례나 입고 벗기를 반복했다.

카메라맨 안거는 자기의 카메라와 글로 당시의 패션쇼를 조소했다.

> 당시 특정한 환경에서 패션쇼의 성질은 도대체 성씨가 '자資'일까, '사社'일까에 대한 한바탕의 생존놀 피할 수 없었다. 이번 패션쇼는 수최 즉에서 특별히 광저우의 당정군党政軍 지도자들을 초청해서 참관하게 했다. 사진에서 당시 앞자리에 앉아서 패션쇼를 관람하던 이들의 표정이 아주 엄숙하고 심지어 어딘가 긴장하기까지 하다는 것을 볼 수 있다.[16]

개혁개방이 최전방에 있던 광둥广東에서도 "맨 먼저 게를 먹어보는 것"은 큰 용기를 필요로 하는 일이었다. 1985년 광저우 공청단시위團市委에서 "제1

16. 안거, 『덩샤오핑(鄧小平) 시대에 생활하다-시각(視覺) 80년대』, 184쪽, 양청완바오(羊城晩報)출판사, 2001.

회 양청羊城 청춘미대회"라는 미인 선발대회를 조직했었다. "두 가지 문명兩个文明" 건설과 "다섯 가지를 강조하고, 네 가지를 아름답게 하며, 세 가지를 열애하는五講四美三熱愛" 활동에 보조를 맞춘다는 명목이었다. 또 "외모로 사람을 평가한다"는 구설수를 피하기 위해 내적인 미를 강조했고, 필기시험의 난도를 크게 높였다. 필기시험에는 수학, 과학, 화학과 시사, 정치, 문학, 지리는 물론, 음악이나 미술에 관한 문제도 포함되었다. 그럼에도 위험천만한 이 청춘미대회는 여러 방면으로부터 오는 질의를 피하지 못했다. 하지만 대회는 시민들의 열정적인 주목을 이끌어냈고 대회 당일의 열기는 대단했다.

이 기간에 선전深圳에서는 제1회 중국 육체미경연대회를 개최했다. 들리는 바에 따르면 암시장에서 거래되는 대회의 암표 가격이 무려 200위안까지 치솟았는데, 그 이유는 여자 선수들이 모두 비키니를 입고 대회에 출전하기 때문이라고 했다.

1990년 겨울, 제1회 중국 패션모델 공연대회가 광저우 가든호텔Garden Hotel에서 열렸는데 전국 각지에서 모여든 16명의 모델들이 시합에 참가했다. 사람들은 처음으로 공개적인 장소에서 수영복이나 이브닝드레스를 입은 미녀들을 볼 수 있었고, 처음으로 여성들의 "세 가지 사이즈"[17]에 대해서 공개적으로 이야기할 수 있었다.……그해에 선전의 예지훙叶継紅이 우승의 왕좌에 올랐는데, 베스트 인기상과 베스트 포토제닉상까지 거머쥐었다.

1985년 5월, 또 다른 프랑스 패션 디자이너 이브 생 로랑Yves Saint Laurent이 베이징의 중국 미술관에서 2개월 동안 자신의 25주년 회고전을 개최했다. 하지만 그의 전시는 중국의 패션계에 큰 반향을 일으키지 못했다. 당시의 중국인들은 그가 누군지도 몰랐었다. 단지 중국 미술계에서만 약간의 반응이 있었을 뿐이다. 화가들은 도무지 이해할 수 없었다.

"옷을 만드는 사람이 어찌 미술관에서 전시를 한단 말인가?"

17. 세 가지 사이즈(三圍): 여성의 가슴·허리·엉덩이 사이즈.

1985년 광저우 "제1회 양청(羊城) 청춘미대회"에서 남녀 선수들이 단체사진을 촬영하고 있다. 이처럼 미인 선발대회에 준하는 활동은 당시로 놓고 말하면 "맨 먼저 게를 먹어보는 것"에 맞먹는 용기가 필요한 일이었다. 안거 촬영/fotoe 제공.

『패션』이라는 잡지가 80년대에 솔선하여 외국 모델을 표지에 올렸는데, 발행량이 급증하여 80만 부를 넘어섰다. 당시의 패션 정보가 아주 제한적이었지만 세계 일류 패션브랜드의 작품들이 빈번히 국내의 일부 잡지에 등장하기 시작했다. 베이징이나 상하이와 같은 대도시의 전위적인 인사들은 세계에는 가격이 수만 달러에 이르는 옷도 있음을 알고 있었다. 중국인들은 이미 세계 패션 조류의 강력한 충격을 느끼기 시작했고, 아름다운 옷차림이 주는 매력을 느끼기 시작했다. 사람들은 지난날 정치운동에서 비롯된 무형의 속박을 완전히 떨쳐버리지 못하고 조심스러워했지만 필경 모든 가능성이 현실로 눈앞에 나타났다. 처녀들 가운데 누군가가 새로운 스타일이나 컬러의 옷을 입으면, 친구들 사이에서 한바탕 소동이 벌어지곤 했다. 처녀들은 앞다투어 좋아하고 만져보고 입어보고 꼬치꼬치 캐물었다.

1983년 9월, 파리의상조합의 요청을 받은 중국 패션 잡지사에서는 파리에 사람을 파견하여 파리 패션 위크를 참관하고 고찰하도록 했다. 뒤이어 특집기사를 발표하여 유럽의 남성복, 여성복과 편직물의 국제 유행추세 등에 대해 소개했는데, 이는 중국에서 처음으로 국제 주류 패션계에 탐문조로 촉수를 대어본 행위였다.

1985년 9월, 디자이너와 영업인원들로 구성된 중국 패션 공업 대표단이 제50회 파리 우먼 패션 위크에 참가했는데 개선문 옆의 포쉬 거리Avenue Foch에서 패션쇼를 개최했다. 중국대표단은 국제항공공사의 스튜어디스를 모델로 내세워 약간의 기량을 선보였다. 프랑스TV3 채널에서 그날 저녁 황금시간대에 중국의 패션 위크 참여를 톱뉴스로 다루면서 1분 넘게 보도했다.

2년 뒤 상하이 패션 공업공사의 패션 공연팀이 선출한 여덟 명의 모델들이 상하이 패션 디자인연구소 소속 디자이너 천산화

陳珊華가 레드블랙 투톤으로 디자인한 열 벌의 드레스를 입고 에펠철탑 앞에 설치한 무대에 섰는데, CHINA라는 큰 글씨가 특히 눈에 띄었다. 『르 파리지앵』은 "중국의 레드블랙 진영이 쇼를 고조로 이끌었다."[18]고 평가했다.

바보가 설을 쇠니 옆집만 바라본다[19]

1984년 중국의 개방을 사업 기회로 여긴 미국의 청년 하나가 중국 상가에서 미국의 '매콜즈'라는 패션 형지를 팔았는데, 『패션』 잡지를 통해서 우편판매를 하기도 했다. 이처럼 값이 싸고 품질이 좋은 외국 패션 형지는 소비자들의 환영을 받았다. '매콜즈'사는 스스로 "올해 여름, 베이징의 처녀들이 갑자기 미국의 패션 형지에 빠져 버렸다……미국의 '매콜즈' 패션 형지를 수입하는 것은 중국 패션이 국제적 조류로 다가가는 지름길이다."[20] 이와 같은 자체 평가는 과장된 면이 없지 않았지만, 패션 형지는 실제로 외래 패션의 전파와 보급에 일정한 영향을 미쳤다.

동시에 신문잡지와 TV 여러 매체들에서도 넥타이를 매는 법이나 저고리와 치마를 알맞게 코디하는 법, 유행을 어떻게 이해할 것인가 등등 옷차림의 계몽에 앞장섰다. 옷 입는 법이나 유행 패션에 대해 이야기하는 것은 중국인들에게 있어서 폼 나는 일로 간주되었다. 사람들은 점차 '군평복'이나 중산복과 고별했다. 80년대에 들어 회색무명이나 카키색 천으로 만든 중산복은 위축되었고, 블루 그레이나 밀리터리 그린軍綠色은 퇴출되기 시작했다.

---

18. 프랑스의 『선데이주간』은 "매혹적인 중국모델들이 만리장성을 뛰어넘어 세느 강변으로 왔다. 부드러운 옆트임 드레스가 그녀들의 몸에서 춤추듯 흩날렸는데 파리 사람들의 우레와 같은 박수갈채를 받았다."고 평가했고, 『르 피가로』는 "레드블랙 투 톤으로 된 드레스를 입은 이들은 상하이에서 온 중국 처녀들이다. 그녀들은 롱스커트를 입었으나 웅장하지 않은 독일 공연팀을 꺾었고, 미니스커트를 입은 일본 공연팀도 꺾었다."고 평가했다. 우원잉(吳文英)이 편집장을 맡은 『휘황한 20세기 신중국 대기록, 방직물편 1949-1999』, 591쪽, 홍치(紅旗)출판사, 1999.

19. 바보가 설을 쇠니 옆집만 바라본다(傻子過年看隔壁): 바보가 설을 쇠는데, 아무것도 할 줄 모르니, 이웃들이 하는 걸 보면서 무작정 따라한다는 뜻으로, 멋모르고 맹목적으로 모방하는 행위를 비웃는 말.

20. 『매콜즈 유행패션』, 1쪽, 여행(旅游)교육출판사, 1989.

필경 중산복이 유행한 시간이 너무나도 길어서 사람들의 마음속에 보수적이고 딱딱한 외적 형상으로 각인이 되었고, 싫증이 날 수밖에 없었던 것이다.

원 경공업부 부장 양보楊波는 아래와 같이 기억하고 있었다.

"나는 줄곧 여성동지들은 예쁘게 입어야 하고, 남자들은 중산복만 고집해서는 안 된다고 주장했다. 1982년에 내가 앞장서서 수렵복을 입었는데 입는 사람이 없어서 유난히 눈에 잘 띄었다. 『북경만보北京晚報』의 기자가 나를 취재하면서 '부장님이 앞장서서 수렵복을 입고 패션 개혁을 하시네요.'라고 말했었는데, 나중에 보니 사진까지 실렸다."

부장이 수렵복을 입으면 뉴스거리가 되다보니, 그해에 운치 있게 입으려면 얼마나 큰 용기가 필요했는지 짐작할 수 있다. 1984년 9월 방직공업부의 여 부장 우원잉吳文英이 출장을 가면서 타이트한 옐로골드 꽃무늬 저고리에 라인이 선명한 치마를 입었는데, 이는 당시 국가 지도간부로 놓고 말하면 정말로 쉽지 않은 일이었고, 자연히 뉴스거리가 되었다.

양복 붐은 기타 서양식 패션의 유행까지 이끌어냈다. 재킷이 그 일례였는데, 코르덴이나 나일론, 피치스킨이나 워시트 실크 등 다양한 재질의 원단을 적용할 수 있었고 스타일도 다양했다. 우아하거나 캐주얼, 스포츠 등 디자인이 적용 가능했기에 편하게 입을 수 있어 남자들이 양복과 중산복 말고도 선택 가능한 새로운 옷으로 자리매김했다.

레인코트 역시 80년대에 널리 유행되었는데, 비바람을 막을 수 있는데다 방한까지 가능한 실용적인 복장이었다. 스타일은 외투랑 비슷했는데 훨씬 가볍고 실용적이어서 80년대에 남녀노소 모두 선호하는 복장이 되었다. 특히 여성용은 컬러가 화려하고 스타일도 패셔너블해서 90년대 초까지 유행하였다.

개혁개방 후에 스포츠사업은 신속하게 발전했다. 게다가 아시안게임이 베이징에서 개최되면서 체육복이 일반 가정집에 들어오기 시작했다. 점차 체육복은 사람들이 일상생활에서 입는 패셔너블한 평복으로 자리매김했고,

사람들에게 가볍고 건강하고 참신한 느낌을 줬다. 80년대에 비교적 인기가 있었던 체육복은 스키재킷, 조깅 룩, 테니스 룩 등이었다.

치마는 오랫동안 억압을 받아왔던 중국 여성들을 흥분시키는 패션이었다. 여성들의 곡선미를 가장 잘 체현할 수 있었던 치마는 또다시 중국 여성들의 주요한 차림이 되었다. 80년대의 여름에 원피스는 젊은 여자들의 필수적인 패션으로 자리매김했는데 흔히 스타킹과 하이힐을 함께 맞췄다. 원피스는 입기에 편하고, 쾌적하고 시원했으며 옷감을 절약하는 효과도 있었기에 갓 개방을 맞이해서 아직 부유하지 못한 중국 여성들로 말하면 최선의 선택이 아닐 수 없었다. 80년대에 유행되었던 원피스는 대체로 옷깃이 없었고 스타일이 간단하고 명쾌했는데, 스트레이트 스커트straight skirt나 셔츠 드레스shirt dress, 봄 드레스, 점퍼스커트 따위도 있었다.

당시에 〈거리에는 빨간 치마가 유행한다〉라는 연극이 있었는데, 연극 이름은 그 시기 여성들이 치마를 입는 데 대한 열정과 기꺼움을 잘 보여 주고 있었다. 80년대의 치마에 대해서 누군가는 아래와 같이 기록하고 있다.

재킷은 남자들이 양복과 중산복 말고도 선택 가능한 새로운 옷으로 자리매김했다. 왼쪽부터 아티스트 수잔(舒展), 황중장(黃宗江), 팡청(方成), 궁류(公劉)이다. 황중장(黃宗江) 제공.

레인코트는 단지 바람을 막기 위한 것만이 아니었다. 경우에 따라서 패셔너블하게 보이기 위해서 입기도 했다.

그녀들은 붉은색과 파란색의 잔 꽃무늬 롱스커트를 입었는데 치맛자락에 조심스레 주름을 잡기도 했다. 치장을 할 줄 아는 처녀들이라 해 봐야 데이크론 재질의 하얀 치마를 입었는데 노출을 방지하기 위해 따로 속치마를 입었다. 길을 걸을라치면 치맛자락이 휘날렸는데 마치도 혼란스러운 세상 위에 뜬 한 조각의 구름과도 같아 정말로 우아하고 아름다웠다. 데이크론은 그 시기 스마트한 생활의 상징이었다.……[21]

갓 개방된 중국은 세계의 유행 추세와는 아직 적지 않은 차이가 있었다. 80년대 초기와 중기의 국제 여성복의 유행 추세는 파워숄더와 헐렁한 소매였다. 80년대 후기에 와서 중국의 패션 시장도 이 조류에 뛰어들었다. 구체적으로 파워숄더와 늘어난 가슴둘레선, 훨씬 깊어진 진동둘레선을 들 수 있었다. 남성화한 특징을 갖고 있는 이런 여성복은 조형적으로 힘 있고 간결하며 라인이 유창하고 강함과 부드러움이 서로 조화를 이루는데, 가장 큰 특징은 어깨심이 눈에 띄게 커진 것이었다. 80년대 말에 이르러 중국 도

21. 광천(曠晨) 편찬, 『우리들의 80년대』, 327쪽, 광시(广西)인민출판사, 2004.

시 여성들의 외투나 서양식 정장, 스웨터는 물론이고, 심지어는 여름철 셔츠나 원피스에도 '어깨심'을 적용해서 이러한 유행을 추종했는데 이러한 현상은 90년대 상반기까지 지속되었다. 결국 이 시기 CCTV 여성앵커가 입은 옷의 숄더가 남성앵커의 숄더보다 훨씬 더 넓어지는 데에까지 이르게 된다. 이러한 과장은 재킷이나 반코트, 편직물 의류에도 적용이 되었는데, 여기에 베트 윙 슬리브bat wing sleeve나 기모노 슬리브kimono sleeve를 매치시켰다.

줄곧 "몰락의 신세를 면치 못했던" 치파오도 중국의 개방과 더불어 점차 새롭게 수면에 올라왔다. 이 시기 치파오는 주로 연예계나 출국 인원들이 입었는데 치파오 수공 기술은 이미 얼마간 없어졌고, 만들어진 제품의 질도 다소 떨어졌다. 입고 나설만한 장소가 마땅치 않았기에 치파오는 실제 생활에서 광범위하게 유행되지 못했다. 일부 술집이나 식당 같은데서 웨이터들이 세속적이고 조잡하게 만들어진 싸구려 치파오를 입기는 했지만, 이는 치파오의 품위를 더욱 떨어뜨리는 일이었다.

예쁘게 단장하기 위해서는 참조물이 필요했다. 패션은 흔히 서로 모방하면서 유행을 타는 것이다. 첸위(錢瑜) 촬영.

거리에서는 꽃무늬 치마가 새롭게 유행을 타기 시작했고, 딸깍딸깍 하는 하이힐 소리가 울려 퍼지기 시작했다.

개혁개방 이전에 양털 셔츠는 소수만 입을 수 있었는데, 양복 붐과 더불어 사람들의 구매력이 점차 향상되면서 양털 셔츠는 전국적으로 유행하기 시작했다. 양털 셔츠를 겉옷처럼 입고 패셔너블하게 입는 추세도 점점 더 뚜렷해졌다. 패셔너블해진 양털 셔츠는 넓어지고 길어진 기초 위에서 겉옷의 특징을 부각시켰는데, 제조공예에도 많은 혁신이 있었고 스타일도 각양각색이었다.

겨울옷은 중국식 솜저고리라는 단일한 형식에서 벗어나 풍부하고 다양해졌다. 특히 다운웨어down wear는 개혁개방을 시작한 중국의 겨울에 색채를 부여했다. 다운웨어는 원래 스키나 등산 운동원 전용이어서 '스키 재킷'이라는 이름을 갖고 있었다. 가볍고 부드러우며 따뜻하고 탄력이 있는데다 부피가 작다는 등의 이점으로 남녀노소가 선호하는 방한복으로 되었다. 다운웨어에는 다운재킷, 다운베스트Down vest, 등산복, 우주복, 다운코트 등이 포함되어 있었다. 80년대에 이르러 사람들의 생활수준이 진일보되면서 다운웨어는 더는 사치품으로 분류되지 않았고, 사람들이 다투어 구매하는 제품이 되었는데 90년대에 이르러서도 그 열기는 식지 않았다.

아크릴 솜 방한복은 80년대에 유행한 또 다른 겨울복장이었다. 원단은 비단벨벳·코듀로이·나일론·트윌에서 평견으로 발전했으며, 안감은 아크릴 재질의 인조 모피에서 소프트 코튼이나 루스 코튼Loose cotton 등으로 다양하게 발전했다.

특별히 언급할 것은 놀랍도록 신속하게 발전하고 있는 여성 속옷이었다. 상당히 오랜 시간 동안 중국문화는 여성 속옷을 성과 정조와 연계시키고 있었으며 꽁꽁 숨겨두고 남에게 보여서는 안 되는 것이었다. 80년대 중기에 이르러 중국과 일본이 합자하여 설립한 베이징 와코루Wacoal 유한회사에서 여성 속옷을 판매하기 시작했다. 초기에는 썩 잘 팔리는 것이 아니었지만, 어찌됐든 고급 여성 속옷의 소비의식을 자극하는 역할을 한 것은 분명했다.

하이힐의 복귀는 여성들에게 있어서 그야말로 경축할만한 대사였는바, 여성들의 패션 변화에 중요한 기초 작용을 했다. 80년대의 여성 구두는 뾰다운웨어는 단조롭기만 했던 겨울복장에 찬란한 색채를 더해 주었다.

족하고 가는 외형이 유행했는데, 신코는 뾰족하고 굽은 한때 '술잔 굽酒盅跟' 이라는 이름으로 불리기도 했지만 기본적으로 뾰족했다. 가끔씩 한동안 신코가 둥글넓적하고 굽이 평평한 '메신榔頭鞋'이 유행하기도 했지만 큰 규모를 이루지는 못했다. 80년대 말부터 90년대 초까지 성인여성들이 보편적으로 신은 슈즈는 신코가 뾰족하고 굽이 높거나 낮은 스타일이었다. 뒤이어 굽 높이가 다양한 하이힐이나 웨지 힐, 가죽샌들 따위의 예쁜 슈즈들이 신속하게 상가를 점령해 버렸다. 충격이 가장 컸던 신발은 단연 워킹슈즈였다. 이런 박래품은 캐주얼복장이나 체육복에 잘 어울렸는데 편안하고 실용적이어서 남녀노소 모두에게 인기 만점이었다.

개혁개방 이후에 여성들은 파마와 화장을 할 수 있게 되었다. 여전히 광둥으로부터 전국 각지로 미용실이 보급되기 시작했고, 광둥의 미용사가 가장 환영을 받았다. 기타 선글라스나 모자, 머리 장신구 따위의 액세서리도 뒤따라서 유행되기 시작했다.

시장경제를 발전시키는 것은 이미 국가 차원의 산업이 되었다. 지난날의 패션브랜드와 브랜드가게들이 원래의 이름과 전통적인 경영 특색을 회복했다. 이를테면 베이징의 '자오촌造寸' '보웨이波緯', 상하이의 '훙샹鴻翔' '페이뤄몽培羅蒙' 등이었다. 일부 혁신적인 패션브랜드도 시장을 선점하기 시작했다. 복상의 컬러나 스타일, 품종이 다양해지면서 소비자들도 점점 까다로워지기 시작했다. 이 시기에 복장은 국내시장에서 가장 활약적인 상품 종류였고, 복장의 수요는 중국의 복장산업, 복장교육, 복장문화의 발전을 크게 자극하고 이끌었다.

패셔너블fashionable의 개념이 새롭게 사람들의 일상 속으로 들어왔고, 국제무대와 이어진 패션은 사람들의 의상생활의 동력이 되었다.

80년대 초의 사교댄스는 중국인들의 심미문화를 소생시키는 첫 수업이었다. 사람들은 허술한 중산복이나 봄 셔츠를 입고 '쿵짝짝嘭嚓嚓' 춤을 췄는데 왈츠의 리듬은 근 십 년에 달하는 '혁명의 발걸음'을 변화시켰다. 하지만 이내 '디스코'라 불리는 외국 춤이 젊은이들을 유혹했는데, 나팔바지나 티셔츠 차림을 하고 격렬한 음악에 맞춰 자유롭게 몸을 흔드는 것이었다. 재미있는 것은 노인들이 중국 특색이 다분한 '무작정 가져오기拿来主義'를 발휘해서, 즉흥적이고 자유로운 춤을 '노인디스코'로 개조해 버렸는데, 매일 공원이나 거리에서 즐겁게 몸을 흔들어댔다.

…… ……

중국에는 거대한 변화가 일어났고, 더욱 큰 변화를 예고하고 있다. 중국은 새로운 시기 발전의 황금시간대에 들어섰다.

10

1990년대

1991–2000

최신세대와
새로운 유행 패션

사회적 유행의 변화에 따른 다리 형태.
장하이얼(張海兒) 촬영.

10

1990년대

1991–2000

"세월은 유유한데, 그때 그 시절의 곤혹을 이야기하고 싶어라悠悠岁月 欲说当年好困惑"라는 TV드라마의 주제곡은 한때, 거리의 구석구석에까지 울려 퍼졌다. 1990년부터 1991년 사이에 왕쉬王朔 등이 기획한 중국의 첫 대형 실내연속극 〈갈망〉이 전국 각지에서 방영되었는데, 일시에 〈갈망〉 붐을 일으켰다. 극중에서는 부드럽고 선량하며 현숙한 여주인공 류훼이팡劉慧芳이 관중들의 마음을 사로잡았다. 덩달아 류훼이팡이 자주 입는, 옷깃이 없는 짙은 색의 봄 외투도 여성들에게 인기를 얻어 '훼이팡 옷'이라는 이름으로 유행 붐을 일으켰다. 실상 90년대 초 '훼이팡 옷'의 유행은 사회 전환 시기 사람들의 모순심리가 물질화하여 나타난 것이라고 볼 수 있었다. 이 시기는 바로 계획경제와 시장경제가 서로 충돌하고 서로 설득하고 서로 관망하는 시기였다.

90년대에 이르러 시장경제가 사회에 미치는 영향은 더욱 선명해졌는데, "사직하고 장사에 뛰어들다下海" "돈을 벌었다發了" "따거따大哥大"[1] "라오반老板보스" 등이 가장 입에 잘 오르는 말이 되었다. 사회적으로 성공한 사람의 정의는 예전의 "영웅 인물"이나 "노동 모범"에서 매끈한 양복차림에 주머니가

1. 당시 부자들 사이에 갓 유행되기 시작한 휴대폰을 이르던 말.

1990년대의 햇빛은 더욱 찬연했고 복장은 더욱 풍부해졌다.

두둑한 인사나 깔끔한 여성 정장차림에 영어에 능통한 "예쁘장한 화이트칼라"였다.

시장경제라는 거대한 조류의 충격으로 중국사회의 문화가치 구조가 "경제-상업"이라는 이익주도성利益主導型을 충분히 체현했으며, 중국 대중들의 현실생활의 기본목표는 물질생활의 축적과 점유의 과정에서 실현되었고, 직접적이고 구체적인 일상의 향수에서 실현되었다. "경제를 중심으로 하는 것"은 중국사회로 놓고 보면 아주 유혹적인 사회정치적 강령인 동시에, 현실생활의 측면에서 보면 중국 대중들의 구체적인 생활신념과 가치좌표이기도 하며 사람들이 자각적으로 생활을 개조하고 제고하도록 인도하는 기본 역량이기도 했다.

20세기 마지막 십년에 '포스트모더니즘'도 중국 대중들의 생활 속으로 들어왔는데, 자체의 엄숙한 의미를 벗어버리고 일종의 패셔너블한 단어로 자리매김하면서 '목전'이나 '현재'의 대명사가 되었으며, 패셔너블한 소비나 심미로 간주되기도 했다. 이런 어휘들은 흔히 정교한 상업 잡지들에서 '전위적'이거나 '우아한' 형상을 하고 나타났으며, 일반적인 대중문화 상품보다 훨씬 더 높은 품위와 격조가 있는 것처럼 꾸몄다.

포스트모더니즘 패션의 또 다른 중요한 특징은 지난날 상류사회의 패션을 주류로 간주하는 패션 문화를 개변시킴으로써 젊은이들과 일반 대중들의 진실한 생활이 중시를 받도록 한 것이었다. 포스트모던에 이르러서 패션은 더 이상 높아서 도달할 수 없는 것이 아니게 되었다.

'쇼를 하는 것'은 단지 자태만이 아니다

누군가 문어文言와 백화白話가 섞인 글로 90년대 패셔너블한 차림새를 야유했는데, 그 말투가 오십 년 전의 샌님 말투였다.

여성 패션 유행은 변화가 다양할 뿐만 아니라 속도도 아주 빠른데, 실로 우리 세대가 뒤따를 바가 아니다. 하반신의 치마폭만 놓고 봐도 가능한 그 변화를 극대화시켰다. 어떤 때에는 무릎 위로 빠르게 올라갔는데 "미니"라고 불렀고, 어떤 때에는 또 갑작스레 발목까지 내려오기도 했는데 "미디迷地"라고 불렀다. 넓어지거나 좁아지는 것은 특히 아주 탄력적이었는데 "버블 스커트"가 유행을 탈 때에는 온 거리에는 낙하산이 넘쳐났고, 좁은 치마가 집권할 때에는 온 거리에 사오러우쭝燒肉粽[2]만 보였다. 늘 생각하건대, 서양복은 드러내놓고 과시할 수 있다 치고, 긴바지는 그래도 단정해야 하는 게 아닌가. 천만에. 아래위가 마음대로 늘어났다 줄어들었다 할뿐만 아니라 가운데도 마음대로 찢는다. 3부, 5부, 7부 팬츠를 운운하는데, 내가 아직 사이즈를 채 이해하지도 못했는데 또 바지치마라는 혼혈이 떡하니 나타난다. 가장 이해할 수 없는 것은, 바지폭이 극단적으로 늘어나거나 줄어드는 것이다. 나팔바지가 성행했었는데 바지도 아니고 치마도 아닌 것이 도대체 뭐란 말인가? 만약 여인을 빗자루별에 비유한다면 이때가 가장 비슷할 것

2. 사오러우쭝(燒肉粽): 푸젠(福建)성 촨저우(泉州) 지역에서 나는 고기소 쭝쯔(粽子).

이다. 하지만 사물은 극에 이르면 반전하는 법. 이내 또 스키니 팬츠가 유행하기 시작하자, 여인들은 각반을 차고 전선에 나가는 화목란花木蘭 같았다.[3]

사람들의 가치관이나 심미관에 변화가 발생했다. 건국 후에 감히 특수하거나 개성 있게 입지 못하던 것으로부터 사회속의 이상적인 남녀형상을 모방하고 추종하는 것으로 나아간 것이다. 기회를 얻고 주목을 받기 위해 애써 특별하게 몸치장을 함으로써 남들과 구별하려 했다. "성공을 위해 치장한다."는 관념은 90년대 초년의 유행 패션을 대체적으로 설명해 주고 있다.

"가장 참신한 시사 생활주간"이라고 불리는 『신주간新周刊』은 2000년에 다음과 같은 글을 실었다.

> 지금은 쇼를 하는 시대이다. 내용만 중시하고 형식을 중시하지 않거나, 실력을 중시하고 형상을 중시하지 않는 시대는 한 번 가고 나서 다시 돌아오지 않는다.……우리는 쇼를 하는 사람이 점점 더 많아짐에 위안을 느낀다. 반대로 쇼를 하는 사람이 아직도 충분히 많지 못함에 아쉬움을 느낀다. 근로하고 용감한 중화민족은 용감하게 쇼를 해야 할 것이다. 왜냐하면 쇼를 하는 것도 진화와 진보의 원동력의 하나이기 때문이다.

『신주간』은 주석을 달아 해석했다: "쇼Show를 하다作秀. 드러내고 뽐내고 꾸며서 과시하는 데에 이르다. 영어에서 왔음. 포폄의 의미가 없음."[4]

정보가 날로 범람하는 환경에서, 경쟁이 날로 치열해지는 사회에서, 사람들은 가능한 남들의 이목을 끌고 싶어 했다. 표면적으로 보면 "쇼를 하는 것"은 하나의 자태에 지나지 않지만, 그 원인을 따져보면 기실 일종의 생존 수요라고 할 수 있었다. 머리부터 발끝에 이르기까지 아름답게 치장하고, 얼굴과 몸을 미용하고 이빨과 손톱까지 미용했다. 중국인들은 이처럼 패키

---

3. 정밍리(鄭明琍), 「구질구질하게 강호를 가다(邋遢行江湖)」, 『입는 것을 말하다』, 228-229쪽, 하이난(海南)출판사, 2000.
4. 『신주간』 잡지사에서 선별 편찬함, 『신주간 2000년 우수작』, 203쪽, 리장(漓江)출판사, 2001년.

그들은 디즈니와 NBA와 함께 성장한 세대다. 그들은 자기들이 원하는 옷차림을 하고 있는데, 발랄하고 생기가 넘친다. 장줘(張左) 촬영.

지로 자신을 디자인하고 포장하는 것에 대해 철저하게 받아들였다. 물론 여기에는 패션까지 포함되었다. 옷치장을 하는 것은 이제 또다시 사회생활 속에서 주목을 받는, 개체화 생활내용이 되었다.

80년대의 중국인들은 패셔너블해지기를 갈구했지만 아직 방향을 제대로 잡지 못했다. 90년대 이후에야 국제적인 유행을 뒤쫓기 시작했는데, 90년대 초기에는 당시 국제적으로 이미 한물이 간 파워숄더나 버블 슬리브, 코르셋 벨트 따위가 적용된 "슈퍼우먼" 스타일의 패션이 국내에서 유행되기 시작했다.

이러한 여성 패션은 흔히 파워숄더나 베트 윙 슬리브bat wing sleeve, 서큘러 케이프circular cape를 적용하고 있었다. 정장 풍격의 서양식 외투나 레인코트, 셔츠 등에도 모두 두터운 어깨심을 넣었는데 억센 느낌을 주었다. 숄더를 부풀려 과장함과 동시에 와이드 벨트로 허리를 조여 여성의 허리라인을 부각시키기도 했다.

80년대부터 지속되어 내려온 직업여성복은 더 광범위하게 보급되었다. 화이트칼라 여성들은 모두 직업여성복을 유행 패션으로 간주했고, 패션숍에도 이런 종류의 여성복이 넘쳐났다. 이와 같이 사무직이나 기타 화이트칼라 업종에 종사하는 여성들이 근무할 때 입는 복장은 스타일이 아주 세련되었다. 서양식 투피스 정장은 흔히 컬러가 우아하고 스타일이 간결했으며 심세하게 재단되었다. 기타 업종에 종사하는 여성들도 직업여성복을 유행 패션으로 간주했고, 성공한 여성의 상징으로 간주했다. 에어컨과 난방설비가 마련되어 있는 깨끗한 환경에서 두둑한 급여를 받으며 일하면서 정상 출퇴근을 하는 화이트칼라 여성들은 흠모와 모방의 대상이었다. 따라서 직업여성복을 입는 것은 90년대 초기 쇼를 하고 뽐내는 일종의 패턴이 되었다.

80년대에서 시작된 양복 붐은 계속 이어졌다. 양복은 남자들의 필수 복색이었고 정부에서는 여전히 권장하고 있었으며, 중산복이 냉대를 받은 뒤로 남자들의 제1선택순위가 되었다.

이 시기의 양복은 스타일 등이 아직 초급단계에 처해 있었고, 입는 사람들도 에티켓에 맞지 않게 입거나 어울리지 않게 코디하는 경우가 많았다. 젊은이들은 홍콩의 유명 가수 궈푸청郭富城의 헤어스타일을 하고 헐렁한 양복에 아디다스 운동화를 신었다. 중년층과 노년층의 경우 양복을 입는 것은 패셔너블하게 간주될 수도 있는 일이지만, 양복 안에 손뜨개 스웨터를 입는가 하면 양복차림에 워킹슈즈를 신는 일이 비일비재했다.

화이트칼라 남성들에게 양복은 더욱 필수품이었다. 이들은 일반적으로 대학물을 먹었고 상대적으로 수입이 두둑했는데 거의 모든 시간 하얀 셔츠에 양복을 입고 넥타이를 매고 있었다. 이들은 당시 양복과 고급 패션의 주요한 소비층이었다. 어느 패션 잡지가 이들의 차림새를 기록했었다.

"스탠드칼라의 히든버튼 셔츠에 단아한 베이지체크 양복을 입고 기름을 먹인 올백머리를 하고 있었다……마치도 〈상하이탄上海灘〉에 등장하는 저우룬파周潤發를 보는 것만 같았다."[5]

브랜드와 '쿨'한 차림

20세기 말 중국의 도시생활에서 문화는 소비의 요소가 되었는데, 심지어는 소비행위는 본질적으로 문화행위로 변해버렸다.

90년대에 들어 새로운 소비관념과 소비의식이 중국 도시에 깊숙이 들어와 자리를 잡았다. 은연중에 각종 상품들이 문화적 연계와 전파의 기능을 하고 담당하고 있었다. 사람들은 물질적 산품産品만 소비하는 게 아니고, 상품브랜드가 상징하고 대표하는 모종의 사회적 의의기분·미감·등급·신분·지위·분위기·풍채·정서를 소비하고 있었다. 또한 소비 과정에서 보면, 사람들은 소비를 통해 자신의 지위·신분·개성·품위·정감이나 정체성 따위를 나타내고 전달하려 했다. 이것이 이른바 말하는 상징적 소비이다.

5. 톈투(田圖), 「상하이 아가씨가 남자들의 옷차림을 말하다」, 『상하이 패션』 잡지, 21쪽, 1992년 제3기.

이러한 환경 속에서 패션 시장은 서양문자로 대표되는 브랜드에 대한 갈구로 차고 넘쳤다. 유행 패션, 시계, 신발, 가방 등의 브랜드는 사용자의 신분이나 품위·행위를 나타냈으며 심지어는 옷차림만으로 한 사람을 해석하기도 했다. 어느 사장은 다리를 꼬고 앉아서 은연중 신발바닥의 'LV'라는 글자를 드러내는가 하면 'Levis' 청바지를 입은 청년은 바지허리 부분에 있는 상표를 의식적으로 드러내기도 했는데, 모두 과시하려는 욕망에서 비롯된 것이었다.

외국 복장 수입은 이미 더 이상 남방 도시들의 '국제 보따리상'에 의존할 필요가 없어졌다. 정정당당하게 합법적인 무역 루트를 통해 대규모로 중국의 상가나 브랜드숍에 들어오게 된 것이었다. 귀족 상점으로 불렸던 상하이 메이메이美美 백화점은 개업할 때에 이미 30여개 국제 정상급 패션브랜드를 보유하고 있었다. 동시에 수많은 소비성 패션 잡지의 선동으로 말미암아 중국 소비자들의 브랜드 의식이 명확하게 제고되었다.

브랜드시대에 진입하기는 했지만 광범위한 소비자들은 아직 브랜드가 갖고 있는 문화적 의미를 제대로 터득하지 못했다. 따라서 브랜드에 대한 사람들의 열광은 한편으로는 감동적이고 고무적이기도 했지만 반면에 패션브랜드에 대한 언론과 소비자들의 맹목적인 추종은 그야말로 울지도 웃지도 못할 일이었다.

1996년 11월, 『베이징청년보』에 「저장浙江의 광고 하나가 대중들의 분노를 사다」라는 글이 실렸다. 저장浙江의 어느 복장업체가 "기업 이미지를 제고한다"는 명목으로 "50만 위안으로 하이더선海德紳 양복을 몇 벌 살 수 있는가?"라는 광고를 냈는데 답안은 10벌이었다. 수입산 고급 원단으로 제작한데다 보석을 박은 순금 단추를 사용한 초호화 양복이기에 가격이 각각 6.8만 위안, 4.8만 위안, 2만 위안이라는 것이었다. 이 광고가 대중들의 분노를 샀는데, 강철공장에서 근무하는 청년노동자 하나가 편지를 보내왔다.

"내가 용광로 옆에 5년 동안 일하면서 얼마나 많은 땀을 흘렸고, 얼마나 많은 상처를 입었는지 당신들은 상상도 못할 것입니다. 이는 원래 내 자랑거

90년대에 패션쇼는 바야흐로 번성하고 있었다. 패션 홍보 역할도 했지만 언론의 오락 프로그램이기도 했다. 예젠창(叶健强) 촬영/fotoe 제공.

1992년 휴일날 베이징 거리이다. 양복이 캐주얼 복장으로 인식되고 있음을 알 수 있다. 주셴민(朱憲民) 촬영/fotoe 제공.

90년대 거리의 젊은이들은 근사하고(靚) 쿨하다(酷). 수러중(徐樂中) 촬영.

리고 자부심이었습니다. 하지만 지금 나는 아주 참담함을 느낍니다. 왜냐하면 5년 동안의 노동소득을 다 합쳐도 당신들 회사의 양복 한 벌을 살 수 없기 때문입니다.……"

대중들의 분노가 쉽게 가라앉지 않자 이 회사는 소비자들에게 아래와 같은 사과성명을 발표했다.

"우리는 부정적인 영향을 미처 고려하지 못했습니다. 이는 소비자들을 잘못된 길로 이끌 수도 있고 고소비를 부추길 수 있으며 사회주의 정신문명 건설에 불리합니다."

하지만 이 기사는 또 다음과 같이 부언하고 있다.

"소식에 의하면 이 10벌의 초호화 양복은 이미 9벌이 팔렸거나 예약되었다고 한다. 구매한 사람들은 거의 대부분 사업가나 건축업자였다."[6]

「전통유럽은 하나의 함정이다」라는 글은 유럽의 패션을 잘 꿰뚫고 있는 사람의 입을 빌어 소비문화가 속속들이 파고들고 있는 현실에 감개하면서 소비대중들에 대해 논평했다.

> 상하이 사람들은 한동안 혼란에 연연해 있던 스스로를 부끄러워해야 할 것이다. 브랜드주의가 모든 것을 능가하는 선동 속에서, 전통유럽 밖의 패션 찌꺼기를 정화로 여기고 허리를 굽혀 주었다. 졸렬한 모방품에 대해서 2차로 모방한 것이다. 그러고는 으쓱해서 '품위' 따위의 말들을 떠들어댔었다.[7]

작자는 진정으로 전통유럽에 속하는 우아한 생활방식이 중국인들에게 적용 가능한지에 대해 질의하면서 "착실하고 안정적으로 나아가야지 내재한 욕망을 멋대로 분출해서는 안 된다."고 주의를 주고 있다. 원래는 미국 사회의 현실을 풍자한 『계급, 미국의 계급제도 가이드Class, A Guide through The

---

6. 『베이징청년보』, 1996년 11월 20일, 제4판.
7. 왕웨이밍(王唯銘), 「전통유럽은 하나의 함정이다」, 『상하이 패션』, 16쪽, 1994년 제4기.

American Status System』라는 책이 중국에서는 중산계급 생활방식의 지도 수첩으로 되어 버렸다.

외래어 'Cool'은 중국어의 형용사 '酷'로 알맞게 번역이 되었다. 이 단어는 90년대 후기 가장 핫한 단어로 떠올랐는데, 형용사로도 쓰이고, 감탄사나 명사로도 쓰였다.

백성들의 일상생활을 기록한 책에서 '쿨한' 차림의 거리 여성을 다음과 같이 묘사하고 있다.

> ……이러한 계절에 사람들은 멋대로 옷을 입는다. 똑같은 차림을 한 여성들은 찾아보기 힘들다. 가방이나 헤어스타일도 각양각색이다. 학생 모양의 젊은이들은 위에는 티셔츠, 아래는 청바지차림에 흔히 백팩을 메었는데 비교적 발랄해 보였다. 이 백팩과 멜빵치마는 젊음을 대표한다. 나이를 몇 살 더 먹으면 입기 어렵다. 개별적으로 튀고 싶어 하는 이들은 멜빵을 길게 늘어뜨리고 거리낌이 없이 거리를 휘저으며 다니기도 했다. 그녀들은 일반적으로 액세서리를 하지 않았는데, 기껏해야 앞가슴에 나무나 돌로 만들어진 깜찍하고 값이 싼 액세서리를 달거나 역시 나무나 돌로 만들어진 팔찌를 걸었다. 거리에 가장 많은 이는 사춘기가 지난 여자들인데, 그녀들은 흔히 남자들의 팔짱을 끼거나 짝꿍과 팔짱을 끼고 걸었다. 그녀들은 거의 화장을 했는데 옷차림은 대체로 어울렸고 그 스타일도 아주 다양했다. 치마에서 바지까지, 티셔츠에서 일반 셔츠나 양복까지 입지 않는 것이 없었는데 굽이 없는 샌들도 있었다. 가끔씩 위에 러닝셔츠를 걸치는 이들도 꽤 있었는데 스타일은 제각각이었다. 치파오는 보이지 않았고 배꼽을 드러내 놓은 경우도 없었다. 적지 않은 여성들이 남자머리로 깎았는데 짧은 머리를 은근히 과시했다.[8]

작자가 기록한 것은 1997년 10월 상하이 화이하이루淮海路의 정경인데, 사실 이는 중국의 많은 도시의 상가들에서 매일 공연되는 패션쇼라고 할 수

8. 천춘(陳村), 「거리의 여인들」, 우량(吳亮)·가오윈(高云) 편, 『일상의 중국, 90년대』, 3쪽, 장쑤미술출판사, 1999.

있었다.

90년대 중기 이후 남자들의 양복 외형도 점차 패셔너블하게 변해갔다. 지나치게 헐렁하던 것에서부터 몸에 맞는 것으로 바뀌었는데, 어깨심이 얇아지고 진동이 줄어들었으며, 양복바지의 엉덩이라인과 밑 길이가 줄어들고 바짓가랑이가 좁아졌다. 전체적으로 얇고 매끈하고 위로 올려진 것을 선호하게 된 것이었다. 1993년에는 라펠 칼라Lapel collar에 더블 브레스티드Double-breasted가 유행했었는데 1996년에 이르러서는 쓰리 버튼three button이나 포 버튼Four button 양복이 천하를 통일해 버렸다.

유행 캐주얼복의 개념도 조작되어 남성 평상복의 큰 유행 태세로 자리매김했다. 이를테면 고급 티셔츠나 청바지, 풀오버Pullover, 체크무늬 셔츠, 코르덴바지, 흰 면양말, 워킹슈즈 따위였다. 생활수준의 향상과 주5일 근무제의 실행, 볼링, 골프, 여행, 가라오케, 인라인 스케이트 등 현대 레포츠의 유행으로 도시에서 바쁜 생활을 영위하는 사람들은 점차 캐주얼한 생활방식을 선호하게 되었고 캐주얼 패션을 신분과 지위를 나타내는 물질적 상징으로

중국의 거리 풍경은 기이하고 다채롭게 변하고 있다. 수러중(徐樂中) 촬영.

도시의 상가들에서 사람들은 길거나 짧게 입는가 하면 드러내거나 속이 비치게 입기도 하고, 새 옷을 입는가 하면 빈티지하게 입기도 하고, 노골적으로 드러내게 입는가 하면 은근하게 감추기도 한다.……거의 매일마다 공연되는 패션쇼라고 해야 할 것이다. 수러중(徐樂中) 촬영.

간주하거나 자기의 품위 따위를 과시하기 위한 도구로 치부되었다.

1993년부터 1996년까지 4년 사이에 여성복의 풍격은 큰 변화를 가져왔다. 1993년에는 여전히 헐렁하게 입는 것과 두꺼운 어깨심, 베트 윙 슬리브bat wing sleeve, 테이퍼드 팬츠tapered pants 따위의 유행요소들이 주를 이뤘었는데, 3년 뒤에는 타이트한 스타일이 대세로 자리하기 시작했고 배꼽티나 민소매 옷, 멜빵치마 따위의 직설적이고 노골적인 섹시 의류가 유행을 타기 시작했다.

직설적이고 노골적인 섹시함

90년대 중기에 미니스커트가 유행을 타기 시작했다.

검은 가죽재질의 초미니 원스텝 스커트one step skirt를 입은 상하이 아가씨는 정말 예뻤다. 미니스커트에 윗옷을 길게 매치하는 것이 보편적이었다.……한번은 55번 공공버스를 타고 가다가 투 버튼Two button의 길쭉한 감색 양복에, 무릎 위 한 치까지 오는 같은 컬러의 원 스텝 스커트one step skirt를 입고, 검은색 스타킹과 검은색 미들힐을 받쳐 신고, 속에는 우아한 진주색 셔츠를 입은 아가씨를 봤다. 바람이 불어오자 긴 머리카락이 흩날렸는데 상하이 특유의 수려한 외관과 한데 어우러져 정말 예뻤다. 원래는 유럽 미녀들에게 속했던 스타일을 쉽사리 자기의 옷차림에 녹여내어 온전히 자기의 것으로 만들어가는 상하이 아가씨들에 찬탄을 금할 수 없었다.[9]

미니스커트가 막 유행을 타기 시작할 때에는 세트로 입는 원 스텝 스커트one step skirt 형식 위주였다. 나중에 스타일이 다양해지기 시작했는데 캐주얼하고 발랄해 보이는 미니 주름치마, 미니 청치마, 미니 나팔치마 등이 나

9. 러우쩌우(柔奏), 「일반여성이 옷차림을 이야기하다」, 『상하이 패션』, 31쪽, 1993년 제4호.

왔고 원단도 가죽, 면, 실크, 화학섬유 등 다양한 재질이 사용되었다. 1994년의 미니스커트가 우아하고 청순한 풍격이었다고 하면, 1995년의 멋 부리기 좋아하는 여자들은 이미 미니스커트에 스타킹을 매치시켜 도발적인 분위기를 연출했다.

그녀들은 짧은 옷차림새였다. 하나는 정장반바지를 입고 하나는 미니스커트를 입었는데 밑에는 똑같이 스타킹을 신었다. 그런데 가릴 듯 말 듯한 느낌을 주는 스타킹의 길이는 도저히 이해할 수 없었다. 스타킹의 맨 윗부분이 미니스커트와 반바지 아래 두 치 되는 곳에 겨우 미쳤는데 새하얀 피부가 살짝 드러나 정말 눈이 부셨다.[10]

이 밖에도 유행 패션 중에는 조그마한 윗옷에 헐렁한 치마나 치마바지를 매치시키는 경우도 있었다. 나팔바지도 당시 여성들이 선호하는 것이었다. 또 일정한 지식수준이 있는 패셔너블한 여자들의 경우, 자기의 독특한 민족적 풍치를 드러내기 위해 바틱Batik 재질의 커다란 가운을 선호하는 경향이 있었다.

90년대 말에 여자들의 옷은 점점 더 작아지고 점점 더 타이트해지게 되었다. 이른바 "한 사이즈 작게小一号"는 작고 타이트한 옷차림 스타일에 대한 형상적인 묘사였다. 1997년 이래 "한 사이즈 작게"는 줄곧 유행 패션의 부호였다. "한 사이즈 작게"는 거의 모든 패션의 사이즈에 영향을 미쳤다. 셔츠·바지·치마·외투 등 패션들은 어깨가 점점 좁아지고 허리가 점점 더 잘록해졌으며, 암홀도 점점 더 작아지고 엉덩이는 더 타이트하게 되었다. 직업여성복도 상대적으로 너른 어깨와 단정한 스타일로부터 점차 좁아지고 타이트한 대로 변해가면서 여인들의 굴곡진 신체라인을 적나라하게 드러냈다.

각종 스판덱스원단은 여성복의 외적 윤곽을 부드럽고 섹시하게 해 줬고, 아직 유행중인 미니멀리즘은 원단이나 모형스타일, 외형의 각도에서 "한 사

---

10. 러예(叻吖), 「전통의 초월, 무질서에서 유질서로 나아가다」, 『상하이 패션』, 22쪽, 1995년 제5호.

세기 초의 전통치마 마멘춘(馬面裙)에서 세기말의 미니스커트에 이르기까지 그야말로 거대한 도약이라고 말하지 않을 수 없었다. 류레이(劉雷) 촬영.

이즈 작게" 풍격이 쇠퇴하지 않도록 이끌었다. 옷의 목적이 정말로 "두 번째 피부"로 되기라도 한 것처럼, 가리는 것은 단지 드러냄을 강조하기 위한 수단에 지나지 않았고 "한 사이즈 작게"는 중국 여성들의 섹시함을 최대한도로 보여줬다.

이는 중국 패션의 역사에서 여성들이 가장 많이 노출한 시기였다. 이와 관련한 상세한 분석이 있었다.

> 배꼽티는 국제적으로 알아주는 스타일이지만 중국에서는 줄곧 등장할 기회가 없었다. 사람들이 곧 등장할 것이라고 여러 번 예언했지만 말이다. 1996년에 배꼽티가 급작스레 중국에서 유행을 타기 시작한 것은 꿈같은 일이었는데, 사람들을 깜짝 놀라게 할 만큼 그 기세는 대단했다. 전무하던 때로부터 온 거리에 넘쳐나기까지는 수개월밖에 걸리지 않았는데, 이는 전형적인 유행 붐이었다fad.[11]

1996년 드러내거나 속이 비치는 스타일이 중국에서 맹렬한 기세로 유행을 탔다. 배꼽티가 전무하던 때로부터 온 거리에 넘쳐나기까지는 수개월밖에 걸리지 않았다. 서방 세계에서 불어온 얇게 비치고 드러내는 섹시한 패션 바람이 본시 그렇듯 엄숙하고 경건하던 중화의 대지에 불어왔다. 중국인들이 옷차림에서의 내담한 혁신에 대해서는 추호도 의심하거나 걱정할 필요가 없는 것이었다. 멜빵치마, 어깨와 가슴 윗부분을 드러낸 짧은 상의, 미니스커트, 민소매 따위가 대학교 캠퍼스는 물론 기관단위机關單位에까지 보급되었다. 미니스커트는 신주의 대지를 휩쓸었는데 늘씬한 다리를 훤히 드러내는 것은 이제 자연스러운 일이 되었다.

스트랩 드레스strap dress는 재료와 노동력을 절약할 뿐만 아니라 보기 좋고 값이 쌌다. 중국 여성들은 어깨와 등을 드러내고 슬리퍼를 방불케 하는 슈즈를 신고 도처를 누비고 다녔다. "속옷을 겉에 입는 것"은 수십 년 전 서

---

11. 바오밍신(包銘新), 『패션사전(時髦詞典)』, 16쪽, 상하이문화출판사, 1999.

방의 디자이너가 패션쇼에 선보였던 아이디어였는데 오늘날 중국 거리의 흔한 풍경이 되었다. 1998년의 "올 가을 필수 아이템"이라는 글이 그 시절의 스트랩 드레스의 상황을 잘 보여 주고 있다.

> 스파게티 스트랩spaghetti strap 드레스는 일찍 3년 전에 거리의 구석구석을 휩쓸었다. 하지만 그때 스파게티 스트랩은 티셔츠 위에 받쳐 입는 것이었기에 여자들은 하나같이 순진한 학생 스타일이어서 스파게티 스트랩 본연의 정서를 말살해 버렸다. 올해는 다르다. 올해의 스파게티 스트랩은 가리기 위한 것이 아니라 여성들의 매끄러운 어깨와 섹시한 쇄골, 아름다운 가슴을 드러내기 위한 것인데, 순간적으로 명확한 시각적 충격을 주는 것이어서 오히려 더 거리낌이 없었다.[12]

1995년부터 "속옷을 겉에 입는" 것이 중국에서 핫이슈가 되었다. 이러한 바람에 매치되는 것으로는 드러냄을 강조한 여러 가지 여름옷과 "슬리퍼형 샌들涼拖"이었다. 태양치마太陽裙라고 불리는 민소매 원피스를 입은 중국 여성들은 전에는 거의 불가능했던 어깨와 등을 여름날의 햇빛에 노출시켰다. 서구 여성들의 과장되고 노출된 옷차림 스타일이 동방 전통의 은근히 감추고 밀폐하는 스타일을 대체해 버린 것이었다. 심지어는 중국 여자들의 이상적인 체형 표준 역시 저도 모르는 사이에 바뀌어 버렸다.

분개한 어느 문인이 다음과 같이 묘사하고 있다.

> 당신이 90년대 상하이의 겨울철과 봄철 거리에 한동안 서 있으면 번잡하고 혼란스러우면서도 생기가 풍기는 섹시한 정경을 목격할 수 있을 것이다. 샐러리맨 계층은 검은색이나 호피무늬후자는 94년에 유행되기 시작한 최신 스타일임 스판바지를 입었는데 도시를 온통 저속하기 그지없는 허벅다리의 선풍 속으로 몰고 들어간다. 화이트칼라나 부유한 가정의 여자들은 검은 니트 코트와 드레스 아래로 누드스타킹속의 종아리를 멋대로 드러내고

---

12. 톈완더우(甛豌豆), 「올 가을 필수 아이템 대예고」, 『상하이 패션』, 21쪽, 1998년 제4호.

여자들이 "한 사이즈 작게" 입는다는 것은 점점 더 작게 입고 점점 더 타이트하게 입는 것이었다. 조각 〈@의 시리즈〉의 하나. 췌이위(崔宇) 작.

배꼽을 드러내는 바람이 중국에 불어왔다. 패션은 섹시 포인트를 배꼽으로 이동해왔다. 류레이(劉雷) 촬영.

있다. 식당과 패션숍에서는 도처에 반라의 여성 그림을 내걸고 있다.⋯⋯여자들은 화려한 유행 패션 차림을 하고 관광호텔의 홀이나 복도에서 암암리에 노닐고 있다. 도시에는 봄과 햇빛의 기운을 넘어선 정욕이 말없이 넘쳐나고 성장하고 있다.[13]

1994년에 중국에서 제1회 속옷대회를 개최했다. 속옷은 이미 옷 속에 꽁꽁 감춰진 것이 아니라, 패션에서 하나의 초점으로 도약했다. 전에는 절대 공개되어서는 안 되었던 여성의 은밀한 물건이 공공연히 그 모습을 드러낸 것이었다. 브래지어의 홍콩식 어휘인 원숑文胸이 표준어의 숑자오胸罩나 루자오乳罩라는 고유의 어휘들을 대체해 버렸다. 여자들은 점차 영문자모 A, B, C로 브래지어 컵 사이즈를 구분하는 법을 익혔고, 수학 분자식 1/2, 3/4 따위로 컵 스타일을 구분하는 법을 익혔으며, 고가의 속옷을 입는 것은 질 높은 삶의 표현임을 인정하게 되었다. 이는 넉넉한 재력을 암시할 뿐만 아니라 아름다움에 대한 심리적 만족을 의미하는 것이기도 하기 때문이었다. 실상 브랜드 속옷을 구매하는 것은 자기의 고상한 품위를 대중들에게 드러내는 것이나 진배없었다.

섹시한 복장과 기능성 속옷들이 쏟아져 나오면서, 재질이나 가공 기술 등 수단은 물론 심지어는 상업적으로 선동하는 방법으로 이상적인 여성의 외형을 만들어내기도 했다. 시장에는 가슴을 예쁘고 풍만하게 해 준다거나 안마기능이 있다는 속옷들이 넘쳐났고 중국의 공공장소에는 속옷 광고들이 즐비했으며 브래지어와 팬티만 입은 미녀들이 포즈를 잡기도 했다. 큰 상가마다 여성 속옷매장이 날로 확장되고 쌍쌍이 짝을 이룬 청춘남녀들이 조금도 거리낌이 없이 브래지어와 팬티 진열대 사이를 누비고 다닌다.

나중에 중국인들은 이를 새롭게 혁신했다. 중국 고유의 속옷–배두렁이가 "중국판" 캐미솔 의류로 변신했다. 치파오와 배두렁이, 옆트임 솜저고리 따위가 또다시 유행 패션으로 떠올랐다. 2000년의 여름에 도시의 처녀들은

13. 마이퉁(麥童), 「섹시한 도시」, 『상하이 패션』, 8쪽, 1994년 제3호.

속이 비치고 드러나는 것은 90년대 세계 패션의 조류이다. 중국 여성들도 신속하게 이 조류에 합류했다. 수러중(徐樂中) 촬영.

속옷을 겉에 입거나 어깨와 배꼽을 드러내는 것은 일찍 서방 패션쇼에서 생겨난 아이디어였는데 오늘날 중국의 거리에서 일상적인 풍경이 되어 버렸다. 수러중(徐樂中) 촬영.

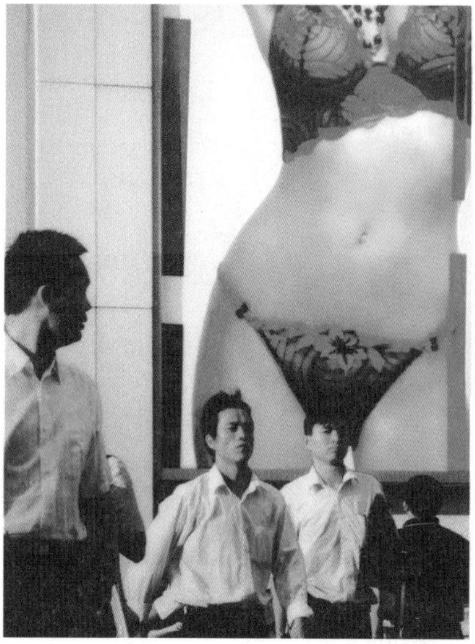

여성 속옷 광고의 유행은 어쩌면 개방이 더 심화되고 있음을 보여 주고 있는 것인지도 모른다. 마르코 헨리 촬영.

현대판 중국 '배두렁이'는 세기말의 중국에 관능적인 풍치를 더하고 있다. 수러중(徐樂中) 촬영.

배두렁이를 걸치고 당당하게 거리에 나섰는데, 화사한 컬러에 정교한 자수와 액세서리가 매치되어 세기말의 중국 유행 패션에 관능적인 향기를 한줄기 추가했다. 이를 언급한 인터넷 게시글이 있다.

2000년 초여름, 도홍색, 진홍색, 양홍색, 분홍색, 청록색의 '배두렁이'가 상하이의 여러 구석구석에서 활짝 피어났다. 꽃망울같이 가냘픈 처녀들이 현대식으로 개량한 '배두렁이'를 입고 누드브라끈을 하고 꽃수를 놓은 청반바지 차림에 의기양양해서 거리를 돌아다녔는데 길가에서 볕 쪼임을 하던 어르신들을 놀라게 했다.

"에구머니나, 이제는 달랑 헝겊쪼가리 하나 걸치는 게 유행이구려."[14]

---

14. 고춘명(高春明), 『배두렁이 처녀』, '청죽림(青竹林)' 인터넷에서 발췌.

최신세대(新新人類)와 새로운 유행 패션

신세대新人類도 외래어이다. 일반적으로 7~80년대에 태어난 세대를 이르는데 이들은 동란이나 기아, 재난을 겪어보지 못했으며, 교육을 받았고 안일한 생활을 누려왔다. 정보시대에 쾌속으로 발전하는 기술문명에 특히 민감한 이들은 부모 세대와는 다른 환경에서 성장하였고, 결과적으로 자기의 사유와 행위 방식으로 이 시대에 영향을 줬다. 일부 대중도시에서만 '신세대'가 성장할 수 있는 토양을 구비하고 있지만 이들 신세대의 영향력은 간과할 수 없었다.

최신세대는 당연히 신세대보다 더 새로운 세대이다.

인터넷은 중국의 대중, 더 정확히 말하면 중국의 '신세대'의 생활 반경을 넓혀주고 활기를 부여하기 시작했다. 신세대는 중국에서 무시할 수 없는 사회적 역량으로 성장했고 인터넷을 대표로 하는 정보 기술을 바탕으로 가장 선진적이고 가장 국제화된 기술능력과 생활방식, 심지어는 언어 표현방식까지 대표하고 있다. 중국의 도시들이 많은 방면에서 이미 홀연히 "전형 성적 문화시대"[15]에 진입했음은 부인할 수 없는 일이다.

중국의 언론매체들이 신세대에 대한 명칭이나 분류는 정말 다양한데 대부분은 국제적인 유행에서 비롯된 것이다. 신세대, 최신세대, X세대, Y세대, 카툰세대 등등이다. 그들은 모두 소비동물저금 개념이 없고 브랜드를 선호한다, 데이터에 의존현실과 비교해서 가상세계, TV, 스피커, 컴퓨터, 인터넷이 차지하는 비중이 훨씬 크다, 애니메이션을 즐김짱구는 못말려, 마루코는 아홉 살, Hello Kitty, 스누피 등 애니메이션 캐릭터, 게임화한 근무태도직업 선택의 기준이 재미있고 트렌디한 것에 치우친다. 이를테면 이미지 설계, 음악인, 게임엔지니어 등, 글로벌한 물건에 열광신세대

---

15. 마거릿 미드(Mead Margaret)는 자기의 저서 『문화와 약속』(Culture and Commitment)(중국어 번역본, 허베이(河北)인민출판사, 1987)에서 문화를 후형성적 문화·동형성적 문화·전형성적 문화 등 세 가지 형태로 나누었다. 후형성적 문화(Postfigurative Cultures)는 젊은 세대가 기성세대들이 만들어 놓은 문화를 배우는 사회형태를 말하고, 동형성적 문화(Cofigurative Cultures)는 같은 세대끼리 서로 배우는 사회형태를 말하며, 전형성적 문화(Prefigurative Cultures)는 기성세대가 오히려 젊은 세대한테서 새로운 문화를 배우는 사회형태를 말한다.

는 이를 '둥둥東東'이라고 부르는데, 영어와 중국어가 섞인 대화용어나 하겐다즈 아이스크림 따위이다 등등의 공통된 꼬리표를 갖고 있다. 신세대가 입에 달고 다니는 말들이 있다. 이를테면 '쿨하다酷, cool, 미국에서 유래됨' '커우얼蔻儿, cute, Q로 약칭함, 일본에서 유래' 'IN 유행에 어울린다는 의미' '와싸이哇塞, 대만에서 유래한 감탄사임' '카와이卡哇伊, 귀엽다, 일본에서 유래' '순逊, 형편없다 등등.

세기말에 어린이 패션이 유행했다. "포스트 아동화 현상后儿童化現象"이 대도시에서 부단히 만연되고 새로운 유행으로 되었다.

패션에서의 어린이 패션은 1997년 전후의 깜찍한 백팩, 투명한 재질의 핸드백, '모듬과일'을 연상시키는 밝은 컬러 계열의 복장, 1998년 전후의 베이비 돌 블라우스, 베이비 드레스, 5부 바지, 1999년에 유행한 애니메이션풍의 귀마개, 커다란 크로스백과 각종 인조모피 재질의 보풀보풀한 옷을 들 수 있다. 이처럼 귀엽고 유치해 보이는 어린이 패션은 국제적으로 'cute look'으로 불렸다.

"젊음은 가장 높은 요구이고 염원이다. 젊거나 천진하게 보일 수만 있다면 어떠한 물건이라도 사용할 수 있다."[16]

1997년과 1998년을 전후해서 여성 슈즈 가운데 송편슈즈松糕鞋, 플랫폼슈즈만큼 인기를 끈 것은 없었다. 이는 신바닥을 두텁게 한 슈즈인데 두툼한 신바닥이 중국식 송편처럼 생겼다고 해서 붙여진 이름이었다. 신바닥 두께가 20센티에 달하는 것도 있었는데 작은 키를 신속하게 커버할 수 있었다. 여기에 관한 글이 있다.

> 키가 155센티미터밖에 안 되는 동료가 있는데 어느 날 이야기를 나누던 중 문득 그녀가 나보다도 더 커져있음을 발견했다. 그녀의 발밑에 문제가 있다는 것을 알아챈 나는 직선 자를 쳐들고 쫓아다니며 억지로 신발 굽을 재보려 했다. 미리 밝히는데 내가 재보려 한 것은 그녀의 신발 굽이 아니라 신바닥이었다. 나중에 결국 재보았는데 무려 20

---

16. 왕서우즈(王受之), 『세계 패션의 역사』, 200쪽, 중국청년출판사, 2002.

90년대 말에 신바닥을 두껍게 한 송편슈즈가 유행되었다. 송편은 신바닥의 두께를 비유한 것인데, 배꼽티와 "한 사이즈 작게" 입는 스타일과 더불어 세기말의 "포스트모더니즘"풍의 패션을 보여 주고 있다. 류펑(劉蓬) 작.

신세대와 최신세대는 이미 중국 패션의 주력이 되었다. 그들은 "쿨하게" 치장하는 방식으로 패션을 표현했다. 수러중(徐樂中) 촬영.

바닥이 두꺼운 송편슈즈에 골반바지를 입는 것은 세기말의 유행 패션이었다. 원쯔(聞子) 촬영/fotoe 제공.

센티미터나 되었다.[17]

일부 사람들이 송편슈즈를 "입맛 잃게 하는 도시의 유행"이라고 하면서, "용감하다" "미련하기 짝이 없다" "찰리 채플린식의 코믹한 웃음거리다" 따위의 말들로 송편슈즈를 비하했다. 하지만 가늘고 늘씬한 것을 이상적인 몸매라고 생각하고, 패션의 패션이 날로 캐주얼해져 가는 환경 속에서 송편슈즈의 유행은 어쩌면 당연한 것이었다. 1998년 후에는 "배모양슈즈船型鞋"가 송편슈즈의 지위를 대체했다. 배모양슈즈는 신발 몸체가 가늘고 길며 끝이 살짝 들린 신발을 말한다. 하지만 바닥이 두꺼운 신발이 여전히 일부 젊은 여자들의 사랑을 받았다.

17. 「처녀들의 옷차림 품위에 대한 분석」, "21CN 베이징역", 인터넷에서 발췌.

1996년 전후로 투명한 PVC재질의 샌들이 유행하기 시작했다. "크리스탈슈즈水晶鞋"라고도 불리는 이 샌들은 발가락을 선명하게 드러내는 것이 특징이었다. 이 밖에 동일한 재질로 만들어진 가방도 있었다. 또 여러 가지 다양한 컬러의 매니큐어가 함께 유행을 탔는데, 멋 부리기 좋아하는 처녀들은 발톱을 화사한 컬러로 칠하고 "크리스탈슈즈"를 신었다.

20세기 말에 한국 문화산업은 일대 공세를 일으켰다. 트렌디드라마와 영상물 및 관련 패션 열풍은 모두 중국 팬들의 추종을 받았는데, 이러한 현상은 '한류'라는 이름으로 불렸고, 그 팬들은 합한족哈韓族 한류를 추종하는 사람들으로 불렸다.

합한족의 전형적인 치장은 컬러머리에 다양한 모자를 쓰고, 헐렁한 티셔츠에 너무 넓어서 당장이라도 흘러내릴 것 같은 와이드바지를 입고, 귀에는 여러 개의 귀걸이를 하고 팔찌와 목걸이를 착용한 것인데, 좀 과장해서 말하면 입술 피어싱과 혀 피어싱까지 했다.[18]

합일족哈日族은 일본의 유행 조류를 추종하는 사람들을 이른다. 이들은 일본의 애니메이션이나 트렌디드라마, 가수 등 유행문화에 심취해 있는데 이들의 전형적인 패션은 차머리茶發, 다갈색으로 염색한 머리와 화사한 컬러의 커다란 체육복 상의에 숙녀 티가 다분한 주름치마를 매치시키고, 무릎까지 오는 컬러양말을 신고 손에는 토트백을 든 것이다.

> 98년 여름철의 거리에서는 의기양양해서 흔들거리며 다가오는 그들을 쉽게 마주칠 수 있다.……그들의 머리는 늘 다양한 컬러를 하고 있다. 황토색으로 염색했다가 다시 밤색으로 바꾸기도 하는데, 아무튼 한민족漢民族 본연의 헤어컬러와는 전혀 딴판이다. 그들은 늘 귀걸이를 두 개씩 하고 다니는데 금이나 은, 저속한 것이나 우아한 것 등 다양

---

18. 이 젊은이들의 가장 큰 특징은 머리를 염색한 것이다. 컬러는 아주 다양했는데 가장 많은 것은 한국 사람들이 좋아하는 와인레드이다. 모자도 필수였는데 어부모자, 농구모자, 카우보이모자 등 서로 다른 모자들을 각종 스타일의 복장과 매치시키는 것은 이들이 즐기는 수법이다. 격자무늬 셔츠나 헐렁한 티셔츠, 옅은 컬러의 커다란 반바지나 당장이라도 바닥에 끌릴 것 같은 일자통바지, 혹은 겨울철의 터틀넥 스웨터나 끝이 뾰족한 신발은 모두 '합한족'들의 대표적인 차림이었다.

한 재질과 양식이 있다. 그 모양은 전통적인 도시 남자와도 거리가 멀다. 헤어스타일만 봐도 스포츠머리의 강인함이 있는가 하면 새둥지처럼 난잡해 보이는 머리도 있다. 이들의 목 아래로 우리가 눈길을 돌리면 검은색 옷이 그들의 몸그들의 큰 가슴근은 흔히 검은 티셔츠 뒤로 은은히 비친다을 감싸고 있음을 알 수 있다. 더 아래로 내려가면 그들이 왕왕 뒤축이 아주 높은 검은 구두를 신고 있음을 발견할 수 있다. 아직까지는 그들의 팔뚝에 괴상야릇한 도안을 새긴 것은 거의 보지 못했지만, 우리는 그들의 몸에 걸려서 빛을 남발하는 금속 액세서리들을 보았다.[19]

신세대의 '색다른' 풍모는 중국의 패션에 이미 금지구역이 없어졌음을 보여 주고 있다. 개방을 맞이한 중국은 이미 담담한 마음가짐으로 이런 '색다른' 패션을 바라보고 있다.

도시의 거리에는 소년들이 머리를 염색하거나 문신타투스티커로 효과만 낸 것을 하고, 옷에 구멍을 뚫어 입는 등 일반인의 시각에서는 아주 지나친 행위들이 이미 흔한 일로 되었다. 이런 '색다른' 치장을 하는 이들 가운데는 80년대 서방의 펑크Punk족의 모방자들이 있다. 이런 젊은이들은 다양한 칼라로 머리를 염색하고 펑크Punk스타일의 닭벼슬머리를 하기도 하며, 귀걸이를 여러 개씩 하고 금속액세서리를 주렁주렁 매달며, 타이트한 검은색 옷차림에 검은색의 하이부츠High boots를 신으며, 다양한 모양의 문신을 하고 있다.

90년대 중기, 대도시에서 생활수준이 우월한 청소년들 가운데서 성인들과는 완전히 다른 새로운 패션이 점차 형성되기 시작했다. 이 청소년들은 강렬한 브랜드의식과 국제화된 미적 관념을 갖고 있었는데, 여가 시간에는 한데 모여서 스케이트보드나 롤러스케이트, 자전거를 타기도 하고 브레이크댄스를 추기도 했다. 그들의 옷차림은 국제화한 경향을 보이고 있었는데, 국제 대도시 거리의 소년들에 거의 근접했다. 야구모자를 거꾸로 쓰고 헐렁한 티셔츠에 스포티한 조끼를 입었으며 통이 넓은 바지에 과장된 스타일의 운

19. 왕웨이밍(王唯銘), 「게임의 도시」, 『'펑크(Punk)'보다 더 무료한 '녀석들'』, 인터넷에서 발췌.

미니스커트와 하이부츠에 늘씬한 다리를 드러낸 소녀들은 90년대 말 거리에서 하나의 풍경선을 이루고 있다. 1999년 윈난(雲南)성 쿤밍(昆明)에서. 천안딩(陳安定) 촬영/fotoe 제공.

패션계의 '한류(韓流)'로 말미암아 젊은 합한족(哈韓族)들이 생겨났다.

아시아 인종과는 관계없는 컬러로 머리를 염색하는 것은 패셔너블함의 중요한 표현이 되었다. 도시의 거리에서 패션에는 이미 금지구역이 사라졌다. 수러중(徐樂中) 촬영.

동화를 신었다. 누군가가 선전深圳의 거리에서 프리스타일 비엠엑스Freestyle BMX를 타고 놀고 있는 소년을 다음과 같이 묘사했다.

그들의 차림새는 겉보기에는 제멋대로인 것 같지만 그들만이 이해할 수 있는 정교함을 내비치고 있다. 컬러와 스타일의 조합은 양호한 미적 감각을 보여 주고 있다. 심지어 야구모자를 살짝 휘어지게 구부린 각도까지도 멋스러움을 풍기고 있다. 물론 진일보로 요해하면 더욱 더 놀랍다. 그들은 팬티의 브랜드와 양식도 나름대로 깐깐하게 선택한다. 질질 끌리는 빅 팬츠 역시 허리의 어느 부위에 걸쳐야 알맞은지를 따진다. 구체적으로 말하면, 그들이 공중으로 몸을 솟구쳤을 때, 휘날리는 티셔츠 밑으로 팬티의 밴딩 부분만 정확하게 노출이 되도록 하는 것이다.[20]

이 청소년들은 TV문화와 스낵문화 속에서 성장했기에 그들의 윗세대에 비하면 그야말로 철두철미한 소비주의자이다. 사회에 발을 들여놓은 그들은 어떤 게 고급 기성복이고 어떤 게 대중화 브랜드인지를 속속들이 인지하고 있으며, 브랜드가 내재하고 있는 문화적 배경을 즐긴다. 그들은 브랜드의 문화적 가치는 전혀 모르면서 상품의 등급을 오로지 금전적으로만 평가하는 이들을 우습게 생각하면서 농민이나 졸부로 치부한다. 이들은 90년대의 초기와 중기에 유행되었던 몽타규montagut나 피에르 가르뎅, 골드라이언Goldlion 따위를 하찮게 생각했는데, 향진기업가鄕鎭企業家들이나 좋아하는 옷으로 치부했다.

20. 먀오판췌이(苗凡萃), 『신세대』, 4쪽, 화청(花城)출판사, 2002.

포스트모더니즘의 꽃다운 시절

이른바 포스트모더니즘 관념이나 포스트모더니즘 모식, 포스트모더니즘 사조란 모두 원래의 형식과 대립되는 당대의 관념이나 모식, 사조를 이르는 말이다. 포스트모더니즘이 강조하는 것은 모더니즘에 대한 부정인데, 모더니즘의 명확한 특징들을 제거함으로써 모더니즘을 버리고 수정하는 것이다.

포스트모더니즘은 단지 시간적인 개념이 아니라 일종의 가치체계이고 문화정신인데, 전통과 상대하는 사회와 문화의 변천을 표현하고 있으며 변화 발전하는 정신을 체현하고 있다. 권위에 대한 반대, 다원화, 비중심非中心과 낡은 체제 타파 등의 면에서는 현대정신과 동일한 특징을 갖고 있다. 예술에서 포스트모더니즘적인 관건적 특징은, 예술과 일상생활의 경계선이 무너진 것이고, 고아한 문화高雅文化와 대중문화 사이의 차이가 사라진 것이다. 사람들은 절충주의와 다양한 코드들이 뒤섞인 복잡한 스타일에 빠져 있다. 짝퉁, 여기저기 가져다 붙인 잡탕, 반어적 풍자, 해학들이 시장에 넘쳐나고 다들 문화 표면의 "깊이가 없음"에 기뻐하고 고무되어 있다.[21]

포스트모더니즘 문화상품의 가장 돌출하고 대표적인 영역의 하나로 패션을 들 수 있다. 순수성과 기능에 대한 강조와 표면적인 포장에 대한 혐오는 패션 디자인 영역이 모더니즘적인 입장에서 좀 더 이성적인 접근을 시도하도록 했다. 포스트모더니즘의 패션 디자인은 이러한 방식에서 탈피해서 장신구와 꾸미는 것, 역사풍격에 대한 절충의 회귀로 나아갔다. 패션 산업은 비주류 문화풍격에 대해 정리하고 간소화하고, 심지어는 다양화하기도 했는데, 자기의 시장을 자극하는 동시에 변두리문화와 대립문화에서 적대적

21. [영국] 마이크 페더스톤(Mike Featherstone) 저, 류징밍(劉精明) 역, 『소비문화와 포스트모더니즘』, 10쪽, 이린(譯林)출판사, 2000.

인 에너지를 흡수하는 방법으로 시장의 수요를 충족시켰다.

90년대 초부터 90년대 말까지 복고풍이 유행하기 시작했다. 지식청년知情 시대에 대한 향수, 학생시대에 대한 향수, 옛 상하이나 옛 베이징의 인문경관에 대한 향수, 마오쩌둥 붐 등 형형색색의 복고풍이 세기말의 십 년을 관통했다. 소비문화는 중국인들의 가치관이나 생활방식에 깊숙이 침투함으로써, 이처럼 옛것에 대한 향수의 정서가 소비품이라는 물질화한 형식으로 나타나게 했다. 테마식당, 유행가, 지도자의 두상을 내거는 것, '월분패' 미녀, 『옛 사진』 관련 계열 도서 등이 그것이다. 지도자의 초상까지도 여기에서는 소비성질을 띤 문화코드로 되었고, 안경알이 동그란 '푸이溥儀'[22]식 선글라스까지도 젊은이들이 자신들의 패셔너블함을 표현하는 도구가 되었다. 고전은 세속적인 해석을 거쳐 순수한 문화소비로 변해 버렸다.

90년대 중기에 사회적으로 젊고 풋풋했던 시절에 대한 집단적인 향수의 붐이 일기 시작했다. 젊은이들은 〈마을에는 샤오팡이라는 아가씨가 있네村里有个姑娘叫小芳〉를 흥얼거렸고, 대학생들은 〈같은 책상의 너同桌的你〉나 〈흰옷 휘날리던 년대白衣飄飄的年代〉에 감동했다. 이처럼 은은하고 감상적인 분위기 속에 중국 여성들의 차림은 80년대 파워우먼식의 짙은 화장과 과장된 스타일에서 캠퍼스 여성 스타일의 부드럽고 청순한 이미지로 넘어가기 시작했다. 여성들은 "옅은 화장과 자연적인 모양 그대로"를 추종하기 시작했고, 헤어스타일도 큰 파도머리와 높게 올린 앞머리에서 긴 생머리와 양태머리, 단정하게 다듬은 단발머리로 바뀌었다. 캠퍼스풍의 치장이 성행했는데 라운드 넥셔츠에 스트랩 원피스를 매치시키거나 헐렁한 면 셔츠에 청바지를 입기도 했으며, 손바닥을 거의 덮어 버릴 정도로 소매가 긴 스웨터를 입거나 작고 깜찍한 백팩을 메기도 했다.

타이완의 작가 츙야오琼瑤의 〈파란 강변의 풀青青河邊草〉 〈매화락梅花烙〉 〈수운간水云間〉 등 민국시기 이야기를 다룬 TV드라마의 영향으로 민국풍격의 패

22. 중국 청대의 마지막 황제임.

션도 은연중에 유행을 타기 시작했다. 스탠드칼라의 대금對襟저고리에 긴 주름치마를 매치시키는 스타일이 있는데 "완준婉君 셔츠"라고 불렸다. 솜씨가 좋고 패셔너블한 처녀들은 이러한 느낌의 옷과 치마를 스스로 제작하기도 했다.

> 또 개량한 대금對襟저고리가 있었다. 원단은 부드럽고 몸에 잘 달라붙는 조젯 크레이프 종류였는데, 암회색 바탕에 아주 연한 보라색 잔꽃무늬가 있었다. 옷의 소맷부리와 옷깃의 둘레, 하단은 모두 핑크색으로 마감했다. 옷깃은 전통적인 스타일이 아니라 역 사다리꼴의 오픈칼라를 택했고, 옷깃의 아래쪽에는 장식용의 핑크색 대금對襟단추를 좌우로 각각 하나씩 달았다. 아래에는 우윳빛 실크드레스를 매치시켰는데 치마 위에는 같은 컬러의 매란죽梅蘭竹 무늬가 새겨져 있었다.……나는 특별히 사람을 청하여 바닥을 여러 겹으로 댄 전통식 헝겊신 한 켤레를 만들고 하얀 단목양말을 매치했다. 이때 나는 양태머리를 따고 한 쪽에 핑크색의 나비리본을 달았다. 목에는 명주실로 꿴, 녹색과 흰색이 어우러진 옥 장신구를 걸었고, 손목에는 한 쌍의 핑크색과 검은색 모조옥팔찌를 걸었는데, 손목의 움직임에 따라 부딪치면서 귀맛 좋은 낭랑한 소리를 냈다. 혹시 바람이 살랑살랑 불기라도 하면 바람 앞의 옥수玉樹를 방불케 했다.[23]

세기말의 중국 남성형상은 갑자기 바꾸기 시작했다. 남자들의 패션감각은 새로운 생활방식과 새로운 소비그룹에서 비롯되었다. 일종의 "실리콘 밸리" 스타일이 흥기했는데 신흥 IT부자들의 차림새가 그 표본이었다. 빌 게이츠는 "티셔츠를 아무렇게나 걸치고 출국하지는 않지만, 셔츠의 맨 위쪽 단추는 항상 그렇듯이 잠그지 않았고, 밑에는 일반적으로 캐주얼바지와 캐주얼슈즈를 매치했다." IT업계의 젊은이들은 짧은 스포츠머리에 캐주얼복장을 했는데 넥타이는 전혀 매지 않았다. 일반 셔츠티셔츠, 청바지캐주얼바지, 캐주얼 신발스포츠 신발 등 "실리콘 밸리" 스타일은 인터넷시대가 도래되면서, 실리콘

---

23. 러우친(柔秦), 「일반여성이 옷차림을 이야기하다」, 『상하이 패션』, 23쪽, 1993년 제3호.

밸리 엘리트들의 재부신화와 더불어서 함께 유행했다.

1998년을 전후해서 "작은 여인小女人"은 중국 여성들이 스스로에 대한 연민이나 애틋함을 나타내는 용어로 자리매김했다. "작은 여인 산문小女人散文"[24]의 흥행과 더불어, 머리에 걸친 선글라스나 깜찍한 비단 스카프, A자형 미니스커트, 스트랩 드레스strap dress, 희고 보드라운 반팔양모 셔츠, 카울칼라cowl collar 민소매, 끈샌들 등 여성의 부드러운 기질을 강조하는 패션이 유행했는데, 간드러지고 사랑스러운 "작은 여인" 형상을 만들어냈다.

> 반팔스웨터는 대부분 질감이 부드러운 양털과 토끼털 혼방직물을 사용하였는데, 이는 하늘색, 카민carmine, 레몬옐로, 올리브그린 등 좀 더 화사한 염색효과를 내는데도 유리했다.……가장 중요한 것은 이런 종류의 반팔스웨터를 과연 누가 입을 수 있느냐 하는 것이다.……반팔스웨터는 심지어 생활방식의 제약을 받았는데 그 소비자는 아래와 같은 도시 여인이어야 했다. 자가용으로 출퇴근하고 오피스텔에서 근무하며 여가시간에는 "바bar에서 시간을 때우거나" "롤러블레이드를 탄다." 그녀들은 종일토록 사계절이 봄과 같은 환경에서 생활하는데, 총애를 받는 온실의 화초와도 같다. "풍도風度와 온도溫度를 한데 연계시키지 못하는" 계층의 사람들은 소비할 여력이 없었다.[25]

정보가 빨라지고 무역왕래가 빈번해지면서 국제적인 유행 패션은 점점 더 빨리 중국에 상륙했는데, 거의 같은 보조로 나아가는 정도에 이르렀다.

세기말의 중국에서도 프레피 룩preppy look 스타일[26]을 추종하기 시작했다. 이러한 스타일은 티 나지 않는 캐주얼에 가까웠지만 정상급 브랜드로 그 품

---

24. 작은 여인 산문(小女人散文): 90년대 이래 흥행한 여성 산문의 형식으로, 주로 여성들 일상생활의 구체적이고 세부적인 부분에 대한 묘사나 거기에서 오는 사소한 느낌 따위를 피력한 글.
25. 류준메이(劉君梅)·볜즈훙(卞智洪), 『패션을 목격하다·젊기만 하면 OK』, 인터넷에서 발췌.
26. 프레피 룩(preppy look) 스타일: 눈썰미가 있는 사람들은 한눈에 많은 미국적인 요소를 갖고 있음을 보여 준다. 다만 다들 자기 내키는 대로 입는 미국에서, 제멋대로인 것 같으면서도 그 속에 정교함을 내재하고 있고 함축된 절제를 보여 주고 있으니 규칙에 맞는다고 해야 할 것이다. 「정보시의 남자들은 어떻게 입을 것인가」, 『상하이 패션』, 2000년 제6호.

위를 보증했다. 이런 옷을 입는 사람은 대부분 '소자小資'[27]들이었는데 이런 부류의 중국 남자들은 이미 국제적인 브랜드 구조를 환히 꿰뚫고 있었으며, 겉보기에는 수수해 보이나 가격이 만만치 않은 옷을 입고 고급향수를 사용하였는데 저자세로 일관하면서도 은연중 엘리트적인 정취를 드러냈다. '소자'들은 실상 브랜드 증후군에 깊이 빠진 환자들이라고 할 수 있다. 그들의 저자세는 유행기계로 제조해낸 슈퍼브랜드에 대한 멸시를 보여 주기 위한 것이며, 그들이 좋아하는 비인기브랜드와 남다른 품위를 과시하기 위한 것이다.

인터넷에 「'소자'의 정확한 옷차림새」라는 글이 있는데, "근거 없이 멋대로 가져다 붙인" 말을 조금 보태서 물질을 상징하는 '소자'를 아주 적나라하게 분석했다.

> '소자'는 평소에 티셔츠를 즐겨 입는데 할인하지 않는 브랜드만 골라서 입는다. 이를테면 Prada, Dolce & Gabbana, Escada 등과, 스포츠브랜드 Nautica, Lacoste 등인데 악어 입이 안으로 향한 것이어야만 하고, 밖으로 향한 것은 농민이나 입는 것이다. 전부 명 브랜드인데 무조건 하얀 셔츠만 고집한다. 가끔 Manhattan이나 Virtue의 티셔츠를 입기도 했다. 플레이보이나 몽타규montagut 등 어느 브랜드가 유명하면 그 브랜드를 입었는데 아무리 못해도 요트帆船는 입어줬다.……[28]

중성화한 남성복은 세기말의 또 다른 유행 패션이었는데, 이러한 복장은 흔히 그 컬러나 양식만으로는 성별 구별이 어려웠다. 1999년 후에 남자들의 이상적인 형상도 점차 중성화되기 시작했고 중성화한 남성복이 새로운 추세로 떠오르면서 타이트하다 못해 가냘프게까지 보이는 스타일이 유행했다. 머플러나 카디건, 좁은 넥타이 등 중성적인 특징을 나타내는 복장이 유행한 것은 물론, 복장 자체에도 중성화한 처리를 했다. 외투는 재단할 때 여

---

27. 소자(小資): 소자산계급(小資産階級)의 약칭. 90년대에 유행하기 시작한 낱말로, 주로 일정 정도의 학력과 경제력을 지니고 있으며, 품위 있고 격조 높은 생활을 추구하는 젊은이들을 이름.
28. 「'소자'의 정확한 옷차림새」, "강남방송넷 '소자'의 하늘(小資天空)" 인터넷에서 발췌.

성복처럼 허리나 배를 조이는 처리를 하고 심지어는 프린세스라인Princess line을 내기도 했다. 셔츠는 속이 비치는 투명한 원단을 사용하는가 하면, 바지는 날씬하고 호리호리하게 디자인했는데 바지 밑단은 작은 나팔 모양으로 하거나 살짝 트이게 하는 등 포인트를 줬다.

새로운 세기에 다가서면서 패션 스타일이 점점 더 화사해졌다. '우아한 히피' '장식주의ornamentalism' '보헤미안Bohemian' '민족 정서' 등이 새로운 트렌드로 떠올랐고, 페플럼, 태슬, 자수, 각종 민족풍격의 액세서리, 수공으로 짠 느낌의 긴 머플러, 인조가죽으로 만든 가지각색의 액세서리, 울긋불긋한 스카프, 끝이 뾰족하고 긴 배 모양 신발 따위가 유행을 탔다. 이런 최신 유행에 보조를 맞춰가는 사람들은 보보스BOBO族로 불렸다. 보보스의 중국 이름은 '부보주布波族'인데 강렬한 21세기 냄새를 풍기는 패셔너블한 낱말로, 일종이 생활상태를 대표할 뿐만 아니라 옷차림 스타일을 대표하기도 했다. 여기서 앞의 'BO'는 부르주아Bourgeois의 실용주의를 의미하고, 뒤의 'BO'는 보헤미안Bohemian의 낭만주의를 의미한다. 통상적으로 보헤미아는 집시문화에 맞먹는 극단적인 자유를 대표하는데, 패션 스타일은 화려함과 의기소침함, 캐주얼이 한데 어우러져서 헐렁하고 무분별해 보인다. 컬러는 다양하고 재질은 면 린넨 위주로 쾌적함을 강조했다.[29] 보보스 스타일은 재빨리 중국 도시의 구석구석을 휩쓸었는데 주로 남녀의 캐주얼 복장에서 체현되었다.

베이징의 어느 중학교에서 이상한 발견을 했다. 많은 학생들이 가장 큰 사이즈의 교복을 골랐는데, 입으면 너무 헐렁해서 아주 익살스러웠다. 학교측은 당연히 국제적으로 유행되고 있는 이런 힙합스타일에 대해서 알길이 없었다. 힙합스타일은 탄생된 날부터 철두철미한 거리의 스타일이었는데, 음

29. 미국의 기자 데이비드 브룩스(David Brooks)가 2000년에 『천국에 사는 보보스(Bobos in Paradise)』라는 책에서 처음으로 이 개념을 사용했다. "보보스는 그 이름에서 볼 수 있듯이 두 가지 인격을 갖고 있다. 보헤미아인의 일면을 표현할 때에는 외길을 고집하는 극단적 자유주의자들의 인문정신을 선택하고, 부르조아적인 일면을 표현할 때에 그들의 특징은 쾌적함과 권리를 향수하는 것이다." 『보보스』, 『ELLE』, 2000년 제10호. "나는 보보스다"는 말은 재빨리 중국에서 가장 패셔너블한 사람들 스스로의 신분을 과시하는 말로 되었다. 『보보스 붐』, 13쪽, 중국민항출판사, 2003.

"초대형 사이즈"는 국제적으로 유행되는 힙합(hiphop) 스타일에 대한 간단한 해석이다. 하지만 포스트모더니즘에 속하는 청춘들은 일찌감치 전통적인 심미궤도를 이탈했다. 조각 《@의 시리즈》의 두 번째. 췌이위(崔宇) 작.

악과 춤, 그래피티graffiti 옷차림 등과 한데 어우러져 90년대 가장 강력한 청소년 패션으로 자리매김했다. 옷차림 스타일은 아주 명확했는데, '초대형 사이즈'는 이 스타일을 설명할 수 있는 가장 간단한 표현이다. 물론 크고 헐렁한 것은 힙합 스타일의 전부가 아니고, 최초에 형성되었던 반항정신의 체현에 불과한 것이다. 힙합스타일의 명확한 패션 표준으로 헐렁한 상의와 바지, 모자, 두건이나 두툼한 신발을 들 수 있다. 구체적인 옷차림은 랩, 농구, 비보이, 스케이트보드 등 몇 가지 유형으로 나뉘는데 각각 나름대로의 차림새가 있다. 주요한 용품으로는 티셔츠, 청바지나 배기팬츠baggy pants, 운동화, 두건 등등이다.[30] 리듬이 넘치는 음악이나 춤, 운동이 난무하는 거리의 생활에서 이러한 복색은 점차 한데 어우러져 거리 예술의 필수적인 한 부분으로 되었다.

신속한 경제발전은 중국인들을 위풍당당하게 만들었다. 세기말에 이르러 중국 대도시의 패션은 이미 국제 유행에 거의 보조를 맞추게 되었고, 선진적인 통신, 교통, 언론매체를 통해 역사적으로 지금까지 본적 없는 교류를 이루었다. 사회문화는 세계적인 추세에 접목하면서 동시에, 자기 민족의 패션 문화와 형식을 찾고 복원시키려는 의식도 점차 싹트기 시작했다. 또한 때맞추어 민족문화를 인정하는 바람이 세계적으로 불었기에 중국의 소비자와 디자이너들도 중국 전통 복색에서 현대 패션과의 연결고리를 찾으려고 노력했고, 민족적 개성이 있는 패션 사상을 전달하려 했다.

중국의 패션 업계에서는 또다시 신구세기가 교차하는 문턱에서 "중국 전통복색 붐"을 일으켰다. 스탠딩 칼라standing collar나 판커우盤扣, 중국 전통 매듭단추 등이 중국 미래 패션의 뚜껑을 열어젖혔는데 이번에는 외국인들이 "쿨하다"고 찬탄해마지 않았다.

중국의 해안도시 다롄大連에는 도시의 백 년을 기념하기 위한 조각물이

---

30. 70년대의 미국 유색인종 빈민들은, 빠르게 성장하는 아이들이 얼마 못 입고 작아져서 버리는 걸 피하기 위해 큰 사이즈로 옷을 사주거나, 동생이 형의 옷을 입도록 했었는데 시간이 지나면서 차차 반항정신과 시니컬함을 나타내는 독특한 스타일을 만들어내게 되었다.

있다. 80미터에 달하는 황동판 위에 돋을새김 기법으로 1,000쌍의 중국인 발자국을 조각했는데, 세기 초에 전족을 했던 기형적인 발자국이 있는가 하면 정상적인 성인의 발자국이 있고, 청소년들의 여린 발자국이 있는가 하면 갓난아기의 깜찍한 발자국도 있다. 발자국은 모두 같은 방향으로 전진하고 있다.……한 쌍 한 쌍의 남자와 여자, 노인과 아이들의 발자국은 이 도시의 백 년 여정을 기록하고 있다.

마찬가지로 우리는 중국인들의 백 년 동안의 의상으로 하나의 조각물을 만들 수 있다. 청나라 말의 두루마기와 마고자, 과피모자瓜皮帽, 상감저고리치마鑲滾襖裙, 민국시기의 연미복, 중절모, 치파오, 양복, 중산복, 신중국시기의 레닌복列宁裝, 인민복, 홍위병복, 개혁개방시기의 나팔바지, 문화 셔츠, 스트랩 드레스……장장 백 년에 달하는 복장이다. 중국인민의 의상이 얼마나 거대한 변화를 해왔던가! 저고리와 셔츠, 바지, 치마는 우리의 부모, 조부모, 증조부모들이 일상적으로 입었던 의상들이다. 지난날 유행 패션이었던 그 옷차림들이 이곳에 굳어져 있다면? 어쩌면 역사의 족적에 대해 탁본을 뜬 것이 아니겠는가, 혹독하고 파란만장했던 시대를 조각한 하나하나의 조각상이 아니겠는가?

후 기

원고를 출판사에 넘기게 되었지만 저자로서 해탈감 비슷한 쾌감은 없었고 오히려 뭔가 찝찝한 기분을 털어버릴 수가 없었다. 솔직히 백 년 복장의 변천사를 쓴다는 것은 조대가 바뀌고 나라의 흥망성쇠와 관련되어 기복이 심한 글일 수밖에 없었다. 그 시간과 공간, 그리고 정치문화의 넘나듦을 이 한 권의 책자에 담는다는 것은 어려운 작업이었다.

지난 세기말 학술계와 출판계에서는 다투어 '백 년'이라는 테마로 책자들을 쏟아냈다. 그때 우리의 연구는 갓 걸음마를 걷기 시작했고 거칠게 임기응변식으로 책을 펴낸다는 것은 양심에 거리끼는 일이었기에 그래서 출판사의 요구를 완곡하게 사절했었다. 그 뒤 우리는 백 년 백 장의 변천을 하나하나 다듬고 연구하는 데 십 수 년의 시간을 소요했고, 사료, 문자, 이미지 등에 대해 반복적으로 고증하고 선택했다. 그 과정에서 우리는 전문가, 선배, 친구들의 도움을 여러 모로 받았고, 그들의 지지와 격려가 있었기에 이 책은 훨씬 나아질 수 있었다.

이에 우리는 문학평론가 쉬줴민許覺民 선생님, 예술인이며 학자인 황중장黃宗江 선생님 등이 졸작에 머리글을 써 주신 것에 감사를 드리고, 중국 복장문화 전문가이신 황넝샹黃能馥 등 학술과 이미지 등 많은 분야에서 지도해 주신 분들께 고마움을 표시한다. 화가 샤바오위안夏葆元께서 이 책에 멋진 수묵화를 그려주신 데 대해, 후펑훼이胡朋惠 님께서 제명을 써 주신 데 대해 감사를 드린다.

연구생 궈후이쥐안郭慧娟, 장하이룽張海容, 주타오朱濤, 손첸孫茜, 장위치우蔣玉秋, 양융楊勇, 런팡후이任芳慧 등이 어려운 연구 여정을 함께해 주어 또한 고마움을 표한다. 리커위李克瑜, 쉬광헝徐广亨, 더우리린竇礪琳, 양스치楊士琦, Paul Chapron, 장웨이쩡蔣慰曾, 궈롄칭郭聯慶, 중만톈鐘漫天, 천스陳實, 장핑허張平和, 리우창劉暢, 푸찡傅靚, 딩빙제丁兵杰, 장루張茹 등이 이 책을 위해 가치 있는 사진과 진귀한 소장품들을 제공해 주신 데 대해 감사를 드린다. 예술가 수이젠궈隋建國, 량쉬梁碩, 류펑劉蓬, 순즈시孫慈溪, 추이위崔宇, 우샤오쉰吳曉洵과 촬영가 장쭤張左, 장하이얼張海兒, 첸위錢瑜, 안거安哥, 쉬러중徐樂中, 수예舒野, 리우레이劉雷 등에게도 감사를 드린다. 그들의 예술창작이 졸작에 이채로움을 더해 주었다. 베이징 복장학원이 보내주신 지지격려에도 감사를 드린다.

이 책은 지난 세기 30년대 『신생新生』, 『대중생활大衆生活』, 『생활 독서 신지 싼롄서점 기념사진첩生活·讀書·新知三聯書店留眞集影』(싼롄서점, 1998), 『옛 사진老照片』(장쑤미술출판사, 1997), 『고궁 소장 인물사진 모음故宮珍藏人物照片薈萃』(즈진청출판사, 1994), 『구 중국 일별 사진旧中國掠影』(중국화보출판사, 1994), 『La Chine Disparue』(Skira, 2003), 『상하이에서의 손중산孫中山在上海』(상하이인민미술출판사, 1991) 등에서 사진자료를 선택 사용했고, 신화도편사에서 출판발행한 사진자료도 선택 사용했기에 특별히 감사를 드린다.

끝으로 싼롄서점 편집 장린張琳과 디자이너 루즈창陸智昌 님께 감사를 드린다. 그들의 전문가다운 혜안과 세심한 장인정신이 있었기에 이 책의 순조로운 출판이 가능했었다.

저자

2007년 1월 베이징 왕징화원望京花園에서

이 책에 사진을 보충하는 과정에서 많은 노력을 기울였으나 여건과 정력의 제한으로 일부 자료 사진들은 저작권자와 연락을 취하지 못했음을 부언하며, 저작권자는 우리yuanzehuyue@126.com 또는 싼롄서점에 연락해 주시면 책과 원고료를 지불해 드릴 것이다.

저자

2008년 10월

국립중앙도서관 출판예정도서목록(CIP)

옷으로 읽는 중국문화 100년 : 1901-2000 / 저자: 위안저,
후웨 ; 역자: 김승일, 정한아. — 서울 : 선, 2017
p. ; cm

원표제: 百年衣裳 : 20世纪中国服装流变
원저자명: 袁仄, 胡月
중국어 원작을 한국어로 번역
ISBN 978-89-6312-567-1 03910 : ₩32000

중국 문화[中國文化]
의류[衣類]

309.112-KDC6
306.0951-DDC23 CIP2017018214

옷으로 읽는 중국문화 100년

저자 위안저 · 후웨 | **역자** 김승일 · 정한아 | **발행인** 김윤태 | **발행처** 도서출판 선 | **편집·교정** 김창현 | **북디자인** 디자인이즈
등록번호 제15-201 | **등록일자** 1995년 3월 27일 | **초판** 1쇄 발행 2017년 8월 22일
주소 서울시 종로구 삼일대로 30길 21 종로오피스텔 1218호 | **전화** 02-762-3335 | **전송** 02-762-3371

값 32,000원
ISBN 978-89-6312-567-1 03910